高等学校教材

大学生军事理论教程

主　编　班　凯　王照峰
副主编　杨　萌　杨继钢

西北工业大学出版社
西　安

【内容简介】 本书是根据《普通高等学校军事课教学大纲》编写的，共分10章。内容包括中国国防、中国武装力量、《中华人民共和国兵役法》基本知识、军事思想、国防战略环境、现代战争、军事高技术、精确制导武器与侦查监视技术、航天技术与伪装隐身技术以及信息化装备等。

本书既可作为普通高等学校军事课教材，也可供军训干部、军事教官阅读参考。

图书在版编目（CIP）数据

大学生军事理论教程/班凯，王照峰主编． —西安：西北工业大学出版社，2018.8（2022.7 重印）
ISBN 978-7-5612-6192-7

Ⅰ.①大⋯ Ⅱ.①班⋯ ②王⋯ Ⅲ.①军事理论—高等学校—教材 Ⅳ.①E0

中国版本图书馆 CIP 数据核字(2018)第 183847 号

DAXUESHENG JUNSHI LILUN JIAOCHENG
大 学 生 军 事 理 论 教 程

责任编辑：蒋民昌	策划编辑：蒋民昌
责任校对：高永斌	装帧设计：董晓伟

出版发行：西北工业大学出版社
通信地址：西安市友谊西路 127 号　　邮编：710072
电　　话：(029)88491757，88493844
网　　址：www.nwpup.com
印 刷 者：兴平市博闻印务有限公司
开　　本：710 mm×1000 mm　　1/16
印　　张：22.625
字　　数：382 千字
版　　次：2018 年 8 月第 1 版　　2022 年 7 月第 5 次印刷
定　　价：49.00 元

如有印装问题请与出版社联系调换

前　言

大学生军事理论课是普通高等学校教学的重要组成部分,是学校开展国防教育、实现全民国防教育的基础,是落实国防法的重要举措。本教材以《中华人民共和国国防法》《中华人民共和国国防教育法》《中华人民共和国兵役法》以及教育部、中央军委国防动员部关于印发《普通高等学校军事课教学大纲》的通知(教体艺[2019]1号)为依据,结合实际教学工作编写而成。

本教材在编写过程中,紧密结合国内外国防和军队改革的新形势,着眼于时代的发展,力求创新,吸收最新军事科学成果,注重把军事教育训练与学校人才培养、综合素质拓展、军工文化教育和国防后备力量建设需要结合起来,使教材内容既符合军事科学规律和军事课程教学的客观实际,适应我国人才培养的战略目标和加强国防后备力量建设的需要,又有利于提高学生的国防观念和综合素质。

本教材与全国众多高校编写的军事理论教程教材相比,有以下较为突出、鲜明的特点:

(1)从内容结构看,对军事技能训练组织实施的内容、方法、日常管理与军事思想、国防理论、军事形势、军事高技术等做了比较系统的介绍,内容十分丰富,体现了军事课教学大纲的指导思想、教学内容和要求,学生通过教育训练,能够掌握一些必备的军事基本知识技能与军事理论。

(2)突出军事理论的时代性,紧跟国际国内形势、我国周边安全环境、我国武装力量和军事理论发展变化,突出"高、新、近"特点,注重把最新的军事动态,大学生最关注的热点、焦点问题充实到教材中。

(3)本着"求广不求深"的原则,尽量拓宽学生在国防军事领域的知识面。为便于学生课后阅读复习,留给学生有较大的自学空间,每章后均附有大量涵盖基本知识和具有启发意义的思考题。附录中还收集整理了《中华人民共和国国防法》《中华人民共和国国防教育法》《中华人民共和国兵役法》和"大学生应征入伍政策",增强了教材的适应性、实用性和指导性。

(4)注重理论联系实际,把爱国主义、国防精神教育贯穿于全书中,激发学生的忧患意识,以及从军尚武、勇于献身、报效祖国,为国防事业建功立业的责任意识。

(5)文字表述简洁流畅,通俗易懂,图文并茂,图表清晰。

本教材在有所创新,有所发展的基础上,充分借鉴并吸取现有军事课教材的优秀成果和学术刊物发表的有关文献资料。在此,对所引用文献的作者,对审阅本书的专家教授表示衷心感谢!

西北工业大学军事教研室军事理论教学团队教师尚柏林、高雷、易万军、黄拳章、杨继钢、王照峰等同志对部分章节内容进行修订,军事教研室主任杨萌同志审阅了全稿,在此表示感谢!

由于笔者水平有限,书中不足疏漏之处在所难免,恳请读者批评指正。

编 者
2022 年 6 月

目　录

第一章　中国国防 ·· 1

　　第一节　中国国防概述 ·· 1

　　第二节　国防法规 ·· 16

　　第三节　国防建设 ·· 26

　　第四节　国防动员 ·· 38

　　思考题一 ·· 44

第二章　中国武装力量 ·· 45

　　第一节　中国武装力量的构成 ·································· 45

　　第二节　中国武装力量的多样化运用 ···························· 49

　　第三节　中国人民解放军军种体制及编成 ························ 54

　　思考题二 ·· 62

第三章　《中华人民共和国兵役法》基本知识 ························ 63

　　第一节　《中华人民共和国兵役法》概述 ························ 63

　　第二节　我国新兵役法的意义和主要内容 ························ 68

　　第三节　我国公民履行兵役义务的形式、意义和特点 ·············· 72

　　思考题三 ·· 76

第四章　军事思想 ·· 78

　　第一节　中国古代军事思想 ···································· 78

　　第二节　毛泽东军事思想 ······································ 95

　　第三节　邓小平新时期军队建设思想 ···························· 111

　　第四节　江泽民国防和军队建设思想 ···························· 126

第五节　胡锦涛国防和军队建设的重要论述……………………… 129
　　第六节　习近平强军思想…………………………………………… 132
　　思考题四……………………………………………………………… 142

第五章　国际战略环境……………………………………………… 143
　　第一节　战略环境概述……………………………………………… 143
　　第二节　国际战略形势……………………………………………… 156
　　第三节　国家安全形势……………………………………………… 168
　　思考题五……………………………………………………………… 189

第六章　现代战争…………………………………………………… 190
　　第一节　新军事革命………………………………………………… 190
　　第二节　信息化战争………………………………………………… 203
　　第三节　信息化战争的基本特征…………………………………… 206
　　第四节　信息化战争的发展及对国防建设的要求………………… 208
　　思考题六……………………………………………………………… 213

第七章　军事高技术………………………………………………… 214
　　第一节　高技术的基本特征与分类………………………………… 214
　　第二节　军事高技术的分类与构成………………………………… 220
　　第三节　军事高技术对现代作战的影响…………………………… 226
　　思考题七……………………………………………………………… 228

第八章　精确制导武器与侦察监视技术…………………………… 229
　　第一节　精确制导武器……………………………………………… 229
　　第二节　侦察监视技术……………………………………………… 246
　　思考题八……………………………………………………………… 257

第九章　航天技术与伪装隐身技术………………………………… 258
　　第一节　航天技术…………………………………………………… 258
　　第二节　伪装与隐身技术…………………………………………… 271

目　录

思考题九……………………………………………………………291

第十章　信息化装备……………………………………………292

　　第一节　信息化作战平台概述……………………………292
　　第二节　信息化作战平台分类……………………………292
　　思考题十……………………………………………………309

附录…………………………………………………………………310

　　附录一　《中华人民共和国国防法》……………………310
　　附录二　《中华人民共和国国防教育法》………………320
　　附录三　《中华人民共和国兵役法》……………………325
　　附录四　《中华人民共和国退役军人保障法》…………335
　　附录五　陕西省征兵政策（2022年）……………………346

参考文献……………………………………………………………353

第一章 中国国防

"国无防不泰，民无防不安"，强大的国防是国泰民安的可靠保证。任何一个国家如果没有一个强大的国防就不可能是一个强大的国家，没有一个巩固的国防，国家安全和社会发展就没有保障。可见，国防事关国家的兴衰、荣辱和存亡，是国家生存和发展的安全保障，国防的巩固和强大被视为一个国家安危和经济发展的根本大计。

第一节 中国国防概述

一、国防的含义和基本类型

（一）国防的含义和意义

1. 国防的含义

国防是国家防务的简称。《中华人民共和国国防法》（以下简称《国防法》）对国防的立法表述是："国家为防备和抵抗侵略，制止武装颠覆，保卫国家的主权、统一、领土完整和安全所进行的军事活动，以及与军事有关的政治、经济、外交、科技、教育等方面的活动。"从国防的概念看，它包括了四个要素：一是主体要素，国防的主体是国家；二是对象要素，国防的对象是入侵外敌与武装颠覆；三是目的要素，国防的目的是保卫国家的主权、统一、领土完整和安全；四是手段要素，国防的手段是军事活动以及与军事有关的政治、经济、外交、科技、教育等方面的活动。

2. 国防的意义

国防是伴随国家而出现的。国防关系到国家的生死存亡，荣辱兴衰，历来被政治家、战略家、军事家和一切志士仁人所关注。

军事和战争从古到今时时刻刻与我们相伴。早在春秋战国时期，诸子百家目睹天下兴亡大势，深深地认识到常备不懈的重要和马放南山的危险，纷纷放言，"居安思危，思则有备，有备无患。"两千多年前著名的军事家、政治家孙武在《孙子兵法》中告诫我们："兵者，国之大事也，死生之地，存亡之道，不可不察也。"非常精辟地阐明了国防的重要性。(古汉语"兵"引申为士兵、军队、战争、用兵等多种意义)。而两千多年后，一位革命家又告诫我们说，"也许，你对战争毫无兴趣，但战争却对你兴趣甚浓。"

千百年来，中华民族给我们留下了关于加强国防的不少千古名训，兵家也给我们留下一些至理名言。这些千古名训、至理名言，可以说家喻户晓，耳熟能详。如，"国家兴亡，匹夫有责""天下虽安，忘战必危""生于忧患，死于安乐""夫安国之道，先戒为宝""兵者百岁不一用，然不可一日忘战""君子安而不忘危，存而不忘亡，治而不忘乱""苟利国家生死以，岂因祸福避趋之"等等。一位军事家说，"军人的一生就是两件事情。一是打仗，二是准备打仗。"

这些永恒的千古名训，至理名言，精辟地阐明了国防的重要性。可见国防的根本目的，是为了维护国家的生存和发展。实质上看，国防的概念不只是打仗，打仗也不只是军队、当兵的事，而是政治、经济、外交、教育等综合国力的较量。因此，"国不富无称雄之本，兵不强则无争霸之力。""富国强兵"是我国屹立世界民族之林的两大支柱。这是古今中外，千百年来被历史所证明的真理。所以，凡国民都应关心国防，以弘扬国防观念为己任，支持、参与国防建设。

大学生是一支雄厚的、具有战争威慑作用的战争潜在力量，是一支强大的国防后备军。从某种意义上看，大学生的国防观念、国防精神、国防能力如何，将直接关系到国家的兴衰。因此，要培养当代大学生"学习思国防，工作为国防，生命献国防"的理念，使大学生以强烈的国防意识，义无反顾地担负起"强我国防，振兴中华"的历史使命，树立关心国防、热爱国防、建设国防、献身国防的光荣感、使命感，为国防现代化建设建功立业！

我们应该看到，随着和平年代的延续，我国经济迅速发展，综合国力不断提高，安全形势日益改善，加之目前由于我国正在大力发展经济，人们整体生活水平有了大幅度提高。目前，我国部分国民中一些人国防意识趋于淡化的问题逐渐显现出来，尤其是一些青年学生中民族忧患意识，国防意识在头脑里开始淡化和萎缩。一是片面认为现在是和平发展了，天下太平了，仗打不起来了，陶醉于太平盛世，歌舞升平之中。二是认为国防是军队的事，打仗、保卫祖国与大学生无关，甚至认为，"国事、军事、天下事，关我啥事!"三是有的怕苦、怕累，不愿参加集中阶段学生军训，不想当兵。四是把"大仗打不起来"理解为"仗打不起来"；把"以经济为中心"理解为"以赚钱为中心"，一提国防教育，就有人说是没事找事，小题大做，无病呻吟等等。

虽然和平与发展成为时代主题，但自冷战结束后，世界并不太平，人们几乎经常可以听到局部战争的枪炮声，铸剑为犁的时代远未到来。可以说，西方势力虎视眈眈，周边国家狐假虎威。中国的战略环境是世界大国中最恶劣的，北有"北极熊"，西有印度，南有南海问题，东有台湾、钓鱼岛问题。海洋周边烽烟四起，狼群环视。我们必须要加强海洋观教育，激发关注海洋、关注海权、关注海防的热情。面对总体和平、局部战乱的世界形势，我们既不能盘马弯弓，枕戈待旦，又不能高枕无忧，刀枪入库，马放南山，必须增强忧患意识，使命意识。有的同学说得好，强烈的国防意识是民族之魂，一旦魂不附体，国家也难免沦亡。

"青年兴则国兴，青年强则国强。"面对新形势下的挑战，大学生不仅要有报国之志，还要有报国之才，做到不忘国耻，关注国防，才能担负起国家强盛的重任。

(二) 国防的基本类型

国家的社会制度和国家政策决定国防性质。国家的社会制度不同，制定的国防政策，追求的国防目标也不相同。纵观世界国防，从性质上分，基本有两种：一种是侵略性质的进攻型，另一种是自卫性质的防御型。从这两种对立的国防性质出发，当代世界各国的国防归纳起来可分为四种类型：

（1）扩张型。扩张型是指某些经济发达的大国，为了维护本国在世界许多地区的利益，实行霸权主义侵略扩张政策，它们打着国家安全防务的幌子，将其疆域以外的国家和地区也纳入本国的势力范围，对别国进行侵略、颠覆和渗透。如美国，奉行霸权主义政策，在世界各地建立了300多个军事基地，将本国的国防延伸到其他国家和地区，为其全球战略服务。

(2) 自卫型。自卫型国家的国防以防止外敌入侵为目的，在国防建设上依靠本国的力量，广泛争取国际上的同情与支持，以达到维护本国安全、周边地区和世界的和平与稳定。

(3) 联盟型。即以结盟形式，联合一部分国家来弥补自身力量的不足。联盟型国防中，有扩张和自卫两种。从联盟之间关系看，可分为一元体系和多元体系联盟，前者有一个大国处于盟主地位，其余国家处于从属关系，后者基本处于伙伴关系，共同协商防卫大计。

(4) 中立型。中立型主要指中小发达国家，为了保障本国的繁荣发展和安全，严守和平中立的国防政策，制定了总体防御战略和寓兵于民的防御体系。其中一些国家采取完全不设防的方式，有的则采取全民防卫的武装中立。如瑞士，寓兵于民，大搞全民皆兵的国防。规定20～50岁的公民都要参加军事训练，全民防御从一家一户开始做起，几乎像明天就要打仗一样，时刻保持高度的戒备。一位瑞士外交官对采访他的记者说："你问我为什么我们瑞士几百年来没有打过仗？我告诉你，那是因为我们随时在准备打仗！"

我国是社会主义国家，我国的国家利益是阶级利益、民族利益和全世界人民的根本利益的高度统一。因此，我国的国防政策是防御型的。我们坚持和平自主的防卫原则，永远不搞侵略扩张，也不允许别国侵占我国一寸土地。在对外关系方面，我国一贯奉行独立自主的外交政策，在"和平共处"五项基本原则的基础上，与各国友好合作，不做超级大国，不称霸，不依附经济大国，不同它们结盟。我国的国防完全是为了保卫国家主权和领土完整，因而我国国防战略方针是积极防御、自卫型的国防。

二、国防的主要内容

国防的内容是多方面的，概括起来有以下几个方面。

(一) 保卫国家主权

主权是国家存在发展的基础，是国家的根本标志，是国际社会不可动摇的基石，也是国际法的基本原则之一。保卫国家主权不受任何外来势力的干涉和破坏是国防的主要任务。如果一个国家作为主权实体被剥夺了，那么它的一切，包括国家的尊严、领土完整、传统的生活方式、基本的政治制度、经济发展、社会准则和国家荣誉等就无从谈起。二战初期，面对德国法西斯的狂轰滥炸，英国首相丘吉尔表示，就是整个伦敦化为灰烬,也比沦为德国法西斯奴隶不知强多少倍。邓小平同志在和撒切尔夫人关于香港问题会谈时讲道:"主权问题不是一个可以讨论的问题。"可见主权是国家的核心利益,绝不能做任何妥协、让步。因此保卫国家主权独立,始终是国防中第一位的根本目的和任务。

(二) 保卫国家领土

领土,是位于国家主权支配下的地球表面的特定部分,以及其底土和上空。领土是国家行使其主权的空间。

国家领土完整是国家存在和发展的自然物质前提,是构成国家的基本要素之一。国家防务见之于国家领土,就是保卫领土完整。领土可大可小,但必须相对固定,才可能成为国家。这从古代文字造型中也可以看出这一思想。甲骨文中,国家的"國"造型是从戈从口,即用武力保卫人口土地之意。简化字"国"的寓意是一个国家四境之内皆为玉也!地是玉,所谓寸土寸金就是这个意思。宁洒一腔血,不失一寸土,正像先贤告诫的,"寸寸山河寸寸金!"

当前我国周边安全总的形势趋向缓和,我国同周边大部分国家解决或基本解决了遗留的边界问题,但由于历史原因,仍遗留一些尚未解决的岛屿归属、海洋划界、领土划分、海洋权益争端等问题。加之台湾问题没有解决,我们仍面临着完成国家统一的任务。因此,在今后较长时期内,我国国防的主要任务是保障国家的周边安全,维护国家统一,保卫国家领土的完整。

(三) 保卫和追求国家利益

国家利益是一个主权国家在国际社会中生存和发展需要的总和。

按照马克思主义的观点,利益是决定一切的。世界上一切冲突和战争,无不是利益的派生物。人类历史就是一部充满了争夺资源与生存权的历史。从奴隶社会的占地夺奴,到拿破仑的讨伐征战,希特勒"闪击"欧洲,无一不是争夺资源和更大的生存空间。如美国对外动武原则中的核心要素就是"国家利益"。从国家角度看,国家利益是国防的实质和根本属性,是制定国家战略的基础。加强国防的目的,也就是在于维护和追求国家利益。

(四) 保卫国家荣誉

国家荣誉是国家主权独立、领土完整、国家利益、民族精神、社会制度的外在表现。世界上每一个国家都有国家荣誉问题,它们的区别仅仅在于善或恶、美或丑、好或坏、自尊或自悲、和平或好战、高尚或低下。一个人荣誉不修，会降低自己的人格；一个国家的荣誉不修，会降低国家的国格。因此保卫国家的荣誉也是国防的一个重要内容。

三、现代国防的基本特征与国防的作用

（一）现代国防的基本特征

随着国际安全形势和社会形态的发展，世界各国更加关注国防建设，同时也对国防建设的理论不断进行探讨、发展和丰富。展望各国国防建设理论和实践的发展，现代国防建设具有以下基本特征。

1. 坚持国防建设与国家安全基本目标相适应

各国都强调国防建设应与国家安全基本目标保持一致，并随国家安全目标的变化对国防建设适时做出调整。美国对国家安全的释义是：国家安全既包括美国国家防务，又包括美国对外关系。具体包括在军事或防务上占有对任何外国或国家集团的优势，对外关系中的有利地位，能成功地抵抗来自内部或外部、公开或隐蔽的敌对行动或破坏行动的防务态势。在《国防改组法》中规定，总统每年向国会提交《国家安全战略报告》，说明和论述为实现国家安全战略应具备的国防能力和军事实力建议。俄罗斯把国家安全构想作为官方的正式文件，作为解决所有安全问题的最高纲领和基本依据，位居军事学说之上，指导军事建设与武装力量建设。英、法、德、日等国，也都以法律或官方文件的形式，明确国家安全基本目标与国防建设之间的关系，并定期和不定期地进行调整。

2. 重视军事思想的创新

面对信息时代的来临以及机械化战争形态向信息化战争形态的过渡，世界主要国家不失时机地抓紧进行理论研究和军事思想的创新，新的理论层出不穷，正酝酿着重大突破。自20世纪90年代以来，以美国为首的西方大国已经陆续推出了一批适应21世纪特点的军事理论，如"21世纪军队""21世纪战争""信息战理论""全维作战理论""指挥控制战理论"等，有些创新的军事理论已经写入了一些国家的国防报告、防卫白皮书或军事条令条例，正向现实战斗化转化。可以预料，随着军事发展需求的加快，各国军事思想的创新速度还会进一步加快。在创新理论的同时，各国军队越来越重视发挥理论在国防建设中的"牵引"和"导向"作用。一方面，根据未来世界形势、本国安全利益和国家安全战略的要求，制定出作战理论，并根据作战理论筹划国防和军队建设；另一

方面，将国防与军队建设的理论体现在定期或不定期颁布的不同层次的法规或文件之中，从不同层次上规范和指导国防与军队建设的实践。

3. 进一步调整国防与军队组织体制

各国普遍认为，未来国防与军队组织体制应保证国家能应付多种威胁，保证军队具有高度机动和实施"全维作战"的能力，便于综合运用各种力量、作战方式和打击手段，实现由合成化向高度一体化的转变。在进一步裁减军队员额的情况下，为了进一步提高战斗力，完成国家赋予的战略任务，许多国家都把提高国防与军队质量建设的砝码压在调整体制和优化结构上。主要做法是：理顺关系，转变职能，变纵长形的"树"状指挥体制为扁平形"网"状指挥体制；进一步优化军队结构和兵力编成，使军兵种结构更适应信息化条件下的高技术战争；进一步提高部队编成与指挥体系的合成化程度，采取联合指挥方式，以灵活的小型化联合部队，打破军种界限，按职能编组军队。

4. 不断推进武器装备现代化

近期发生的几场局部战争，让以美国为首的西方发达国家尝到了高技术武器的"甜头"，也给世界其他国家造成了强烈的震动。世界各国的人们越来越强烈地意识到，不拥有高技术武器，不掌握制空权、制海权、制电磁权，就只能被动挨打，甚至会危及一个国家和民族的生存。因此，进一步加大对高科技的投入，立足于国情、军情发展高技术装备，不断推进武器装备的现代化已成为多数国家的选择，并且成为各国新的建军计划、战略构想、"国防白皮书"中的核心内容。为发展军事高科技，换装新型装备，世界各国均提高了军费开支，大力开发适应未来战争需要的高新武器技术。美、俄、日、英、法、德、以色列等国，都把 C^4I[①] 系统、精确制导武器与作战平台、超常规武器、信息化武器等作为其军事技术的首要内容，研究和确定了下一步的目标和实施方案；重点强调要突出发展 C^3I[②] 系统和防空反导武器，在战略核力量建设上，强调进一步完善陆基机动式战略弹道导弹，增强其精确和突防能力；加强对现有装备的现代化改造。主要是利用新技术，特别是数字通信技术，对现有的武器系统进行改造，提高现有武器装备和作战系统的整体效能，大幅度

---

① 英文 Command，Control，Communication，Computer，Intelligence 的缩写。
② 英文 Command，Control，Communication，Intelligence 的缩写。

地提高装备建设的效益。

5. 加快军队职业化建设步伐

在各国新的国防与军队建设计划中，都把吸收和保留高素质的人才放在了突出的位置。而作为吸引和保留人才、建设高素质官兵队伍、提高部队整体作战水平的重要举措之一，就是进一步改革兵役制度，加快军队职业化建设的进程。美国早在 1973 年就实行了"全志愿兵役制"。自 1996 年开始，法国利用 6 年时间，完成了军队职业化程度从 59% 到 92% 的过渡。俄罗斯计划到 2005 年军队全部实行职业化。意大利、葡萄牙、奥地利、挪威等国也准备进行类似的兵役制改革，由征兵制向募兵制转变。

6. 加快军队的信息化建设

20 世纪 90 年代中期以来，面对信息革命的发展结合战争形态带来的巨大变化，以及电子战、信息战在近期几场局部战争中的突出表现，使世界一些国家对军队信息化建设的意义产生了共识。尤其是发达国家格外重视研究日新月异的信息技术对国防与军队的建设领域的影响，它们对利用信息技术表现出极大的热情和极高的自觉性。追求信息优势，提高信息战的能力，成为未来一个时期一些国家，特别是以美国为首的西方发达国家进行军队质量建设新的、首要的目标。为此，它们改变了工业时代围绕"火力和机动"实施军队建设的旧观念，转而采取"以信息为基础"建设军队的新思路。在这方面，美国已经捷足先登，明确提出了"信息主导"的建军构想，出台了信息化建设的一系列具体方案，计划到 21 世纪中叶把美军建成信息化军队。美国的盟国，英、法、德等国不甘落后，根据欧洲的特点，立足于本国基础，也开始把信息战列入日程，提出了军队数字化、信息化建设的发展计划，并开始了部分实践。韩国、印度以及东盟一些国家则准备走机械化、信息化建设相结合的复合式军队发展道路，计划采取自行研究与引进相结合的方式，注意建立相匹配的 C^3I 系统，发展电子战能力，增加军事力量的信息含量，并积极研究超越阶段发展的可行途径。

（二）国防的作用

1. 国防是国家安全的重要保障

国防是一个国家用来抵御外来入侵和保证自身安全的有力屏障。为了保障国家安全，促进国家发展，各国都从本国实际出发，努力加强自身的国防建设,在国民中进行国防教育,使国民树立爱国主义和维护国家根本利益的观念,为国家的发展创造有利的条件和环境,从而维护国家安全。

2. 国防是国家独立自主的前提

强大的国防是确保国家安全、人民安居乐业的前提。国家独立,民族兴旺,离不开整个民族的尚武精神,离不开具有强大战斗力的军队和后备力量建设。在新的历史条件下,国防是我国维护国家权益和地位的必要条件,也是完成祖国统一大业,全面构建社会主义和谐社会的重要保障。

3. 国防是国家繁荣发展的重要条件

强有力的国防可以为一个国家的发展创造良好的内部和外部环境,使国家的其他建设事业顺利进行。如果没有巩固的国防,这个国家的政权是无法稳定的,经济发展的目标也就无从谈起。因此,国家的生存、政权的巩固、经济利益的维护、国际地位的提升都必须有一个强大的国防来支撑。

四、我国国防历史

(一)历史上的国防

国防是国家的产物,有了国家就有了国家的防务。我国古代的国防是从我国第一个奴隶制国家的建立,到1840年鸦片战争爆发,历经4 000年,有20多个朝代的更迭,呈现出兴衰交替和曲折发展的历程,其内容十分丰富。

中华民族历来有抵御外敌,保卫国家的优良传统。在我国历史上,无数志士仁人,为抵抗外敌侵略,捍卫民族尊严,谱写了一曲曲慷慨悲歌,树立了一座座历史丰碑。从替父从军的花木兰,到精忠报国的岳飞,从虎门销烟、捍我主权的林则徐,到与战舰同存亡的"致远舰"管带邓世昌,都使人领略到他们以身报国,流芳千古的爱国主义精神。

在我国历史上还有许多民族英雄,为了维护民族尊严,追求真理的凛然气节,给我们留下了许多可歌可泣、脍炙人口的诗篇,成为激励中华民族的宝贵精神财富。如,吉鸿昌:"恨不抗日死,留作今日羞";谭嗣同:"我自横刀向天笑,去留肝胆两昆仑";霍去病:"匈奴未灭,何以家为"的维护民族尊严的凛然气节是我们的榜样;范仲淹:"先天下之忧而忧，后天下之乐而乐"以天下事为己任的精神令人钦佩；文天祥："人生自古谁无死，留取丹心照汗青"的民族气节令后人称颂；民族革命先驱孙中山，青年时代就写过尚武的条幅，"革命尚未成功，同志仍需努力。"孙中山在中华民族危机最深重的年代，第一个倡导现代民族精神：万众一心，振兴中华，发奋图强，后来居上！

在边防上，城池是中国古代国防建设中时间最早，数量最多的工程。长城是城池建设的延续和发展，始建于春秋战国时期，后经各朝代多次修建连接，至明代形成了西起嘉峪关、东至山海关的万里长城。而海防则始建于明朝，主要是防御倭寇的入侵。

中国古代的军事技术，走在世界的前列，并对世界军事乃至世界经济的发展产生过深远的影响。公元 8 世纪，唐朝发明了火药并用于军事，引起了军事上划时代的变革。

中国古代对于军事理论的研究也有一定的成果，并产生了许多不朽的军事著作，如《孙子兵法》《吴子兵法》《司马法》《尉缭子》《六韬》《三略》《唐太宗·李卫公问对》和其他军事理论著作，对于指导战争和加强国防起到了重要的作用。

（二）近代中国的国防

从鸦片战争到五四运动，是我国近代历史时期。包括第一、二次鸦片战争、边疆危机、中法战争、中日甲午战争、义和团运动、八国联军侵华。近代中国的历史是中国人民蒙受奇耻大辱，饱受民族屈辱和苦难的历史。先后有美、英、法、俄等 20 多个国家的侵略者践踏过我国领土，犯下了滔天罪行。如香港割让给英国，沙俄占我东北 150 万 km^2 领土（相当于 1 个法国，3 个德国面积总和，等于 6 个英国）。日本霸占了台湾，特别是日本侵华战争给中国人民带来的灾难，心灵的创伤难以言表，其悲壮惨烈不堪回首。近代历史创下了四项"世界纪录"：一是签订的不平等条约有 500 多条；二是割地丧失领土面积约 200 万 km^2；三是赔款白银约 12 亿两；四是战争失败的次数有 300 多次。

一部中国近代史，早已雄辩地证明，有国必有防，无防必遭殃。实践也告诉我们，强国梦要从强兵开始，中国人民站起来了就是从强兵实现的。能战方能言和，自强才能自立。只要世界上还有战争根源和策源地，强兵固防永远是安国兴邦的永恒主题。

（三）新中国成立后的国防

新中国成立后，积极加强国防建设。大体经历了三个阶段。

第一阶段：抵御侵略、内治创伤的恢复阶段（1949—1959年）。

这一时期国家处在外御帝国主义侵略、内治战争创伤和恢复经济的时期。国防建设主要完成了三个方面的任务：第一，解放了大陆和除台、澎、金、马之外的全部沿海岛屿，肃清了滞留在大陆的国民党残余武装，平息了匪患，建立了边防和守备部队，加强了边海防的守卫。第二，取得了抗美援朝战争的胜利。第三，建立、健全了统一的军事领导机构和军事制度；建立了一支初具规模的海军和各兵种部队，逐步开始从单一陆军向诸军兵种全面建设过渡；建立了100余所军事院校，为国防建设培养了大批现代化军事人才；统一了军队编制体制；建立了各项规章制度。

第二阶段：曲折发展阶段（1960—1978年11月）。

进入20世纪60年代后，我国的安全环境发生了重大改变，面临着严峻且复杂的国际形势。美国侵略越南、老挝，威胁中国安全；苏联在中苏边境集结重兵，多次对中国进行武装挑衅。面对复杂的国际形势，在老一辈无产阶级革命家和全军指战员的共同努力下，以战备为核心，我们的国防建设取得了显著的成绩：常规武器实现了国产化，国防尖端技术取得了突破性进展，军队一直坚持党的领导，保持了稳定，战备工作扎实有效。

第三阶段：全面发展阶段（1978年12月至今）。

随着国家安全环境的逐步好转，我国的国防建设进入了新的历史时期。党的第二代领导集体敏锐地把握住了国际国内形势的变化，国防和军队建设指导思想实行了战略性转变。第三代领导集体抓住新军事革命的契机，确立了新时期的军事战略方针，实现"两个根本性转变"的思想，走科技强军之路，开创了国防建设的新局面，国防建设步入了快速发展的新轨道。

新时代的中国国防，深入贯彻习近平强军思想和军事战略思想，坚持以党在新时代的强军目标为引领，贯彻新时代军事战略方针，坚持走中国特色强军之路，国防和军队建设取得历史性成就、发生历史性变革。当今世界正经历百年未有之大变局，世界多极化、经济全球化、社会信息化、文化多样化深入发展,和平、发展、合作、共赢的时代潮流不可逆转,但国际安全面临的不稳定性不确定性更加突出,国际战略格局深刻演变,亚太安全形势总体稳定,中国国家安全面临的风险挑战不容忽视,世界并不太平。

中国将始终不渝奉行防御性国防政策。新时代中国国防的根本目标是坚决捍卫国家主权、安全、发展利益,鲜明特征是坚持永不称霸、永不扩张、永不谋求势力范围,战略指导是贯彻落实新时代军事战略方针,发展路径是坚持走中国特色强军之路,世界意义是服务构建人类命运共同体。

(四) 中国国防历史的启示

我国 4000 多年的国防历史,有过声威远播、天下归附的辉煌,也有过遍体鳞伤、不堪回首的屈辱,更有过抗敌卫国,从蒙耻到雪耻、从屈辱走向尊严的艰辛路程。这其中,可以得到许多有益的启示。

1. 经济发展是国防强大的基础

经济是国防的物质基础,国防的强大有赖于经济的发展。早在春秋时期,齐国的政治家管仲就提出"富国强兵"的思想,孙子则更直接地指出:兵不强则不可以摧敌,国不富不可以养兵,富国是强兵之本,强兵之急。这一观点抓住了国防强大的根本所在。我国古代凡是有作为的政治家、军事家和王朝,无不强调富国强兵。秦以后的汉、唐、明、清各代前期国防的强盛,都是与民休养生息、发展经济的结果;与此相反,以上各朝代的衰败,也都是由于经济的衰落导致政治腐败和国防羸弱所致。无数历史史实证明,经济发展是国防强大的基础。

2. 政治开明是国防巩固的根本

政治与国防紧密相关,国家的政治是否开明,制度是否进步,直接关系到国防能否巩固,良好的政治是固国强兵的根本。纵观我国数千年的国防史,不难发现,凡是兴盛的时期和朝代,都十分注意修明政治,实行较为开明的治国之策。原本西陲小国的秦国,从商鞅变法开始,修政治,明法度,发展生产,繁荣经济,国防日渐强大,为吞并六国奠定了坚实的基础;大唐初建之时,满目疮痍,百废待兴,正是由于制定并实施了一系列开明的政治制度,使国家很快从隋末的战争废墟中恢复过来,很快成为国力昌盛、空前统一的大唐帝国。凡是衰落的时期和朝代,无不因为政治腐败导致国防虚弱。唐朝中期以后，两宋乃至晚清都是如此。

3. 国家的统一和民族的团结是国防强大的关键

翻开几千年的国防史，人们会发现这样一个规律，凡是国家统一、民族团结的时期，国防就巩固和强大；凡是国家分裂、民族矛盾尖锐的时期，国防就虚弱颓败。晚清时期，在西方列强的进攻面前，不仅不敢发动反侵略战争，不依靠、不支持人民群众进行战争，反而认为"患不在外而在内""防民甚于防火"。对人民群众自发组织的反侵略斗争实行残酷的镇压，最终造成对外作战屡战屡败，割地赔款，逐步沦为半殖民地半封建社会。

抗日战争时期，中国共产党主张全国军民团结起来，建立广泛的抗日民族统一战线，共同抵抗日寇侵略。同时，坚持人民战争的战略指导方针，放手发动群众，团结一切可以团结的力量共同抗击敌人。中国共产党领导的八路军、新四军挺进敌后，开辟了广大的敌后抗日根据地，运用人民战争的战略战术，同全国人民一道有力地打击了日本侵略者，并最终取得了抗日战争的全面胜利。

历史证明，国家的统一、民族的团结、全国军民一致共同抵抗侵略的精神和意志，才是真正的钢铁长城。

五、国防精神

国防精神是一个国家的公民抵御外侮，捍卫祖国的独立和主权，维护国家的尊严和安全的强烈意识。它是国防力量的重要组成部分，从某种意义上讲，国防精神决定着战争胜负，民族独立，国家存亡。国防精神作为一个国家一个民族最重要的精神支柱，是在长期的国防实践中潜移默化形成的。国防精神包含的内容是多方面的，不同时期，不同社会制度，不同国家及不同的精神主体都有着各自不同的国防精神。我们所说一般意义的国防精神主要包括爱国主义精神、民族尚武精神和革命英雄主义精神。

（一）爱国主义精神

爱国主义精神是千百年来巩固起来的对自己祖国的一种最深厚的感情，是一个民族和国家在长期的历史发展过程中逐渐孕育而成的崇高而神圣的感情，集中表现为民族自尊心和自信心，表现为为争取国家的独立和富强而英勇献身的精神，表现为对民族和国家的发展和繁荣的关心与维护，表现为对人民和祖国的忠诚和热爱。

爱国主义精神是整个国防精神的基础。一个民族，一个国家，能否兴旺发达，强盛不衰，其根本在于国民是否具有强烈的爱国主义精神。只有热爱自己祖国的人，才会关心祖国的安危和维护民族的尊严；只有热爱自己祖国的人，才会在祖国面临危难的时刻，勇敢无畏地保卫祖国；只有热爱自己祖国的人，才会为祖国的富强和国防的强大忘我拼搏。爱国主义作为一种伟大而崇高的思想感情，具有巨大的凝聚力和向心力，体现了浓厚的民族感情，是民族意识的集中反映，是一个国家和一个民族自立于世界民族之林的基石。

中华民族有着热爱祖国的优秀传统，千百年来，有多少志士仁人用自己的热血和生命在历史舞台上演出了一幕幕撼天动地，可歌可泣的伟剧，谱写了无数爱国主义的雄伟乐章。他们或卫国戍边，马革裹尸；或气贯山河，宁死不屈；或历尽艰险，不辱使命；或蒙冤受屈，穷且益坚……这种仰天长啸、壮怀激烈、勇赴国难、凛然赴死的爱国主义精神，乃是中华民族自立自强的生命力所在。纵观中国新民主主义革命，可以清楚地看到：中国共产党是中国历史上最先进、最伟大的爱国政治集团，共产党人是最忠诚、最坚决、最彻底的爱国主义者。在领导中国人民救亡图存的斗争中，无数共产党人前赴后继，抛头颅洒热血，为劳苦大众的翻身和民族的解放而英勇献身。他们的事迹和精神永远鼓舞着千千万万的后来者。在深化改革开放、建立社会主义市场经济体制的新形势下，爱国主义依然是动员和鼓舞中国人民团结奋斗的光辉旗帜，是各族人民共同的精神支柱，是社会主义精神文明建设主旋律的主要组成部分。祖国是人民的摇篮，任何个人和团体都不能离开自己的祖国而生存，个人命运同祖国的命运紧紧联系在一起，国家强盛，人民就安康，民族就繁荣；反之，民族就危亡，个人也就无幸福可言。所以，"天下兴亡，匹夫有责"，国家的安危与民族的兴亡系于每个人，为祖国浴血奋战，为国艰苦奋斗是每个公民义不容辞的责任。加强爱国主义教育，对于振奋民族精神，凝聚全民族力量，培养社会主义"四有"新人，鼓舞全国人民为建设具有中国特色的社会主义国家，筑起坚不可摧的国防钢铁长城，具有十分重要的意义。

（二）民族尚武精神

尚武精神是指以武为荣，崇尚军功，尊重习武阶层，希望通过军队和全民习武达到国防稳固的一种精神。它包括卫国报国的志向，刚毅坚强的斗志，奋发进取、刻苦钻研的精神；居安思危，保持高度战争警惕性的戒备观念；积极做好军事斗争准备，尊重军人，关心、支持军队和国防建设等。尚武精神反映了一个国家民气的高低，标志着国力的强弱，对于国家和民族的生存和发展有着重要的作用，是国防精神的重要内容。

当今所处时代，还远不是放弃武备就能获得民族和国家安全的时代，我们诅咒战争，但不能不提防战争，只有战争才能制止和消灭战争。我们提倡尚武精神，是唤起人们"居安思危，思则有备，有备无患"的民族忧患意识，激发人们卫国报国的志向、奋发进取刚毅坚强的意志和勇于磨炼的勇气；我们提倡尚武精神，是增强国民的国防观念，树立关心国防，爱护和支持国防建设的拥军精神。历史经验一再告诉我们，如果一个国家和民族丧失了尚武精神，国民的防卫意识和反抗意识就会丧失，国家安全就会面临严重威胁，甚至导致国家的灭亡。归结历史教训，主要表现在三个方面：一是贪图安逸，疏修武备。长期和平环境滋长了人们的麻痹松懈情绪，豪华奢侈之风大增，长期沉溺于酒色和歌舞升平之中。二是统治者不理国事、兵事。为将者不习练武之法，为民者不知何为战事，老百姓久不习武，皆不能受甲。整个民族和国家没有尚武奋斗的精神，当兵卫国的观念逐渐消失，正如白居易所说"习惯梨园歌管声，不识旌旗与弓箭"。三是军人地位下降，雇佣思想严重，社会上更是看不起当兵习武之人，正所谓"好铁不打钉，好汉不当兵"。军人薪俸低下，学识浅薄，为人所不齿，军人失望，激发不出为国捐躯的豪情壮志。

当今世界，和平与发展虽然是时代的总趋势，但缓和与争夺并存，对抗与对话并用，裁军与扩大交替，构成了国际社会的生存与发展，纷争与共进，兵戎相见与硝烟较量，人类远未进入化剑为犁的时代。今天虽然我们国家比任何时候都强大，但我们更要以史为鉴，发扬全民国防教育的传统，振奋民族尚武精神，时刻不忘国防，只有这样才能保证我国长治久安和持续发展。

（三）革命英雄主义

爱国主义是国防精神的基础和核心内容，而革命英雄主义则是国防精神的集中体现，是国防精神的重要内容。革命英雄主义精神的民族表现是：勇于献身不怕牺牲，乐于奉献的高尚品质；战胜困难的坚强意志；宁死不屈的革命气节；勇敢顽强的革命气概；争先创优的进取精神；朝气蓬勃的革命乐观主义精神等。几千年来，中华民族形成了自己所特有的民族气节，涌现出了许多气贯长虹的英雄人物，他们"宁为玉碎，不为瓦全""宁愿站着死，不愿跪着生""生当作人杰，死亦为鬼雄"，用鲜血和生命写下了无数正气歌，为世人所传颂。尤其是在为争取祖国独立、民族解放和捍卫国家领土完整的斗争中以及社会主义建设中，中国共产党及其领导的人民军队，最突出地表现了高度的革命英雄气概，涌现了无数的英雄集体和英雄模范人物，形成了革命英雄主义的优良传统。在新的历史时期，邓小平同志重新强调了革命英雄主义"五种精神"，即发扬革命加拚命的精神；严守纪律和自我牺牲精神；大公无私和先人后己的精神；压倒一切敌人，压倒一切困难的精神；坚持革命乐观主义，排除万难争取胜利的精神。过去我们靠这种精神，打败了国内外强大的敌人，战胜了各种艰难险阻，赢得了巨大的胜利。今天，要全面开创社会主义现代化建设的新局面，建设强大的现代化、正规化的革命军队国防，仍需要大力发扬革命英雄主义精神。

总之，国防精神是衡量一个民族生存能力的重要标志，也是构成一个国家综合国防实力的重要因素。广大人民群众有了强烈的国防精神，有了国家安危、民族兴衰的忧患意识，就一定能把我国建设好。

第二节 国防法规

国防法规是国家法律重要组成部分，是加强国防武装力量建设的基本法律依据，是调整国防领域中各种关系、坚持依法治军、全面提高部队战斗力的重要保证，也是做好战争准备，赢得战争胜利的根本保障。

一、国防法规概述

（一）国防法规的含义

国防法规是指国家为了加强国防，尤其是加强武装力量建设，用法律形式确定并以国家手段保证其实施的行为规则的总称。国防法规作为国防活动的基本法律规范，其主要任务是调整和规范国家在国防领域中的各种社会关系，把国防建设纳入法制化轨道，确保军队革命化、现代化、正规化建设总项目的实现。

健全的国防法规，是建设现代化国防的重要保证，是依法治军，加强武装力量建设,提高军队战斗的强大武器,也是衡量一个国家国防是否现代化的重要标志。

(二)我国现行国防法规的主要内容和等级

国防法规的内容十分广泛,主要包括国防领导体制,武装力量体制、编制,国家兵役制度,国家兵员动员制度,训练、管理、作战、保密制度,国防科研和教育制度,国防经费保障,军人待遇及其相互关系规定,军人犯罪惩治和教育以及军事设施保护等法则。

根据宪法规定的立法权力及立法原则,我国现行的国防法规可分为五个等级。

(1) 全国人民代表大会及其常务委员会指定颁布的法律。如《国防法》《中华人民共和国国防教育法》(以下简称《国防教育法》)《中华人民共和国兵役法》(以下简称《兵役法》)等。这些法律是由国家最高权力机关全国人民代表大会指定颁布的,处于国家基本法的地位。《中国人民解放军军官服役条例》《中国人民解放军军官军衔条例》等是由全国人大常务委员会指定颁布的,属于基本法之外的其他法律。

(2) 国务院、中央军委制定颁布的行政法规。如《军人优恤优抚条例》《退伍义务兵安置条例》等是由国务院颁布制定的,《征兵工作条例》《警官警衔制度的具体办法》的功能则是由国务院和中央军委联合制定颁布的。

(3) 国务院各部委和中央军委各总部制定颁布的法规。如《教育部、总参谋部、总政治部关于学生军训工作制度化的意见》《应征公民体格条例》《交通战备科研管理暂行规定》等。

(4) 各军兵种和各战区制定颁布的法规细则。如陆军颁布的《战斗条例》,海军颁布的《舰艇条令》,空军颁布的《飞行条例》等。

(5) 各省、自治区、直辖市人大和政府制定的地方性法规和规章。如《关于加强人武部建设意见》《征兵工作若干规定》《国防教育条例》等。

二、《中华人民共和国国防法》

(一)《国防法》颁布的意义

国防是国家生存与发展的安全保障,《国防法》是国家在国防方面的基本法律,是指导规范国防和军队建设的基本依据。新修订的《中华人民共和国国防法》(以下简称《国防法》)自2021年1月1日起施行。这是我国国防立法史上的一件大事。新中国的第一部《国防法》自1997年公布实施以来,对于建设和巩固国防,推进国防和军队现代化发挥了重要作用。

新修订的《国防法》是国防和军队建设方面其他法律法规的"母法"。以习近平新时代中国特色社会主义思想为指导,贯彻习近平强军思想,贯彻总体国家安全观,贯彻新时代军事战略方针,突出目标引领和问题导向,集中了全党、全军、全国人民的集体智慧,反映了全社会各界关心国防、建设国防、保卫国防的共同愿望和要求,是新时代科学立法、民主立法、依法立法的一次生动实践。全面体现党的集中统一领导,反映改革要求,固化实践经验,回应各方关切,为维护国家主权、安全、发展利益,推进国防和军队现代化提供了坚强法律保障。

(二)《国防法》的主要内容

新修订的《国防法》作为国防和军队建设领域的基本法,对国防活动的重大方针原则、目标任务、基本制度等作出了原则性规范;修改了与新形势新要求不符的基本政策,填补了新时代迫切需要的顶层制度;着眼构建系统配套的中国特色军事法规制度体系,科学设计框架结构和主体内容,为军事政策制度改革和其他各项军事法律法规的制定修改提供了基本遵循、预留了内容空间,提高了《国防法》的政治性、时代性和科学性。共12章73条。主要内容有:

(1)确立了习近平新时代中国特色社会主义思想在国防活动中的指导地位。新修订的《国防法》着眼新时代国防安全和发展要求,着眼人民军队坚决履行党和人民赋予的新时代使命任务,确立习近平新时代中国特色社会主义思想在国防活动中的指导地位。在第一章"总则"中将习近平新时代中国特色社会主义思想、习近平强军思想贯彻于国防和军队建设各领域、各环节、全过程,反映和体现在各章具体条文中;充实完善党在新时代的强军目标和治军方略等相关内容。习近平在党的十九大报告中指出,我们的军队是人民军队,我们的国防是全民国防。《国防法》坚决贯彻全民国防思想,明确一切国家机关和武装力量、各政党和各人民团体、企业事业组织、社会组织和其他组织,都应当支持和依法参与国防建设,履行国防职责,完成国防任务。

《国防法》明确了国防是国家生存与发展的安全保障。国家对国防活动实行统一领导；中华人民共和国奉行防御性国防政策，独立自主、自力更生地建设和巩固国防，实行积极防御，坚持全民国防；国家坚持经济建设和国防建设协调、平衡、兼容发展，依法开展国防活动，加快国防和军队现代化，实现富国和强军相统一。

（2）调整国家机构的国防职权。按照适应新体制新职能的要求，对国务院和中央军委的部分国防职权作出相关调整，增加军委主席负责制的内容。中央军事委员会实行主席负责制，是宪法和党章规定的重大制度，是坚持党对军队绝对领导的根本制度和根本实现形式，是中国特色社会主义政治制度和军事制度的重要组成部分。全国人民代表大会依照宪法规定，决定战争与和平的问题；全国人民代表大会常务委员会依照宪法规定，决定战争状态的宣布，决定全国总动员或者局部动员；国家主席根据全国人民代表大会的决定和全国人民代表大会常务委员会的决定，宣布战争状态，发布动员令；国务院领导和管理国防建设事业；中央军事委员会领导全国武装力量；国务院和中央军事委员会建立协调机制，解决国防事务的重大问题。还规定了地方各级人大和人民政府的国防职权。

新中国成立以来，一直致力于促进世界和平，坚持永不称霸、永不扩张、永不谋求势力范围，这也是新时代中国国防的鲜明特征。《国防法》第六条规定了我国国防活动的基本原则，首句就旗帜鲜明地宣示，"中华人民共和国奉行防御性国防政策"；另外还规定"中华人民共和国积极推进国际军事交流与合作，维护世界和平，反对侵略扩张行为"。

（3）充实武装力量的任务和建设目标。中华人民共和国的武装力量属于人民，它的任务是巩固国防，抵抗侵略，保卫祖国，保卫人民的和平劳动，参加国家建设事业，全心全意为人民服务。中华人民共和国的武装力量受中国共产党领导。武装力量中的中国共产党组织依照中国共产党章程进行活动。《国防法》明确中华人民共和国的武装力量由中国人民解放军、中国人民武装警察部队、民兵组成。

中国人民解放军由现役部队和预备役部队组成，在新时代的使命任务是为巩固中国共产党领导和社会主义制度，为捍卫国家主权、统一、领土完整，为维护国家海外利益，为促进世界和平与发展，提供战略支撑。

现役部队是国家的常备军，主要担负防卫作战任务，按照规定执行非战争军事行动任务。预备役部队按照规定进行军事训练、执行防卫作战任务和非战争军事行动任务；

中国人民武装警察部队担负执勤、处置突发社会安全事件、防范和处置恐怖活动、海上维权执法、抢险救援和防卫作战以及中央军事委员会赋予的其他任务。

民兵在军事机关的指挥下，担负战备勤务、执行非战争军事行动任务和防卫作战任务。

中国特色社会主义进入新时代，国防和军队建设也进入了新时代。2019年7月，中国政府发表的《新时代的中国国防》白皮书，全面介绍了"四个战略支撑"使命任务，即"为巩固中国共产党领导和社会主义制度提供战略支撑，为捍卫国家主权、统一、领土完整提供战略支撑，为维护国家海外利益提供战略支撑，为促进世界和平与发展提供战略支撑"。新修订的《国防法》，以法律形式予以固化，为军队有效履行党和人民赋予的新时代使命任务提供了法律依据。坚决捍卫国家主权、安全、发展利益是新时代中国国防的根本目标。党的十九届五中全会提出，要"提高捍卫国家主权、安全、发展利益的战略能力"。新修订的《国防法》在第一章"总则"第二条、第四条，第三章"武装力量"第二十五条，第八章"国防动员和战争状态"第四十七条中增加了"发展利益"的内容，就是立足于新时代维护国防安全的战略需要，对这一内容进行充实和强调。

中华人民共和国武装力量建设，坚持走中国特色强军之路，坚持政治建军、改革强军、科技强军、人才强军、依法治军，加强军事训练，开展政治工作，提高保障水平，全面推进军事理论、军队组织形态、军事人员和武器装备现代化，构建中国特色现代作战体系，全面提高战斗力，努力实现党在新时代的强军目标。

（4）拓展重大安全领域防卫政策。坚决捍卫国家主权、安全、发展利益是新时代中国国防的根本目标。党的十九届五中全会提出，要"提高捍卫国家主权、安全、发展利益的战略能力"。新修订的《国防法》在第一章"总则"第二条、第四条，第三章"武装力量"第二十五条，第八章"国防动员和战争状态"第四十七条中增加了"发展利益"的内容，就是立足于新时代维护国防安全的战略需要，对这一内容进行充实和强调。着眼新型安全领域活动和利益的防卫需要，将传统边海空防拓展至边防、海防、空防和其他重大安全领域防卫，明确太空、电磁、网络空间等重大安全领域防卫政策。维护在太空、电磁、网络空间等其他重大安全领域的活动、资产和其他利益的安全，明确中央国家机关、地方各级人民政府和有关军事机关，按照规定的职权范围，分工负责边防、海防、空防和其他重大安全领域的管理和防卫工作，为制定长远的新型安全领域防卫政策提供法律依据。

（5）改进国防科研生产和军事采购制度。新修订的《国防法》对国防科研生产和军事采购制度、国防经费和国防资产管理制度进行了新的调整和完善。

（6）充实完善国防教育和国防动员制度。新修订的《国防法》，把新时代党关于"加强全民国防教育"的政策主张上升为法律规定，更加强调国防教育的全民性。一是在国防教育目的和任务中，增加了增强全体公民国防观念的内容。二是规定了学生军事训练制度，增加"普通高等学校和高中阶段学校应当按照规定组织学生军事训练"的内容。三是突出强调公职人员在国防教育中的重要地位作用，增加"公职人员应当积极参加国防教育，提升国防素养，发挥在全民国防教育中的模范带头作用"的内容。四是强调军事机关应当支持有关机关和组织开展国防教育，依法提供有关便利条件。

新修订的《国防法》还明确规定，国家国防动员领导机构、中央国家机关、中央军事委员会机关有关部门按照职责分工，组织国防动员准备和实施工作。为更好地保障战争的胜利和有效应对其他威胁，新修订的《国防法》拓展了国防动员中征收、征用的范围，明确了征收、征用的补偿原则。

（7）规定了公民、组织的国防义务和权利。依照法律服兵役和参加民兵组织是中华人民共和国公民的光荣义务。企业事业组织和个人承担国防科研生产任务或者接受军事采购，应当按照要求提供符合质量标准的武器装备或者物资、工程、服务。车站、港口、机场、道路等交通设施的管理、运营单位应当为军人和军用车辆、船舶的通行提供优先服务，按照规定给予优待。公民应当接受国防教育。公民和组织应当保护国防设施，不得破坏、危害国防设施。公民和组织应当遵守保密规定，不得泄露国防方面的国家秘密，不得非法持有国防方面的秘密文件、资料和其他秘密物品。

公民和组织有对国防建设提出建议的权利，有对危害国防利益的行为进行制止或者检举的权利。公民和组织因国防建设和军事活动在经济上受到直接损失的，可以依照国家有关规定获得补偿。

（8）强化军人地位和权益保护。党的十九大报告提出，"维护军人军属合法权益，让军人成为全社会尊崇的职业""推进军人荣誉体系建设"。习近平主席多次强调，要建立体现军事职业特点、增强军人职业荣誉感自豪感的政策制度体系；建立军官职业化制度，优化军人待遇保障制度。新修订的《国防法》进一步强化对军人的地位和权益保障，有利于增强军人的责任感、使命感和荣誉感，有利于调动军人的积极性和创造性，激励广大官兵爱军习武、保卫国防、献身国防，为实现党在新时代的强军目标、建设强大巩固国防提供力量保证。

军人的牺牲奉献不仅在战场，和平时期高强度的战备训练、艰苦的边海防驻守、长期的站岗执勤，执行抢险救灾、联合国维和、国际救援、海上护航、打击恐怖主义等非战争军事行动任务，哪里最艰苦、哪里最危险，哪里就有军人冲在最前面，军人的权益应当依法得到很好的保护。新修订的《国防法》在第一章"总则"中明确，"国家和社会尊重、优待军人，保障军人的地位和合法权益，开展各种形式的拥军优属活动，让军人成为全社会尊崇的职业"；在第十章"军人的义务和权益"中，充实了军人功勋荣誉表彰制度、军人待遇保障制度、退役军人保障制度等重要内容。为制定出台军人地位和权益保障法等法律法规以及军人工资福利、住房保障、探亲休假、医疗保健、保险制度、家属随军、子女教育等一系列配套政策制度提供了法律依据和规范接口。

国家采取有效措施维护军人的荣誉、人格尊严，对军人的婚姻实行特别保护。现役军人依法履行职责的行为受法律保护。国家和社会优待军人，保障现役军人享有与其履行职责相适应的生活福利待遇，并建立退役军人保障制度，国家妥善安置退出现役的军人，为转业军人提供必要的职业培训，保障离退休军人的生活待遇。国家和社会抚恤、优待残疾军人，对残疾军人的生活和医疗依法给予特别保障。国家和社会优待现役军人家属，抚恤、优待烈士家属和因公牺牲、病故军人的家属。

（9）充实对外军事关系政策制度。对外军事关系是国防活动的重要内容。新修订的《国防法》，在第十一章"对外军事关系"中，增加"坚持共同、综合、合作、可持续的安全观，推动构建人类命运共同体"等内容。为彰显中国武装力量始终是维护世界和平稳定、服务构建人类命运共同体的坚定力量。新修订的《国防法》增加了我国武装力量海外运用的原则要求、基本样式等内容,为维护国家海外利益和其他行动提供法律依据;明确了遵循以联合国宪章宗旨和原则为基础的国际关系基本准则,表明我国维护以联合国为核心的国际体系和以国际法为基础的国际秩序的鲜明态度和责任担当,展示负责任大国形象的鲜明立场和态度。

(三) 公民的国防义务和权利

公民的国防义务,是指由宪法、法律规定的公民在国防方面应当履行的责任。国防义务是法定义务、法律义务,是由国家强制力保其落实的。每一个公民都享有相应的国防权利,也必须履行相应的国防义务。

公民的国防权利,是指宪法、法律赋予公民在国防活动中享有的权利或利益。国家从法律和物质上保障公民和组织享有这种权利。

1. 公民的国防义务

(1) 维护国家统一和安全的义务。我国《宪法》第五十二条规定:"中华人民共和国公民有维护国家统一和全国各民族团结的义务。"维护国家统一,主要是指维护国家领土的完整,任何公民都不得破坏、变更和以其他各种形式分裂肢解国家领土。维护国家政权的统一,不允许任何公民以各种方式分裂国家政权,破坏国家的统一,不允许任何人以任何方式把国家主权割让给外国。我国《宪法》第五十四条规定:"中华人民共和国公民有维护祖国的安全、荣誉和利益的义务,不得有危害祖国的安全、荣誉和利益的行为。"维护国家的安全,主要是指维护国家的领土、主权不受侵犯,国家各项机密得以保守,社会秩序不被破坏。履行维护国家统一和安全这项义务,就是要求每一个公民都有高度的爱国主义精神和爱国主义行动,以国家利益为最高利益,自觉维护祖国统一、安全、荣誉和利益,绝不做危害国家安全、民族荣誉和祖国利益的事。

(2) 履行兵役的义务。我国《宪法》第五十五条规定:"保卫祖国,抵抗侵略,是中华人民共和国每一个公民的神圣职责。依照法律服兵役和参加民兵组织是中华人民共和国公民的光荣义务。"我国《国防法》第五十三条规定:"依照法律服兵役和参加民兵组织是中华人民共和国公民的光荣义务。"我国《兵役法》第三条规定:"中华人民共和国公民,不分民族、种族、职业、家庭出身、宗教信仰和受教育程度,都有义务依照本法的规定服兵役。"

(3) 接受国防教育的义务。我国《宪法》第二十四条规定："在人民中进行爱国主义、集体主义和国际主义、共产主义的教育。"我国《国防法》第五十五条规定，公民应当接受国防教育。"中华人民共和国公民都有接受国防教育的权利和义务。"国防教育是建设和巩固国防的基础，是增强民族凝聚力、提高全民素质的重要途径，普及和加强国防教育是全社会的共同责任，自觉接受国防教育是公民应尽的义务。

(4) 保守国防秘密的义务。我国《宪法》第五十三条原则规定："中华人民共和国公民必须遵守宪法和法律，保守国家秘密"。《国防法》第五十五条进一步规定："公民和组织应当遵守保密规定，不得泄露国防方面的国家秘密，不得非法持有国防方面的秘密文件、资料和其他秘密物品。"《中华人民共和国保守国家秘密法》规定，国家秘密关系国家的安全和利益，一切国家机关、武装力量、政党、社会团体、企事业单位和公民都有保守国家秘密的义务。

(5) 支持国防建设的义务。《国防法》第五十六条规定："公民和组织应当支持国防建设，为武装力量的军事训练、战备勤务、防卫作战等活动提供便利条件或者其他协助。"有保护国防设施的义务，国防设施包括军事设施、人民防空工程、国防交通工程设施和其他用于国防目的的设施。国防设施是国防的物质屏障。在战时，它是打击敌人、抵抗侵略的重要依托；在平时，它具有制约敌对力量的威慑作用。公民履行支持和协助国防活动的义务时，应正确认识国防活动的意义，明确国防的战略地位和作用，不断提高履行国防义务的自觉性。正确处理国家安全利益与个人利益的关系，当两者发生矛盾时，要从国家安全大局出发，个人利益服从国家安全利益；在工作和生活中为武装力量提供力所能及的帮助，只要武装力量建设或作战需要，公民就应根据自己的能力和条件，自觉提供便利和协助。

2. 公民的国防权利

(1) 国防建设建议权。《中华人民共和国国防法》第五十七条规定："公民和组织有对国防建设提出建议的权利"。所谓建议权，就是公民有权对国防建设的指导思想、方针原则、规章制度、措施方法等提出改进意见。此项权利是公民依宪法相应的对国家事务的建议权在国防建设方面的体现。我国《宪法》第四十一条规定："中华人民共和国公民对于任何国家机关和国家工作人员，有提出批评和建议的权利。"公民的批评建议权,体现了我国人民当家作主的社会主义性质。

(2) 制止、检举危害国防行为权。《中华人民共和国国防法》第五十七条规定:公民和组织"有对危害国防的行为进行制止或者检举的权利"。所谓制止权,就是公民有权采取一定的方式方法使危害国防的行为停止下来,从而维护国防利益。所谓检举权,就是在危害国防的行为发生以后,公民有权进行揭发。对违法犯罪行为进行制止、检举是公民享有的一项普遍性权利,在国防领域也不例外。国家和社会保护行使此项权利的公民,使之免于因此而受到打击报复或其他损害。

(3) 损失补偿权。《国防法》第五十八条规定:"公民和组织因国防建设和军事活动在经济上受到直接损失的,可以依照国家有关规定取得补偿。"公民享有受到公平待遇的普遍性权利,当公民因国防建设和军事活动而在经济上受到直接损失时,有权依照国家有关规定请求补偿。必须明确的是,有些补偿措施是在战后落实的,不能把预先得到补偿作为接受动员、接受征用的条件。战时,国家可能一时拿不出钱来,那就先征用,战后再补偿。

三、《中华人民共和国兵役法》

见第三章兵役法基本知识。

四、《中华人民共和国国防教育法》

2001年4月28日,第九届全国人民代表大会常务委员会第二十一次会议通过了《国防教育法》,并于当日由时任中华人民共和国主席江泽民发布第52号主席令,予以公布施行。这是我国第一部全面调整和规范国防教育的重要法律。2018年4月27日,第十三届全国人民代表大会常务委员会第二次会议通过对《中华人民共和国国防教育法》作出了修改。

(一)《国防教育法》的主要内容

(1) 明确了国防教育的方针和原则。《国防教育法》明确了国防教育贯彻全民参与、长期坚持、讲求实效的方针,实行经常教育与集中教育相结合、普及教育与重点教育相结合、理论教育与行为教育相结合的原则。针对不同对象确定相应的教育内容分类组织实施。

(2) 规范了国防教育的内容。《国防教育法》对国防教育的内容、目的做了明确规定。国家通过开展国防教育，使公民增强国防观念，掌握基本的国防知识学习必要的军事技能，激发爱国热情，自觉履行国防义务。

（3）明确了国防教育的领导体制。《国防教育法》依据《宪法》《国防法》的有关规定，明确了中央和地方国防教育工作的领导体制。即国务院领导全国的国防教育工作，中央军委协同国务院开展全民国防教育，地方各级人民政府领导本行政区域内的国防教育工作，驻地军事机关协助和支持地方人民政府开展国防教育。

（4）明确了国防教育主体的职责。《国防教育法》对国家组织、军队组织、社会团体组织、学校组织、家庭、各级干部、武装力量成员、青少年、基本群众等国防教育的主体的职责都进行了明确。在学校组织中，明确学校在国防教育中的职责主要是三个方面，即普及、提高与深造。普及，是指小学和初中担负着对学生进行国防普及教育的职责；提高，是指高级中学担负对学生进行国防教育的职责，即要寓国防教育于各科教育，开展必要的军事训练；深造，是指在高级中学教育的基础上，各类高等院校要对学生进行国防深造教育。

（二）颁布《国防教育法》的意义

《国防教育法》的意义主要包括：有利于增强全民国防观念，激发全民爱国热情，建设和巩固国防；有利于提高全民素质；促进国防建设和经济建设协调发展有利于贯彻落实国防法和教育法，保证全民国防教育依法进行。

第三节 国防建设

一、国防领导体制

国防领导体制指国防领导的组织体系及相应制度，它包括国防领导机构的设置、职权划分、相互关系等，是国家政权组织形式和制度的重要组成部分，一般设有最高统帅、最高国防决策机构、国家行政中管理国防事务的武装部门、武装力量领导指挥系统等。中国根据《宪法》《国防法》和相关法律，建立和完善国防领导体制。中国共产党，中华人民共和国对国防活动实行高度集中的统一领导。

《宪法》规定了中国共产党在国家生活包括在国防事务中的领导地位

和作用。《宪法》规定："中华人民共和国的武装力量受中国共产党领导。"《宪法》和《国防法》还分别规定了全国人民代表大会及其常务委员会、中华人民共和国主席、中华人民共和国国务院、中华人民共和国军事委员会在国防方面的职权。根据《宪法》和《国防法》，中华人民共和国的国防领导职权由以下机构行使。

（一）中共中央的国防领导权

中国共产党作为执政党，是领导中国社会主义事业的核心力量。中共中央在国家事务包括国防事务中发挥着决定性的领导作用。有关国防、战争和军队建设的重大问题，都由中共中央、中央军委、中央政治局及其常务委员会做出决策并通过必要的法定程序，作为党和国家的同意决策贯彻执行。《中国人民解放军政治工作条例》规定："中国人民解放军须置于中国共产党的绝对领导，其最高领导权和指挥权属于中国共产党中央委员会和中央军事委员会。"

（二）全国人民代表大会及其常务委员会的国防职权

中华人民共和国全国人民代表大会是最高国家权力机关。它在国防方面的职权主要有：决定战争与和平的问题；制定有关国防方面的基本法律；选举中央军事委员会主席，根据中央军事委员会主席的提名，决定中央军事委员会其他成员，并有权罢免以上人员；审查和批准包括国防建设计划在内的国民经济和社会发展计划和计划执行情况的报告；审查和批准包括国防经费预算在内的国家预算和预算执行情况的报告；改变或者撤消全国人民代表大会常务委员会在国防方面的不适当决定；应当由全国人民代表大会行使的国防方面的其他职权。

全国人民代表大会常务委员会在国防方面的主要职权有：在全国人民代表大会闭会期间，如果遇到国家遭受武装侵犯或者必须履行国际间共同防止侵略的条约的情况，决定战争状态的宣布；决定全国总动员或者局部动员；指定有关国防方面的法律；在全国人民代表大会闭会期间，审查和批准包括国防建设计划在内的国民经济和社会发展计划，包括国防预算在内的国家预算在执行过程中所必须做的部分调整方案；监督中央军事委员会的工作；在全国人民代表大会闭会期间，根据中央军事委员会主席的提名，决定中央军事委员会其他组成人员的人选；根据最高人民法院院长和最高人民检察院检察长的提请，任免军事法院院长和军事检察院检察长；决定同外国缔结的有关国防方面的条约和重要协定的批准和废除；规定军人的衔级制度；规定和决定授予在国防方面国家的勋章和荣誉称号；全国人民代表大会授予的国防方面的其他职权。

（三）国家主席在国防方面的职权

中华人民共和国主席在国防方面的职权主要有：根据全国人民代表大会的决定和全国人民代表大会常务委员会的决定，宣布战争状态；根据全国人民代表大会的决定和全国人民代表大会常务委员会的决定，发布动员令；公布全国人民代表大会及其常务委员会制定的有关国防方面的法律；根据全国人民代表大会常务委员会的决定，授予在国防方面国家的勋章和荣誉称号；根据全国人民代表大会常务委员会的决定，批准和废除同外国缔结的有关国防方面的条约和重要协定。

（四）国务院在国防方面的职权

中华人民共和国国务院是最高国家权力机关的执行机关，是最高国家行政机关。它在国防方面的职权是领导和管理国防建设事业。包括：编制国防建设发展规划和计划；制定国防建设方面的方针、政策和行政法规；领导和管理国防科研生产；管理国防经费和国防资产；领导和管理国民经济动员工作和人民武装动员、人民防空、国防交通等方面的有关工作；领导和管理拥军优属工作和退出现役军人的安置工作；领导国防教育工作；与中央军事委员会共同领导中国人民武装警察部队、民兵的建设和征兵、预备役工作以及边防、海防、空防的管理工作；法律规定的与国防建设事业有关的其他职权。

（五）中央军事委员会在国防方面的职权

按照军委管总、战区主战、军种主建的总原则，中央军委下设7个部（厅）、3个委员会和5个直属机构共15个职能部门，即军委办公厅、军委联合参谋部、军委政治工作部、军委后勤保障部、军委装备发展部、军委训练管理部、军委国防动员部、军委纪委、军委政法委、军委科技委、军委战略规划办公室、军委改革和编制办公室、军委国际军事合作办公室、军委审计署、军委机关事务管理总局。军委联合参谋部，主要履行作战筹划、指挥控制和作战指挥保障，研究拟制军事战略和军事需求，组织作战能力评估，组织指导联合训练、战备建设和日常战备工作等职能。军委政治工作部，主要履行全军党的建设、组织工作、政治教育和军事人力资源管理等职能。军委后勤保障部，主要履行全军后勤保障规划计划、政策研究、标准制定、检查监督等职能。军委装备发展部，主要履行全军装备发展规划计划、研发试验鉴定、采购管理、信息系统建设等职能。军委训练管理部，主要负责军事训练与部队管理。军委国防动员部，主要负责组织指导国防动员和后备力量建设，领导管理省军区。军委纪委，发挥纪检监督作用，推动纪委双重领导体制落到实处，强化纪检监督的独立性、权威性。军委政法委，加强军委对军队政法工作的领导，有利于深入推进依法治军从严治军，发挥政法部门职能作用，防范和查处违法犯罪活动，保持部队纯洁和巩固。军委科技委，主要是加强国防科技战略管理，推动国防科技自主创新，协调推进科技领域军民融合发展。军委战略规划办公室，完善全军战略规划体制机制，强化军委战略管理功能，加强军队战略规划集中统管，提高国防和军队建设质量和效益。军委改革和编制办公室，主要是履行国防和军队改革筹划协调职能，指导推动重大改革实施，负责全军组织编制管理等工作。军委国际军事合作办公室，主要负责对外军事交流合作，管理和协调全军外事工作等。军委审计署，主要履行军队审计监督职能，组织指导全军审计工作。军委机关事务管理总局，负责军委机关及有关直附属单位管理保障工作。

（六）国家安全委员会在国防方面的职能

2013年11月12日，中国共产党十八届三中全会公报提出将"设立国家安全委员会，完善国家安全体制和国家安全战略，确保国家安全"。2014年1月24日，中共中央政治局会议决定，中央国家安全委员会由习近平任主席，李克强、张德江任副主席，下设常务委员和委员若干名。国家安全委员会的设立有利于提高国家在面临各种安全危机和挑战时的应变能力，也代表着我国在捍卫国家安全和国家利益方面的决心与意志。设立国家安全委员会是维护外部安全的重要内容。国家安全委员会既有对内职能，也有对外职能与国家的外部安全休戚相关，具有统筹国内和国际两个大局、整合对内对外事务的内外兼顾特点。2018年4月17日，中央国家安全委员会主席习近平主持召开十九届中央国家安全委员会第一次会议并发表重要讲话习近平主席指出，要加强党对国家安全工作的集中统一领导，正确把握当前国家安全形势，全面贯彻落实总体国家安全观，努力开创新时代国家安全工作新局面，为实现"两个一百年"奋斗目标、实现中华民族伟大复兴的中国梦提供牢靠安全保障。

二、中国国防建设的主要成就

(一) 军队建设的主要成就

新中国成立时,具有中华人民共和国宪法性质的《中国人民政治协商会议共同纲领》,就对新中国的国防和军队建设做了规定:"中华人民共和国应加强现代化的陆军,并建设空军和海军,以巩固国防。"毛泽东在中国人民政治协商会议开会时的讲话中也郑重地强调了"我们的国防将获得巩固,不允许任何帝国主义者再来侵略我们的国土。在英勇的经过了考验的人民解放军的基础上,我们的人民武装力量必须保存和发展起来。我们将不但有一个强大的陆军,而且有一个强大的空军和一个强大的海军"。毛泽东在建国初期还讲过:"中国必须建立强大的国防军,必须建立强大的经济力量,这是两件大事。"经过60多年的建设和发展,国防建设发生了翻天覆地的变化,取得了举世瞩目的成就。

1. 人民解放军已经由单一军种的军队发展成为诸军兵种合成的强大军队

新中国成立时,人民解放军只是单一陆军,没有空军,没有海军。陆军也基本上是步兵,炮兵和装甲兵部队极为有限,军队武器装备基本上是在抗日战争和全国解放战争中缴获的日军和国民党军队的武器装备,性能落后,型号繁杂,威力弱小。新中国成立初期,人民解放军在这样的基础上迅速发展起来,建立了海军、空军等军种和陆军的炮兵、装甲兵、工程兵、铁道兵等技术兵种部队,并都形成了作战能力,空军和陆军各技术兵种都有部队参加了抗美援朝战争。1966年组建了战略导弹部队——第二炮兵。此后,随着军事技术发展,又相继组建了电子对抗部队和陆军航空兵部队。60多年来,人民解放军全面履行保卫祖国、保卫人民和平劳动的根本职能,胜利完成了保卫国防作战任务,严密守卫边防、海疆,依法履行香港、澳门防务职责,震慑、打击危害国家安全和统一的各种分裂、破坏活动,为国家繁荣发展提供了可靠的安全保障;参加抢险救灾,保护人民生命财产,支援国家建设,有力支持了国家经济社会发展;参加国际维和、反恐、公海护航活动,为维护世界和平发挥了重要作用。经过多次精简整编和60多年的现代化建设,人民解放军已经规模适度,结构明显优化,现代化水平和作战能力大为提高,形成了陆军、海军、空军、火箭军和战略支援部队等诸军种合成的强大人民军队。此外,还建立了中国人民武装警察部队,建立了民兵与预备役相结合的后备力量体制。2015年9月3日，习近平总书记在纪念中国人民抗日战争暨世界反法西斯战争胜利70周年大会上，郑重宣布，裁减军队员额30万人。主要精简机关和非战斗机构人员，调整改善军种比例，优化军种力量结构，根据不同方向安全需求和作战任务改革部队编成，推动部队编成向充实、合成、多能、灵活方向发展。按照规划，至2017年底，军队规模将由230万人逐步减至200万人。

2. 建立了完整的国防科技和国防工业体系

新中国成立时，国防工业的基础也极为薄弱，主要包括两大部分：一部分是由中国共产党领导的、在革命战争年代创建并发展起来的根据地兵工厂，共有94座，职工9万余人。这些工厂条件简陋，规模较小，技术水平较低，一般只能生产枪弹、手榴弹、地雷、中小口径迫击炮弹等，也生产少量枪械和小口径火炮；另一部分是接管的原国民党政府的军事工厂68座，职工10万人。这些企业的设备条件和人员的文化技术水平都比共产党自己创办的兵工厂好得多，但中国的整个工业水平和技术水平低，这些企业也只能从事旧杂式武器装备的修配和小批量生产，不能生产坦克、大炮、飞机、舰艇等武器装备。新中国的国防工业就是在这样的基础上建立和发展起来。20世纪50年代苏联援助中国156个建设项目中，有41个是国防工业建设项目，到50年代末，中国就建成了包括兵器工业、航空工业、船舶工业、电子工业等一大批军工骨干企业，初步形成了自己的国防工业体系，先后仿制飞机、坦克成功。其间，决策研制导弹、原子弹，制定了《国防科学技术研究工作（1958—1967年）规划纲要》。1964年10月至1970年4月，第一颗原子弹爆炸、首次导弹核武器发射、第一颗氢弹爆炸和第一颗人造地球卫星发射先后试验成功。正如邓小平所指出的："如果六十年代以来中国没有原子弹、氢弹，没有发射卫星，中国就不能叫有重要影响的大国，就没有现在这样的国际地位。"改革开放后制定了"863"工程计划，军队信息化建设在指挥自动化建设基础上，已由分领域建设为主转为跨领域综合集成为主的全面建设，军事综合信息网已开通，一体化联合作战指挥控制系统建设取得进展。地地洲际导弹试验、潜地导弹发射成功，导弹核潜艇建成下水，通信卫星、实用通信广播卫星、气象卫星先后发射成功。从1999年12月1日神舟一号发射成功，到2008年9月25日，神舟五号、神舟六号和神舟七号载人飞船先后发射成功。2007年10月24日探月工程"嫦娥"一号发射成功。中国国防科技事业已经走在世界的前列。2008年11月7日胡锦涛同志在庆祝神舟七号载人航天飞行圆满成功大会上的讲话中指出：神舟七号载人航天飞行获得圆满成功，"实现了我国空间技术发展的重大跨越。这一举世瞩目的伟大成就向世界宣告，中国已成为世界上第三个独立掌握空间出舱关键技术的国家。""这是中国人民攀登世界科技高峰的又一伟大壮举，是中华民族为人类探索利用外层空间作出的又一卓越贡献。"今天，中国人民解放军的武器装备，除空军一部分飞机和海军一部分舰艇是购买的外，陆军和火箭军的武器装备基本都是自行研制的，首艘航空母舰已于2012年9月25日交付海军。

3. 建立了比较完善的军事法规体系

新中国成立伊始，如何建设国家，如何建设国家军事，都没有经验，都是向苏联学习。在学习过程中，1952年12月中央人民政府人民革命军事委员会和政务院联合颁布了《中华人民共和国民兵组织暂行条例》，1955年7月第一届全国人民代表大会第二次会议通过《中华人民共和国兵役法》。同年，人民解放军实行薪金制、军衔制和义务兵役制三大制度。人民解放军的一些规章，除《中国人民解放军政治工作条例（草案）》是总结解放军政治工作历史经验制定的外，其他基本是照搬或参照苏联红军的一些军事规章。从20世纪50年代末期开始，军事建设贯彻"以我为主"的方针，从中国国情、军情出发，编写制定自己的条令、规章。改革开放后，特别是进入20世纪90年代后，军事法规建设明显加快，先后颁布了《中华人民共和国军事设施保护法》《中华人民共和国人民防空法》《中华人民共和国国防法》《中华人民共和国国防教育法》《中华人民共和国现役军官法》《中华人民共和国预备役军官法》等。至2005年底，形成了以《中华人民共和国国防法》为龙头，15部专门规范国防和军队建设的法律以及有关法律问题的决定、181件军事法规、88件军事行政法规、3 000多件军事规章的法律体系。

4. 全面开展军事人才队伍建设

新中国成立时，人民解放军队伍中除有极少量知识分子和懂技术的干部外，总体文化素质很低。据1951年底调查统计，全军部队战士的文化程度，初小以下者约占80%，其中识500字以下者占30%左右；干部中不及高小程度者约占68%，其中初小以下者占30%左右。这与建设现代化、正规化强大国防军的任务要求不相适应。1952年6月至1953年5

月,全军进行一年速成文化教育,部队文化水平发生明显变化,一大批文盲、半文盲语文达到高小毕业程度,初小以下文化程度者已从1951年的67.4%下降到30.2%,初小毕业以上者由16.4%上升到42.1%。从新中国成立初期起,全军即逐渐建立了正规的各级各类军事指挥院校和专业军事技术学校,培养军事指挥和专业军事技术干部。改革开放后,中共第十二次全国代表大会通过的《中国共产党章程》明确规定"努力实现干部队伍的革命化、年轻化、知识化、专业化"。此后军队各级领导班子的历次调整,严格按"四化"要求选配干部。进入20世纪90年代,建立了依托普通高等院校教育培养军队干部制度。21世纪以来,中央军委和总部出台一系列政策法规,采取措施大力加强军事人才队伍建设,以建设指挥官队伍、参谋队伍、科学家队伍、技术专家队伍和士官队伍"五支队伍"为重点,造就大批适应信息化建设、胜任信息化条件下作战任务的高素质新型军事人才。今天,人民解放军各级领导班子文化程度均在大专程度以上,硕士、博士学位的领导干部所占比例越来越大,五支队伍建设已初具规模。同时,采取措施鼓励全日制本科毕业生入伍当战士。

(二)国防科技工业的主要成就

新中国成立后,国防科技工业从小到大、从低级到高级、从仿制到自行研制,逐步建立了一个门类比较齐全,具有一定教学、科研、试制和生产能力的国防科研体系,使国防科技工业得到了迅速的发展,并取得了重大成就。

建设了一批新的科研、生产、试验等重要基地,改善了战略布局,使后方建设得到巩固和新的发展。

研制出大批性能达到或接近世界先进水平的常规武器,为陆、海、空军实现武器装备现代化提供了重要保障。

独立自主地研制了战略核武器,增强了我国自卫能力。1964年,我国自行研制的第一颗原子弹爆炸成功。1966年,成功发射了中程地地导弹。1967年又爆炸了氢弹,在世界上引起了强烈震动。1970年4月24日我国第一颗人造卫星发射成功。1980年5月18日,远程运载火箭发射成功。1981年9月20日一箭三星发射成功。1982年10月7日至16日,又进行了潜艇水下发射运载火箭的成功试验。我国不仅拥有自己生产的坦克、火炮、战术导弹、舰艇、飞机,而且拥有"两弹一星"。

培养训练了一支坚强的善于攻关的国防科研队伍,在许多新兴科学技术领域，不断创新和发展，获得很多科技成果和重大发明。

军工各部门坚决贯彻"军民结合、平战结合、军品优先、以民养军"的方针，走出了一条新的发展道路，既满足了城乡人民物质文化生活的需要，同时又为国家创造了财富。

（三）建立了完善的国防动员体制

为战时有效而迅速地展开动员，我国在完善国防动员体制方面做了大量工作。

（1）健全了国防动员机制。中央军委下设人民武装委员会，负责指导协调全国的后备力量建设和动员工作。各省、市、自治区设有相应的动员机构，所有这些动员机构的建立，为战时动员的顺利开展奠定了良好的基础。

（2）建设了强大的后备军。认真抓好民兵、预备役工作的三落实（即组织、政治、军事）是贯彻中央军委关于"控制数量、提高质量、抓好重点、打好基础"的后备力量建设方针的一项重要任务。自党的十一届三中全会以来，民兵、预备役工作不断在调整中完善，在探索中开拓，在改革中提高。已经真正建立起一支队伍精干、训练有素、战斗力强、召之即来、来之能战、战之能胜的民兵队伍。使我国后备力量在军政素质，动员速度，反应能力等方面都达到了一定的水平。

（3）依托地方高校培养国防人才。为了适应科学技术迅猛发展和高新技术在军事领域广泛运用的新形势，进一步拓宽选拔培养高素质军队建设人才的途径，培养和造就大批军政兼优，掌握现代科学文化知识的新型军事人才，2000年5月，国务院、中央军委颁发了《关于建立依托普通高等教育培养军队干部制度的决定》。

至2015年，全国招收培养国防生的普通高校共有118所，其中国家"211工程"院校近70所。全军累计招收和选拔国防生10万多人，已有7万多名国防毕业生补充部队，成为军队现代化建设的生力军。

依托普通高等教育培养军队干部的总目标是按照统筹规划、稳步推进、确保质量的原则，采取多种措施鼓励和吸引普通高等学校学生毕业后到军队工作，并通过建立制度，指定和完善政策、法规，逐步扩大选拔培养的数量，提高培训质量，保证军队有稳定可靠的高素质人才来源。到2010年基本实现军队的军地通用专业技术干部主要由普通高等教育培养，并选拔适量普通高等学校毕业生补充到指挥岗位，从根本上改善和提高军队干部的知识结构和科学文化水平,形成符合我国国情、具有我军特色的军事人才培养体系。

三、中国国防建设的目标与政策

目前中国国防建设的基本目标是:防止分裂,促进统一,防备和抵抗侵略,捍卫国家主权、领土完整和海洋权益;维护国家发展利益,促进经济社会全面、协调、可持续发展,不断增强综合国力;坚持国防建设与经济建设协调发展的方针,建立符合中国国情和适应世界军事发展趋势的现代化国防,提高信息化条件下的防卫作战能力;保障人民群众的政治、经济、文化权益,严厉打击各种犯罪活动,保持正常社会秩序和社会稳定;奉行独立自主的和平外交政策,坚持互信、互利、平等、协作的新安全观,争取较长时期的良好国际环境和周边环境。

当前,中国国防政策的基本内容是:维护国家的主权、统一、领土完整和安全。独立自主地建设和巩固国防,不参加任何军事集团。贯彻积极防御的军事战略方针。战略上实行防御、自卫和后发制人的原则。坚持质量建军,实现军队由数量规模型向质量效能型的转变。国防建设服从和服务于国家经济建设大局,国防建设与经济建设协调发展。维护世界和平,反对侵略扩张行为和霸权主义,不在国外驻军或建立军事基地。倡导以互信、互利、平等、协作为核心的新安全观,主张在和平共处五项原则和加强经济合作的基础上,通过对话协调,促进多边安全,实行合作安全,包括根据公正、合理、全面、均衡的原则,实行有效的国际军备和裁军。

中国的国防政策立足于打赢现代技术特别是高技术条件下的局部战争,注重遏制战争的爆发,坚持和发展人民战争的思想,具有防御性、独立性和从属性。

四、中国当前军事战略

军事战略是筹划和指导军事建设与军事斗争全局的方略,是国防政策的主要内容。中国当前军事战略的主要目标是维护祖国统一和领土完整,反对分裂和外来侵略,为全面实现小康社会提供安全环境。

中国的军事战略是积极防御的军事战略。以毛泽东为代表的老一辈无产阶级军事家从中国的国情和敌我双方的客观实际出发,在领导人民军队胜利地进行了国内革命战争和反侵略战争实践的基础上，创造出具有鲜明中国特色的积极防御战略思想。在革命战争年代，人民军队以这一战略为指导，打败了国内外强大的敌人。新中国成立后，这一思想又在捍卫国家主权和安全的军事斗争中得到了进一步的发展和运用，成为指导国家军事斗争全局的根本战略思想。

（一）积极防御

积极防御战略的实质，就是在战略防御的前提下，把进攻与防御辩证地统一起来。它主要体现在以下两个方面：其一，把战略上的防御与战役战斗上的进攻、战略上的持久与战役战斗上的速决、战略上的内线作战与战役战斗上的外线作战有机地结合起来，通过战役战斗的外线速决的攻势作战，逐步削弱敌人，实现战略防御的目的。其二，把战略防御与战略反攻和战略进攻有机结合起来，适时地将战略防御导向战略反攻或战略进攻，在有利的条件下同敌主力进行战略决战，彻底歼灭敌人。正是在这个意义上，积极防御又称为攻势防御、决战防御。

这种战略思想，主要有以下特点：

（1）防御与进攻结合。立足现代战争的特点，战略指导上着眼于近海和边境浅近纵深作战，并强调以积极的攻势行动慑止敌人，战略上后发制人。"后发"就是"人不犯我，我不犯人"，在政治上、外交上保持主动。"制人"就是"人若犯我，我必犯人"，显示出自卫还击的决心和能力。

（2）遏制战争与打赢战争相结合。新时期军事战略，不仅注重如何准备打和如何打的问题，而且注重如何有效地遏制战争，避免打和制止打的问题；不仅力避全面战争的爆发，而且尽量防止局部战争的发生，保证社会主义现代化建设的顺利进行。根据国家战略的需要，必要时，可以运用各种军事威胁手段，与政治、外交斗争相配合，不战而屈人之兵，以达到遏止战争的目的。坚持以具备打赢战争的能力为基础，准备应对和打赢战争，以敢战、能战来达到不战而屈人之兵。

（3）军事与政治结合。坚持军事战略与整个国家的政治、外交、经济密切协调，最根本的还是要从政治上考虑和处理军事问题。军事上打与不打，打什么目标，打到什么程度，何时打，何时停，都从政治上、战略上加以全面考虑。军事斗争严守自卫立场，充分准备，慎重初战，有理、有利、有节地行动，掌握战争的主动权。有理，就是坚持战略上的防御和后发制人，做到师出有名，在政治、外交上取得主动；有利，就是把握有利的时机，坚决打赢，取得有利的军事地位；有节，就是掌握军事斗争火候，适可而止，在适当的胜利后结束军事行动。

(二) 立足于打赢现代技术特别是高技术条件下的局部战争

冷战结束后，世界的多极化趋势持续发展，新的世界大战可以避免，但各种不同类型的局部战争和武装冲突依然存在，霸权主义和强权政治是威胁世界和平与稳定的主要根源。一场以发展高技术武器为先导的军事领域的深刻变革正在世界范围内兴起，对战争形态、战场环境、作战手段、指挥方法等各个方面将产生重大而深远的影响。中国的安全环境得到较大改善，但维护国家的主权和安全也面临新的挑战，未来局部战争将可能面对具有高技术武器装备的敌人。在这种形势下，中央军委制定的新时期军事战略方针明确提出，新时期军事斗争准备的基点，要从应付一般条件下的战争转到打赢现代技术特别是高技术条件下的局部战争上来。军队各项建设和一切工作，都要用新时期军事战略方针指导和统揽，都要服从和服务于这一战略方针的需要，都要为保证这一方针的顺利实现做好各方面的充分准备。为此，新时期军事战略方针在战略指导上强调，一是要从重点准备全面战争转向重点准备局部战争，改变传统的全面战争思维模式；二是积极探索高技术条件下局部战争的特点和规律，创造出具有中国特色的高技术条件下局部战争的新战法；三是加强以打赢高技术条件下局部战争为主要目标的军事斗争准备，做好多手准备，一旦情况发生，能快速灵活地做出反应。

(三) 坚持人民战争

人民战争是中国共产党领导中国人民进行伟大革命战争实践的产物，是人民群众创造历史这一根本原理和党的群众路线在战争中的体现。坚持积极防御的军事战略，从根本上讲，就是要坚持人民战争的军事思想。

坚持人民战争的目的，是维护世界和平和维护国家利益，因而能够赢得国内外大多数人的拥护；中国地域辽阔，人口众多，拥有一支有人民解放军、武装警察部队、广大民兵组合而成的强大的武装力量，具有深厚的人民战争潜力的持久作战的社会基础。富有人民战争传统和经验的中国人民，完全可以依靠人民战争，赢得未来反侵略战争的伟大胜利。

现代战争形态的深刻变化和高技术在军事领域中的广泛应用，尽管给人民战争带来了挑战，如举国迎敌、全民参战变为高技术条件下的局部战争，人力数量优势变为技术密集的精兵对抗，利用广阔国土分散耗敌变为直接交战战场范围相对狭小,以战略上持久作战扭转战局变为节奏紧凑的速战速决等,但也给人民战争注入了前所未有的活力。一是现代高技术战争的发展,为积聚雄厚的人民战争潜力,提供了新的增长点;二是现代发达的信息技术,为动员和组织人民群众进行战争,提供新的有效手段;三是现代高技术的军民兼容性,为人民群众参与和支持战争,提供了新的方式和途径;四是现代高技术作战系统对整体和后方的高度依赖性,为广泛开展人民战争,提供了新的思路和对策。

在现代高技术条件下,一定要创造性的发展人民战争。适应高技术发展的时代要求,建立一支精干的常备军,建立一支强大的后备力量,建立一个完善的国防动员机制,实行精干的常备军和强大的后备力量相结合,这是建设现代化国防和发展人民战争的必由之路。同时,还要研究人民战争新的战略战术。这种研究既不在乎"洋",也不在乎"土",关键在于管用。要在系统配套、实在管用上下功夫。要善于从人民群众进行的战争准备和战争实践中,发现和总结克敌制胜的战法。在革命战争年代,人民群众创造了地道战、地雷战、麻雀战、破袭战等战法,使敌人闻风丧胆。这些人民战争的传统战法,只要与现代化的手段相结合,今天仍能继续发挥作用。在未来高技术条件下的人民战争中,还可以创造出许多适合人民群众参战的新战法,如信息战中的经济信息战、文化信息战以及破坏敌计算机网络的黑客战,灵活多样的海上游击战,使用高技术武器深入敌后的特种战、破袭战,等等。总之,要用创新的人民战争的战略战术,"你打你的,我打我的",设法集中优势,打敌重心,高技术和中低技术相结合,现代新打法与传统打法相结合,军警民相结合,军事手段与非军事手段相结合,形成综合力量、整体威力,从而在未来战争中更加有效地打击敌人。

第四节 国 防 动 员

国防动员是指国家为应对战争或其他威胁,社会诸领域的全部或部分由平时状态转入战时状态或紧急状态的活动。国防动员是国防活动的重要组成部分,是检验国防强弱的标志之一。

一、国防动员的作用

国防动员的作用,在于夺取战略主动权,全力保障战争的实施。国防动员涉及国家的经济、政治、军事各个方面，是关系国家安危的全局性的大事。

（一）国防动员是确定战略目标的根据之一

国家在制定战略目标时，除考虑常备军的实力以外，还必须考虑国防动员能力。只有加强平时的动员准备，重视开发和积蓄战争潜力，增强战争实力，才能制定切实可行的战略目标，驾驭战争全局。

（二）国防动员工作直接关系战争的胜败

现代战争具有突发性的特点，实施防御国防政策的国家最有可能遭受敌人突然袭击的可能。在战争到来的紧急情况下，如何统一调动人力、物力、财力，使国家由平时状态转入战时状态，与入侵之敌进行全面对抗，将取决于国防动员工作质量的高低。深入人心的国防动员法规、高效完善的动员体制、充足的国防储备等都是高质量国防动员的标志，都可为国家变被动为主动，最后夺取战争的胜利。反之，形同虚设的各种国防动员体制与措施，只能使国家更加被动，直到失败。

（三）国防动员是迅速实现平战转换的关键

通过动员，军队才能由平时状态转为战时体制，实施战略展开，政治、经济、文化、科技及各个领域才能迅速转入战时轨道，具备强大的战争实力。

（四）动员是夺取战争主动权的重要条件

战争是双方实力的对抗，也是双方综合国力的较量。夺取战争主动权，不仅与军事战略直接相关，而且与综合国力的消长也有很大关系。通过动员，才能及时形成战争所需要的各种力量，为夺取战争的主动权提供基本条件。

（五）国防动员是保障战时军需民用的措施

通过动员，才能重新分配与合理使用人力、物力、财力，统筹安排军需民用，重点保障军队所需要的兵员，保障扩大军工生产所需要的劳动力和原材料等。

二、国防动员分类

（一）按规模可分为局部动员和总动员

1. 局部动员

局部动员是指国家安全受到局部威胁，在部分地区范围内，或部分领域和部门进行的动员。它具有规模小、时间短、相对独立的特点。根据战争发展的需要，局部动员也可能上升为总动员。

决定实施局部动员的权限属于国家最高权力机关。局部动员是战争动员中最常用的动员类型。进行局部动员时，国家在总体上仍实行和平建设时期的政治、经济体制。如 20 世纪 70 年代我国在对越自卫反击战时所进行的动员，就属于局部动员的一种形式。

2．总动员

总动员亦称全面动员，是指国家在发生全面战争的情况下，将整个国家的军事、政治、经济、文化、科技等一切领域纳入战时体制，集中统一地调动一切人力、物力、财力为战争服务。

决定实施总动员的权限属于国家最高权利机关，由国家元首或政府首脑发布，总动员通常是在国家确已发现全面战争征候或大规模全面战争已经爆发，需要全国迎敌的情况下被迫并公开实施的。如中国的抗日战争动员、苏联在第二次世界大战（以下简称二战）时抵抗德国侵略的战争动员，都属于总动员的类型。

（二）按性质可分为秘密动员和公开动员

1．秘密动员

秘密动员是在各种伪装措施掩护下，隐蔽实施的动员。其目的，军事上在于出其不意，向敌发起突然袭击或避免暴露己方的行动企图；政治上是为了避免给敌人以发动战争的口实。在战争史上，通过秘密动员而后发动突然袭击的成功战例不胜枚举。二战苏德战争爆发前，德国以执行"海狮计划"为名对英国佯攻，并与苏联签订贸易协定，有效地迷惑了苏联，掩护了战前的动员，使其"闪击"收到了巨大的作战效益。

2．公开动员

公开动员是公开发布动员令，宣布进入战争状态实施的动员，通常在战争即将爆发前或爆发后进行。公开动员传播快捷、覆盖范围广、政治号召力强，是快速动员、争取主动的有效动员方式之一。

（三）按时间可分为应急动员和持续动员

1．应急动员

应急动员是在战争临近或遭敌突然袭击的情况下紧急进行的动员，其目的在于以最快的速度在最短的时间内形成与战争相适应的作战力量。应急动员通常包括临战动员和战争初期动员。临战动员是指在战争一触即发的情况下进行的动员，战争初期动员是指战争爆发后较短时间内所进行的动员。现代高技术局部战争的突发性、突变性不断增强，战争进程大大缩短，争取时间对战争胜负具有决定性的意义，应急动员将成为现代条件下国防动员的主要方式。

2. 持续动员

持续动员是在战争初期动员后所进行的中、后期动员。持续动员的目的在于不断保持和增强军队的作战实力。如在海湾战争中，美国总统布什曾三次签署行政命令或授权国防部征召预备役人员服现役，并动用后备部队，以保证"沙漠盾牌"和"沙漠风暴"行动，其中，后两次动员就带有持续动员的性质。

（四）按动员内容可分为武装力量动员、国民经济动员、人民防空动员、交通战备动员、政治动员

战争动员是随着战争和社会生产力的发展而发展，并经历了一个由"简单"到"复杂"的过程。经过长期的生产实践和科学技术的发展，战争动员发展到今天无所不包，已拓展到军事、经济、政治、文化、科技、信息、外交等各个领域。

1. 武装力量动员

武装力量动员，是国家为了适应战争的需要，扩充和调整军队及其他武装组织所进行的活动，通常包括兵力动员及相应的武器装备动员和后勤物资动员。武装力量动员是国防动员的核心内容呢，是战争初期夺取战略主动权和取得战争胜利的关键环节，也是决定战争能否胜利的最重要因素。其他各种动员都是围绕武装力量动员进行和展开的。

武装力量动员的基本形式：一是按战时编制补充现役部队，齐装满员。二是扩编现役部队。以现役部队为母体，通过补充兵员达到部队建制的扩大或数量的增多。三是组建新的部队，从现役部队抽调指挥员和技术骨干，通过补充兵员，组建新的作战部队。四是将预备役部队和地方部队调服现役和升级为野战军。五是征用急需物资。六是健全动员机构，加强领导组织。

2. 国民经济动员

国民经济动员是国家为了保障战争的物资需求和稳定战时经济秩序，促进企业、经济部门以至整个国民经济转入为战争服务的轨道，调整经济资源配置，增加武器装备及其他军用物资生产所进行的活动。

3. 交通战备动员

交通战备动员是指在全国或部分地区调集交通力量，全力保障战争需要的紧急行动，国防交通动员通常在国家动员领导机构的统一领导下，由国防交通主管机构组织,协同政府、军队有关部门共同实施。

4. 人民防空动员(简称人防动员、民防动员)

人民防空动员是指国家为了适应战争的需要,发动和组织人民群众防备敌人空袭,减少空袭损失,消除空袭后果所进行的活动。人民防空动员,是国防动员的重要组成部分。

20世纪90年代以来爆发的几次局部战争都表明了这样一种基本的作战模式:空袭和反空袭。我们许多军事专家对未来我国可能要爆发的战争作了估计,一开始敌人就大规模地派兵到我们国土上的可能性较小,恐怕还是利用精确制导武器,远程作战飞机进行空袭。因此防空动员应成为当前动员建设的重点。

5. 政治动员

政治动员是指国家或掌握武装力量的政治集团,为了进行战争而开展的宣传教育、组织工作和外交活动。其目的在于激发全体军民的爱国热情,动员军队英勇作战和人民群众踊跃参战支前,并积极开展外交活动和对外宣传,争取世界人民友好国家的同情和支援。政治动员是国家从政治上、组织上、思想上发动人民和军队参加战争所采取的措施。政治动员在国防斗争中有着特殊重要的作用,是赢得战争胜利特别是正义战争胜利的根本保证,也是顺利进行其他动员的前提条件和基础。

三、国防动员的发展趋势

国防动员历来是关乎国家安危和战争胜负的重大战略问题,当前军事领域内正在发生的新军事革命不但引发了战争形态、作战样式、军队编制体制的深刻变革,而且对战争动员也产生了重大而深刻的影响。

(一)高技术含量大幅度提高

战争动员直接受社会经济发展水平和战争样式变化的影响和制约,从一定意义上来说,社会生产力发展的趋势,决定着未来战争的发展趋势,也决定着战争动员的发展趋势。在生产力不够发达的条件下,战争基本上是人力的搏斗,战争动员以兵力动员为主,是一种"体能型"的动员;工业革命以后,生产力得到了极大发展,战争由冷兵器时代逐步进入热兵器时代,战争动员以国民经济动员作为重要内容,成为一种"经济型"动员。高新技术的广泛运用,深刻改变着世界的经济面貌,引发了军事领域一系列革命性变化,世界发达国家的军队正呈现出武器装备智能化,人员构成知识化,作战编成一体化和指挥控制高效化的大趋势。高技术条件下的战争动员,已进入以"智能型"为主的新阶段。一是充分动员和利用一切社会科技资源包括人才资源和装备资源,不断提高战争动员的高科技"含量";二是充分动员和利用一切先进的信息设施和信息力量,不断完善战争动员指挥自动化系统,提高战争动员的快速反应能力。

(二) 空间范围显著扩大

在动员空间上,随着远程投送工具和远程打击兵器的广泛运用,战场空间显著扩大,作战范围可能延伸至太空、高空、低空、地面、海面直至地下、水下,出现空地一体、空海一体、海地一体的立体化战场。即使是规模很小的战争,战争动员也将是"全方位"的,必将动员陆、海、空、天、电参战,依靠诸军种联合制胜。在动员范围上,随着世界经济全球化进一步发展和军事同盟的强化,未来战争动员的"国际性"走向日趋明显。在动员内容上受国际政治、经济、外交等各种因素影响和制约越来越大。

(三) 预备役人员比例不断攀升

高技术武器装备在战场上的大量使用,使一线直接参战的士兵和指挥人员大大减少,而后方技术保障、设备维修人员则成倍增加。为适应这一发展趋势,许多国家在精简常备军的同时,不断扩大预备役部队在武装力量中的比例。平时维持一支规模尽可能小的常备军,大力加强预备役部队建设,已成为世界各国正在探索和选择的富国强兵之道。

(四) 平战结合、军民兼容更加广泛

现代科学技术信息化、集约化、综合化发展趋势的加快,使民用技术和军用技术、经济建设和国防建设的通用性和"兼容性"越来越强,为把战时需求寓于平时经济建设之中和提高国家平战快速转化提供了必要的客观条件,现代战争的动员准备必将进一步渗透于先进生产力之中,例如现代战争"空中化"的发展,使前方、后方的界限越来越模糊,加强对重大经济基础设施的安全防护显得尤为重要,迫切要求在公(铁)路、机场、码头、港口、通信设施、计算机网络等各个领域,兼顾战时动员需要,做到军民合用,平时"共用"。高技术是把双刃剑,大力发展军民兼容的高技术产业,推进生产力和战斗力之间的双向转移,使先进生产力既为国民经济服务,又为战争动员做准备。目前,世界各主要国家的战争动员体制已由单一的"应战"功能发展到"应战"与"应急"(包括维护国内稳定,抢险救灾等突发事件)双重功能,平时通过动员准备为"应急"和"应战"打下基础，再通过应付突发事件，检验动员准备情况，不断提高动员体制的快速反应和处理紧急事务的能力。

思 考 题 一

1. 国防的类型和内容有哪些？
2. 现代国防的基本特征有哪些？
3. 什么是国防精神？其主要内容是什么？
4. 新中国成立后国防建设的主要成就有哪些？
5. 我国国防领导体制和组织形式是怎样的？
6. 《国防法》规定的公民和组织的权利和义务是什么？
7. 国防的作用是什么？
8. 什么是国防战略？我国的国防战略是什么？
9. 什么是国防动员？其主要内容是什么？
10. 中国国防的领导体系的主要特点是什么？
11. 论述题：结合思想认识实际谈一谈国防的意义。

第二章　中国武装力量

武装力量，是国家或者政治集团拥有的各种武装组织的总称，是国家机器的重要组成部分。一般由军队和其他正规与非正规的武装组织结合构成，是国防力量的主体。

第一节　中国武装力量的构成

《中华人民共和国国防法》第 22 条规定，"中华人民共和国的武装力量，由中国人民解放军现役部队和预备役部队、中国人民武装警察部队、民兵组成。"它的基本体制是"三结合"。中国武装力量是以全国人民为基础，在中国共产党的领导下，经过长期的革命战争和社会主义建设实践，逐步形成并发展起来的。新中国成立后，随着大规模武装斗争的停止，国家进入了和平发展和建设的时期。为了适应新的时代要求，根据国内外形势的发展变化，在继承和发扬革命战争传统的基础上，经过 60 多年的实践和探索，逐步形成由中国人民解放军、中国人民武装警察部队和民兵构成的三结合武装力量体制。中华人民共和国的武装力量属于人民，受中国共产党的领导。中华人民共和国中央军事委员会领导全国武装力量。中央军事委员会实行主席负责制。

一、中国人民解放军

中国人民解放军，是中国武装力量的骨干，是抵抗侵略、保卫祖国、维护国家主权和安全的主要力量。中国人民解放军诞生于 1927 年 8 月 1 日，土地革命战争时期称工农红军，抗日战争时期被改编为八路军、新四军，解放战争时期定名为人民解放军。新中国成立后，人民解放军的建设开始了由单一陆军向诸军兵种合成军队转变的历程，逐步发展成为一支军兵种比较齐全的合成军队。2015年9月3日,在庆祝中国人民抗日战争胜利暨世界反法西斯战争胜利70周年纪念大会上,习近平主席向全世界郑重承诺,中国裁减军队员额30万。同年12月31日,中央军委举行陆军、火箭军、战略支援部队成立暨授旗仪式;2016年1月1日,中央军委印发《关于深化国防和军队改革的意见》;2016年2月1日,中国人民解放军五大战区成立。

中国人民解放军由现役部队和预备役部队组成。现役部队是国家的常备军,是我国武装力量的骨干,由陆军、海军、空军、火箭军、战略支援部队和中央军委联勤保障部队组成。主要担负防卫作战,必要时依法协助维护社会秩序。现有员额200万人。

预备役部队是具有一定战斗力的准正规部队。以现役军人为骨干、预备役官兵为基础,按照军队统一的体制编,能在战时迅速转为现役的部队,是中国人民解放军的重要组成部分,是战时首批动员和后备力量,是我军后备力量建设的重中之重。

预备役部队组建于1983年。分为陆军、海军、空军、火箭军预备役部队。其师(旅)、团已列入军队建制序列,授有番号、军旗,执行中国人民解放军的条令、条例。

预备役部队由党中央、中央军委集中统一领导。隶属所在战区军种。平时参与国家经济建设,急时响应国家号召处置抢险救灾、应急维稳等突发情况,战时根据国家发布的动员令转为现役部队,归指定的战区或军兵种现役部队指挥,遂行作战任务。

中国人民解放军的性质:中国共产党缔造和领导的,用马克思列宁主义、毛泽东思想和邓小平理论武装起来的人民军队,是中华人民共和国的武装力量,是人民民主专政的坚强柱石。中国人民解放军的宗旨:全心全意为人民服务。中国人民解放军的任务:巩固国防,抵抗侵略,捍卫人民共和国和社会主义制度,保卫人民的和平劳动,全心全意为人民服务。

二、中国人民武装警察部队

中国人民武装警察部队组建于1982年6月19日,是中国武装力量的重要组成部分,是保卫社会主义现代化建设的一支重要力量,是国家安全的重要保障。担负维护国家政治安全和社会稳定、海上维权执法、防卫作战三类主要任务。中国人民武装警察部队根据中国人民解放军的建军思想、宗旨和原则,按照中国人民解放军的条令、条例和有关规章制度,结合武警部队特点进行建设。2018年1月10日,武警部队被授予武警军旗。目前,武警部队共有66万人。

中共中央印发《中共中央关于调整中国人民武装警察部队领导指挥体制的决定》,自2018年1月1日零时起,武警部队由党中央、中央军委集中统一领导,实行中央军委-武警部队-部队领导指挥体制。中国人民武装警察部队机关由参谋部、政治工作部、后勤部、纪委四部委组成。

调整后的中国人民武装警察部队由内卫部队、机动部队、海警部队组成。

内卫部队,这是武警部队主要组成部分,受武警总部的直接领导管理。包括各省(自治区、直辖市)武警总队、14个武警机动师和总部直属单位组成。在我国行政区划内,省级设武警总队,地(市)级设武警支队,县(区)级设武警中队。武警内卫机动师下辖团、营、连、排、班。

内卫部队主要任务:一是承担固定目标执勤和城市武装巡逻任务,保障国家重要目标的安全;二是处置各种突发事件,打击恐怖主义,维护国家安全与社会稳定;三是支援国家经济建设和执行抢险救灾任务。

生活中最常见的就是武警内卫部队了,大街小巷执勤的,政府大楼站岗的,看守所看守的,反恐防暴的,这些都属于内卫部队。

机动部队,由武警总部直接指挥。机动部队是一支合成化、专业化的战略战役机动力量,是一支能够在关键时刻发挥一锤定音作用的重要武装力量。包括南北两个机动总队,辖14个武警机动师。驻黄河以北各省是武警第一机动总队,总队机关驻河北省;驻黄河以南各省的是武警第二机动总队,总队机关驻福建省。机动部队下辖机动支队、特战支队、交通支队、工化支队等部队。

机动部队主要任务:一是对突然发生的危害国家安全或者社会秩序的违法事件依法实施处置,包括处置叛乱事件、骚乱及暴乱事件、群体性治安、武装暴动、大规模械斗事件等。二是反恐怖,主要是反袭击、反劫持、反爆炸。三是支援国家经济建设,在国家遇有严重灾害时,参加抢险救灾;四是战时协助人民解放军进行防卫作战。

海警部队，2018年3月由原国土资源部国家海洋局（中国海警局）领导和管理的海警队伍转隶组建，其相关职能全部划归海警部队。同时组建中国人民武装警察部队海警总队，称中国海警局，统一履行海上维权执法职责。2018年7月1日零时起，海警队伍整体划归武警部队领导指挥。海警队伍转隶武警部队，是为了进一步深化海上维权执法力量整合的成果，有效解决一直以来海上维权执法力量"多龙闹海"的痼疾，更加有利于维护我国的海洋秩序，有效应对我国海洋方向复杂严峻的多重挑战，有效维护国家主权、安全和发展利益。

海警部队主要任务：一是打击海上违法犯罪活动；二是维护海上治安和安全保卫；三是海洋资源开发利用、海洋生态环境保护、海洋渔业管理；四是海上缉私；五是协调指导地方海上执法工作。

三、中国民兵

中国民兵（以下简称为民兵）是不脱产的群众武装组织，是人民解放军的助手和后备力量，是我国武装力量的组成部分。民兵初建于第一次国内革命战争时期。全国现有基干民兵800万人。

民兵的任务。民兵担负参加社会主义现代化建设、执行战备勤务、参加防卫作战、协助维护社会秩序和参加抢险救灾等任务。

民兵的组织领导体制。全国民兵工作在国务院、中央军委统一领导下，实行地方党委、政府和军事系统的双重领导。省军区、军分区和县（市）人民武装部是本地区的民兵领导指挥机关；乡、镇、街道和企事业单位设有人民武装部，负责民兵和兵役工作。地方各级党委和人民政府，对民兵工作实施原则领导和监督。

民兵制度。政治合格、身体好是民兵必须具备的基本条件。民兵组织分为基干民兵组织和普通民兵组织。基干民兵是民兵组织的骨干力量，主要由28岁以下退出现役的士兵以及经过军事训练和选定参加军事训练或者具有专业技术特长的未服过现役的人员组成，其中，女民兵人数控制在适当比例。基干民兵可以在一定区域内从若干单位抽选人员编组。普通民兵，由18～35周岁，符合服兵役条件未参加基干民兵组织的公民按照地域或者单位编组。边疆、海防、少数民族地区和特殊情况下，基干民兵的年龄可适当放宽。国家发布动员令后，动员范围内的民兵，不得脱离民兵组织；未经所在地的县、自治县、市、市辖区人民政府兵役机关批准，不得离开民兵组织所在地。

民兵编组。目前民兵组织已经遍及广大城乡，一般以乡（镇）、行政村、街道和厂矿企业为单位，分别编为班、排、连、营、团，编有步兵分队、防空分队、地炮分队、通信分队、防化分队、工兵分队、侦察分队和应急分队。以及海军、空军、火箭军专业分队等等。民兵根据所担负的任务配备相应的武器装备。

民兵训练。民兵训练是公民履行兵役义务的重要形式。《兵役法》规定，未服过现役的基干民兵，在18～20岁期间应参加军事训练。民兵平时战备训练应以军事斗争准备为牵引，着眼平时能应急、战时能应战，加强针对性训练。年度训练时间通常按照不同专业需要确定，最少7天，最多25天。通常采取县（市）集中训练、与现役部队展开挂钩训练和模拟训练相结合等方法，按照统一要求，统一组织。训练形式实行省军区、军分区、县（市、区）人民武装部和乡（镇）、街道、企事业单位人民武装部四级训练体制。

第二节　中国武装力量的多样化运用

当今时代，和平与发展面临新的机遇和挑战。紧紧把握机遇，共同应对挑战，合作维护安全，携手实现发展，是时代赋予各国人民的历史使命。

走和平发展道路，是中国坚定不移的国家意志和战略抉择。中国始终不渝奉行独立自主的和平外交政策和防御性国防政策，反对各种形式的霸权主义和强权政治，不干涉别国内政，永远不争霸，永远不称霸，永远不搞军事扩张。中国倡导互信、互利、平等、协作的新安全观，寻求实现综合安全、共同安全、合作安全。

建设与中国国际地位相称、与国家安全和发展利益相适应的巩固国防和强大军队，是中国现代化建设的战略任务，也是中国实现和平发展的坚强保障。中国武装力量适应国家发展战略和安全战略的新要求，坚持科学发展观的指导思想地位，加快转变战斗力生成模式，构建中国特色现代军事力量体系，与时俱进加强军事战略指导，拓展武装力量运用方式，为国家发展提供安全保障和战略支撑，为维护世界和平和地区稳定作出应有贡献。

一、中国武装力量多样化运用,坚持的基本政策和原则

1. 维护国家主权、安全、领土完整,保障国家和平发展

这是中国加强国防建设的目的,也是宪法和法律赋予中国武装力量的神圣职责。坚定不移实行积极防御军事战略,防备和抵抗侵略,遏制分裂势力,保卫边防、海防、空防安全,维护国家海洋权益和在太空、网络空间的安全利益。坚持"人不犯我,我不犯人,人若犯我,我必犯人",坚决采取一切必要措施维护国家主权和领土完整。

2. 立足打赢信息化条件下局部战争,拓展和深化军事斗争准备

坚定不移把军事斗争准备基点放在打赢信息化条件下局部战争上,统筹推进各战略方向军事斗争准备,加强军兵种力量联合运用,提高基于信息系统的体系作战能力。创新发展人民战争战略战术,推进军民融合式发展,提高国防动员和后备力量建设质量。全面提高日常战备水平,加强针对性战备演习演练,周密组织边海空防战备巡逻和执勤,妥善应对各种危机和重大突发事件。

3. 树立综合安全观念,有效遂行非战争军事行动任务

适应安全威胁新变化,重视和平时期武装力量运用。积极参加和支援国家经济社会建设,坚决完成抢险救灾等急难险重任务。依照法律规定履行维护国家安全和稳定职能,坚决打击敌对势力颠覆破坏活动,打击各种暴力恐怖活动,遂行安保警戒任务。加强应急救援、海上护航、撤离海外公民等海外行动能力建设,为维护国家海外利益提供可靠的安全保障。

4. 深化安全合作,履行国际义务

中国武装力量是国际安全合作的倡导者、推动者和参与者。坚持和平共处五项原则,全方位开展对外军事交往,发展不结盟、不对抗、不针对第三方的军事合作关系,推动建立公平有效的集体安全机制和军事互信机制。坚持开放、务实、合作的理念,深化同各国军队的交流与合作,加强边境地区建立信任措施合作,推进海上安全对话与合作,参加联合国维和行动、国际反恐合作、国际护航和救灾行动,举行中外联演联训。认真履行应尽的国际责任和义务,为维护世界和平、安全、稳定发挥积极作用。

5. 严格依法行动,严守政策纪律

中国武装力量遵守宪法和法律,遵守《联合国宪章》的宗旨和原则,

坚持依法用兵、依法行动。严格执行法律法规和政策规定，严守群众纪律，依法完成抢险救灾、维稳处突和安保警戒等任务。以《联合国宪章》和公认的国际关系准则为依据，坚持在双边多边条约的法律构架内行动，确保涉外军事行动的合法性。制定和完善法律法规和政策制度，严格按照条令条例管理部队，为武装力量多样化运用提供法律保障。

二、中国武装力量的发展

中国武装力量在国家安全和发展战略全局中具有重要地位和作用，肩负着维护国家主权、安全、发展利益的光荣使命和神圣职责。贯彻新形势下军事战略方针，必须紧紧围绕实现中国共产党在新形势下的强军目标，以国家核心安全需求为导向，着眼建设信息化军队、打赢信息化战争，全面深化国防和军队改革，努力构建中国特色现代军事力量体系，不断提高军队应对多种安全威胁、完成多样化军事任务的能力。

1. 军种、武警部队和民兵发展

陆军按照机动作战、立体攻防的战略要求，实现区域防卫型向全域机动型转变，加快小型化、多能化、模块化发展步伐，适应不同地区不同任务需要，组织作战力量分类建设，构建适应联合作战要求的作战力量体系，提高精确作战、立体作战、全域作战、多能作战、持续作战能力。

海军按照近海防御、远海护卫的战略要求，逐步实现近海防御型向近海防御与远海护卫型结合转变，构建合成、多能、高效的海上作战力量体系，提高战略威慑与反击、海上机动作战、海上联合作战、综合防御作战和综合保障能力。

空军按照空天一体、攻防兼备的战略要求，实现国土防空型向攻防兼备型转变，构建适应信息化作战需要的空天防御力量体系，提高战略预警、空中打击、防空反导、信息对抗、空降作战、战略投送和综合保障能力。

火箭军按照精干有效、核常兼备的战略要求，加快推进信息化转型，依靠科技进步推动武器装备自主创新，增强导弹武器的安全性、可靠性、有效性，完善核常兼备的力量体系，提高战略威慑与核反击和中远程精确打击能力。

武警部队按照多能一体、有效维稳的战略要求，发展执勤安保、处突维稳、反恐突击、抢险救援、应急保障、空中支援力量，完善以执勤处突和反恐维稳为主体的力量体系，提高以信息化条件下执勤处突能力为核心的完成多样化任务能力。

民兵建设注重调整规模结构，改善武器装备，推进训练改革，提高以支援保障打赢信息化条件下局部战争能力为核心的完成多样化军事任务能力。

2. 重大安全领域力量发展

海洋关系国家长治久安和可持续发展。必须突破重陆轻海的传统思维，高度重视战略海洋、维护海权。建设与国家安全和发展利益相适应的现代海上军事力量体系，维护国家主权和海洋权益，维护战略通道和海外利益安全，参与海洋国际合作，为建设海洋强国提供战略支撑。

太空是国际战略竞争制高点。有关国家发展太空力量和手段，太空武器化初显端倪。中国一贯主张和平利用太空，反对太空武器化和太空军备竞赛，积极参与国际太空合作。密切跟踪掌握太空态势，应对太空安全威胁与挑战，保卫太空资产安全，服务国家经济建设和社会发展，维护太空安全。

网络空间是经济社会发展新支柱和国家安全新领域。网络空间国际战略竞争日趋激烈，不少国家都在发展网络空间军事力量。中国是黑客攻击最大的受害国之一，网络基础设施安全面临严峻威胁，网络空间对军事安全影响逐步上升。加快网络空间力量建设，提高网络空间态势感知、网络防御、支援国家网络空间斗争和参与国际合作的能力，遏控网络空间重大危机，保障国家网络与信息安全，维护国家安全和社会稳定。

核力量是维护国家主权和安全的战略基石。中国始终奉行不首先使用核武器的政策，坚持自卫防御的核战略，无条件不对无核武器国家和无核武器区使用或威胁使用核武器，不与任何国家进行核军备竞赛，核力量始终维持在维护国家安全需要的最低水平。建设完善核力量体系，提高战略预警、指挥控制、导弹突防、快速反应和生存防护能力，慑止他国对中国使用或威胁使用核武器。

3. 军民融合深度发展

贯彻军民结合、寓军于民的方针，深入推进军民融合式发展，不断完善融合机制、丰富融合形式、拓展融合范围、提升融合层次，努力形成全要素、多领域、高效益的军民融合深度发展格局。

加快重点建设领域军民融合式发展。加大政策扶持力度,全面推进基础领域、重点技术领域和主要行业标准军民通用,探索完善依托国家教育体系培养军队人才、依托国防工业体系发展武器装备、依托社会保障体系推进后勤社会化保障的方法路子。广泛开展军民合建共用基础设施,推动军地海洋、太空、空域、测绘、导航、气象、频谱等资源合理开发和合作使用,促进军地资源互通互补互用。

完善军地统筹建设运行模式。在国家层面建立军民融合发展的统一领导、军地协调、需求对接、资源共享机制,健全军地有关部门管理职责,完善军民通用标准体系,探索构建政府投入、税收激励、金融支持政策体系,加快推进军地统筹建设立法工作进程,逐步形成军地统筹、协调发展的整体格局。推进军事力量与各领域力量综合运用,建立完善军地联合应对重大危机和突发事件行动机制。

三、中国武装力量建设举措

1. 加强思想政治建设

始终把思想政治建设摆在军队各项建设首位,加强和改进新形势下军队政治工作,弘扬和践行社会主义核心价值观,持续培育当代革命军人核心价值观,弘扬光荣传统和优良作风,坚持党对军队绝对领导的一系列根本原则和制度,增强各级党组织创造力、凝聚力、战斗力,大力培养有灵魂、有本事、有血性、有品德的新一代革命军人,确保部队在任何时候任何情况下都坚决听从党中央、中央军委指挥,永葆人民军队的性质和宗旨。

2. 推进现代后勤建设

深化后勤政策制度和后勤保障力量改革,优化战略后勤布势,创新保障模式,发展新型保障手段,充实战备物资储备,集成建设后勤信息系统,完善法规标准体系,精心组织供应保障,建设保障打赢现代化战争的后勤、服务部队现代化建设的后勤和向信息化转型的后勤。

3. 发展先进武器装备

坚持信息主导、体系建设,坚持自主创新、持续发展,坚持统筹兼顾、突出重点,加快武器装备更新换代,构建适应信息化战争和履行使命要求的武器装备体系。

4. 抓好新型军事人才培养

大力实施人才战略工程,完善军事人力资源制度,深化军队院校改革,健全军队院校教育、部队训练实践、军事职业教育三位一体的新型军事人才培养体系,吸引更多优秀人才,培养和造就适应信息化战争需要的人才群体。

5. 深入推进依法治军从严治军

着眼全面加强军队革命化现代化正规化建设,创新发展依法治军理论和实践,构建完善的中国特色军事法治体系,提高国防和军队建设法治化水平。推动军事理论创新。坚持以党的创新理论为指导,加强作战问题研究,深入探索现代战争制胜机理,创新机动灵活的战略战术,发展新形势下军队建设理论,形成与打赢未来战争相适应的先进军事理论体系。

6. 强化战略管理

优化军委领导机关职能配置和机构设置,完善各军兵种领导管理体制,坚持需求牵引规划、规划主导资源配置。强化规划编制统筹协调,健全规划编制体系,构建规划管理工作机制。加强战略资源统筹监管,强化重大项目过程监管和风险控制。健全完善战略评估机制,建立健全评估体系和配套标准规范。

7. 健全国防动员体制机制

加强国防教育,增强全民国防观念。加强后备力量建设,优化预备役部队结构,增加军兵种预备役力量和担负支援保障任务力量的比重,创新后备力量编组运用模式。增强国防动员科技含量,搞好信息资源征用保障动员准备,强化专业保障队伍建设,建成与打赢信息化战争相适应、应急应战一体的国防动员体系。

第三节 中国人民解放军军种体制及编成

中国人民解放军由陆军、海军、空军、火箭军、战略支援部队和中央军委联勤保障部队组成。每个军种都是一个多系统多层次的有机整体,不仅有战斗兵种、战斗保障兵种及专业部队,还设有各级领导机构、后勤保障系统和院校培训体系。

一、陆军

陆军,始建于1927年8月1日,是人民解放军的主要军种。领导机关成立于 2015 年 12 月 31 日。主要在陆地抗击外敌入侵、保卫国家领土主权、维护国家和平统一和社会稳定。可与其他军种联合作战，也可以单独作战。

1. 陆军编成

陆军已由建军初期的单一步兵发展成为诸兵种合成的军种，包括步兵、炮兵、装甲兵、防空兵、陆军航空兵、工程兵、通信兵、防化兵、电子对抗兵等兵种以及兵种部队和各种专业兵种组成。

陆军机关设参谋部、政治工作部、后勤保障部和装备发展部。东部、西部、南部、北部、中部五大战区领导所属陆军部队。陆军部队包括机动作战部队、警卫警备部队、边海防部队和预备役部队等。机动作战部队是陆军部队建设的重点，陆军机动作战部队包括 13 个集团军和部分独立合成作战师（旅）。

陆军部队的编制序列为：集团军、师（旅）、团、营、连、排、班。团以上单位大多采用合成编制。如：集团军通常辖若干个步兵师（旅）及装甲师（旅）、炮兵师（旅）、防空旅、直升机大队、工兵团、通信团和各种保障部（分）队等。

2. 陆军的主要兵种

（1）步兵，是以枪械、小口径火炮、导弹和装甲车辆为基本装备，主要在陆地遂行作战的兵种。由机械化步兵（由装甲输送车或步战车实施运动的部队）、摩托化步兵（由轮胎车辆实施机动的步兵）和山地步兵（担负山地作战任务的步兵）组成。

（2）炮兵，是以各种火炮、反坦克导弹和战役战术导弹为基本装备，遂行地面火力突击任务的兵种。它是陆军主要火力突击力量，可单独或协同步兵、装甲兵和其他兵种作战。

（3）装甲兵，是以坦克和其它装甲战斗车辆为基本装备，主要遂行地面突击任务的兵种。具有较强的火力、快速机动能力和较好的装甲防护能力，是现代战争中陆军的主要突击力量，可单独或协同其他军兵种作战。

（4）防空兵，是以地空导弹、高射炮和高射机枪等为基本装备，主要遂行地面防空作战任务的兵种。包括地空导弹、高射炮、雷达和电子对抗部（分）队等。它可以单独或在合成军队编制内遂行防空作战任务。

（5）航空兵，是以武装直升机为装备，主要遂行以航空火力支援地面部队作战和机降的兵种。由直升机飞行部队和直升机飞行保障部队等组成。

（6）工程兵，是担负工程保障任务的兵种，主要遂行构筑工事、修建道路、桥梁、渡场、港口、机场，设置排除障碍物，实施工程伪装，消除核化生武器袭击后果等任务。由工兵、舟桥、伪装、建筑、工程维护和给水工程等专业部（分）队组成。是军队遂行工程保障任务的技术骨干力量。装备有地雷、爆破、筑路、渡河、桥梁、伪装、野战供水、工程侦察等器材和工程机械设备。

（7）通信兵，是担负军事通信任务的专业兵种。主要遂行保障军队通信联络，建立和管理军队指挥自动化系统，组织实施观通、导航等任务。有固定通信、野战通信、通信工程、指挥自动化、通观、导航、军邮等专业部（分）队组成。

（8）防化兵，是担负防化保障与喷火、发烟任务的兵种。主要遂行核观测、化学观察、化学和辐射侦察；组织部队和人民实施核化生防护，以及消除袭击后果；实施喷火、施放烟幕等任务。由防化（观测、侦察、洗消）、喷火和发烟等部（分）队组成。

（9）电子对抗兵，是应用电子对抗装备遂行电子对抗、电子侦察和电子干扰任务的部（分）队的统称。包括雷达对抗部（分）队和通信对抗部（分）队，主要遂行单独或协同作战任务。

二、海军

海军是人民解放军的战略军种，成立于1949年4月23日。是海上作战行动的主体力量，可与其他军兵种联合作战，也可单独作战。担负保卫国家海上方向安全、维护领海主权和海洋权益等任务。

1. 海军编成

海军由潜艇部队、水面舰艇部队、航空兵、陆战队、岸防部队等组成，下辖东部战区海军（东海舰队）、南部战区海军（南海舰队）、北部战区海军（北海舰队），海军陆战队等。战区海军下辖基地、潜艇支队、水面舰艇支队、航空兵旅等部队。北海舰队机关位于山东青岛，东海舰队机关位于浙江宁波，南海舰队机关位于广东湛江。

2. 海军的主要兵种

（1）潜艇部队，是人民海军重点发展和建设的兵种，以潜艇为基本装备，主要在水下遂行作战任务兵种，是水下重要突击力量。包括战略导弹潜艇部队和攻击潜艇部队，可攻击大中型舰船、潜艇和陆上战略目标，攻击和封锁港口、基地，破坏海上交通线以及实施侦察、反潜、布雷、巡逻和运送人员物资等。编有潜艇基地、潜艇支队。

潜艇部队装备有多种型号的常规动力、核动力的鱼雷潜艇和导弹潜艇。潜艇的武器装备有鱼雷、水雷、巡航导弹、弹道导弹等。

（2）水面舰艇部队，是以水面舰艇为基本装备，在水面遂行作战任务的兵种。水面舰艇部队也是一支诸兵种合成的部队，包括水面作战舰艇部队、登陆作战舰艇部队和勤务舰船部队，可攻击海上、沿岸和一定纵深内的目标，参加夺取制海权、登陆、反登陆、封锁反封锁和保护或破坏海上交通线作战等。具有独立作战和合同作战的能力。

水面舰艇部队装备有多种型号的导弹驱逐舰、护卫舰（艇）、导弹艇、猎潜艇、布雷舰、扫雷舰（艇）、登陆舰（艇）、气垫船及各种专业勤务舰船等。舰载武器有多种口径的舰炮、舰对舰导弹、反潜艇武器、舰对空导弹、有的舰上还有舰载直升机。

（3）海军航空兵，是以作战飞机为基本装备，主要在海洋和濒海上空遂行作战任务的兵种。包括岸基航空兵和舰载航空兵，可攻击海上、空中目标，袭击敌方保护已方海军基地、港口、沿海机场和海上交通线，争夺海洋战区和濒海战区的制空权与制海权，空中掩护、支援海上舰艇作战等。

海军航空兵装备的飞机与空军航空兵基本相同。有多种型号的歼击机、轰炸机、强击机、水上飞机和反潜机等，又配备了侦察机、巡逻机、救护机和运输机等特种飞机。机载武器有各种空舰、空地、空空导弹、火箭弹、航空火炮、鱼雷和深水炸弹等。

（4）海军岸防兵，是以岸舰导弹和岸炮为基本装备，部署在沿海重要地段、岛屿，主要遂行海岸防御作战任务的兵种。是海岸防御的骨干力量。包括海岸导弹部队和海岸炮兵部队，可突击海上舰船，保卫基地、港口和沿海重要地段，扼守海峡、水道，掩护近岸海上交通线和舰船，支援岛岸和要塞完备部队作战等。

海军岸防兵装备有"海鹰"、"鹰击"系列多种型号的岸舰导弹、岸舰火炮和火箭炮等。

（5）海军陆战队，是以两栖作战武器为基本装备，主要遂行登陆作战任务的海军兵种。可单独或配合其他军兵种实施登陆作战,参加海军基地、港口和岛屿的防御作战及特种作战等,通常由陆战步兵、炮兵、装甲兵、工程兵及侦察、通信等部(分)队组成。海军陆战队成为集侦察、登陆、空降和突袭等特殊任务的作战力量。

海军陆战队装备有自动化步兵武器、反坦克导弹、防空导弹、各种火炮、火箭炮、舟桥、冲锋舟、气垫船、水陆两用坦克、装甲输送车、及其他特种装备和作战器材。

三、空军

空军是人民解放军的战略军种,是现代战争中首先使用的一支重要力量。具有高速机动、远程作战和猛烈突击的能力。它既能协同陆军、海军作战,又能单独作战。其作战行动对战争的进程和结局能产生重大影响。成立于1949年11月11日。主要任务是担负国土防空,支援陆军、海军作战,对敌后方实施空袭,进行空运和航空侦察。

1. 空军编成

空军由航空兵、地空导弹兵、高射炮兵、雷达兵、空降兵、电子对抗等兵种组成。

空军下辖东部、西部、南部、北部、中部5个战区空军和1个空降兵军。战区空军下辖基地、航空兵师(旅)、地空导弹师(旅)、雷达旅等。

2. 空军的主要兵种

(1) 航空兵,是以军用飞机为基本装备,主要遂行空中作战和保障任务的空军兵种。它是空军的主要兵种,通常包括歼击、歼击轰炸、强击、轰炸、侦察、运输航空兵和其他专业航空兵等。

空军航空兵装备有多种型号的歼击机、轰炸机、强击机、侦察机、运输机等。此外,还有预警机、空中加油机、电子干扰机等专业飞机。

机载武器有航炮、航空火箭弹、航空炸弹、空对空导弹、空对地导弹、常规炸弹和鱼雷,也可携带核武器。

(2) 地空导弹兵,是以地空导弹武器系统为基本装备,遂行地面防空作战任务的兵种。是现代防空作战的重要力量。主要以要地防空和争夺制空权斗争,必要时也遂行歼灭地面、水面目标的任务。

地空导弹兵主要装备"红旗"系列和引进的C—300地空导弹系统。

（3）高射炮兵，是以高射炮武器系统为基本装备，遂行地面防空作战任务兵种。主要作战对象包括各种飞机，如强击机、歼击机、武装直升机等，也可攻击巡航导弹。

（4）空降兵，是以降落伞和陆战武器为基本装备、航空器为运输工具，主要遂行伞降和机降作战任务的兵种。通常以空降到重要目标或地域，突击敌部队、指挥机构、重要军事设施和后方供应系统，以支援在敌后作战的部队行动等。

空降兵主要装备有伞兵战斗车、伞兵突击车、步兵轻武器和炮兵武器等。其中步兵轻武器包括机枪、冲锋枪、自动步枪，侦察分队还有微型、微声冲锋枪。炮兵武器包括各种型号和口径的迫击炮、无后坐力炮、榴弹炮、高射机枪、高射击炮、火箭炮等，以及特种装备和各型降落伞等。

（5）雷达兵，是以对空情报雷达为基本装备，主要遂行对空中目标探测和报知空中情报任务的兵种。通常用以对空警戒侦察、保障有关机构对航空器飞行的指挥引导和实施航空管制等。主要装备有多种型号和程式的地面警戒雷达、引导雷达等。

（6）通信兵与气象、电子对抗等其他专业勤务部队，是以专业和特种设备为基本装备，主要遂行为空军作战部队的作战行动提供专业勤务保障任务的兵种或部队。

四、火箭军

火箭军，前身为1966年7月1日组建的第二炮兵。2015年12月31日正式成立。火箭军的成立是第二炮兵部队长足发展的必然结果，是我军打赢现代化战争的战略性、基础性、支撑性举措，更是我军新型作战能力的重要突破口。随着军种属性的进一步强化、力量结构的进一步优化、目标牵引的进一步细化，火箭军将具有更广泛的深刻内涵和更加现实的战略意义。一方面，具备在关键时刻发挥可信可靠的核威慑和核反击能力；另一方面，能够担负局部战争高精度打击这一核心杀手锏。

火箭军，是我国战略威慑的核心力量，是我大国地位的战略支撑，是维护国家安全的重要基石。经过50年的建设，已形成核常兼备、型号配套、射程衔接、打击效能多样的作战力量体系，成为具有双重威慑双重打击能力的战略力量。

1. 火箭军编成

火箭军由核导弹部队、常规导弹部队、作战保障部队等组成。

火箭军机关设有司令部、政治工作部、后勤保障部、装备发展部。

火箭军下辖导弹基地、训练基地、专业保障部队、院校和科研机构等。

2. 火箭军的任务

在联合作战中，火箭军的任务有三项：一是实施核威慑与核反击作战；二是实施常规导弹突击作战；三是协同其他军种力量作战。

3. 火箭军的地位作用

战略威慑的核心作用，首战开局的主导作用，夺取战场控制权关键作用，速战速决的突击作用。

4. 火箭军的装备

火箭军装备东风系列弹道导弹和长剑巡航导弹。

东风系列导弹，是中国一系列近程、中远程和洲际弹道导弹，也是目前世界上唯一覆盖各种类型弹道导弹的陆基弹道导弹系列。经过几十年的发展，战略导弹"家族"已由单一型号发展为近程、中程、远程和洲际导弹多型并存。可以陆基固定发射，也可以机动发射。射程包括近程导弹（射程在 1 000km 以内）、中程导弹（射程在 1 000～3 000km 以内）、远程导弹（射程在 3 000～8 000km 以内）和洲际导弹（射程在 8 000km 以上）。

经过 50 年的建设和发展，火箭军已经成为了一支装备多种型号导弹、配套齐全的合成军种，具有一定规模和实战能力的主要战略核反击的作战力量。

五、战略支援部队

战略支援部队，是党中央和习近平主席的新创举，是一个在世界范围内前所未有的军兵种，主要是将战略性、基础性、支撑性都很强的各类保障力量进行功能整合后组建而成的。是解放军第五大军种，成立于 2015 年 12 月 31 日。成立战略支援部队，有利于优化军事力量结构、提高综合保障能力。

全球首创"战略支援部队"，可见党中央和习近平主席对未来战争中信息战的重视程度。在全球信息化时代，信息战本身已经成为一种新型军事斗争方式，同时信息安全又关乎军事安全全局，为其他的作战指挥、信息情报、技术侦察、后勤保障、武器装备都提供重要的基础支持。甚至一定程度上可以说，取得了信息控制权，就取得了军事控制权。信息安全是关乎能打仗、打胜仗的核心因素，无疑已经上升到更为重要的战略层面。随着技术发展，一些西方国家原来先进的军队背负的包袱也越来越沉重，他们的战略支援力量分散在陆、海、空等主战军种中，很多时候就难免出现重复建设、相互争夺经费资源的情况。中国首创"战略支援部队"使那些过去分布在各个总部内的不同单位，迅速整合在一起，优化资源分配、强化相互支持、提升信息战整体效能。

战略支援部队是维护国家安全的新型作战力量，是我军新生作战能力的重要增长点。战略支援部队就是支援战场作战，保证作战的顺利进行，它是联合作战的重要力量。由两部分组成，一是军事航天部队；二是网络和信息战部队。两部分作为整体密切协同，能在联合作战中产生"化学反应"，实现战场对我军单向透明，让敌军陷入重重迷雾和单打独斗、被动挨打的境地。战略支援部队包括情报侦察、卫星管理、电子对抗、网络攻防、心理战等信息支援性质的兵种。

六、中央军委联勤保障部队

中央军委联勤保障部队，成立于2016年9月13日。联勤保障部队是实施联勤保障和战略战役支援保障的主体力量，是中国特色现代军事力量体系的重要组成部分。包括仓储、卫勤、运输投送、输油管线、工程建设管理、储备资产管理、采购等力量，由中央军委直接领导，体制上与陆军、海军、空军、火箭军、战略支援部队平行，为副战区级。主要包括武汉联勤保障基地和无锡、桂林、西宁、沈阳、郑州五个联勤保障中心，以及解放军总医院、解放军疾病预防控制中心等。

在某种意义上讲，打仗就是打保障。从近几场现代战争实践看，联勤保障已经成为影响部队作战能力生成的重要因素。在这一轮军队改革中，军队后勤保障模式实现根本性转变，构建了以联勤部队为主干、军种为补充，统分结合、通专两线的保障体制，不但与新的领导指挥体制相适应，而且有利于实现联战联训联保一体、平战一体，有利于解决后勤保障体制不顺、力量分散、管理粗放等问题，有利于全面实施体系保障、联合保障、精准保障。

思 考 题 二

1. 中国武装力量由哪几部分组成的?
2. 中国武装力量多样化运用,坚持的基本政策和原则是什么?
3. 中国人民解放军各军种担负的主要任务有哪些?
4. 简述中国人民解放军各军种的编成情况。
5. 战略支援部队包括那些兵种?

第三章 《中华人民共和国兵役法》基本知识

《中华人民共和国兵役法》(以下简称《兵役法》)是国家法律和国防法规的重要组成部分,是公民依法服兵役的法律依据,是加强军队建设和国防现代化建设的根本大法。对大学生进行兵役法基本知识教育,对增强国防观念,弘扬爱国主义精神,增强保卫国家安全意识,提高学生对军训目的的认识和履行兵役义务的自觉性有重要意义。

第一节 《中华人民共和国兵役法》概述

一、《兵役法》的概念、核心和目的

(一)《兵役法》的概念

《兵役法》是国家关于公民参加军队和其他武装组织或在军队外接受军事训练的法律。从兵役法的概念看,有三层含义:一是公民依法在军队服现役;二是参加其他武装组织;三是在军队外接受军事训练。

(二)《兵役法》的核心和目的

《兵役法》规定着国家总的兵役制度,它的核心是确定国家兵役的制度和形式,是根据国家的具体情况和军事战略的需要,确定实行的兵役制度。主要规定了国家武装力量的组成,实行兵役制度,公民服兵役的条件、形式、期限和应享有的权利和义务,后备力量建设体制,兵员征集动员方式以及对违犯《兵役法》应给予惩处等内容。制定《兵役法》的目的在于军队平时的兵员补充,加强国家武装力量建设,保障社会主义祖国的安全和社会主义建设大业的顺利进行。

(三)我国历代兵役制度

兵役制度是国家的重要制度之一,它随着国家的形成而产生,又随

着国家的经济情况,政治制度和军事需要而发展变化。

中华民族有着5 000多年发展史,伴随着大大小小战争数千次,战争与人类社会结下了不解之缘。任何一个统治阶级及其代表人物在建立和维护统治过程中,都实行"强兵富国"政策,力争实现内稳外安。如我国清代著名的教育思想家李塨曾明确提出"寓兵于农"的思想,他在回答如何使中国真正富强起来时说,"天下处处皆粮则天下富,天下人人皆兵则天下安。"所以有了国家便有了国家的防务。

1. 夏、商、周三朝时代主要实行民军制

兵役寓于田制之中,也就是把兵役与田制结合起来,凡有权利受田的成年男子,都有服兵役的义务。平时耕牧为民,战时出征为兵。这一制度直到西周时才比较完善。西周规定每家出一人为"正卒",随时准备出征参战。其余为"羡卒",服后备兵役。

春秋后期,又出现了考选勇士从军的办法。

战国时期,随着封建制度的确立,各诸侯国进行激烈的兼并战,竞相扩充常备军,开始实行征兵。

秦汉时期主要实行征兵制度。秦始皇统一中国后,规定17~60岁的男子都必须服兵役两年。守卫京城的为"正卒",守卫边防的为"戍卒"。

西汉初年,规定20岁的男子都要向官府登记,从23岁起服役两年。在本郡服役一年,学习骑马射箭,称为"正卒",在京师或屯田服役一年称为"卫士"或"戍卒"。服役期满还乡为民,仍为后备兵员。

2. 隋唐时代主要实行府兵制

规定男子20~60岁都有服兵役的义务。府兵由设置在当地的军府管理,平时散居务农,农闲时进行训练,战时奉命出征,战争结束后,"兵散于府,将归于朝"。当时当兵的地位较高,可免除赋役,征战有功者可得勋级,死亡者家属可受抚恤。

3. 宋代盛行募兵制

分为禁兵、厢兵、番兵、乡兵四种。北宋时朝廷直接管辖的禁军从全国各地招募,守卫各州的厢兵在本州范围内招募,守卫边境地区的番兵从当地少数民族中招募,保卫乡土的乡兵由各地按户籍抽调的壮丁组成。此外还强迫罪徒当兵,士兵社会地位低下。

4. 元、明、清主要实行世袭兵役制

早在三国,两晋时代就实行这种兵役制度,把士兵之家列为军户,父死子继，兄终弟继，世代服兵役。

元代开国初期规定 15 岁以上，70 岁以下的蒙古族男子"尽佥为兵"。后因兵源不足，又规定汉人 20 户出一兵，兵力强者充军，弱者出钱，凡当过兵的壮士和有功之家都列为军户，世世代代服兵役。

明代各卫所军士，少数驻防，多数屯田，农忙时耕种。农闲时训练，战时出征，军士之家列为军户，世代服兵役。明英宗正统年间，屯田制遭到破坏，士兵大量逃亡，逐渐改行募兵制。

清朝也采用世袭兵役制。凡 16 岁以上的八旗子弟，"人尽为兵"，世代相袭，后又招募汉人当兵称"绿营兵"。八旗兵是"兵民合一"的组织，"无事耕猎，有事征调"。

5. **民国初期由于军阀割据，各自为政，一般都实行募兵制**

1933 年 6 月国民党政府曾颁布过一个兵役法，规定实行征兵制。但由于国民党政府政治上腐败，军事上反动，征兵制有名无实，大部分地区盛行抓兵。

6. **历次革命战争时期**

自从中国共产党成立以来，所领导的军队曾长期实行志愿兵役制。

（1）土地革命时期，红军的兵员补充，一般都采用由乡赤卫队，区赤卫队，县赤卫队到地方红军直至正规红军这样一套逐步升级的办法进行。

（2）抗日战争和解放战争时期广大工农群众自觉自愿地参加人民军队，参加民兵组织，他们既是配合作战的助手，又是保障军队兵员补充的强大后备队伍。参军参战的人，大都是出于高度的政治觉悟和民族大义，他们不计较个人物质报酬，不顾个人得失，为民族解放事业和自身的解放而英勇奋斗。当时出现了许多"妻子送郎上战场，母亲送子杀敌寇"，兄妹竞相参军参战的动人场面。

（3）中华人民共和国成立以后，建国初期，我国仍实行志愿兵役制。这种制度为中国人民志愿军赢得朝鲜战场的胜利，保卫国家安全，保卫世界和平奠定了基础。

为了使我国兵役制度系统化，法律化，1955 年 7 月 30 日经第一届全国人民代表大会第二次会议讨论，通过颁布了我国第一部兵役法——《中华人民共和国兵役法》。这部兵役法较系统地规定了定期征兵和退伍制度，最集中点在于将过去的志愿兵役制改为义务兵役制。

1978年3月7日经第五届全国人民代表大会常务委员会通过，颁发了《关于兵役制度问题的决定》，将1955年兵役法中规定的义务兵役制改为义务兵与志愿兵相结合的制度。

1984年5月31日，经第六届全国人民代表大会讨论通过，颁布了新的兵役法，并于同年10月1日开始施行。新兵役法将原来的义务兵与志愿兵相结合的制度，改为以义务兵役制为主体的，义务兵与志愿兵相结合，民兵与预备役相结合的兵役制。

1998年12月29日，经第九届全国人民代表大会常务委员会第六次会议通过的《关于修改〈中华人民共和国兵役法〉的决定》，对兵役的服役年限；士兵预备役的分类、参训办法、误工补贴；退出现役的安置；对违犯兵役制度的处罚办法及我国兵役制度作了修改。确定新的兵役制度为："中华人民共和国实行义务兵与志愿兵相结合、民兵与预备役相结合的兵役制度。"

2011年10月29日，经第十一届全国人大常委会第23次会议通过的《关于修改〈中华人民共和国兵役法〉的决定》，对兵役的分类，现役军人和预备役人员的权利与义务，征集工作机构，征集服役年龄，兵役登记制度等作了修改。

2021年8月20日，十三届全国人民代表大会常务委员会第三十次会议审议通过新修订的《中华人民共和国兵役法》，聚焦吸引入役、激励在役、保障退役，对兵役政策制度进行了创新设计和大幅度调整完善。修改变化大，精减较多，规范性更强。在章节分布上，由12章74条调整为11章65条。

（四）国外服兵役简介

世界兵役制度大体有两种：一是国家法律规定公民必须服兵役，带强制性，称为义务兵役制，实行征兵制。二是本人自愿从军，以军旅为职业称为志愿兵役制，募兵制，雇佣兵役制。

1. 在世界众多国家，"兵役法"都是国家的基本法律

各国都在不断完善兵役制度，形成适合本国特点的兵役制。如俄罗斯实行志愿兵役制规定：凡年满18岁的男性公民，均应应征服兵役，青年没有服兵役被认为是件不光彩的事。英国：本人与军方签订合同，服役期限为3、6、9、12、15年不等。埃及：凡年满18岁的学生如未获兵役登记不准入学、招工。意大利：逃避兵役、民役的要判刑，未获兵役

登记的适龄青年不准出国。以色列：实行普通义务兵役制，有参军的历史才有资格上大学、出国、工作、走向社会。

巴基斯坦实行雇佣兵役制，军人养尊处优，待遇十分优厚。当兵第一年，月薪 300～400 美元，一个女人嫁给士兵生活就有了保障。一是全家可享受公费医疗；二是小孩上学完全免费；三是复员费 5 万元；四是同等学历中，士兵收入最高，比工人高 40%，服役期规定 15～29 年，但不能当军官。

2. 兵役法有一定强制性和约束力

在国外，许多明星、名人都要按规定服兵役，任何人不能例外。因而经常出现因服兵役而暂别歌坛、影坛、体坛的轶事。如：美国前总统克林顿，拳王阿里，青年时因逃避兵役而受到政府处罚；韩国实行义务兵役制，规定 18～35 岁的健康男子，必须服兵役 2 年，免除兵役的仅限于奥运会冠军、世界级重大成果获得者等民族英雄。2002 年第 17 届世界杯 1/8 决赛，韩国球星安贞焕，一个点球将意大利送回了老家，实现了韩国乃至亚洲历史上的突破，政府宣布其免除服兵役。

3. 如今男性一统军营的时代已成为历史

越来越多的女子颠覆了传统的女子角色，走入军营，大有"巾帼不让须眉"之势。

目前，世界上有近 80 个国家拥有女兵，总数超过 100 万人。美国有女军人 32 万人，是世界上女兵最多的国家，伊拉克战争美军女兵占 1/3。

在中国，穿一身绿军装，当一名潇洒神奇的女兵，对无数青春少女来说是一个美丽浪漫的梦想。共和国历史上，中国女兵曾创造和演绎过无数感人事迹，为这支威武之师争得了耀眼光环。中国女将军从 1955 年至今至少 34 人，目前女将军中军衔最高的是徐莉莉，原海军中将，现为军事科学院副政委。

以色列是世界上唯一对妇女实行义务兵役制的国家，除已婚怀孕，有犯罪记录及所信宗教禁止外，都要服兵役。考虑到女军人到部队有众多不便，女兵服役条件十分优越。服役离家门不能太远，下岗可以回家，不在战斗部队服役，主要从事秘书、情报、通信、统计、仓库管理等。空闲时可以打工，晚上当售货员、清洁工等。以色列军营中的女兵个个丽影俊俏，眉目传神，楚楚动人，成为军营中一道靓丽的风景线，她们的魅力无人可挡,她们甚至可以在几秒钟内分解机枪。

俄罗斯有女军人 15.3 万人,占 12% 以上。其女兵传奇色彩也为世人瞩目,女兵被誉为国家的骄傲。女兵和男兵训练标准要求完全一样,这在全球实属罕见。

"战争让女人走开"这曾是男子汉引以为自豪的格言,看来这不是明智之举,军营中男性世袭的地位也越来越少,与男子相比,她们毫不逊色,谁说女子不如男子,战争不再让女人走开。女性军人越来越成为各国军队的生力军。未来战争性别已不是取胜的重要要素,而知识和智慧才是取胜的关键所在。现代医学研究证明,女性在记忆力,语言能力,沟通能力,亲和力和形象思维能力方面明显强于男性。

第二节 我国新兵役法的意义和主要内容

一、新兵役法的意义

国家的兵役制度根据自身的战略环境、政治形态、经济状况和文化价值确定,并随着这些条件和因素的改变而不断调整和完善。《兵役法》是国家军事制度方面的重要法律,对于规范和加强国家兵役工作,保证公民依法服兵役,保障军队兵员补充和储备,建设巩固国防和强大军队,具有十分重要的意义。其主要功能是为规范和加强国家兵役工作,保证公民依法服兵役,保障军队兵员补充和储备,为建设巩固国防和强大军队提供法治保障。

我国第一部《兵役法》于 1955 年 7 月颁布,第二部《兵役法》于 1984 年 5 月颁布,1998 年、2009 年和 2011 年先后 3 次修正。2021 年 8 月 20 日,十三届全国人民代表大会常务委员会第三十次会议审议通过新修订的《中华人民共和国兵役法》,自 2021 年 10 月 1 日起施行。此次修订《兵役法》,是在强军兴军的时代背景下,适应国防和军队改革需要、适应武装力量建设对高素质兵员需求、适应中国特色军事法规体系建设需要,对中国特色兵役制度的进一步完善。新《兵役法》颁布施行以来,对于提高全民国防意识,保障兵役工作顺利开展,推动国防和军队建设,发挥了重要作用。

二、新兵役法的主要内容

新修订的《兵役法》以习近平新时代中国特色社会主义思想为指导，全面贯彻习近平强军思想，贯彻新时代军事战略方针，以强军目标为指向、以备战打仗为牵引、以改革创新为驱动、以服役光荣为导向，聚焦实现建军一百年奋斗目标，着眼吸引入役、激励在役、保障退役，让军人成为全社会尊崇的职业，对兵役政策制度进行了创新设计和调整完善。共 11 章 65 条，主要包括以下内容：

一是确立习近平强军思想的指导地位。习近平总书记指出，党的十九大以来，全军坚决贯彻党中央和中央军委决策指示，认真学习贯彻党的十九大精神，深入学习贯彻新时代党的强军思想，围绕实现党在新时代的强军目标、把人民军队全面建成世界一流军队，加强练兵备战，深化国防和军队改革，狠抓全面从严治军，加快国防和军队现代化建设，强军事业迈出新步伐、展现新气象。新修订的《兵役法》，适应时代发展，服务国防和军队建设，聚焦建设世界一流军队，将党的意志和改革举措转化为制度安排，固化为法律规范。

二是优化兵役基本制度。兵役工作事关国防和军队建设全局，也关系到千家万户。新修订的《兵役法》第三条规定，中华人民共和国实行以志愿兵役为主体的志愿兵役与义务兵役相结合的兵役制度。第五条第一款规定，中华人民共和国公民，不分民族、种族、职业、家庭出身、宗教信仰和教育程度，都有义务依照本法的规定服兵役。现役士兵包括义务兵役制士兵和志愿兵役制士兵，义务兵役制士兵称义务兵，志愿兵役制士兵称军士。预示军士，是部队的主体，是军队的中流砥柱。

新修订的《兵役法》，将我国兵役基本制度由"实行义务兵与志愿兵相结合、民兵与预备役相结合的兵役制度"，调整为"实行以志愿兵役为主体的志愿兵役与义务兵役相结合的兵役制度"。主要是为适应我国的基本国情和军士已成为士兵服役主体的基本现状，在继续保留义务兵役制基础上，在兵役基本制度中更加突出志愿兵役的主体地位，这既是对军士已成为士兵服役主体的基本现状的确认，也是推进军人职业化、提高兵员质量的重要安排，以适应新时代国防和军队建设的要求。

三是调整预备役制度。将预备役人员聚焦为预编到现役部队和编入预备役部队服预备役的人员。新修订的《兵役法》第六条明确，兵役分为现役和预备役。在中国人民解放军服现役的称军人;预编到现役部队或者编入预备役部队服预备役的,称预备役人员。

四是规范兵役登记制度。兵役登记是兵役工作的一项基本制度,是国防和后备力量建设的基础工程。新《兵役法》,对兵役登记的对象范围、程序办法、查验核验、信息管理等进行系统规范,有利于强化公民依法服兵役的责任感,发挥兵役登记作为优质兵员征集"蓄水池"和战时兵员动员"调节器"的特殊作用。新《兵役法》除明确"兵役登记包括适龄公民初次兵役登记和预备役登记"外,还在初次兵役登记时限要求方面,规定每年十二月三十一日以前年满十八周岁的男性公民,都应当按照兵役机关的安排在当年进行初次兵役登记。在初次兵役登记方式方面,初次兵役登记可以采取网络登记的方式进行,也可以到兵役登记站(点)现场登记。进行兵役登记,应当如实填写个人信息。新《兵役法》明确了兵役机关每年要组织兵役登记信息核验,会同有关部门对公民兵役登记情况进行查验,确保兵役登记及时,信息准确完整。

五是加大高素质兵员征集力度。修订后的《兵役法》规定,机关、团体、企业事业组织和乡、民族乡、镇的人民政府,依照本法的规定完成兵役工作任务。兵役工作任务,在设有人民武装部的单位,由人民武装部办理;不设人民武装部的单位,确定一个部门办理;普通高等学校应当有负责兵役工作的机构。修订后的《兵役法》,为适应"一年两次征兵两次退役"改革需要,明确"全国每年征集服现役的士兵的人数、次数、时间和要求,由国务院和中央军事委员会的命令规定"。针对当前大学生已成为征集新兵的主体对象,高校作为征兵工作主阵地的实际,进一步加强高校征兵组织机构建设,明确"普通高等学校应当有负责兵役工作的机构",以此保障高校征兵工作有效落实。年满十八周岁的男性公民,应当被征集服现役;当年未被征集的,在二十二周岁以前仍可以被征集服现役。为进一步拓宽军队缺少的、专业特殊的、地方优势的高学历人才参军入伍渠道,普通高等学校毕业生的征集年龄可以放宽至二十四周岁,研究生的征集年龄可以放宽至二十六周岁。根据军队需要,可以按照前款规定征集女性公民服现役。根据军队需要和本人自愿,可以征集年满十七周岁未满十八周岁的公民服现役。

六是优化服役待遇保障制度。新《兵役法》规定国家保障军人享有符合军事职业特点、与其履行职责相适应的工资、津贴、住房、医疗、保险、休假、疗养等待遇。军人的待遇应当与国民经济发展相协调，与社会进步相适应。军人按照国家有关规定，在医疗、金融、交通、参观游览、法律服务、文化体育设施服务、邮政服务等方面享受优待政策。女军人的合法权益受法律保护。现役军官和军士的子女教育，家属的随军、就业创业以及工作调动，享受国家和社会的优待。符合条件的军人家属，其住房、医疗、养老按照有关规定享受优待。军人配偶随军未就业期间，按照国家有关规定享受相应的保障待遇。

修订后的《兵役法》，明确了公民入伍时保留户籍，调整完善了义务兵家庭优待金等政策，规定优秀义务兵可以提前选改为军士。明确公民入伍时保留户籍，主要是为适应经济社会发展变化，更好地维护公民服现役期间的户籍权益。调整义务兵家庭优待金制度，明确"义务兵家庭优待金标准由地方人民政府制定，中央财政给予定额补助"，将义务兵家庭优待金由地方政府全额负担，调整为由中央和地方共同负担，有利于提高经济欠发达地区义务兵家庭优待金标准，均衡不同地区地方政府兵役负担，缩小优待金地区差异。规定义务兵"服现役期间表现特别优秀的，经批准可以提前选改为军士"，主要是为了树立快出人才、出好人才、人尽其才的政策导向，进一步增强义务兵队伍吸引力，鼓励义务兵在部队建功立业，让更多高素质人员快速进入军士队伍。

七是完善退役安置政策。新《兵役法》规范了退役军人的安置方式和适用条件，增加军士和军官退出现役可以"采取逐月领取退役金"的安置方式。新《兵役法》明确，退出现役的义务兵，国家采取自主就业、安排工作、供养等方式妥善安置；退出现役的军士，国家采取逐月领取退役金、自主就业、安排工作、退休、供养等方式妥善安置；退出现役的军官，国家采取退休、转业、逐月领取退役金、复员等方式妥善安置。这样拓宽了安置渠道，树立了服役时间越长、贡献越大、安置越好的鲜明导向，有利于鼓励军人长期安心服役，解决军人退出现役的后顾之忧。

八是创新兵役工作方式方法。拒服兵役是一种严重违法行为，新修订的《兵役法》对拒服兵役加大了惩处力度，创新了处罚方式。例如，增加不得招录、聘用为国有企业和事业单位工作人员的规定；增加了对拒服兵役人员纳入履行国防义务严重失信主体名单实施联合惩戒的规定；引入罚款处罚方式，规定对军人以逃避服兵役为目的，拒绝履行职责或者逃离部队，被军队除名的，并处以罚款。这些法律责任的明确，是对执法实践中经验的总结和确认，有助于确立兵役执法的权威性。当然，修订后的《兵役法》激励和惩戒功能并重，既立起了参军光荣、服役优待的激励导向，也强调了严厉问责、从严惩罚的责任承担。推进兵役信息化建设，建立考核激励和责任追究机制，进一步明确单位和个人应当承担的法律责任。

第三节 我国公民履行兵役义务的形式、意义和特点

（一）公民履行兵役义务的形式

1. 服现役

服现役是公民履行兵役义务的最主要形式。所谓服现役，就是依法应征加入中国人民解放军或中国人民武装警察部队。目前在人民解放军各军种以及在武装警察各部队中服役的干部和战士，都是通过服现役来履行自己的兵役义务的。

义务兵服现役的期限为 2 年。义务兵服现役期满，根据军队需要和本人自愿，经批准可以选改为军士；服现役期间表现特别优秀的，经批准可以提前选改为军士。根据军队需要，可以直接从非军事部门具有专业技能的公民中招收军士。

军士实行分级服现役制度。军士服现役的期限一般不超过 30 年，年龄不超过 55 周岁。军士分级服现役的办法和直接从非军事部门招收军士的办法，按照国家和军队有关规定执行。

现役军官主要从军队院校毕业学员，普通高等学校应届毕业生，表现优秀的现役士兵，军队需要的专业技术人员和其他人员中选拔、招收。战时根据需要，可以从现役士兵、军队院校学员、征召的预备役军官和其他人员中直接任命军官。

2. 服预备役

士兵预备役分为第一类和第二类。第一类士兵预备役人员：经过登记服士兵预备役的 35 岁以下的退出现役的士兵；经过登记服士兵预备役的 35 岁以下的地方与军事专业对口的技术人员；其他编入预备役部队和预编到现役部队的 28 岁以下的预备役士兵。第二类士兵预备役除服第一类士兵预备役的人员外，还包括编入民兵组织的人员，其他经过登记服士兵预备役的 35 岁以下的男性公民。

第一类中其他编入预备役部队和预编到现役部队人员，29岁转入第二类士兵预备役；预备役士兵年满35岁，退出预备役。

预备役军官包括：退出现役转入预备役的军官和确定服军官和确定服军官预备役的退出现役的士兵、高等院校毕业学生、专职人民武装干部和民兵干部、非军事部门的干部及专业技术人员。

3. 参加民兵组织

民兵是不脱离生产的群众武装组织，是中国人民解放军、中国人民武装警察部队的助手和后备力量。新《兵役法》把民兵规定为国家武装力量的一部分，参加民兵组织也是公民履行兵役义务的一种形式。

民兵分为基干民兵和普通民兵两种。基干民兵一般指28岁以下退出现役的士兵和经过军事训练的人员。普通民兵指18～35岁符合服兵役条件的男性公民。

4. 参加军事训练

普通高等学校的学生在就学期间必须接受军事训练，这是一项法定义务，也是公民依法服兵役义务的组成部分。也是高等学校必须坚持的一项基本教育制度。《国防教育法》明确规定，高等学校应当将课堂教学与军事训练相结合，对学生进行国防教育。高等学校应当设置适当的国防教育课程。高等学校学生的军事训练，由学校负责军事训练的机构或者军事教员按照国家有关规定组织实施。军事机关应当协助学校组织学生的军事训练。

普通高等学校将军事课（含军事理论课和军事技能训练）作为必修课，纳入教学计划。军事理论课教学时间为36学时，军事技能训练时间为2～3周，实际训练时间不得少于14天112学时。

（二）学生参加军训的目的、意义

学生军训包括军事技能训练和军事理论课教学两部分。学生军训也称军事教育训练或军事课，是学校国防教育的主要形式和内容。

保卫祖国依法服兵役是公民应尽的一项基本义务。我国《宪法》第五十五条规定"保卫祖国，抵抗侵略是中华人民共和国每个公民的神圣职责"，"依照法律服兵役和参加民兵组织是中华人民共和国公民的光荣义务。"2001年修订并实施的《征兵工作条例》规定，我国首次在全日制高等学校在读大学生中征集义务兵。2005年征兵工作改革，进一步强调，提出把征集重点从现在的征集高中毕业生逐步转移到征集大学生上

（包括在校生和毕业生）。这些规定表明，依法服兵役既是公民不可推卸、不可逃避的责任，同时又是公民光荣神圣的职责。大学生在就学期间接受基本训练，或挑选优秀大学生参军，是学校知识、能力、人格三位一体培养新型人才的迫切需要；是学生履行兵役义务接受国防教育的基本形式，是适应新形式、提高兵员素质、加强我国国防和军队现代化建设的重要举措。

1. 学生军训是加强国防后备力量建设的一项重要举措

在学生中有计划地实施军事训练，可以储备一大批高质量的后备兵员和预备役军官，使他们成为战时扩建、组建部队的骨干。做到寓兵于民、寓官于校，是一种平时少养兵，战时多出兵，出"精"兵的好办法，无论对我国的国防建设，还是对经济建设，都是很大的贡献。

2. 学生军训是培养德、智、体全面发展人才的重要途径

组织学生军训既是给学生创造实践的条件，使他们有机会更好地学习解放军的优良品质和光荣传统，又能对学生进行爱国主义教育，激发他们的爱国热情，培养勇敢顽强、坚韧不拔、吃苦耐劳、不怕困难的品质。还可以通过军训中丰富多彩的教育活动，培养学生爱祖国、爱人民、爱学习、爱劳动、爱集体、守纪律的道德情操。通过军事理论的学习和军事实践，可以使学生了解最新的军事科学技术成就，增强对军事科学的兴趣和爱好。

3. 学生军训是加强我军现代化建设的一项措施

由于科学技术的发展，我军武器装备现代化程度不断提高，要是现代化的武器装备转化为战斗力，就需要一大批具有一定军事素质和科学文化知识的人来操作。实践证明，挑选一批经过军训，专业对口的大学生到部队担任军官，能有效地改变军队的成员结构，提高军队素质，加速我军现代化建设。

4. 学生军训是进行全民国防教育、履行兵役义务的基本形式

国防教育是国民教育的一项重要内容，也是当代大学生思想政治教育结构的重要组成部分。对在校学生进行军训既能提高学生的爱国主义精神和国防观念，又是履行兵役义务的一种形式。

（三）公民履行兵役义务的意义

中国几千年文明发展史充分证明，有国必有防，无防必遭殃。我国历史上任何一个朝代的兴衰与国防的兴衰密不可分。在激烈竞争的国际

舞台上，各国都把国防思想作为统一国民思想、振奋民族精神、提高战斗力的一项战略措施，把自己的军队作为民族象征，以自己军队精神影响民族风貌。

国防是全民的国防，我们每个人在享受国防建设成果时，是否仔细想过我为国防建设做些什么？宪法第55条明确规定，"保卫祖国、抵御侵略是中华人民共和国每一个公民的光荣义务。"兵役法规定高等院校毕业生应服军官预备役。明确地说明，大学生建设祖国与保卫祖国的关系。美国前总统肯尼迪就职演讲时曾对青年呼吁道："不要问祖国为你们做些什么，而要问你们能为祖国做些什么？"告诉我们要关心国家、民族安危，以个人利益自觉服从国家利益，支持国防巩固和强大，维护国家的尊严和安全。

尽管兵役法有较强的强制性和约束力，但由于长时间和平环境延续，加之以经济建设为中心，一些公民当兵卫国服兵役意识淡薄了，甚至"尚文耻武，习于安乐"，正如白居易诗中所说"习惯梨园歌管声，不识旌旗与弓箭"。

纵观古今，横看中外，军队锻炼出的军事素质是永恒的财富，一个军事素质过硬的军人永远是成功者。

军营是所大学。公民应以服兵役为光荣，军人的社会地位受到人们的尊重。可以说古往今来，层出不穷的仁人志士大都与军事有关。北京人心目中的理想职业调查表明，在受人尊重的十四种职业中，军人排行第四，多数被调查者认为，他们这一选择，既是出自对军人的敬佩，也是出于对军旅出人才的认同。有人对收录在《外国历史名人传》中的432人的经历做过精心研究，发现214人曾在军队中服过役。如美国历史上44位总统中，当过兵的就有26位。英国战后产生的9位首相，有7位当过兵；世人瞩目的诺贝尔奖获得者——文学泰斗托尔斯泰，曾是一名优秀的炮兵指挥官。

我军是一支人才辈出的军队，培养出来的各种人才灿若群星。从老一辈革命家到新时代英模人物，从高级将领到基层俊才，群英荟萃，人才济济。正因为如此，军队才以"大学校，大熔炉"享誉中外。收录在《中国历史名人传》中的杰出人物，当过兵的占60%。统帅千军万马，运筹于帷幄之中，决胜于千里之外的军事家自不必多说，许多著名的政治家、科学家、企业家都得益于军旅生活的锻炼和熏陶。党的十七大选出的中央委员中有40位将军,可谓将星闪耀。山东省荣成市在新中国成立后有148人被授予少将以上军衔,或担任军职以上职务,被人们叫作"将军城"。从建国初期到五、六十年代是当兵热,那时一人参军,全家光荣,人人抢着当兵。许多女青年找对象也把当兵作为首选,军队职业社会地位最高,最受人尊敬,最值得信赖。这是特定历史时期和特定环境下出现的一种必然现象。大学生在部队大有作为。

(四)发挥高校在国防和军队建设中的作用,拓宽选拔高素质人才的途径

1. 依托高校培养国防人才

2000年5月,国务院中央军委颁布了《关于依靠普通高等学校培养军队干部制度的决定》,明确要充分发挥高校在国防建设和军队建设中的重要作用,进一步拓宽选拔军队建设人才途径。

这一新生事物如一石激起千层浪,引起了军队和高校极大关注和热烈响应,显示出强大的生命力。广大同学表现出强烈要求报效祖国,献身国防的激情和愿望。至2015年,全国有118所大学承担为军队培养国防生任务,累计毕业7万多名。

2. 积极组织大学生携笔从戎,建功军营

为适应军队建设需要,缓解人才紧缺状况,2009年,党中央、中央军委做出大规模征集大学生入伍的重大决策,军队除直接招收士官外,将征集13万毕业生入伍。同时积极出台优惠政策。(见附录四:大学生入伍政策)女兵征集改为面向社会普遍征集报名,条件为在校学生和高中应届毕业生。

高技术条件下的国防领域是大学生施展才华的广阔天地,军队锻造出的军事素质是永恒的财富。随着世界新军事变革的浪潮席卷全球,各国都在大力征集高中生、大学生等高素质兵员占领打赢未来信息化战争的制高点。

思 考 题 三

1. 什么是兵役法?兵役法的核心、目的是什么?
2. 我国现行兵役法的主要内容是什么?
3. 我国现行兵役法有哪些主要特点?

4. 我国公民履行兵役义务有哪几种形式？

5. 为什么高等院校的学生在就学期间要参加军训？

6. 简述鼓励大学生应征入伍的意义。

7. 论述题：结合军事技能训练，谈一谈你对学生军训目的、意义的认识。

第四章 军事思想

军事思想是关于战争、军队和国防基本问题的理性认识。是人们长期从事军事实践的经验总结和理论概括。通常包括战争观、战争问题的方法论、战争指导思想、建军思想及国防思想等基本内容。作为一个学术范畴，军事思想以战争和军事问题为研究对象，它的根本任务是揭示战争的本质、战争的规律及进行战争的指导规律，研究和阐明军队和国防建设的基本理论和原则，从总体上反映研究战争和军事问题的成果。

军事思想来源于军事实践，又给军事实践以理论指导并随着战争和军事实践的发展而发展。不同的时代、阶级、国家和人物有着不同的军事思想。在和平时期军事思想的发展则应适应社会生产力和科学技术的发展。积极探索军事领域出现的新情况和新问题，努力使军事思想适应新的历史条件，以保证它对未来战争发挥正确的理论指导作用。本章主要介绍中国古代军事思想、毛泽东军事思想、邓小平新时期军队建设思想、江泽民对军队建设的论述以及习近平新时代强军思想。

第一节 中国古代军事思想

中国古代军事思想是中国在奴隶社会、封建社会时期，各阶级、集团及其军事家和军事论著者对于战争与军队问题的理性认识。它随着社会前进、战争的发展而不断深化。与外国军事思想相比，中国古代军事思想成熟早、内容丰富、成绩突出。它不仅是培育古代名将的甘露，指导古代战争夺取胜利的武器和法宝，也对世界军事思想的发展产生了积极影响，尤其对毛泽东军事思想的形成产生了重要的影响。

第四章 军事思想

一、中国古代军事思想的形成与发展

(一) 萌芽时期 (夏、商、西周时期)

公元前 21 世纪至公元前 8 世纪，我国先后建立了夏、商、西周三个奴隶制王朝。这是中国奴隶社会从确立、发展到鼎盛的整个历史阶段，也是我国古代军事思想的初步形成时期。这个时期军队数量不多，没有专职的指挥将领；除甲士有铜兵器外，许多徒（步）兵仍使用木、石兵器；作战方式基本上是以密集队形进行集团肉搏正面冲杀。商代以后逐步以车兵为主，作战中形成以车兵为核心的方阵队形。由于战争客观规律认识的局限，战争受迷信的影响极大，经常以占卜、观察星象等来决定战争行动，产生了以靠天命观为中心内容的战争指导思想。军队的治理以"礼"和"刑"为基础。"礼"，主要适于上层的贵族和军官，讲究等级名份、上下有序；对下级士兵的管理主要靠严酷的刑罚。这个阶段已产生了一些萌芽形态的兵书。商代甲骨文、商周的金文中就有大量关于军事活动的记载。西周时期已出现《军志》《军政》等军事著作，虽早已失传，但这是我国古代军事思想形成的重要标志。

(二) 形成时期 (春秋战国时期)

公元前 8 世纪初到公元前 3 世纪末，即春秋战国时期，它是我国从奴隶社会向封建制的过渡时期，是我国古代政治、经济、文化、科技大发展的一个历史阶段，也是古代军事大发展的时期。阶级矛盾的不断深化，使战争连绵不断，战争规模扩大，战争频繁而形式多样。许多代表新兴地主阶级的军事家和兵书著作不断涌现，从战争论、治兵论、用兵论及研究战争的方法论等方面，全面奠定了我国古代军事思想的基础，标志着我国古代军事思想已基本成熟。

现存最早，影响最大的就是春秋末期孙武所著《孙子兵法》，它是新兴地主阶级军事理论的奠基著作，它标志着封建阶级军事思想的成熟，成为后世兵书的典范。其他影响较大的兵书还有《吴子》《司马法》《孙膑兵法》《尉缭子》《六韬》等著作。

(三) 丰富发展时期 (秦至清前期)

从公元前 3 世纪末至 1840 年的封建社会时期，是中国古代军事思想的丰富发展时期。进入封建社会后，随着生产力的不断发展，秦以后军事技术进入了以铁兵器为主和冷、热兵器并用的时代，骑兵成为战争力量的主角，舟师水军参战也更多了。随着军兵种日益丰富，就要求作战指挥必须加强步、骑、水军的配合作战。从汉以后多次发生像赤壁之战、淝水之战这样大规模、多兵种、大集团的配合作战。在这些战争中，政治斗争与军事斗争的结合，谋略与决策的运用以及作战指挥艺术都达到了相当高的水平。战争类型和作战样式多种多样，客观上促进了军事思想的发展和兵书的繁荣，战争的发展使得战略战术的运用和指挥艺术都得到高度发展，战略思想日臻成熟。诸葛亮的《隆中对》成为当时战略决策的一个典范。这一时期是中国古代军事思想历经漫长的丰富和发展之后，走上体系化的时期，兵书门类齐全、内容丰富，战略思想更加成熟、完善，军事理论更加综合化、体系化，而且在某些方面提出了更新的见解，发展了前人的思想，深化了先秦某些用兵原则的内涵，对现当代中国军事思想的发展有着重要影响。从秦、汉到唐末有《三略》《李卫公问对》《太白阴经》等，从宋朝到清朝又出现了《武经总要》《武备志》《练兵纪实》《三十六计》《海国图志》等。

二、中国古代军事思想的基本内容

我国古代军事思想的内容极其丰富，它包括战争性质和决定战争胜负因素的理论、治军理论、将帅修养的理论、作战战法的理论和战争谋略的理论。

（一）战争的起源、性质和作用

1. 战争的起源

古代人们对战争起源的这一认识，经历了一个漫长的过程，这一个过程是一个从唯心论向唯物论逐步接近的过程。在这漫长的认识过程中出现的种种朴素的认识成果，为我们今天认识这一问题提供了有益的借鉴。战国时代的吴起，也就是《吴子》的作者认为："一曰争名，二曰争利，三曰积恶，四曰内乱，五曰因饥。"即争夺霸主地位，争夺土地财产和人口、仇恨的积累、政治上的动乱和灾年引起的饥荒，都可以引起战争。《吴子》兵法虽然未能揭示战争的本质，即战争是政治通过暴力手段的继续，是解决阶级之间、民族之间、政治集团之间矛盾的一种最高形式，但这种对我国奴隶社会和封建社会战争起因的归纳、论述还是很精辟的。

2. 战争的性质

我国古代兵书对战争性质早就有所论述。最早的朦胧认识记载是我国兵书《军志》中，它说"有德不可敌"。从中我们隐约可以看出，除了指战争胜负决定因素问题外，它还包含战争性质问题，即顺乎民心的战争必然取得胜利。春秋时期，人们开始使用"有道"与"无道"，战国时期分为"义兵"与"不义之兵"。这在一定意义上说已经触及到战争的本质。如《吴子》兵法指出："一曰义兵，二曰强兵，三曰刚兵，四曰暴兵，五曰逆兵"。禁暴除乱，拯救危难的叫义兵；仗恃兵多，征伐别国的叫强兵；因怒兴兵的叫刚兵；背理贪利的叫暴兵；不顾国乱民疲，兴师动众的叫逆兵。虽然没有明显的区分正义战争与非正义战争，但已经明确指出义兵与强兵、刚兵、暴兵、逆兵的界线。

3. 战争的作用

战争有什么作用呢？《尉缭子》则明确指出："故兵者，所以诛暴乱，禁不义也。"他认为战争是镇压暴乱，制止不义行为的有力手段，《司马法》中提出"是故杀人安人，杀之可也；攻其国爱其民，杀之可也；以战止战，虽战可也。"就是说，杀掉坏人，保障好人，杀人是可以的；进攻其国家，解放其人民，进攻是可以的；以战争制止战争，纵然打仗也是可以的。这就揭示了战争的作用就是在于镇压暴乱，支持正义。

（二）战争与政治、经济、主观指导的关系

1. 战争与政治

《司马法》指出："以义治之之谓正，正不获意则权，权出于战，不出于中人。"意思是说采用合于正义的措施治理国家，这是正常的方法，用正常的方法达不到目的就采取特殊的手段，特殊手段——战争来达到政治目的，而不是以和平方式表现出来的。《尉缭子》指出："兵者，以武为植，以文为种；武为表，文为里；能审此二者，知胜败矣。"以株苗与种子来比喻军事（武）与政治（文）的关系，形象地说明政治是根本，战争是从政治中派生的一种现象，是实现政治目的的手段；把两者有机的统一起来，就能取得胜利，否则就会失败。

古代军事家从政治与战争的关系的理论出发，初步地透过军事上所面临的问题，看到了政治的重要性。政治开明，师出有名，就有强大的凝聚力和战斗力，就能取得胜利，否则就要归于失败。《孙子兵法》也指出："善用兵者，修道而得法，故能为胜败之政。"《淮南子·兵略训》指出"兵之胜败，本在于政。为存政者，虽小必存；为亡政者，虽大必亡。"军事上的胜败，根本取决于政治，这些观点都说明战争的胜败取决于政治，战争从属于政治。我国古代军事思想家虽然对战争与政治的关系有比较深刻的认识，但还不能从阶级的实质上揭示战争与政治的关系，即不同阶级的政治给予不同阶级战争的影响。

2．战争与经济

经济是战争的基础，战争是以巨大的物质消耗为代价的，这一点我国古代军事思想家认识是比较深刻的。提出经济是战争的物质基础，战争是以巨大的物质消耗为代价的，富国才能强兵，以及战争的后勤保障等基本思想和原则，以战争的角度研究经济，形成了自己的军事经济思想。《孙子兵法》中指出："凡用兵之法，驰车千驷，革车千乘，带甲十万，千里馈粮；则内外之费，宾客之用，胶漆之材，车甲之奉，日费千金，然后十万之师举矣。"又指出："善用兵者，役不再籍，粮不三载，取用于国，因粮于敌，故军食可足也。"春秋时期齐国著名军事家管仲对此也有比较深刻的论述，他说："地之守在城，城之守在兵，兵之守在人，人之守在粟。"因此，他明确指出："一期之师，十年之蓄积殚；一战之费，累代之功尽。""兵马未动，粮草先行"。正因为战争对经济如此依赖，所以，《孙子兵法》明确指出"非利不动，非得不用，非危不战"，要"合于利而动，不合于利而止"的慎战思想和"因粮于敌""务食于敌"的补给原则，由此提出速决的战争指导原则，这些原则在消耗十分巨大的现代战争中仍然值得借鉴。

3．战争与主观指导

战争的胜负除了受军事、政治、经济等基本因素制约外，还取决于战争组织者的主观指导。关于主观指导的重要作用，孙武在《孙子兵法》中指出："故经之以五事，校之以计，而索其情"，并且说："夫未战而庙算胜者，得算多也；未战而庙算不胜者，得算少也。……吾以此观之，胜负见矣。"《孙子兵法》明确指出："兵无常势，水无常形，能因敌变化而取胜者谓之神。""因利而制权"，因为"兵无常势"，指挥者必须不断根据敌情、我情的变化修正主观指导，采取克敌制胜的有效手段，《草庐经略》指出"夫敌情叵测，常胜之家必先翻敌之情也。其动其静，其强其弱，其治其乱，其严其懈，虚虚实实，进进退退，变态万状，烛照数计，或谋虑潜藏而直钩其隐状，或事机未发而预揣其必然。盖两军对垒，胜负攸悬，一或不审，所失匪细。必观其将帅察其才，因其形而用其权；凡军心之趋向，理势之安危，战守之机宜，事局之究竟，算无遗漏，所谓运筹帷幄，决胜千里也。"掌握客观规律，充分发挥主观指导作用，才能赢得胜利。

（三）从严治军

治军思想是中国古代军事思想的重要组成部分。关于治军理论，古代军事思想家突出了两个方面：一是法规法令的建设与实施。《孙子·计》中谈"庙算"的时候，强调了一点，那就是敌我双方"法令孰行"。据《吴子·治兵》记载，魏武侯曾问吴起："兵何以胜？"吴起在回答武侯问话时明确指出，兵是"以治为胜"。《尉缭子》一书中设有《重刑令》《伍制令》《分塞令》《勤卒令》《经卒令》和《兵令》等，就是为了"明刑罚，正功赏""鼓之，前如雷霆，动如风雨，莫敢当其前，莫敢蹑其后"，使军队"方亦胜，圆亦胜，错邪亦胜，临险亦胜"，法规法令建设和实施的基础，是建立在"视卒如爱子"之上的，体现了爱兵与用兵结合，教育与纪律结合，厚赏与严罚结合。二是"教戒为先。"《吴子》中指出："故用兵之法，教戒为先。一人学战，教成十人。十人学战，教成百人。……万人学战，教成三军。"《兵略丛言提纲》中指出："不教则不明，不练则不习。"要求从实战出发训练士兵，在训练方法上主张"教得其道""练心""练胆""练艺"，提高作战能力。纵观中国几千年的历史，尽管不同时期、不同阶段的治军思想不同，但在强调从严治军上是相同的。历代军事家都强调依法治军，严明赏罚，选贤任能和严格训练。他们有关治军思想的精华，在今天仍有启迪、借鉴的作用。

（四）将帅的修养

将帅是军队组织者和领导者。一支军队的强弱，与将帅的选拔和任用密不可分，"千军易得，一将难求"，从这句历史上长期流传的古语，就足以看出我国古代军事家对将帅的修养的重视。古代军事思想家特别重视将帅在战争中的地位和作用，认为"知兵之将，民之司命，国家安危之主也。"为此，古代军事思想家从封建统治阶级的利益出发，提出了将帅修养的标准："将者，智、信、仁、勇、严也。"同时，也提出了考核将帅的标准：《武经总要·选将》中提出"九验"，即"远使之以观其忠，近使之以观其恭，繁使之以观其能，卒然问焉以观其智，急与之期以观其信，委之以货财以观其仁，告之以危以观其节，醉之以酒以观其态，杂之以处以观其色"。

（五）战略战术的运用和创新

战术是作为直接指导和进行战斗的方法，是取得胜利的重要一环，因而古代兵家对战术的运用和创新是极为重视的，古代兵书中关于战争谋略与战术的论述，有许多是很有见地的。例如"上兵伐谋""以全争于天下"的全胜论；"不战而屈人之兵"的威慑战略论；"度势""料势""为势"的"胜可为"论；"先人有夺人之心"的"兵贵先"的先发制胜论；"后人发，先人至"的后发制胜论；"制人者，握权也；见制于人者，制命也""致人而不致于人"的掌握战争主动权论；"战势不过奇正，奇正之变，不可胜穷也。""善用兵者，无不正，无不奇，使敌莫测"的奇正相变论；"我专而敌分，我专为一，敌分为十，是以十攻其一也"的"以众击寡"论；"兵贵胜，不贵久""兵之情主速"的速胜论；"避其锐气，击其惰归""以治待乱，以静待哗""以近待远，以佚待劳，以饱待饥""无邀正正之旗，勿击堂堂之阵"的"治气""治心""治力""治变"的四治论等。

（六）关于取得战争胜利的其他保障

在战争中的物质储备和后勤保障方面，《孙子·军争》指出："军无辎重则亡，无粮食则亡，无委积则亡。"《六韬·军略》指出："三备用备，主将何忧。"因此提出"取用于国，因粮于敌"的作战原则。在重视和利用地形方面，《孙子·地形》指出，"夫地形者，兵之助也"，"知天知地，胜乃不穷"。《武经总要·九地》提出："夫顿兵之道有地利焉。我先据胜地，则敌不能以胜我；敌先居胜地，则我不能以制敌。"在重视和使用间谍方面，《孙子·用间》提出："三军之事，莫亲于间。""先知者，不可取于鬼神，不可象于事，不可验于度，必取于人，知敌之情者也。""无所不用间也。"《行军须知·用间》指出："间谍之法，于兵家尤为切要也。"此外，我国古代军事思想中还有有关阵法、守城、攻城、乡导、行军、安营、警戒等方面的论述。

三、中国古代军事思想的主要著作及特点

（一）中国古代军事思想的经典著作

1. 《武经七书》

1078—1085 年，北宋神宗皇帝赵顼元丰年间，朝廷为培养军事将领而设立"武学"，正式颁布《孙子兵法》《吴子兵法》《六韬》《司马法》《黄石公三略》《尉缭子》《唐太宗李卫公问对》为武学必读之书，号称《武经七书》，成为中国古代历史上比较系统的军事思想著作集。除《孙子兵法》外，其余六部兵法概况如下：

（1）《六韬》——作者名义上为商周之际的军事家、政治家姜子牙，又称姜太公，全书以太公与周文王、武王对话的形式而编著，但成书年代大致在战国末期，真实作者无从考证。《六韬》近 2 万字，共分六篇六十章，分别是：第一篇文韬，主要讲在作战之前，怎样充实国家的实力和作好战争的准备；第二篇武韬，主要讲对敌斗争的策略；第三篇龙韬，主要讲军事上的指挥和部署；第四篇虎韬，主要讲在宽阔地作战中，应当注意的问题；第五篇豹韬，主要讲和敌人在狭隘地作战时，应当注意的问题；第六篇犬韬，主要讲各兵种如何配合作战，以发挥军队效能的问题。

（2）《吴子兵法》——作者吴起。吴起出生在卫国，后期到鲁国求学，尔后到魏国做将，在魏国被排挤到楚国做相（政治家），在他为相一年多的时间里就使楚国恢复了霸王风范。据说《吴子》共 48 篇，但目前能发现的只有 6 篇，而且残缺不全。分别是：第一篇图国，提出了"内修文德，外治武备"的强国之策；第二篇料敌，论述了料敌用兵、因敌

而战的谋略；第三篇治兵和论将；第四篇论述严明治军之道；第五篇应变，提出了击强、击众、谷战、水战、围城等具体战法；第六篇励士，论述振奋人心、鼓舞士气之道。

（3）《司马法》——作者为春秋末期著名的军事家司马穰苴。《司马法》在历史上有过多种版本，今本只存一卷五篇：仁本、天子之义、定爵、严位、用众。仁本篇提出了"以仁为本"的战争观，认为"杀人安人，杀之可也；攻其国爱其民，攻之可也；以战止战，虽战可也。"并告戒"国难虽大，好战必亡。天下虽安，忘战必危。"天子之义篇论述一国之君治国治军的基本方略。定爵篇论述国家战争准备和战争动员时奖惩约法、唤起民众、集思广益的策略。严位篇论述军队建设的规律。用众篇论述集中优势兵力克敌制胜的作战方法。

（4）《尉缭子》——作者为战国末期的谋士尉缭，全书是魏国国君梁惠王与尉缭的谈话记录，共五卷二十四篇，第一卷有天官、兵谈、制谈、战威等4篇，第二卷有攻权、守权、十二陵、武议、将理等5篇，第三卷有原官、治本、战权、重形令、伍制令、分塞令等6篇，第四卷有束伍令、经卒令、勒卒令、将卒令、踵军令等5篇，第五卷有兵教上、兵教下、兵令上、兵令下等4篇。按内容结构可划分为两个部分，前12篇（从天官到战权）主要是论述作者的政治观和战争观；后12篇（从重形令到兵令下）主要是论述军令和军制。

（5）《黄石公三略》——传说秦朝末年黄石公传授给张良一本名为《三略》的兵书，所以《三略》又名《黄石公三略》。经考证，可能是秦汉之际熟悉张良事迹的隐士所作。《黄石公三略》分上、中、下三卷，约3800余字，着重从政治与军事的关系上论述战胜攻取之策略。

（6）《唐太宗李卫公问对》——世传作者为唐朝人士李靖（曾受封为卫国公），又名《李卫公问对》，不同于李靖兵法，是李世民与李靖问答对话经整理而成的，后经学者考证作者为宋朝人士阮逸。全书有98问答约10300字，分为上中下三卷：上卷从征讨高丽的策略开始，进而引用历代著名战例，论述奇正运用的战略战术；中卷论述如何领悟和实践孙子兵法；下卷评说历代著名帝王将相治军作战的经验教训。

2.《三十六计》

在中国古代军事思想的遗产宝库中，《三十六计》是一部别具一格的名作。它的计名有的是成语、有的是典故、有的是古代诗句、有的是兵法术语，因而以简明通俗的风格见长，得以广泛流传，尤其在民间能为大众所接受，这是一般的古代兵书难以做到的。

"三十六计"最早见于《南齐书·王敬则传》。真正积累成册，大概在明、清之际，至今无准确年代和作者可考。书中全计分六套，即胜战计、敌战计、攻战计、混战计、并战计、败战计，每套计又各包含六条计，总共三十六计。每条计谋所含内容，多书古代兵家诡谲之谋，可以说它是采集兵家之"诡道"，专讲军事谋略的一本兵书。

胜战计：瞒天过海，围魏救赵，借刀杀人，以逸待劳，趁火打劫，声东击西。

敌战计：无中生有，暗渡陈仓，隔岸观火，笑里藏刀，李代桃僵，顺手牵羊。

攻战计：打草惊蛇，借尸还魂，调虎离山，欲擒故纵，抛砖引玉，擒贼擒王。

混战计：釜底抽薪，混水摸鱼，金蝉脱壳，关门捉贼，远交近攻，假道伐虢。

并战计：偷梁换柱，指桑骂槐，假痴不癫，上屋抽梯，树上开花，反客为主。

败战计：美人计，空城计，反间计，苦肉计，连环计，走为上。

3．海防思想论著

中国古代海防思想的代表作是明代学者、我国海防研究创始人郑若曾的三部专著：《筹海图编》《海防图论》《江南经略》。

《筹海图编》是我国第一部海防专著，于1561年成书，全书13卷，约26万字，首次提出了比较全面的抗倭剿倭战略，反映了作者和一部分朝臣的海防思想，书中还论述了海防力量建设、海洋军事地理、海战武器装备方面等内容。

《海防图论》是《筹海图编》的姊妹篇，它以地形和倭情为依据，论述沿海各地的战略形势及其战略地位，提出了御敌于远洋、歼敌于近海，各省联防会剿，内外夹击，水陆兼备的海防战略。

《江南经略》则是前两部著作的补充，该书虽为江防而作，但其实质与海防紧密联系在一起,"御寇之法,海战为上,故先之以海防图,海防失守,而后滋蔓及江,故江防图次之"。

中国近代海防思想的代表作是清代后期进步思想家、师夷制夷的倡导者魏源编著的《海国图志》。《海国图志》初版刊印于 1842 年,共 50 卷,57 万字。该书的主旨是"师夷长技以制夷",其内容主要是学习借鉴西方海军先进技术和装备,并结合我国国情,提出海防建设的对策。

(二) 中国古代军事思想特点

中国古代军事思想在世界古代军事思想中占有独特的地位,与外国古代军事思想相比较,具有鲜明的特点。

一是遗产丰富:中国古代军事思想是我们极为丰富的历史遗产。有资料介绍,我国古代兵书多达 3 380 部,23 500 卷;目前尚存古代兵书 2 308 部,18 567 卷;其中比较有价值的 100 多部,被选入百科全书的有 39 部。古代西亚和地中海沿岸的埃及、波斯、希腊、罗马等,在古代军事思想领域也占有重要的地位,但传下的文字记载很少,许多已不可考证。

二是源远流长:中国军事思想起源较早,据《汉书·艺文志》中的《黄帝》和《神农兵法》可以推断,中国的兵法始于黄帝。《孙子兵法·行军篇》中也称:"凡此四军之利,黄帝之所以胜四帝也。"可见,中国军事思想发端于约 5 000 年前的远古时代。中国有史可查的最早的兵书《军志》大约出现于西周,距今已有 3 000 多年。而举世公认的古代兵法名著《孙子兵法》,则出现于 2 500 多年前的春秋时期。古希腊历史学家希罗多德(约公元前 484~前 425 年)所著《希腊波斯战争史》是欧洲最早的一部军事历史著作,古希腊的修昔底德(约公元前 460~前 395 年)所著《伯罗奔尼撒战争史》,色诺芬(约公元前 430~前 354 年)所著《长征记》,古罗马恺撒所著《高卢战记》和《内战记》,成书年代都晚于《孙子兵法》。

三是体系完备:中国军事思想著作所作的论述,是高度浓缩的理论结晶,在理论上具有较为严密的逻辑结构,覆盖战略、战役、战术多层次,包容作战、后勤、训练、指挥、编制、心理、情报等多侧面。古希腊和古罗马涉及军事思想的著作大多以时间先后和地区国别为经纬,以叙述历史事实和神怪传说为主,夹杂着对战争与军队建设问题的认识,基本属于军事历史范畴。

四是饱含哲理:在中国古代军事思想里充满了朴素唯物论和辩证法思想。首先是关于准备和进行战争的唯物论思想,即国家拥有的物力、财力以及人力等各种资源是战争赖以进行的客观物质基础;政治、天时、地利、人和等因素是战争能否取胜的客观条件。其次是关于进行战争的唯物论认识论思想,即要夺取战争的胜利,还必须对双方进行战争的物质基础和客观条件进行综合分析和对比,以全面掌握敌我双方优劣之所在。其三是关于进行战争的朴素辩证法思想,即注重对战争中各种矛盾和对立事物的分析(如《孙子兵法》中对立统一的辩证概念有85对,使用260次之多,如:敌我、攻守、胜负、迂直、强弱、勇怯、治乱、奇正、虚实、分合、专分、久速、利害、上下、死生、轻重、开阖等等),从中寻找克敌制胜的规律。

(三) 固有的缺陷

一是偏重谋略,轻视技术:偏重谋略,轻视技术,长此以往,导致自身的发展动力逐渐变弱,发展速度逐渐趋缓。清朝中前期思想上的自我封闭、妄自尊大与技术上的不思进取,又进一步加剧了这一落后局面,直接导致了近代历史上被动挨打的窘境出现。近代军事即使"师夷长技",也始终滞后于别的国家。

二是消极防御,不思进取:从秦始皇开始的中国古代帝王,耗费巨大的人力、物力、财力,历经漫长的历史时期所修筑的万里长城,在表现出气吞山河的气概和居安思危的意识的同时,也暴露出这种根深蒂固的军事上消极防御的思想。两宋时期,国家拥有大批军队却只能屈辱媾和以求无事,也是这种思想的反映。

三是关注政治,忽视经济:虽然较多注意到政治、民心向背对战争的制约与影响,却很少意识到战争与经济的关系,特别是战争对经济的依顿、制约和促进作用。中国历史上许多战争的后果是国库空虚、民不聊生,反过来又使国家濒于灭亡的边缘。反观西方,其打仗往往是为了掠夺资源,控制贸易要塞,争夺市场,十分强调战争与政治、经济的互补相成。科林斯认为:军事力量可作为达到经济目的的主要手段。普鲁士的麦克斯·耶恩斯认为:军事的基础首先是人民的经济生活状况。可以说,这一方面是中国古代军事思想的一个缺憾。

四、古代兵书的杰出代表——《孙子兵法》

《孙子兵法》的作者和成书年代,古今都有不同的说法和争论。归纳起来有三种看法:第一种认为《孙子兵法》是春秋末期的著作,作者是孙武;第二种认为是战国时代的作品,作者是孙膑或山林处士;第三种认为是春秋战国时的著作,作于孙武而成书于后人。这些问题一直是历史上的一个悬案,直到1972年在山东省临沂县银雀山发掘出大量的《孙子兵法》竹简,才使这个历史悬案得到了解决。历史事实证明,《孙子兵法》应是春秋末期孙武的著作。

(一)作者简介

孙武,字长卿,春秋末期齐国乐安(今山东惠民县)人,约生于公元前533年。吴国将领,著名军事家、政治家,被尊称为孙子、兵圣、东方兵学鼻祖等。孙武因齐国内乱出奔到吴国,经吴国重臣伍子胥推荐,以兵法13篇呈见吴王阖闾。孙武善用兵,被吴王重用为将。孙武在吴国几十年戎马生涯中,为吴国的崛起和兼并战争立下了赫赫功劳。孙武领兵打仗,战无不胜,五战五捷,曾率领吴军大破强楚,占领了楚都郢城,北威齐晋,南服越人,显名诸侯。孙武作为战国古代军事学的奠基人,对后世产生了广泛而深刻的影响。其著作《孙子兵法》,为后世兵法家所推崇,被誉为"兵学圣典",置于《武经七书》之首。

(二)《孙子兵法》的历史地位

《孙子兵法》被中外称为"世界古代第一兵书""兵学经典",是我国和世界军事史上一部杰出的军事理论专著,它在一定程度上反映了战争的一般规律,总结了具有科学价值的作战指导原则,提出了深刻的谋略制胜思想,贯穿着对军事哲理的深入探索,留下众多脍炙人口的名言警句。

在我国,从战国时代起《孙子兵法》就广为流传,"境内皆言兵,藏孙、吴之书者家有之。"《史记》上讲"世俗所称师旅,皆道《孙子》十三篇"。三国时代著名军事家曹操讲:"吾观兵书战策多矣,孙武所著深矣",并对此书做了注释。以后有200多人注解《孙子兵法》。明代军事理论家茅元仪赞扬说:"前孙子者,孙子不能遗;后孙子者,不能遗孙子。"道出了这部划时代著作承前启后的地位。近代以来,孙中山曾评价说:"那十三篇兵书,便成了中国的军事哲学"。毛泽东称孙武是"中国古代大军事家",多次引用《孙子》的一些原则来说明问题。新中国成立后,《孙子兵法》多次再版,给现代军事思想以一定影响,并扩及企业管理、商战等多个领域。

在国外,《孙子兵法》也久负盛名。唐初传入日本,18世纪下半叶起传入法、俄、英、德等国,并得到高度赞扬。日本尊崇孙武为"百世兵家之师""兵圣"。美国1972年出版的《大战略》称孙武是古代第一个形成战略思想的伟大人物。海湾战争期间,美国部队掀起了《孙子兵法》热,美国政界、军界一些人再三告诫战争决策者要重视用《孙子兵法》理论决策战争。目前,世界上许多百科全书均为《孙子兵法》撰写条目,大加赞许。许多国家把《孙子兵法》列为军事人员必读之书和军事院校的重要教材。近年来,国外又将《孙子兵法》和现代战争理论、战略作战思想结合起来研究,并向经济、体育等领域扩展。《孙子兵法》不仅是我国宝贵的军事遗产,也是世界军事宝库中的珍贵财富。

(三)《孙子兵法》的主要军事思想

《孙子兵法》十三篇,共6 000余字,就其内容而言,是一部独立完整的兵书,也是中国古代最有价值的著名军事典籍。它总结了春秋及以前的战争经验,其有深刻的谋略思想,在一定程度上反映了战争的一般规律。该书关于战争本质、军队建设以及战略战术等理论和哲学思想,达到了较高水平,成为后世兵书的典范。其理论上有下述主要思想。

1. 重战、慎战、备战思想

(1) 重战思想。《孙子兵法》开篇就指出:"兵者,国之大事,死生地,存亡之道,不可不察也。"战争是国家的大事,关系到军民生死,国家存亡,是不可不认真研究的。这段关于战争的精辟概括,是孙武军事思想的基本出发点。春秋末期,诸侯兼并,战乱频繁,战争不仅是各国维持其政治统治,向外扩张发展的主要手段,而且关系到国家的存亡。孙武总结了一些国家强盛,一些国家灭亡的经验和教训,提出"兵者,国之大事"的著名论断,这对于人类认识战争的实质,无疑是一个巨大的贡献。

(2) 慎战思想。"亡国不可以复存,死者不可以复生,故明君慎之,良将警之"。国家灭亡了就不能再存在,人死了就不能再活。所以,对待战争问题,明智的国君要慎重,贤良的将帅要警惕。从这点出发,孙武主张,"非利不动,非得不用,非危不战"。不是对国家有利的,就不要采取军事行动;没有取胜把握的,就不能随便用兵;不处在危急紧迫情况下,就不能轻易开战。

(3) 备战思想。"用兵之法,无恃其不来,恃吾有以待也;无恃其不攻,恃吾有所不可攻也"。用兵的原则,不要寄希望于敌人不会来,而要依靠自己有充分的准备;不要寄希望于敌人不会来攻,而要依靠自己有使敌人无法攻破的条件。战争的立足点要放在事先做好充分准备,严阵以待,使敌人不敢轻易向我发动进攻的基点上。

2. "知彼知己,百战不殆"的战争指导思想

"知彼知己,百战不殆;不知彼而知己,一胜一负;不知彼,不知己,每战必殆"了解敌人又了解自己,则百战不败;不了解敌人而了解自己,可能胜也可能败;既不了解敌人,又不了解自己,那就会每战必败。

孙武用简明扼要的语言,指明了战争指导者了解敌我双方情况与战争胜负的关系,从而揭示了指导战争的普遍规律。这一思想是极富科学价值的,自有战争以来,古今中外的战争指导者,都不能违背这一规律。毛泽东对此曾有高度评价,在《论持久战》一文中指出:"战争不是神物,乃是世间的一种必然运动,因此,孙子的规律'知彼知己,百战不殆'乃是科学的真理。"这条规律,从哲学意义上讲,是实事求是的朴素的唯物主义思想;从战争理论上讲,是分析判断情况的根本规律;从指导战争的意义上讲,是先求可胜的条件,再求必胜之机的重要抉择。

3. 以谋略制胜为核心的用兵思想

谋略,是指用兵的计谋。《孙子兵法》军事思想的核心是谋略制胜。

它认为军事斗争不仅仅是军事力量的竞赛,而且是敌我双方政治、经济、军事和外交等综合斗争,也是双方军事指导艺术的较量,即斗智。孙武谋略制胜思想突出体现在以下几个方面。

(1)"庙算"制胜。"多算胜,少算不胜,而况于无算乎!吾以此观之,胜负见矣。"战前,计算周密,胜利条件多,可能胜敌;计算不周,胜利条件少,不能胜敌;而何况于根本不计算,没有胜利条件呢!我们从这些方面来考察,谁胜谁负就可以看出来。庙算制胜,主要是指战前要从战争全局上,对战争诸因素进行分析对比,决定打不打?怎么打?用什么部队打?在什么时间、地点打?打到什么程度?如何进行战争准备和后方保障?做到有预见、有计划、有保障,心中有数,打则必胜。也就是说先求"运筹于帷幄之中",然后才能"决胜于千里之外"。

(2)诡道制胜。"兵者,诡道也","兵以诈立"。用兵打仗是一种诡诈行为,要依靠诡诈多变取胜。军事上的诡道是指异于常规的一些做法。"兵不厌诈",古今常理。在战争的舞台上,如果对敌人讲"君子"之道,就必然被敌所制;如果能较好地运用诡道,造成敌人的过失,创造战机,那就会陷敌于被动。这种战例,举不胜举,如马陵道之战,诸葛亮的"空城计",日本偷袭珍珠港,诺曼底登陆等等。孙武将诡道归纳为十二法,"能而示之不能,用而示之不用,近而示之远,远而示之近,利而诱之,乱而取之,实而备之,强而避之,怒而挠之,卑而骄之,佚而劳之,亲而离之,攻其无备,出其不意,此兵家之胜,不可先传也"。

(3)"不战而屈人之兵"。"故百战百胜,非善之善者也;不战而屈人之兵,善之善者也"在战争中,百战百胜,并不是好中最好的,不战而使敌人屈服才是好中最好的。所以,孙武主张"上兵伐谋;其次伐交;其次伐兵;其下攻城"。最好的是以谋制胜,使敌人屈服。其次是通过外交途径,分化瓦解敌人的同盟,迫使敌人陷入孤立,最后不得不屈服。例如,战国时,秦国采取"远交近攻"的政策,逐步灭了六国,就是以外交手段配合军事进攻而取得胜利的。再次是伐兵,即用武力战胜敌人。最下策是攻城,硬碰硬的攻坚战。孙武指出:"善用兵者,屈人之兵而非战也,拔人之城而非攻也,毁人之国而非久也,必以全争于天下。故兵不顿而利可全,此谋攻之法也。"善于用兵的人,使敌人屈服不用直接交战，一定要用全胜的计谋争胜于天下，这样，军队就不至于疲惫受挫，而又能获得全胜的利益。这就是以计谋攻敌的原则和孙武全胜的思想。

当然，"全胜"的思想，不战而胜，是要以强大的武力作后盾的，如果没有强大的军事力量，就不可能达到不战而胜的目的。如1949年平津战役时，之所以能取得傅作义起义、和平解放北平的胜利，其前提条件是由于我军西克张家口、东陷天津、百万大军兵临城下，使北平之敌处于一无逃路、二无外援，战则必败的境地，加上我党的政策的感召等。

总之，孙武"不战而屈人之兵"的思想，对后世的影响很大，并为世界所公认。中国孙子兵法研究会名誉会长、军事科学院原副院长高锐将军称，"这是军事思想史上的一个独创"，是"最完美的战略"。

孙武还总结了若干作战用兵原则。如：先胜而后求战的原则；示形、动敌的原则；避实而击虚的原则；我专而敌分的原则；因敌而制胜的原则等。

4. "文武兼施，恩威并用"的治军思想

"卒未亲附而罚之，则不服，不服，则难用；卒已亲附而罚不行，则不可用。故令之以文，齐之以武，是谓必取"，"令素行者，与众相得也"。将帅还没有取得士卒的爱戴和拥护就去惩罚他们，他们就不会心服，心不服就很难使用他们去作战。将帅已经取得了士卒的爱戴和拥护，而纪律不能严格执行，也不能使用他们去作战。因此，一方面要用体贴和爱护使他们心悦诚服；另一方面要用严格的纪律使他们行动整齐，这样才能战必胜，平素命令之所以能贯彻执行，都是由于将帅与士卒相互信赖的缘故。

5. 朴素唯物论和原始辩证法思想

《孙子兵法》之所以具有极大的时空跨度，经久而不衰，与它反映的朴素唯物论和原始辩证法思想是分不开的。

兵法中反映的唯物论，主要包括三个方面：一是对战争的认识，冲破了"鬼神论"和"天命论"；二是把客观因素作为决定战争胜负的基础；三是注意到时间和空间在军事上的作用。

原始辩证法思想主要表现在能够正确认识战争中各种矛盾的对立统一及相互转化的关系。《孙子兵法》中的辩证概念和范畴有85对，使用

260 次之多。如敌我、攻守、胜负、迂直、强弱、勇怯、奇正、虚实、分合、久速等。并充分论述了在一定条件下是可以转化的。

《孙子兵法》作为一部伟大的军事著作，它的科学价值和历史功绩是不可磨灭的。但是，由于它诞生在 2 500 多年前的古代，难免存有时代和阶级的局限。其主要表现：战争观方面未能区分战争的性质；治军方面的愚兵政策；军队补给方面的抢掠政策以及作战原则方面存有某些片面性等。虽然，我们在学习和运用《孙子兵法》中应注意剔析这些缺点，但在认识这部伟大著作时，决不能求全责备。因为《孙子兵法》不仅是春秋战国时代军事思想中最光辉灿烂的部分和杰出的代表，而且它具有超越时间和空间的科学价值，它是我国乃至世界最宝贵的文化遗产之一。

第二节 毛泽东军事思想

毛泽东（1893—1976 年）是中国最伟大的无产阶级革命家、战略家和理论家，是中国共产党、中国人民解放军和中华人民共和国的主要缔造者和领导者。以毛泽东的名字命名的中国共产党的军事理论——毛泽东军事思想，是一个完整的科学理论体系。它在长期的中国革命斗争中产生和逐步形成，在胜利地指导中国革命战争中显示了战无不胜的伟大力量，在新的历史时期的军事实践中不断得到充实和发展。毛泽东军事思想以其珍贵的篇章，极大地丰富和发展了马克思主义军事理论宝库，载入了我国和世界军事思想发展的史册，它的深远影响已经超越它所产生的时代和国度。

一、毛泽东军事思想概述

（一）毛泽东军事思想的概念

毛泽东军事思想是以毛泽东为主要代表的中国共产党人，关于中国革命战争和军队问题的科学理论体系。

1. 毛泽东军事思想是马克思列宁主义的基本原理和中国革命战争具体实践相结合的产物

中国革命和革命战争发生在占世界 1/4 人口的半封建半殖民地的东

方大国，既有打倒阶级敌人的国内战争，又有反对外来入侵的民族战争。长期复杂的革命战争需要一种正确的理论指导。以毛泽东为代表的中国共产党人，根据中国大革命夭折的教训，形成创立独自军队的思想，并结合中国的特点，建立以农民为主体的新型人民军队和以农村为根据地，走农村包围城市的道路的理论。在革命战争中，根据不同时期，不同对象建立统一战线的理论等，都充分体现了马克思列宁主义的普遍真理与中国革命战争的具体实践科学地结合。

2. 毛泽东军事思想是中国革命战争和国防建设实践的经验总结

回顾历史，我们看到，从大革命失败到"枪杆子里面出政权"，从三湾改编到建立新型的人民军队，从武装割据到农村包围城市，从武装暴动到进行真正的人民战争，从"十六字诀"到"十大军事原则"，从战略防御到战略进攻，从抗美援朝到中印边境自卫反击作战，战争之频繁，时间之长，歼敌之多，规模之大，情况之复杂，道路之曲折，形式之多样，内容之丰富，不仅在中国历史上是空前的，在世界历史上也是罕见的。伟大的军事实践，必然产生伟大的国防理论。"实事求是"是毛泽东军事思想的根本点，即按战争客观规律去指导战争。

3. 毛泽东军事思想是中国共产党集体智慧的结晶

一是我党众多的卓越的军事家都对我党军事理论的形成和发展做出了重要贡献。

二是我党关于战争问题的重大决策和军事理论的形成是领袖集团的集体创作。

三是毛泽东军事思想包含着广大指战员的聪明才智。

但是集体智慧和个人贡献是辩证统一的关系。毛泽东兼党的领袖、军事统帅和军事理论家于一身，是我党军事家中最杰出的代表，是中国革命理论的奠基人和集大成者。毛泽东在处理错综复杂的军事斗争问题上表现出渊博的知识、智慧、过人胆略，是中国近代史任何阶段领袖人物不可比拟的。因此，将我党的军事理论以毛泽东的名字命名是完全符合历史实际的。

4. 毛泽东军事思想是毛泽东思想的重要组成部分

这是由中国革命是武装的革命反对武装的反革命这个特点决定的。

在取得全国政权以前,中国共产党独立领导全国人民进行了长达22年的革命战争,军事斗争是当时党的工作中心,占有最突出地位。毛泽东和他的战友们以极大的精力研究军事,指导战争。军事活动是他一生革命实践中最光辉、最成功的部分,因而军事著作就很自然的占有大量篇幅和重要地位。国外众多著名军事理论家认为:毛泽东军事思想在毛泽东思想中"占有特别重要的位置",是"毛泽东思想的精髓部分",不理解毛泽东军事思想,也就不理解毛泽东思想。

(二)毛泽东军事思想的产生、形成和发展

1. 毛泽东军事思想的产生

中国共产党成立至遵义会议前,是毛泽东军事思想产生时期。青年时代的毛泽东在接受马克思主义的同时,就接受了暴力革命的思想。中国共产党成立后,许多党的领导人,如蔡和森、瞿秋白、李大钊等,也开始探索武装斗争问题。毛泽东在《湖南农民运动考察报告》中明确提出了建立农民武装的主张,随后,南昌起义和秋收起义,批判和纠正了"城市中心论",找到了以农村为根据地,建立工农武装,开展游击战争,走农村包围城市的道路,至此,毛泽东军事思想开始产生。

2. 毛泽东军事思想的形成

从1935年1月遵义会议到1945年8月抗日战争的胜利,是毛泽东军事思想科学体系的形成时期。

遵义会议确立了毛泽东在党和红军中的领导地位。10月,中央红军到达陕北,随着抗日战争的爆发,国内外和党内外的形势发生了重大变化。在新形势下党面临一系列的理论问题迫切需要做出正确回答。毛泽东利用在陕北这个比较稳定的环境,深入研究哲学,研究古今中外的军事理论,研究面临的新形势新问题,运用辩证唯物主义和历史唯物主义的科学方法,总结过去,探讨现实,预见未来,先后撰写了一批重要著作,如《中国革命战争和战略问题》《实践论》《矛盾论》《抗日战争的战略问题》《论持久战》和《战争和战略问题》等一大批军事论著和指挥作战的文电。

3. 毛泽东军事思想的发展

抗日战争后,经过解放战争,抗美援朝,以及社会主义建设时期,毛泽东军事思想得到全面发展。

解放战争中，毛泽东作为全军的统帅，组织指挥艺术达到得心应手，炉火纯青的高度。指挥我军用灵活机动的战略战术屡制强敌于死命，稳操胜券于掌中，真是"运用之妙，存乎一心"，变化之法，神奇莫测。毛泽东对一系列战役特别是辽沈、淮海、平津、渡江等重大战役的组织指挥，表明了他在战略防御，战略反攻、进攻，战略决战等方面有了完整的实践和认识，主要表现在毛泽东的《抗日战争胜利后的时局和我们的方针》《集中优势兵力各个歼灭敌人》《十大军事原则》等著作、文电中。解放战争时期，毛泽东军事思想得到了极大的发展，不仅使战略防御和运动战理论有了发展，而且还创立了战略进攻、战略决战和战略追击的系统理论。建国前夕，毛泽东明确指出：我们不但要有一个强大的陆军，还要有一个强大的空军和一个强大的海军。为和平时期建军指明了方向。

抗美援朝战争是一场挫败现代化敌人的反侵略战争。毛泽东根据当时的情况和特点，提出了一系列在现代条件下进行反侵略战争的理论及原则。如对英美军实行战术小包围，打小规模歼灭战；把阵地战提高到战略地位；建立强大的后勤系统，搞好后勤保障；军事打击紧密配合政治斗争等。

建国后，毛泽东提出了建设现代化、正规化的国防军，发展尖端国防科技和全民皆兵的思想，指出要在大力发展国民经济，增强国家经济实力的基础上，建立完整的国防工业体系，发展现代化的技术装备，独立自主地建设强大的国防，做好反侵略战争的准备。

党的十一届三中全会后，以邓小平同志为核心的党的第二代领导集体和以江泽民同志为核心的党的第三代领导集体，继承和发展毛泽东军事思想，在建设现代化国防，制定新时期军事战略方针和打赢现代技术特别是高技术条件下局部战争等方面，均有新的建树和发展。

二、毛泽东军事思想的基本内容

毛泽东军事思想科学体系的内容十分丰富。它所涉及的战争理论已不是个别观点和格言，也不是一般的论述，而是构成了一个有机的科学体系，它是客观的，也是发展的。支撑这个科学体系的基本内容有：无产阶级的战争观和方法论(毛泽东军事哲学思想),毛泽东人民军队建设思想,毛泽东人民战争思想,毛泽东人民战争的战略战术和国防建设思想五部分。

(一)无产阶级的战争观和方法论

战争观是人们对战争的看法和态度。显示了研究和指导战争的立场和观点。方法论是人们在认识战争规律的基础上,依据战争规律确定自己指导战争的根本方法。

1. 战争的起源

马列主义认为,战争不是人类开始就有的,是人类社会出现私有财产,分化为不同阶级以后所特有的社会现象。它不是由偶然因素决定的,而是由社会的必然因素决定的。

战争来自人类天生的好战性、侵略性。人和动物一样,弱肉强食,动物界的生存竞争,也是人类生存的法则。自从有人类就有战争,它是人类终身伴侣。17世纪英国哲学家霍布士说:"人对人如狼相遇"。二战传奇人物丘吉尔说:"战争是人类的命运。除了短暂的和偶然的停顿外,世界上从来没有过和平。当历史还没有开始的时候,世界上就充满了流血的纷争。"

毛泽东对战争起源做了精辟论述,他说:"战争——从有私有财产和有阶级以来就开始了,用以解决阶级和阶级,民族和民族,国家和国家,政治集团和政治集团之间,在一定发展阶段上的矛盾的一种斗争最高形式"。"二十年前的第一次帝国主义大战,在过去历史上是空前的,但还不是绝后的战争"。事实正是如此,就在毛泽东做出上述概括不久,人类发生了第二次世界大战,给人类带来沉痛灾难。其根本罪恶根源,就是私有制。

2. 战争与政治经济的关系

弄清战争与政治、经济的关系,就会认清战争的本质和目的。

战争与政治:古代大军事家孙子说:"兵者国之大事,死生之地,存亡之道,不可不察也"。(战争是国家大事,是关系到生死存亡,是不可不认真考察的。)近代资产阶级军事理论家克劳塞维茨指出:"战争无非是政治通过另一种手段的继续"。克劳塞维茨的这句话被列宁列为"正理名言"。

毛泽东明确指出:"战争是政治的继续""战争是流血的政治"。主要有两层意思:一是战争从属于政治,服务于政治,政治处于主导和支配地位,战争居于从属、被支配地位,战争是达到政治目的的一种特殊手段,政治贯穿于战争的全过程;二是战争不仅是实现政治目的的手段和工具,而且反作用于政治,推动政治。

战争与经济:经济是战争的物质基础,战争依赖于经济。毛泽东曾讲过"军队向前进,生产长一寸,加强纪律性,革命无不胜"。这里除了讲纪律外,就是经济的发展。过去如此,现在更如此。第4次中东战争只打了18天,双方耗资高达100亿美元,日均耗资6亿美元。所以毛泽东说明战争与经济关系的含义有,战争起源于一定的生产方式,战争依赖于社会的经济力量,战争的最终目的是为了经济利益。

由此可见,战争的本质和目的,无非是为了取得或维护政治地位和经济利益。

3. 战争的目的、性质和对待战争的态度

战争的根本目的:就是保存自己,消灭敌人。

战争中消灭敌人是主要的,保存自己是第二位的,两者互为条件并在一定条件下相互转化。

毛泽东对战争的性质进行了科学的划分,他说:"历史上的战争分为两类,一类是正义的,一类是非正义的,一切进步的战争都是正义的,一切阻碍进步的战争都是非正义的。

无产阶级对待战争的根本态度是,拥护正义战争,反对非正义战争。反对的方法,在战争未爆发之前,极力阻止其爆发,爆发后只要有可能,就用战争反对战争。对待新的世界大战的态度,第一条,反对,第二条,不怕。

4. 消灭战争的方法

消灭战争的方法只有一个,就是用战争反对战争,用革命战争反对反革命的战争,用民族革命战争反对民族反革命战争,用阶级革命战争反对阶级反革命战争,从根本上铲除产生战争的根源——剥削制度,这是消灭战争最彻底的方法。

（二）毛泽东人民军队建设思想

毛泽东高度重视人民军队在夺取政权和保卫政权中的作用，强调"没有人民的军队，便没有人民的一切。"他从中国革命战争的实际出发，系统地创造了人民军队的建军原则，成功地解决了如何把以农民为主要成分的革命军队建设成为一支无产阶级性质的、具有严格纪律的、同群众保持紧密联系的新型人民军队。

1. 人民军队的性质和宗旨

毛泽东从"军队是国家政权的主要成分""是阶级压迫的工具"原理出发，提出了"枪杆子里面出政权"和"党指挥枪"的思想，指明我军是中国共产党领导的执行无产阶级革命政治任务的武装集团。坚持中国共产党对军队的绝对领导，是确保人民军队无产阶级性质的根本原则。

关于人民军队的宗旨，毛泽东指出："紧紧地和中国人民站在一起，全心全意地为中国人民服务就是这个军队的唯一宗旨。"全心全意为人民服务的宗旨，是我军建军的核心，是我军区别于其他任何军队的本质特征。我军在革命战争和保卫祖国的长期斗争中，始终遵循这一宗旨，从而赢得了人民群众的拥护和爱戴。

2. 人民军队政治工作的三大原则

开展强有力的政治工作，是毛泽东军事思想的一个突出特点，是保持我军无产阶级性质，提高战斗力，促进军队建设的可靠保证。我军的政治工作，随着革命战争的发展而逐步完善，形成了官兵一致、军民一致和瓦解敌军的三大原则。官兵一致的原则，体现了我军内部上下级之间政治上平等的关系，这是与旧式军队的根本区别之一；军民一致的原则，是人民军队本色的体现；瓦解敌军的原则，是促进敌人从内部瓦解的有效武器，是加速敌人崩溃的战略性原则。

3. 人民军队三大民主制度

实行民主制度是党的群众路线在军队中的体现，是我军团结一致战胜敌人的强大武器。毛泽东在《军队内部的民主运动》一文的指示中，将军队内部的民主生活概括为政治、经济、军事三大民主：政治民主指的是官兵没有高低贵贱之别，政治上一律平等；经济民主指的是官兵有权管理和监督经济生活；军事民主指的是军事训练中，官兵互教，开展评教评学。

4. 人民军队的严格管理、教育训练

即要发展民主，建立民主制度，又要建立严格的纪律，实行严格的管理。毛泽东认为："纪律是执行路线的保证"，军队统一的纪律是革命战争胜利的保证。为保证我军政治上、思想上、行动上的一致性，他亲自制定了"三大纪律，八项注意"，充分体现了我军自觉维护人民群众利益的本质，成为全军行动的基本准则。

要加强军队的教育，严格训练，严格要求，大力开展群众性的练兵活动，提高官兵的科学文化知识水平，加强科学研究，全面提高指战员的军政素质。加强军事科学研究，发展中国的现代军事科学，不断用现代化的武器和新的技术装备部队，提高战斗力。

5. 人民军队的顽强作风和勇敢牺牲精神

作风是思想、意志、士气等精神因素在行动上的集中反映。它体现持久性，一贯性，非长期磨炼不能形成。我军的"养成教育"，就是引导官兵通过经常持久的磨炼，以塑造牢固的不易改变的良好的战斗作风。

我军从诞生之日起，就面临着强大敌人的包围和进攻，面临着生活十分艰苦的环境，要夺取最后胜利，必须具有顽强的作风。为此，毛泽东从创建红军起，就十分重视人民军队的作风建设。清除自私自利、贪图享受思想，树立革命远大理想；清除怕苦怕累、贪生怕死思想，培养艰苦奋斗和勇敢牺牲精神。毛泽东要求人民军队必须"具有一往无前的精神，它要压倒一切敌人，而决不被敌人所屈服。不论在任何艰难困苦的场合，只要还有一个人，这个人就要继续战斗下去。"人民军队的顽强作风和牺牲精神，概括起来，就是一不怕苦，二不怕死。

（三）毛泽东人民战争思想

人民战争是毛泽东军事思想的核心内容。这一思想的中心点，就是在中国共产党的统一领导下，动员群众、组织群众、武装群众和依靠群众，实行军力和民力的广泛结合，依靠军民的整体力量战胜一切敌人。

人民战争概念：从广义方面讲，凡是人民群众为了反抗阶级压迫，民族压迫所进行的战争。理解人民战争须注意两个问题。

一是对战争要进行历史的分析，"人民"这个概念在不同国家有不同概念。"人民"是一个历史范畴。毛泽东称历史上武王伐纣是人民战争；恩格斯把第二次鸦片战争称为保卫中华民族的人民战争。

二是弄清人民战争和正义战争的关系，两者既有区别又有联系。从联系方面讲，正义战争是实行人民战争的政治基础，人民战争是建立正义战争的基础，离开正义战争，人民战争就无从谈起；从区别方面看，正义战争是从战争性质讲属于人民战争，但从人民群众参战深度和广度讲，又不是人民战争。例如，国民党抗击日本侵略者，虽属正义战争，但从参战人数的广度和深度看，不叫人民战争。结论：正义战争能够实行人民战争，但正义战争不一定都是"人民战争"。

毛泽东人民战争思想，是毛泽东把人民群众是历史的创造者这一马克思主义的基本原理在战争领域的具体运用。可以看出，毛泽东人民战争思想是任何军事书上找不到的，是前无古人的，是毛泽东留给我们千秋万代与日月同辉的传家宝。其基本经验是：

1. 中国共产党的正确领导，是取得人民战争胜利的根本保证

这是我党从事和研究战争的一条最宝贵经验。历史证明，不论是奴隶或农民起义的战争，还是地主资产阶级领导的正义战争（如陈胜、吴广领导的农民起义，洪秀全领导的太平天国运动，西班牙人反对拿破仑战争，阿富汗人民反苏联入侵等）其战争性质尽管是正义的，在一定程度上能够动员人民群众参加战争，但由于受历史的局限性和阶级的局限性所制约，这种人民战争往往是不彻底和不完全的。只有无产阶级和共产党领导的人民战争是最全面最彻底的人民战争。

2. 广泛地动员组织与武装群众是实行人民战争的坚实基础

革命战争是群众的战争，只有动员群众才能进行战争，只有依靠群众才能进行战争。广泛深入地组织与武装群众，是毛泽东人民战争思想的基本内容之一。人民战争的威力，在于革命政党发动人民群众参加战争的深度和广度。通过广泛深入的动员，使人民群众充分认识战争的性质、本质和战争与自己的相互关系，从而自觉地参加战争。毛泽东说："只要充分动员人民，坚决依靠人民，进行人民战争，任何强大的敌人都可以打败"。这是人民战争赢得胜利的最基本条件。我党的经验是：一要倾注极大精力抓好群众动员和组织工作；二要时刻关心群众的切身利益；

三要实行正确的统战政策,团结一切可以团结的力量。

3. 建立巩固的根据地是进行革命战争的战略基地和后方

革命根据地是人民战争赖以执行自己的战略任务,达到保存和发展自己,消灭和驱逐敌人之目的的战略基地。没有这种基地,一切战略任务的执行和战争目的的实现就失掉了依托。以根据地为依托,人民军队就能立住脚跟,就有训练和休养生息的基地和环境,就有了提供人力、物力和财力的巩固后方,就有了消灭敌人的良好阵地,就可以在人民群众支援和配合下,有效地打击和歼灭敌人。如农村根据地,以农村包围城市。

4. 实行以人民军队为骨干的"三结合"武装力量体制是实行人民战争的正确组织形式

在中国革命战争长期实践中,毛泽东创造性地提出了"主力兵团与地方兵团相结合"以人民军队为骨干的"三结合"的体制。主力兵团可以随时执行保卫地方和进攻当地敌人的任务;游击队和民兵则是正规军的助手和后备力量,主要执行在固定地区内直接配合正规军作战和保卫地方的任务。这三种力量在战争中分工不同,紧密配合,定会使敌陷入人民战争的汪洋大海之中。

5. 灵活机动的战略战术是实行人民战争的重要条件

在战争形式上,是以武装斗争为主并与其他各条战线的斗争相配合。就是说武装斗争并不是孤立的,除军事斗争之外,还必须在政治、经济、外交、科技、文化等各战线开展各种形式的对敌斗争,形成全面的人民战争。

我军在长期革命斗争中,形成了一整套为人民战争所必需的灵活机动的战略战术。主要是积极防御的战略方针,集中优势兵力各个歼灭敌人的作战方法,运动战、游击战、阵地战三种作战形式紧密配合等等。这些战略战术是建立在人民战争基础之上,并适应人民战争特点的。只有人民战争才能使用这样的战略战术,才能充分发挥人民战争的强大威力,以我之长击敌之短,以劣势装备战胜优势装备的敌人。

总之,过去我们靠人民战争,取得了历次革命战争的胜利,这已被历史所证明,在新的历史条件下我们仍然要打人民战争,只有这样才能充分发挥我们的优势,实现以劣势装备战胜优势装备的敌人。

(四）毛泽东人民战争的战略战术

人民战争的战略战术，是体现毛泽东人民战争思想的战略指导原则和作战方法，是毛泽东高超的战争指导艺术的总结，它揭示了中国人民战胜国内外强大敌人的战争指导规律，是毛泽东军事思想中最精彩的部分，其内容十分丰富。结合我军现代条件下作战的战略战术，着重讲解积极防御，反对消极防御。

1. 毛泽东积极防御的基本精神

毛泽东对积极防御做了系统科学的论述，并应用于中国革命战争，取得了伟大成功。他指出："积极防御，又叫攻势防御，又叫决战防御"。只有积极防御才是真防御，才是为了反攻和进攻的防御。

积极防御的精神实质是：在战略上后发制人，在战略防御时主动退让一步，努力创造有利于我，不利于敌的条件和形势。例如，红军最早的作战原则，十六字诀："敌进我退，敌驻我扰，敌疲我打，敌退我追"。《南征北战》大踏步后撤。土地革命战争时期"诱敌深入"方针；抗日战争的"持久战"等。

毛泽东说："消极防御又叫专守防御，又叫单纯防御，消极防御实质是假防御"。消极防御的要害是，它是单纯为了挡住敌人的进攻，专以保守地方为主要目标，根本没有消灭敌人的思想。它不仅在战略上是防御的，是所谓"全线防御""御敌于国门之外""不打烂坛坛罐罐""不丧失寸土"，而且在战斗上主要也是防御，是分兵把口，处处设防，只打"不动战"，不打运动战，只打消耗战，不打歼灭战，更没有把战略防御导向战略反攻进攻的打算，不去争取战略主动权，不去争取决战的胜利。

综上所述，积极防御和消极防御两者根本区别在于，积极防御是唯物辩证法为基础理论的，消极防御则是战争问题上的唯心论和形而上学。

2. 积极防御思想的基本观点

一是充分做好战争准备。如战争政治动员，国际国内舆论，统一战线；兵员征集，武器装备，财政，粮食储备等。

二是正确认识战略退却。什么是战略退却？毛泽东说："战略退却是劣势军队处在优势军队进攻前面，因为不能迅速地攻破其进攻，为保存军力，待机破敌，而采取的一个有计划的战略步骤。"

兵书上说:"存人失地,人地皆存;存地失人,人地皆失"。

三是战略内线持久的防御战与战役战斗的外线决战的进攻战。在战略上内线的持久的防御作战中,主动灵活的、有计划地实行战役战斗的外线速决的进攻战,是实行积极防御战略的具体方针,也是积极防御的主要标志之一,是两个同时并重的原则,是转变敌优我劣形势的基本手段。它适用于正规战争,也适用于游击战争;适用于国内战争,也适用于民族战争。

例如,解放战争中,胡宗南率34个旅23万人,向陕甘宁边区的陕北发动猖狂进攻。而我西北野战军仅有6个旅2万3千人,我军处于被敌包围之中。党中央毛主席于1947年3月18日主动撤离延安,在战略退却中与敌周旋,在运动中寻机歼敌,利用敌人3个月企图解决陕北问题的战略速决的心理,首战青化砭,再战羊马河,三取蟠龙镇。还有沙家店、宜川、瓦子街等战役,共歼敌10万余人,而我军经过一年战斗,部队壮大到10万人,粉碎了敌人的大围剿,党中央于1948年4月22日重返延安。

四是必须适时地将战略防御转向战略反攻和进攻,同敌人进行决战,夺取战争的彻底胜利。战略反攻,是对战略进攻之敌采取的攻势行动,它的任务是打破敌人的进攻,迫使敌人转入战略防御,并使自己转入战略进攻。如解放战争中我军进行的战略反攻就具有其显著特点。

3. 未来反侵略战争贯彻积极防御的战略方针应处理好的关系

未来反侵略战争中,我们的战略方针仍然是贯彻积极防御的战略思想。基本精神是:充分准备,后发制人,攻势防御,持久胜敌。同样包括战略防御,战略相持,战略反攻和进攻三个阶段。

未来反侵略战略方针特点:是毛泽东同志积极防御战略思想在现代战争条件下的继承和发展,它既坚持了我军历来积极防御战略的基本精神,又根据未来战争的新特点赋于了它新的内容。

坚持积极防御的军事战略,对于新时期军事斗争准备具有长远而重大的指导意义。贯彻这一军事战略,要处理好以下三个方面的关系。

第一,防御与进攻的关系。积极防御,不是单纯防御,而是攻势防御,是攻守结合。实行积极防御一定要灵活机动。战略指导上,既要坚持战略上的防御和后发制人,又要重视在战役战斗上采取积极的攻势行动和先机制敌;既要有持久作战准备,更要力争在战役、战斗上快速反应,速战速决,特别是应付高技术条件下的局部战争,当具备了战略速决条件时,就要力争战略上的速决。

积极防御要求后发制人,这并不是软弱表现。后发就是"人不犯我,我不犯人",有利于在政治上、外交上保持主动。"制人"就是"人若犯我,我必犯人",显示出自己还击的决心和能力。中国既不会主动惹事,但也不会临事示弱。

第二,遏制战争与打赢战争的关系。遏制战争就是在和平时期,利用威慑力量,从军事上和政治上设法制止和推迟战争爆发。新时期积极防御军事战略,不仅要解决如何准备打和如何打的问题,而且要解决如何遏制战争,避免打和制止打的问题;不仅要努力避免全面战争爆发,而且要尽量防止局部战争爆发,保证社会主义建设顺利进行。根据国家战略需要,必要时可以运用各种军事威慑手段,与政治,外交斗争相配合,不战而屈人之兵,以达到遏制战争的目的。坚持人民战争的优良传统,把日益现代化的常规力量,强大的后备力量与有限的核心力量结合起来,是发挥威慑作用的基本途径。只有具备制胜力量,才能有效的威慑。中国积极防御军事战略的立足点,从来就是对付战争和打赢战争。也就是从最坏的可能性着想去争取好的结果,以敢战、能战来达到不战而屈人之兵,这是中国威慑思想的基石。

第三,军事与政治的关系。军事战略必须跟整个国家的政治、外交、经济密切协调。最根本的要从政治上考虑处理军事问题。现代局部战争受政治,外交因素制约大,具有很强的政治性,政策性。军事上打与不打,打什么目标,打到什么程度,何时打,何时停都要从政治上,战略上加以全面考虑。

军事斗争要严守自卫立场,充分准备,慎重初战,有理,有利,有节地行动,牢牢掌握斗争的主动权。"有理"就是坚持战略上的防御和后发制人,做到师出有名,在政治,外交上取得主动;"有利"就是把握有利的时机和条件,坚决打赢,取得有利的军事地位;"有节"就是掌握军事斗争的火候,适可而止,在适当的胜利后结束军事行动。军事斗争要积极配合政治、外交和经济斗争，维护世界和平和地区稳定，努力改善国家安全环境。

（五）国防建设思想

中华人民共和国建立后，中国共产党军事工作的中心随之转到巩固国防、建设现代化国防上来。为此毛泽东提出一系列相应的指导思想。

1. 建立一支强大的现代化、正规化的革命军队

毛泽东指出，我们将不但有一个强大的陆军，而且有一个强大的空军和一个强大的海军，并亲自领导我军现代化、正规化建设。毛泽东强调，军队建设应保持适应规模，注重提高质量，不断从低级阶段向高级阶段发展，建设诸军兵种合成的国防军。在他的亲自主持下，颁布了各种条令、条例，开办了各类正规的军事院校，加强了部队训练，颁布了新中国第一部《兵役法》，实现了由步兵为主的单一陆军向诸军兵种合成军队的转变。

2. 确立了向国防科技尖端发展的战略

毛泽东指出，我们不但要有更多的飞机大炮，而且还要有原子弹。在今天这个世界上，我们要不受人家欺负，就不能没有这个东西。毛泽东强调建立完整的国防科研和国防工业体系，实行平战结合、军民结合的方针，根据本国、本军的特点发展武器装备，尤其要发展当代尖端武器和技术装备。在这个战略思想的指导下，在自力更生的基础上，研制、生产出了原子弹、氢弹、卫星和导弹等一系列的新式武器和装备。使我国成为世界上能独立自主地掌握核技术和空间技术的国家之一，较大地提高了我国的国防能力，同时成立了掌握战略核力量的第二炮兵。这对提高我们在国际上的战略地位产生了重要影响。

3. 积极防御战略思想有了新的发展

建国后，毛泽东根据国家安全利益的需要，从国际形势和我国的具体情况出发，确立了我国的国防战略、国防建设的目标和方针。1956年，毛泽东批准了中央军委提供的阵地战结合运动战为未来反侵略战争的主要作战形式和积极防御的战略方针。积极防御战略方针以积极揭制战争的出发为中心，以做好应战准备为基础，以坚决打赢战争为前提，相继提出"大办民兵师"和"深挖洞、广积粮、不称霸"的战略思想。

4. 发展军事科学，实现国防理论现代化

毛泽东认为，发展我国的军事理论，是国防现代化建设的重要内容。20世纪50年代中后期，他认为我们已进入了原子能的新时期，号召全党全军必须钻研现代化国防。深刻地指出要把自我为主发展军事理论与学外国先进经验结合起来。他还为学习研究军事理论规定了两条基本原则：一是学习前人或今人关于战争的经验时，必须批判地继承，联系自己的实际再发展；二是必须重视在实践中学习，认为在战争中学习战争是我们的主要方法。

三、毛泽东军事思想的历史地位

（一）毛泽东军事思想把中国军事思想发展到一个全新的阶段

中国有着悠久的历史，是世界古代军事思想的发源地之一。在几千年波澜壮阔的战争史中，军事思想如繁星闪耀，兵法兵书卷帙浩繁。其中，不乏闪烁着真理光辉的精华，但也不可避免地因历史和阶级的局限性存在着唯心史观和形而上学的糟粕。毛泽东一方面以他精深的中国传统文化素养，广泛吸收中国古代军事思想的精华；另一方面把辩证唯物主义运用于研究和指导战争，形成了中国历史上最先进、最科学、最完整的军事理论。毛泽东军事思想的产生，是中国军事思想史上的一次变革，它把中国军事思想推进一个全新的历史阶段，标志着中国无产阶级军事理论的确立。

（二）毛泽东军事思想是中国革命胜利和国防现代化建设的理论指南

理论来源于实践，反过来又对实践起指导作用。先进的军事思想一旦被群众所掌握，就会产生巨大的物质与精神力量。在毛泽东的军事思想的指导下，中国人民经过国内革命战争和民族解放战争，打败了国内外强大敌人，创建了新中国。建国以来，在毛泽东军事思想指导下，我国国防现代化建设又取得了伟大成就。实践证明，以毛泽东军事思想为指导，革命战争就胜利，国防现代化建设就发展。

毛泽东同志半个多世纪奋斗的历史，就是人民军队孕育、诞生、成长、发展、壮大的历史。

当我们翻开中国革命的历史画卷。展现在我们眼前的，有井冈山的星星之火，有神州大地的抗日烽火，有天翻地覆的钟山风雨，有上甘岭的滚滚硝烟。这一切，无不展现出毛泽东军事思想的巨大威力！它雄辩地证明了一个真理：毛泽东军事思想是我们打败强敌、夺取胜利的指南！

现在，国际国内形势都发生了巨大的变化，科学技术发展日新月异，世界军事革命已从理论步入实践。在这种情况下，有的人可能会问：主要产生于战争年代的毛泽东军事思想，还能适应今天的需要吗，回答是肯定的。毛泽东军事思想的基本原则，反映了现代战争和军队建设的一般规律，是经过实践检验了的科学真理，对我军打赢未来高技术条件下的现代战争，具有普遍的指导意义。

毛泽东军事思想，过去是、现在是、将来永远是我军克敌制胜的法宝！

（三）毛泽东军事思想丰富和发展了马克思主义军事科学

毛泽东是举世公认的战争艺术大师，可以这样说，在20世纪的世界无产阶级革命家中，就指挥革命战争时间之长、规模之大、经验之丰富，毛泽东当是首屈一指的。他创造性的发展了马列主义军事理论，并将其发展到一个新的高度，其独特的贡献是具有鲜明的中国特色，可以说是马列主义军事理论宝库中的珍品。

马克思、恩格斯、列宁、斯大林用辩证唯物主义和历史唯物主义的观点，批判地继承了前人研究战争的成果，总结了他们所处时代包括他们本身经历的战争经验，创立了无产阶级的军事理论。毛泽东既遵循马列主义的基本原理，又灵活处理中国革命战争的具体问题，在一系列问题上发展了马克思主义军事理论，其中主要有：系统阐明了关于研究和指导战争的战争观和方法论；开辟了农村包围城市、武装夺取政权的道路；创造性地解决了把以农民为主要成分的革命军队建设成为一支无产阶级性质的新型人民军队的问题；丰富和发展马克思主义人民战争思想；系统制定了适合中国革命战争特点的战略战术以及国防现代化建设的理论和方针原则等。所以说，毛泽东军事思想对马列主义军事理论做出了重大而独特的贡献，为无产阶级军事科学增添了新的光彩，从而，创造性地丰富和发展了马克思主义军事理论。

第三节　邓小平新时期军队建设思想

邓小平在领导全党和全国人民努力开辟社会主义改革开放和现代化建设事业的伟大进程中，运用马克思列宁主义理论和毛泽东思想的基本原理，创立了建设有中国特色社会主义理论。邓小平新时期军队建设思想作为有中国特色社会主义理论的重要组成部分，创造性地回答了新形势下军队建设、国防建设有待解决的一系列重大理论和现实问题。这一理论，是毛泽东军事思想在新时期的历史条件下创造性运用和发展，是当代中国化了的、最具时代特色的马克思主义军事理论。

一、邓小平新时期军队建设思想的科学含义

（一）邓小平新时期军队建设思想是时代的产物

任何理论的产生都与历史条件的变化息息相关，认识邓小平新时期军队建设思想，必须从历史条件出发，深刻认识所处的历史背景。

1. 当今世界的时代主题和战略格局发生了变化

20世纪初，列宁针对当时主要资本主义国家出现的情况，创造性地提出了帝国主义战争和无产阶级革命的时代论断，并领导十月革命取得了胜利。20世纪70年代，毛泽东提出了划分三个世界和反对霸权主义的思想。党的十一届三中全会前后，邓小平通过对国际形势的长期观察和科学分析，提出了世界性的战争暂时打不起来，和平与发展是当今世界两大主题的科学论断，维护和平，促进发展，是不可阻挡的历史潮流。新的国际形势，对我国的军队和国防建设提出了许多新情况和新问题。

2. 党和国家的工作重心发生了变化

以党的十一届三中全会为标志，党和国家的工作重心转到了社会主义现代化建设上来。这是以邓小平为核心的第二代中央领导集体，在党的十一届三中全会之后领导全党和全国各族人民所从事的又一次伟大革命。建设有中国特色社会主义的伟大实践，正在不断探索、不断开拓和不断深化国家建设和改革，并已取得伟大成就。与此同时我国的军队和国防建设遇到了许多以往不曾遇到的情况，提出了一系列过去没有提出

过的问题，对军队和国防建设提出了新的更高的要求。

3. 科学技术的迅猛发展给军事领域带来深刻变革

20世纪以来，特别是第二次世界大战以后，以电子信息、生物技术和新材料为支柱的一系列高新科技取得重大突破和飞速发展，尤其是20世纪70年代中期以来，随着微处理机大量生产和广泛使用，软件开发和发展规模产业化，人类逐步进入了信息革命的新纪元。高新技术的广泛应用，引发了军事领域一系列革命性的变化。如武器装备的发展呈现出信息化、智能化、一体化的趋势；战争形态、作战样式也随之出现了一些新的特征，全纵深作战、非线式作战正成为高技术条件下战争的基本交战方式，陆、海、空、天、电磁一体化的联合作战成为现代化作战的突出特征；作战部队高度合成，趋于小型化、轻型化和多样化。同这种发展趋势相适应，世界各主要国家纷纷加快军队的现代化建设步伐，形成了以高技术质量建设为主要标志的竞争新态势。这种情况要求我国军队和国防建设必须适应新的情况，迎接新的挑战。

(二) 邓小平新时期军队建设思想是对毛泽东军事思想的继承和发展

1. 邓小平率先提出并确立了毛泽东军事思想对我军的指导地位

邓小平亲自领导了《关于建国以来党的若干历史问题的决议》的起草，具体而明确地概括了包括关于革命军队的建设和军事战略在内的毛泽东思想的主要内容。在新的历史条件下，邓小平在继承中发展，实事求是地把毛泽东军事思想的基本原则同我军新时期的实践相结合，确立了毛泽东军事思想对我军的指导地位。

2. 邓小平继承恢复和重申了毛泽东思想的方针和原则

在新的历史条件下，邓小平继承毛泽东的人民军队思想，重视军队的革命化建设，强调要坚持党对军队的绝对领导，坚持人民军队的性质；继承毛泽东关于建设强大国防的思想，强调要努力加速军队和国防的现代化建设；继承毛泽东关于要加强国防建设的思想，提出要以经济建设为中心，军队和国防建设要服从和服务于国家经济建设大局；继承毛泽东关于人民战争、积极防御的战略思想，提出新时期的战略方针仍然是"积极防御"四个字，要研究现代条件下的人民战争，仍然要立足于以劣势装备战胜优势的敌人；继承毛泽东历来主张实行精兵的思想，强调军队要整顿,要精简整编,要减少数量,提高质量等。使我军建设始终沿着毛泽东开创的道路不断前进。

3. 邓小平创造性地提出了一系列新时期军队和国防建设的指导方针和原则

邓小平进一步丰富和发展了毛泽东军事思想的理论宝库。诸如关于和平发展是当今世界的时代主题,改变以往我们建军的正确原则和方向,实行军队和国防建设指导思想战略性转变的思想;在以经济建设为中心的条件下,国家的主权和安全要始终放在第一位的思想;承认我们军队打现代化战争的能力不够,特别是指挥现代化战争的能力不够,指导思想要明确,就是要解决现代化问题的思想;没有现代化科学技术就不可能建设现代化国防,中国必须在世界高科技领域占有一席之地的思想;要把教育训练提高到战略地位,加强军队干部革命化、年轻化、知识化、专业化建设的思想;关于精兵合成、平战结合、提高效能和有利于人才成长的体制编制调整改革的思想等。

(三) 邓小平新时期军队建设思想是新时期军队和国防建设的理论、方针和原则的科学理论体系

1. 邓小平新时期军队建设思想,是马列主义军事理论、毛泽东军事思想与新时期军队和国防建设实践相结合的产物

邓小平在领导新时期军队和国防建设的伟大实践中,以实事求是的科学态度,运用马列主义军事理论、毛泽东军事思想的立场、观点和方法,研究新情况,解决新问题,创造性地提出了一系列理论、原则、方针和政策,形成了一个完整的科学体系。它是在新的历史条件下对马列主义军事理论、毛泽东军事思想的继承和发展。

2. 邓小平新时期军队建设思想,是邓小平理论的重要组成部分

作为整个"四个"现代化的重要组成部分,国防现代化以及军队建设和改革一直为邓小平所关注。在邓小平新时期军队建设思想中,解放思想,实事求是,是邓小平新时期军队建设思想的理论基础。关于时代主题的理论,是邓小平理论的一块重要基石。同时,也是邓小平新时期军队建设思想的重要内容。以经济建设为中心、坚持改革开放、坚持四项基本原则的基本路线,构成了邓小平新时期军队建设思想的灵魂。因

此，军队的建设，必须以服务于国家经济建设为中心，在这个基础上，将我军建设成为一支强大的现代化、正规化、革命化的人民军队。

3. 邓小平新时期军队建设思想，是新时期中国军队和国防建设实践的科学总结

邓小平作为党的第二代领导集体的核心，不仅通过整顿，使军队从"四人帮"时期的一盘散沙的局面回到正确的轨道上来，而且亲自领导了新时期军队和国防建设的伟大实践，具体研究和解决了军队和国防建设实践中遇到的一系列重大现实问题。

4. 邓小平新时期军队建设思想是以邓小平为杰出代表的全党全军集体智慧的结晶

邓小平新时期军队建设思想，是以邓小平为代表、为核心的党的第二代领导集体智慧的结晶。党中央、中央军委和广大指战员都参与到了这个理论的创新过程中，献计献策，共同探讨，使邓小平新时期军队建设思想具备了坚实群众基础，焕发出了理性的光芒。

二、邓小平新时期军队建设思想的主要内容

邓小平新时期军队建设思想是一个完整的科学体系。它以唯物辩证法的"实事求是"思想认识路线为总的指导原则，以马克思主义的战争与和平的理论，社会主义初级阶段的理论，国防建设、军队建设与国家经济建设关系的理论为依据，明确提出了新时期军队建设的总任务、总方针，即建设有中国特色的强大现代化、正规化的革命军队；阐明了新时期军队建设的一系列基本原则，即坚持党对军队绝对领导原则，坚持我军无产阶级性质和全心全意为人民服务的宗旨，坚持以现代化为中心的原则，坚持战斗力标准的原则，坚持独立自主、自力更生、艰苦奋斗、勤俭建军的原则，坚持从我国国情出发，立足现实，面向现代化、面向世界，面向未来的原则，坚持把教育训练提高到战略地位的原则，等等。这一系列的理论和原则，是对新的历史条件下军队建设规律的正确认识。这一理论体系，主要由四个方面的内容组成。

（一）当代战争与和平理论

战争与和平问题是军事领域的一个基本问题，是国际社会中影响全

局的重大问题。邓小平牢牢把握时代脉膊,科学地回答了时代提出的关于战争与和平、当代战争的根源、世界大战能否避免和"一国两制""共同开发"等解决历史遗留问题和国际争端的方式方法等一系列重大理论和原则问题,揭示了现代军事运动的新的趋势和规律性,从理论上回答了前人所未遇过或因条件限制未能全面解决的问题,从而丰富了马克思列宁主义、毛泽东军事思想的战争观。为我们进一步认识当代战争,提供了科学的依据。

1. 和平与发展是当今世界的主题

判明时代的主题,是邓小平新时期军队建设思想的重要内容,是新时期战争与和平、国防建设指导思想以及对外政策最重要的理论依据之一,也是制定国家大政方针和政策的理论基础。

第二次世界大战后,尤其 1980 年以来,世界经济、政治、军事诸方面的发展变化,使以经济、科技为重点的综合国力竞争,成为当今国际竞争的中心,世界多数国家先后在制度、政策等方面进行调整改革,制定新的国家发展战略,致力于经济、科技的发展。而国际间的矛盾和冲突,有的还没有达到兵戎相见、爆发帝国主义世界大战的地步,有的改变了斗争策略和方式(如"和平演变"),帝国主义国家同殖民地半殖民地国家的矛盾已衍化为发展中国家同发达国家的矛盾,它们的经济发展与再发展,受到全球普遍的关注。由此可见当今世界的时代特征新面貌。

邓小平通过对国际形势发展的观察和分析,紧紧把握形势发展变化中最具有根本意义的时代条件,做出了和平与发展是当今世界两大主题的科学论断。他说:"现在世上真正大的问题,带全球性的战略问题,一个是和平问题,一个是经济问题或者说是发展问题。"这一论断,揭示了当代世界的主要矛盾,指明了维护世界和平是当代世界的历史主流,促进发展是当代各国的根本任务。和平与发展两大问题,相互影响,互为作用,要发展,必须维护和创造稳定的国际环境;要实现和平,又不离开各国的共同发展。

2. 霸权主义是现代战争的根源

马克思主义认为"战争的根源是社会经济制度"。列宁指出"帝国主义是当代战争的根源"。毛泽东也认为"这个世界只要存在帝国主义制度，战争就不可避免。"在其晚年，又进一步分析了超级大国霸权主义争夺与新的世界战争的内在联系，提出了当代世界战争根源主要来自霸权主义争夺的观点。到 20 世纪 80 年代初期，邓小平果断指出："当今世界不安宁来源于霸权主义的争夺""霸权主义是战争的根源。"经过多年的观察与思考，邓小平把这一论断又进一步完善为：无论是世界性霸权主义，还是地区性霸权主义，都是当代战争的根源。这样就深刻地揭示了现代战争产生的社会根源：它不能仅从社会制度或阶级属性中寻找，更多要直接取决于各国的对外政策；社会主义国家搞霸权主义，同样也会成为战争策源地；霸权主义，即有世界霸权主义（大霸），又有地区霸权主义（小霸），地区霸权主义也是引发现代战争的重要根源；苏联解体后，美国暂时一霸独存，不仅证明了霸权主义的存在，而且，由于产生霸权主义的温床没有铲除，仍然可以产生新的霸权主义国家或国家集团，突出表现为国际事务的"强权政治"。因此，无论大霸、小霸、老霸、新霸都是当代世界战争的主要根源。邓小平关于"霸权主义是当代战争根源"的思想具有丰富的内涵，是马克思主义战争根源理论的重大发展。第一，任何社会制度的国家只要推行霸权主义，都可以成为战争的根源；第二，霸权主义既有世界性霸权主义，又有地区性霸权主义，两者侵略扩张的本质相同；第三，苏联解体，两霸相争消失，但绝不意味着霸权主义消失。

3. 世界战争是可以避免的

20 世纪 80 年代后，世界战略格局的多极化转变，出现了制约世界大战的多种因素：第三世界的崛起，中国国际地位的增强，成为制约世界大战的首要因素；欧洲、日本等摆脱超级大国控制的独立倾向的发展，成为制约世界大战的第二种势力；美国与苏联两国相互遏制和他们的经济实力无法承受大战的消耗，加上其国内广大人民不赞成战争，也捆住了他们发动大战的手脚。这些制约因素的增长，决定了世界大战可以避免的结论产生。1985 年 9 月，邓小平指出：当然战争的危险仍然存在，如果搞得好，战争是可以避免的。1987 年，他又指出："如果世界和平的力量发展起来，第三世界国家发展起来，可以避免世界大战。"1988年 4 月，邓小平在接见日本自民党总务会长伊东时，更明确地说：现在我们确信战争是可以避免的。

邓小平关于世界大战是可以避免的论断向我们指明：

（1）大战避免不是无条件的。我们只有通过努力争取，促使和平力量不断发展，破坏霸权主义在全球战略部署，就可以避免大战爆发。

（2）大战可以避免，绝不是说小战不会发生。因此，不要笼统地说战争已转化为和平，从而放松对一切战争的警惕性。

（3）大战可以避免，也不是说战争根源已不复存在。不要把战争根源与战争现实等同，也不要忽视"世界战争的危险是存在的。"

4. 提出了用和平方式解决国际争端

用和平方式解决国际争端的新思路，发展了马克思主义关于战争消亡的理论。

暴力革命是马克思主义的一个基本观点。在帝国主义战争的历史背景下，列宁曾经开创并实践了以革命制止战争的"以战止战"的道路和学说。毛泽东在领导国内革命战争中，也提出了"我们是战争消灭论者，我们是不要战争的，但是只能经过战争去消灭战争，不要枪杆子必须拿起枪杆子"的"以战灭战"的理论。这些理论在当时条件下都对指导革命实践起了决定性的作用，在现代条件下，也仍有其真理性。但随着时代条件和国际斗争形势的变化，在解决国际矛盾和争端中，使用暴力方式所受到的制约比以往任何时代都多，战争受到一定的遏制。

解决国际争端，军事手段和政治手段都是可能的选择。问题是，过去的时代各国在选择解决方式上，更偏重于军事手段，仅把政治手段作为军事手段的补充，或者是交替使用。因此政治解决争端不能构成主要的手段。

邓小平针对新的现实，经过多年思考后指出，为了维护世界和平，应当慎重考虑用暴力方式解决国家间的利益矛盾和冲突，最好代之以政治解决。沿着这个思路，他创造性地提出了"一国两制""共同开发""经济合作""和平对话"等新办法，并付之于实践。他首先以解决我国的港、台问题为先导，提出了"一国两制"的构想，接着又在中日钓鱼岛、中国与东南亚国家南沙群岛的争议中，提出了"搁置争议、共同开发"的构想。这些构想，为世界各国提供了解决历史遗留问题的一个范例。从而为维护国家利益,维护世界和平做出了卓越的贡献。这种"以和抑战"的新思路,丰富和发展了马克思主义"以战止战""以战灭战"的理论学说。

(二) 中国特色的国防建设理论

对战争与和平形势的认识和判断,是建立国防和军队建设指导思想的基本依据。

1. 国防和军队建设的指导思想实行战略性转变

20世纪80年代以后,国际形势和世界格局发生了新的变化;世界向多极化发展;综合国力的较量成为各国发展的主要杠杆,"和平与发展"成为世界主题。邓小平对国际形势和我国安全环境进行科学分析,做出正确判断后,告诫全党、全国抓住机遇,以经济建设为中心进行四化建设。果断地决定国防和军队建设指导思想实行战略性转变。其转变的实质是:国防和军队建设从过去立足于早打、大打、打核战争的临战准备状态,转向和平时期加强军队质量建设的正确轨道上来,充分利用今后较长时间大仗打不起来的有利时机,在服从国家经济建设大局的前提下,抓紧时间,有计划、有步骤地加强以现代化为中心的"三化"根本建设,全面提高军政素质,增强国防和军队在战争中的自卫能力。

2. 正确处理国防建设必须服从和国家经济建设大局

邓小平以他战略家的眼光和胆略,通过对战争与和平的分析,明确指出,战争的危险依然存在,但和平力量的发展超过了战争力量的发展,世界大战至少在20世纪末打不起来,我们有可能争取到一个较长时期的和平环境。我们要充分利用大仗一时打不起来的这段和平时期,放心大胆地、一心一意地搞现代化建设。

首先,国防建设必须以综合国力为基础。国防力量的强弱,军队现代化水平的高低,从根本上讲,都是由国家综合国力的强弱决定的。综合国力强,有坚实的经济基础,就能为国防和军队现代化建设提供雄厚的财力和物力,才能使军事力量得到可靠的增长。

其次,国防建设要服从国家经济建设的大局。国防建设的实质是国

第四章 军事思想

家安全问题,经济建设的实质是国家发展问题,它们既是互相依存的,又是有主有次的,既互相制约,又互相促进。在党和国家工作重点已转移到以经济建设为中心的现代化建设上来之后,邓小平明确指出:"现在需要的是全国党政军一心一意地服从国家建设这个大局,照顾这个大局。这个问题,我们军队有自己的责任,不能妨碍这个大局,要密切配合这个大局,而且要在这个大局下面行动。""大家都要从大局出发,照顾大局,千方百计使我们国家经济发展起来,发展起来就好办了。"因此,国防建设服从国家经济建设大局,是以国家整体利益为根本着眼点的长远之计。

再次,国防建设要与国家经济建设协调发展。国防建设离不开经济建设,经济建设也离不开国防建设。国防建设对经济发展具有保护和促进作用,国家经济建设为国防建设提供保障。就是说,国防建设在服从经济建设大局的前提下,在国家总体发展规划中,应与经济建设统筹兼顾,协调发展。

3. 建设有中国特色的现代化国防

针对我们建设什么样的国防,邓小平明确指出:我们在国防建设上,坚持不称霸,不扩张,不结盟,不依附别国,也不欺侮别国,坚持和平共处,独立自主的防卫原则,从而确立了我国是自卫型国防。于是,他明确提出了我们要以国家利益为最高准则来处理这个问题;要实行"军民兼容,平战结合"的方针,使国防科技和工业平时实行军转民,以提高经济效益,战时便于民转军,以保证战争的需要;要建立精干的常备军与强大的后备力量相结合的武装力量体制,使之形成一支陆、海、空三军一体的强大力量和一支训练有素的强有力的后备力量;要坚持独立自主、自力更生为立足点,把坚持独立自主、自力更生与坚持对外开放有机结合起来,从而加速我军现代化建设;要加强国防教育,强化全民的国防观念,以促进国防现代化建设的发展。

4. 引进技术与自力更生结合来发展国防科技

邓小平强调:"过去也好,今天也好,将来也好,中国必须发展自己的高科技,在世界高科技领域占有一席之地",主张"在国民经济不断发展的基础上,改善武器装备,加速国防现代化。"并提出一系列新时期发展国防科技的方针、原则。

在国防科技的发展上,邓小平坚持我国自力更生为主的传统方法,并同时坚持对外开放,吸引外来技术。邓小平说:"关起门来搞建设是不能成功的,中国的发展离不开世界。当然,像中国这样大的国家搞建设,不靠自己不行,主要靠自己。独立自主、自力更生是从中国的实际出发,大家不知是否了解,我国从五十年代中期到八十年代,即在建国30周年的时间里大体有二十几年,我们完全或基本上处于没有外援的情况,主要靠自力更生。例如:抗美援朝胜利后苏联对我国不怀好意起来,特别是1958年,苏联总书记赫鲁晓夫访问北京,向我国提出两项建议:①苏、中共同在中国建立长波电台;②苏、中建立联合舰队。针对赫鲁晓夫的建议,毛主席当即拍案而起,"你把话说清楚,什么意思?"对苏损我主权的建议,我国政府断然拒绝,赫恼羞成怒。1960年2月,中、苏谈判破裂,苏联单方面决定,在一个月内撤走2 500名专家,撕毁合同和协议600多项,废除了200多个项目,给中国经济造成了巨大损失,引起中国人民极大的愤慨。在没有外援的情况下,这种精神激励了我们,这个时期,我国研制出了原子弹(从第一颗原子弹爆炸到氢弹试验成功,中国用了两年八个月时间,美国用了七年时间,苏联用了四年)、氢弹、导弹,发射了人造卫星等等,从而打破了超级大国的核垄断。邓小平说,独立自主不是闭关自守,自力更生不是盲目排外。我国的革命和建设,包括国防现代化建设在内,也不可能独立于世界之外,我们任何时候都要争取外援,特别需要学习外国一切对我国有益的先进事物。但是同样重要的是,在任何时候,我们都要保持清醒的头脑,不抱不切实际的幻想。因为,国防科学技术牵涉战争胜负、国家安危,是国家最高利益之所在,当前国际形势虽然趋于缓和,但并没有改变西方国家企图垄断和把持高技术以及敏感技术的实质,这已成为他们推行强权政治以及对社会主义国家实行"和平演变"的战略手段。因此要立于不败之地和尽快地发展国防科技,就一定要始终如一地坚持引进技术与自力更生紧密结合起来的方针,并且把基点建立在艰苦奋斗、自力更生的基础上,只有这样我们才能胜利。

（三）建立一支现代化、正规化的革命军队

1. 确立以现代化为中心的建设方向

现代化、正规化、革命化是我军建设的三项指标。革命化是我军建设的政治标准，它反映着我军的阶段属性和思想政治水平，鲜明地体现着军队的本质和宗旨，是我军的根本特色所在，是我军区别于一切剥削阶级军队的根本标志。现代化体现军队的武器装备、指挥、作战和协同等方面适应现代高技术战争的能力。正规化体现军队组织、管理和军制状况。"三化"是相互联结、相互促进、不可分割的统一体。以现代化为中心，必然带动其他"两化"相应地发展。现代化建设也需要革命化和正规化的保障，需要依靠广大指战员积极创造性的发挥，而这种人的主观能动性精神需要革命化去激发，需要正规化加以融汇。军队现代化程度越高，越须加强革命化和正规化建设。以现代化为中心，不仅必须解决新时期我军建设的主要矛盾，而且也是我军向高级阶段发展的必由之路，同时又是实现我国"四个现代化"建设总任务的客观要求。

所以，邓小平提出的"三化"建设的总目标，是我军建设由低级阶段发展的必然要求，是新时期保卫国家安全、实现国家发展战略的需要。

2. 建立科学的编制体制

1975年，邓小平重新回到军队领导岗位上，多次反复强调军队编制体制改革的必要性、重要性，而且从提高战斗力的目的出发，提出了以下军队编制体制改革的基本原则：

（1）"精兵"原则，即减少军队数量，提高质量。邓小平说，我们现在存在一个大问题，就是军队很臃肿。真正打起仗来，不要说指挥作战，就是疏散也很不容易。现在提出消肿，主要解决军队机构重叠、臃肿，以及由此带来的各级指挥不灵活等问题。从这一原则出发，1985年，中央军委决定减少军队员额100万人，并努力在建军质量上下功夫。

（2）提高效率原则，即合并机构、精简机关。邓小平讲，过去打仗的时候，负领导责任的，一个野战军几个人，一个兵团几个人……现在是一大堆人。精简机构，使军队指挥系统日益精干，日益小型化，是战争日益现代化的必然要求。从军委总部开始，将炮兵、装甲兵、工程兵由兵种领导机关缩编为总参谋部的业务部，规划总参建制领导，各大

军区的炮兵、装甲兵、工程兵机关则相应改为军区司令部的业务部门，铁道兵与铁道部合并，其部队集体转业到铁道部。通过整编，全军减少了军级单位 30 多个，师团级单位 4 000 多个，总部机关人员减少了近一半，大军区由原来 11 个转变为 7 个，使解放军总数保持在 230 万人。

（3）合成原则，即调整军队编组，组建陆军集团。现代战争已由过去单一兵种作战或小规模、小范围的协同作战，发展到了诸兵种大规模、大范围的合成作战，是高技术的、立体的、综合性的对抗。合成是编组现代化军队的重要原则。在邓小平合成思想指导下，通过 1985 年的精简整编，组编了兵种基本齐全的陆军合成集团军（现有 18 个集团军）并从战略上提高了陆海空三军与战略导弹部队之间的协同作战能力，使我军在建设现代化的合成军队的道路上迈出了具有历史意义的一步。

（4）平战结合原则，即区别情况，组建不同类型的常备军。军队是为了应付可能发生的战争，军队的编制体制首先是适应战争的需要。但必须看到，一个国家不可能长期处于战争状态。因此，军队的编制体制就不可能只顾战时而不顾平时，否则，就会加重国家经济负担。所以，制定军队的编制体制是必须坚持平战结合的原则；坚持经济建设与战时作战相结合；坚持常备与后备力量相结合；坚持正规部队与半正规部队相结合。从而形成精干的常备军对敌产生威慑作用，应对随时可能发生的局部战争。

（5）有利于人才成长的原则，即建立退休制度，提拔新生力量。编制体制改革的目的在于增强军队的活力。为了使这一改变获得成功，邓小平把人才问题与编制体制结合起来，强调建立健全军队干部退休制度，大量提拔新生力量。邓小平说："现在的庙很多，每个庙的菩萨也很多，老同志盖住了，年轻人上不来。所以我们要改革干部的现行工作制度，建立有利于提拔年轻干部的制度，军人职业与其他职业不同，作为军队干部是要带兵打仗的，不仅要求具有良好的军政素质而且要有强健的体魄。至于年轻干部的经验问题，放到岗位上去锻炼，可以积累来。"正是邓小平的倡导、支持和关心，我军各级干部顺利实现了新老交替，从而使我军各级领导班子的年龄结构、知识结构日趋合理，更加符合现代战争的要求。

3. 把教育训练提高到战略地位

邓小平所讲的军队教育训练包括军事训练、政治教育、科学文化教育和民用技术训练。邓小平同志指出，和平时期部队战斗力的提高主要靠训练，部队要提倡勤学苦练。努力办好院校，培养适应现代化战争需要的指挥、管理和技术军官以及各类专业人才。对教育训练的重视抓住了和平时期军队建设的关键，即在不能"从战争中学习战争"的和平时期里，就要依靠训练提高部队的战斗力。同时，邓小平同志还特别强调了要通过教育训练培训军地两用人才，使部队真正成为一所大学校，不仅能够培养出保卫祖国的人才，还能培养出建设祖国的人才，使军队建设更好地与国家的经济建设相结合，开创了一条有中国特色的精兵之道。

4. 重视军事科学理论研究

科学的军事理论能揭示战争的基本规律与特点，对于指导军队的建设与发展起着至关重要的作用。要继承和发展毛泽东军事思想，研究现代战争条件下的人民战争的新特点，建立和完善我国的现代化军事科学体系，实现我军军事理论的现代化，适应未来战争的要求。

（四）坚持现代化条件下的人民战争

人民战争思想是毛泽东军事思想的核心内容，是在敌强我弱的战争年代发展起来的。随着时代的发展变化以及高技术武器在现代化战争中的应用，人民战争思想的内容必然得到发展。在这种历史条件下，邓小平号召我军要继承毛泽东军事思想，研究现代条件下的人民战争。

1. 要研究现代战争特点给人民战争带来的影响

由于战争样式和战争环境的变化，使现代战争呈现出许多新特点，诸如：①战争的立体性增强，由此决定现代人民战争必然是现代化的立体战争。这就决定了反空袭斗争任务更加繁重和要求各种作战力量的协同与配合更加密切；②战争的消耗增大，军需给养、武器弹药、装备器材，现在都得靠强大的后方供应；战争物资的储备，也在不断变化，都需要认真具体地研究；③战争更加复杂。现在条件下的人民战争将涉及到国家的各个方面、各条战线、各个领域，而且对作战行动的时效性要求更高，指挥更加困难，这必然对战争能力提出更高的要求。

2. 要创造现代条件下人民战争的新战法

由于敌我武器装备之间差距的客观存在，决定我们要赢得未来反侵略战争的胜利，必须在作战谋略的运用上高敌人一筹，特别要研究以劣胜优的作战方法。要着重研究高技术条件下的作战特点，既研究外军在现代条件下的作战特点，更要研究我军在现代条件下的作战特点。力争在侦察与反侦察、空袭与反空袭、机动与反机动、封锁与反封锁，以及电子战、夜战、近战等方面有所突破。

3. 认真做好人民战争的各项准备工作

第一，必须努力增强全民国防观念，培养国防意识，为实行现代条件下的人民战争奠定坚实的思想基础和组织基础。未来战争与历次革命战争相比，战争的艰苦、激烈程度将是空前的，战争的人力、物力消耗也将是前所未有的，所以要求在动员人民群众的深度和广度上将有更大的发展。要达到这样的要求，就必须具备相应的思想基础和组织基础，既平时就要使广大人民都始终保持着强烈的国防意识和高度的思想警惕，并建立和健全各种动员机构，以便能根据战争的需要把人民群众迅速组织动员起来。

第二，要加强武装力量建设。武装力量建设是国防建设的重要组成部分，是平时对敌实施威慑、战时赢得胜利的重要保证。一方面要建立一支精干的常备军。现代军队的战斗力是以合成为前提的，邓小平正是从我军的编成单一、合成程度低，不能适应现代化战争需要的实际出发，提出了精兵合成的思想。他要求军队要"认真学习现代化战争知识，学习诸兵种联合作战""要编组合成军，就是要逐步地把部队合成起来，通过平时训练，使大家熟悉这方面的知识，学会这方面的本领。"另一方面要加强后备力量建设。邓小平根据新的历史条件，从我国国防建设和军队建设的实际出发，继承和发展了毛泽东人民战争思想，创造性地回答后和解决了后备力量建设中的一系列重大问题。一旦战争爆发，不仅可以满足常备军成倍扩编和补充的需要，还可以广泛动员人民群众参加和支援战争，达到平时少养兵，战时多出兵、出好兵的战略目的。

第三，注意打牢人民战争的物质基础。在这方面，邓小平阐明了国防建设要同经济建设协调发展的思想，强调"国防的现代化，只有建立在国家整个工业以及农业发展的基础上才有可能"；主张新时期的国防工业建设要走平战结合、军民兼容的发展道路；要搞好战争物质储备。

三、邓小平新时期军队建设思想的地位和作用

（一）邓小平新时期军队建设思想是当代马列主义军事理论

邓小平新时期军队建设思想，形成于我国社会主义改革开放和现代化建设的伟大实践之中。通过对当今国际形势冷静观察和正确判断，通过对新时期我国国情、军情实事求是的科学分析，邓小平提出了一系列建军方针、政策。因此，邓小平新时期军队建设思想具有鲜明的时代特征，它着眼于马列主义军事理论在新的历史条件下的运用，着眼于对国际战略形势和我国国情的深刻分析，着眼于新时期我军建设的实际，是当代马列主义军事理论在我国新时期的创新与实践。

（二）邓小平新时期军队建设思想是我军建设的科学指南

邓小平新时期军队建设思想，揭示了和平时期军队和国防建设的基本规律。它坚持把当今世界各国国防和军队建设的一般规律和原则同我军的实际情况结合，抓住我军建设中的主要矛盾，创造性地回答和解决新时期我军建设有待解决的一系列重大理论和实际问题。邓小平新时期军队建设思想，是一个完整的科学体系，是马列主义军事理论、毛泽东军事思想在新的历史条件下的创造性的运用和发展，是新时期我军军事斗争和军队建设的科学指南。

（三）邓小平新时期军队建设思想是我军克敌制胜的理论武器

邓小平新时期军队建设思想，揭示了现代战争的特点和规律，为现代高技术条件下局部战争的作战指导提供了理论武器。邓小平提出了和平发展的新理论，极大地丰富了马克思主义的战争观。他提出了现代条件下的人民战争理论，强调把建设强大的常备军与建设强大的后备力量相结合。他为我军制定了新时期积极防御的战略方针，赋予了具有时代特点的新内涵，他为我军确定了总目标、总任务，强调以现代化建设为中心，全面加强军队质量建设，时刻做好战争准备。从上述意义上而言，邓小平新时期军队建设思想是我军赢得高技术条件下局部战争胜利的锐利的思想、理论武器。

第四节 江泽民国防和军队建设思想

1986年6月,党的十三届四中全会选举江泽民同志为党中央书记,同年11月,党的十四届五中全会确定江泽民同志为中央军委主席。在新的历史条件下,江泽民同志创造性地运用马克思主义军事理论的立场观点和方法,分析新情况,解决新问题,科学地提出了国防和军队建设的理论方针和原则,形成了具有时代特征和中国特色的国防和军队建设思想。

一、江泽民国防和军队建设思想的主要内容

江泽民国防和军队建设思想是对毛泽东军事思想、邓小平新时期军队建设思想的继承、丰富和发展,是"三个代表"重要思想在国防和军队建设领域的延伸和体现,是新世纪新阶段加强国防和军队建设的理论指南。

江泽民国防和军队建设重要论述的内容十分丰富,含义非常深刻。其基本要点主要包括以下几个方面。

(一) 明确了军队建设必须坚持以毛泽东军事思想和邓小平新时期军队建设思想为根本指导

毛泽东军事思想、邓小平建设有中国特色社会主义理论和新时期军队建设思想是我们科学的理论指南,是我们伟大的旗帜和强大的精神支柱。我们必须认真学习,坚决贯彻,在任何时候,任何情况下,都不能丝毫含糊和动摇。只有保持理论上的坚定性,才能确保政治上的坚定性。江泽民同志在1994年一次重要会议上强调:要用邓小平同志建设有中国特色社会主义理论武装全军。他认为,邓小平理论是当代中国的马克思主义,是解决当代中国命运和前途的最正确理论;我军是党的理论和路线的坚决执行者和捍卫者,必须用邓小平理论武装起来。在新的历史条件下,为了确保军队政治上合格,进而确保胜利地履行根本职能,必须用毛泽东军事思想和邓小平建设有中国特色社会主义理论武装头脑,指导行动。在这个关系党、国家和民族前途命运的重大问题上,任何时候任何情况下,都不能有丝毫含糊和动摇。

（二）以"三个代表"作为新时期国防和军队建设根本指针，坚持党对军队的绝对领导

坚持党对军队的绝对领导，是我军的一项根本政治制度和根本建军原则，是我军的特有优势。在党的十六大报告中，江泽民同志集中阐述了"三个代表"重要思想。指出："只要我们党始终代表中国先进社会生产力的发展要求，代表中国先进文化的前进方向，代表中国最广大人民的根本利益，我们党就能永远立于不败之地，永远得到全国各族人民的衷心拥护并带领人民不断前进。"这三个代表的重要思想解决了军队现代化建设和军事斗争准备工作中全局性、战略性、基础性的问题，具有极为重大的现实意义。江泽民同志还强调在新形势下要坚持党对军队的绝对领导和根本原则。指出："始终把思想政治建设摆在军队建设的首位，永葆人民军队的性质、本色和作风。党对军队的绝对领导是我军永远不变的军魂，要毫不动摇地坚持党领导人民军队的根本原则和制度。"我军是中国共产党缔造和领导的新型军队，是执行革命政治任务的武装集团，是体现党的政治优势的重要力量，党的先进性决定了我们军队的先进性。

（三）提出了"五句话"作为新时期军队建设的总要求

"政治合格、军事过硬、作风优良、纪律严明、保障有力。"这五句话涵盖了新时期军队建设的基本内容，概括了战斗力的基本要素，具有很强的操作性，是实现建设强大的现代化正规化革命军队总目标的总要求和基本尺度。

政治合格主要是对全军要从政治上、思想上、组织上进行规范。其标准是：官兵忠于党，忠于国家，忠于社会主义，忠于人民，拥护党的基本路线和方针政策，安心服役，爱军习武，忠实履行职责；党支部战斗堡垒作用强，党员先锋模范作用好。

军事过硬主要是从战备工作、军事训练和完成任务上明确标准。其标准是：战斗队思想牢固，战备工作落实，能随时执行作战等紧急任务；军事技术熟练，战术运用灵活，军官胜任本级指挥；全训单位和专业技术分队年度训练总评成绩在良好以上，担任其他任务的单位能够圆满完成任务。

作风优良主要是从思想作风、工作作风、战斗作风、生活作风上提

出要求。其标准是：实事求是，言行一致；雷厉风行，勇猛顽强；公道正派，廉洁奉公；艰苦奋斗，勤俭节约；尊干爱兵，拥政爱民。

纪律严明主要是强调一切行动听指挥，遵纪守法，赏罚分明。其标准是：听从指挥，令行禁止；秩序正规，军容严整；遵纪守法，奖惩分明；无严重违纪现象，无严重责任事故，无刑事犯罪案件；无计划外生育。

保障有力是要求从生活保障、技术保障和卫勤保障方面作出规定。其标准是：武器装备达到规定的完好率（在航率）；经费、物资管理制度落实，物质文化生活基本设施、设备齐全配套；伙食管理好，吃到食物定量标准；官兵体魄健壮。

(四) 明确提出了正确处理国防建设和经济建设关系的要求，以积极防御战略方针统领和指导军队建设

国防现代化是我国社会主义现代化的重要组成部分，加强国防建设是国家安全经济发展的基本保证。我们加强国防建设完全是为了自卫，同时也将增强维护世界和平的力量。党的十一届三中全会以后，邓小平同志根据国际形势的变化，高瞻远瞩地提出了国防建设必须转变指导思想，由立足于早打、大打、打核战争的临战准备状态转到和平时期的正规化、现代化建设上来。国防建设和军队建设必须以经济建设为依托，军事战略和军队建设必须服从和服务于国家的发展战略。国民经济发展了，才能为国防现代化提供必要的物质技术基础。国家要根据需要和可能，支持和加强国防建设。

新时期国防战略方针是我们国家知道新时期军队建设和军事斗争全局的积极防御战略方针，是符合我国情，军情和外交利益的正确军事政策，它必须指导和统揽全军各项建设和一切工作。贯彻积极防御的战略方针，必须把握新时期国防建设和军队建设的特点，增强我军在现代技术特别是高技术条件下防卫和应急作战的能力。要走中国特色的精兵之路，军事变革之路，必须高度重视军队思想政治建设，把培养造就大批高素质的人才作为军队现代化建设的根本大计来抓，着重提高军队的整体素质，增强整体效能。要加强国防科研，提高部队装备现代化水平。按照发展社会主义市场的要求，坚持平战结合，军民结合，建立和完善国防工业运行机制，提高军民兼容程度，增强平战转换能力，走出一条

符合我国国情并反映时代特征的国防现代化建设道路。

二、江泽民国防和军队建设思想的指导作用

江泽民论国防和军队建设是"三个代表"思想在军事领域的集中体现，为我军打赢未来高科技战争，捍卫国家主权和安全，维护世界和平，提供了强大的理论武器，是新世纪国防和军队建设的理论指南。

第五节 胡锦涛国防和军队建设的重要论述

胡锦涛自主持中央军委工作以来，从治党治国治军的战略高度，科学把握当前世界军事发展的总体趋势和客观规律的基础上，对国防与军队建设发表了许多重要论述，提出了一系列加强国防与军队建设的新思想、新观点。

一、胡锦涛国防和军队建设重要论述的科学含义和历史背景

胡锦涛国防和军队建设的重要论述，是新世纪、新阶段用科学发展观统筹国防和军队现代化建设，打赢信息化战争的军事指导理论。

胡锦涛国防和军队建设重要论述是在世界多极化和经济全球化的趋势进一步凸现，我国社会和经济形势总体良好，国防和军队现代化建设面临时代性挑战的背景下提出来的。首先，新世纪、新阶段，国际形势呈现总体和平、缓和、稳定的基本态势，和平、发展、合作是时代的主流；世界多极化和经济全球化的趋势进一步凸现；各国利益相互依存、相互交织，对话合作意愿不断增强。但是，随着国际形势的发展变化，我国可持续发展面临的外部制约因素也在增加。其次，我国经济社会、国防和军队建设进入新世纪、新阶段以后，给国家的安全和发展形势带来了有利的机遇。表现在：我国政治安定、民族团结、经济发展、社会和谐的局面得到进一步巩固；我国对世界的影响力在增长；国家社会和经济发展形势总体良好。但影响国家安全和发展的不稳定、不确定因素增多，国内安全与国际安全的互动性增强，国家的传统安全威胁和非传统安全威胁因素交织在一起。第三，由于我军所处环境和面临的任务发

生了重大变化，国防和军队建设需要解决诸多具有时代性的课题。如何在国际形势复杂多变，我国改革发展进入关键时刻，特别是"台独"分裂势力严重威胁祖国和平统一大业的背景下，更好地履行党和人民赋予军队的神圣使命，有效维护国家主权、统一和稳定；如何在世界新军事变革加速推进，争夺国际军事竞争战略主动权日趋激烈的形势下，大力推进国防和军队现代化建设，不断增强应对危机、维护和平、遏止战争、打赢战争的能力；如何在我国经济实力、科技实力、国防实力和民族凝聚力不断增强，国防和军队建设取得巨大成就的基础上，继续抓住机遇、乘势而上，推动国防和军队建设迈上新的台阶。这些都给我国国防和军队现代化建设带来了时代性的挑战。

二、胡锦涛国防和军队建设重要论述的主要内容

（一）科学发展观是加强国防与军队建设的根本指导方针

胡锦涛在 2005 年底召开的军委扩大会议上明确指出，科学发展观是推进社会主义经济建设、政治建设、文化建设、社会全面建设法制的指导方针，也是加强国防与军队建设的重要指导方针。把科学发展观作为国防与军队建设的重要指导方针牢固确立起来，是带方向性、全局性、根本性的重大战略问题，在国防与军队建设发展史上具有里程碑意义，对推动新世纪、新阶段国防与军队建设又快又好发展，必将产生重大而深刻的影响。

（二）新世纪新阶段更要始终不渝地坚持党对军队的绝对领导

胡锦涛曾多次指出，要认清当前的国际国内形势，坚定信心，抓住机遇，乘势而上，加快社会主义现代化建设的步伐，同时必须看到我们面临的严峻挑战，增强忧患意识，做到居安思危、常备不懈。他要求人民解放军要不断增强政治责任感，始终不渝地坚持党对军队绝对领导的根本原则，把捍卫国家主权、安全和领土完整，保障国家发展利益放在高于一切的位置，紧紧围绕履行新世纪、新阶段历史使命，贯彻新时期军事战略方针，加速推进中国特色军事变革，努力提高信息化建设水平，抓紧做好军事斗争准备，增强应对危机、维护和平、遏制战争、打赢战争的能力。

（三）一定要统筹好国防建设与经济建设的关系

一定要统筹好国防建设与经济建设的关系，这是胡锦涛多次强调、反复论述的问题。他指出，坚持国防建设与经济建设协调发展的方针，是强国之策、强军之道，也是贯彻科学发展观的必然要求。我们必须从全面建设小康社会的高度，把推进国防和军队现代化建设作为推进社会主义现代化建设的一项重大战略任务抓紧抓实。依托国家经济社会发展，统筹国防资源与经济资源，注重国防经济和社会经济、军用技术和民用技术、军队人才和地方人才的兼容发展，进一步形成国防建设和经济建设相互促进、协调发展的良好局面。在经济发展的基础上，努力建设一支同我国安全和发展利益相适应的军事力量，有效维护国家安全统一，确保全面建设小康社会的顺利推进。

（四）确立新世纪新阶段人民军队新的历史使命

进入 21 世纪，中国的发展跨入了一个重要的战略机遇期。胡锦涛着眼国家利益和军队建设与发展的战略全局，根据军队所处的国际国内环境发生的重大变化，确立了新世纪、新阶段军队新的历史使命。他要求军队要为党巩固执政地位提供重要的力量保证，为维护国家发展的战略机遇期提供坚强的安全保障，为维护国家利益提供有力的战略支撑，为维护世界和平促进共同发展发挥重要作用，即"三个提供，一个发挥"。这就从党的执政能力建设、国家发展、国家安全的有机统一中，科学地回答了新世纪、新阶段国防与军队建设的方向、目标、任务和原则，为国防和军队建设提出了新的更高的要求。

（五）中国的国防建设要为世界和平作贡献

把中国的国防与军队建设同世界和平联系在一起，是胡锦涛反复强调的一个重要基本观点。他坚持高举和平、发展、合作的旗帜，强调与邻为伴，与邻为善，坚定不移地走和平发展的道路，为国防与军队建设创造良好的外部条件。他指出，中国将坚持独立自主的和平外交政策，继续实行全方位的对外开放政策，在和平共处五项原则的基础上，同世界各国各地区广泛开展经济技术合作和科学文化交流，努力争取互利共赢的结果。中国永远是维护世界和平的重要力量。中国过去不称霸，今后也永远不会称霸。中国人民将同世界各国人民一道，共同推进人类和平与发展的崇高事业，努力为人类作出更大贡献。

第六节　习近平强军思想

习近平强军思想，明确了新时代国防和军队建设一系列根本性、方向性、全局性的重大问题，是习近平新时代中国特色社会主义思想的"军事篇"，是马克思主义军事理论中国化时代化的新飞跃，是党的军事指导理论的重大突破、重大创新、重大发展，为实现党在新时代的强军目标、把人民军队全面建成世界一流军队提供了科学指南和行动纲领。必须牢固确立习近平强军思想在国防和军队建设中的指导地位。

一、深刻认识习近平强军思想的重大里程碑意义

习近平强军思想，植根强国复兴新时代，指引强军兴军新征程，在马克思主义军事理论中国化进程中，在党的军事指导理论创新发展中，在我们党治国理政实践中，具有重大政治意义、理论意义、实践意义。

立起了新时代维护核心、听党指挥的看齐基准。维护核心、听党指挥，最内在最根本的是自觉向党中央看齐，向习近平主席看齐，向党的基本理论、基本路线、基本方略看齐。习近平强军思想，作为习近平新时代中国特色社会主义思想的"军事篇"，集中体现了党的意志主张，反映了党和人民对军队的时代要求，指明了军队建设坚定正确的政治方向；从新时代坚持和发展中国特色社会主义基本方略的高度，突出强调坚持党对人民军队的绝对领导要求军队坚决维护党中央权威和集中统一领导，坚决维护和贯彻军委主席负责制，揭示了人民军队从胜利走向胜利的根本力量所在；始终坚持从政治上建设和把握军队，以党的政治建设为统领全面加强军队党的建设，确立了新时代政治建军的大方略，为我们提升政治站位、增强政治能力提供了根本遵循。新时代，军队以党的旗帜为旗帜、以党的方向为方向、以党的意志为意志，必须坚持用习近平强军思想统一思想、统一步调，坚定维护习近平主席在党中央和全党的核心地位，更加自觉地对党忠诚、听党指挥。

实现了马克思主义军事理论中国化时代化新飞跃。坚持用鲜活的马

克思主义军事理论指导实践,是党建军治军的一条根本经验面对世情国情军情的深刻变化,面对强国强军的时代要求,习近平强军思想做出一系列新的重大判断、新的理论概括、新的战略安排,指出世界正发生前所未有之大变局、我国正处于由大向强发展的关键阶段、军队正经历着一场革命性变革,强调国防和军队建设进入了新时代;阐明新时代军队使命任务和强军的奋斗目标、建设布局战略指导、必由之路、强大动力、治军方式、发展路径等重大问题,把党对军事力量建设和运用规律的认识提高到新水平。习近平强军思想把全面推进国防和军队现代化纳入强国复兴大战略、大布局,擘画了未来几十年军队建设发展的蓝图,为走好新的长征路确立了行动纲领。这些理论上的重大突破、重大创新、重大发展,为丰富和发展马克思主义军事理论做出原创性贡献,开拓了当代中国马克思主义军事理论和军事实践发展新境界。

提供了大踏步走中国特色强军之路的根本遵循。习近平主席以巨大政治勇气和强烈责任担当,带领全军重振政治纲纪,坚定不移推进政治整训,有效解决了弱化党对军队绝对领导的突出问题;重塑组织形态,大刀阔斧全面深化改革,有效解决了制约军队建设的体制结构突出问题;重整斗争格局,坚定捍卫国家核心利益,有效解决了军事力量运用方面的突出问题;重构建设布局,创新发展理念和方式,有效解决了军队建设聚焦实战不够、质量效益不高的突出问题;重树作风形象,强力推进正风肃纪反腐,有效解决了不正之风和腐败现象滋生蔓延的突出问题。党的十八大以来强军事业取得历史性成就、发生历史性变革,根本在于习近平主席的坚强领导,在于习近平强军思想的科学指引。全面贯彻习近平强军思想,军队才能跟上全面建设社会主义现代化强国进程,在世界新军事革命浪潮中勇立潮头、赢得战略主动,朝着世界一流军队扎实迈进。

丰厚了培养"四有"新时代革命军人的精神滋养。拥抱新时代,践行新思想,实现新作为,必须有一代新人来担当。习近平强军思想蕴含着巨大真理力量和人格力量,与官兵有着天然的亲和力,是武装人、培养人、提高人的最好"教科书"。这一思想,坚守中国共产党人的初心和使命,充满道路自信、理论自信、制度自信、文化自信,为新时代革命军人立起了坚不可摧的精神支柱；坚持人民军队性质、宗旨、本色，发扬党和军队的光荣传统与优良作风，为官兵传承红色基因、担当强军重任提供了思想政治营养；强调敢于斗争、敢于胜利，指出军队历来是打精气神的，一不怕苦、二不怕死的战斗精神永远都不能丢，为砥砺军人血性胆魄明确了努力方向；贯通中国梦、强军梦、我的梦，蕴含着观察世界、思考人生的科学方法，为书写军旅出彩人生提供了价值引领。用习近平强军思想铸魂育人，官兵心中就有了魂、脚下就有了根，培养"四有"新时代革命军人、锻造"四铁"过硬部队就有了根本保证。

二、全面领会习近平强军思想的精神实质和丰富内涵

习近平强军思想内涵丰富思想深邃，涵盖新时代国防和军队建设方面构成一个系统完整、逻辑严密、相互贯通的科学军事理论体系。

明确强国必须强军，巩固国防和强大人民军队是新时代坚持和发展中国社会主义，实现中华民族伟大复兴的战略支撑。中华民族伟大复兴绝不是轻轻松松敲锣打鼓就能实现的。国家越是发展壮大，面临的压力和阻力就越大。这是我大向强发展进程中无法回避的挑战，是实现中华民族伟大复兴绕不过的门槛。强国必须强军，军强才能国安。国防和军队建设是国家安全的坚强后盾，军事手段是实现伟大梦想的保底手段，军事斗争是进行伟大斗争的重要方面，打赢能力是维护家安全的战略能力。军队必须服从服务于党的历史使命，把握新时代国家安全战略需求，为实现中华民族伟大复兴提供战略支撑。

明确党在新时代的强军目标是建设一支听党指挥、能打胜仗、作风优良的人民军队，必须同国家现代化进程相一致，力争到2035年基本实现国防和军队现代化，到本世纪中叶把人民军队全面建成世界一流军队。建设强大的人民军队是我们党的不懈追求。在各个历史时期，我们党都根据形势任务的变化，及时提出明确的目标要求，引领军队建设不断向前发展。习近平主席在提出中国梦不久就提出强军梦，做出全面建设社会主义现代化强国战略部署的同时，提出实现党在新时代的强军目标，把人民军队全面建成世界一流军队。这是适应世界新军事革命发展趋势和国家安全需求，对军队建设目标做出的新概括新定位，内在要求建设

强大的现代化陆军、海军、空军、火箭军、战略支援部队、联勤保障部队和武装警察部队，建设绝对忠诚、善谋打仗、指挥高效、敢打必胜的联合作战指挥机构，不断提高军队现代化水平和实战能力。

明确党对军队绝对领导是人民军队建军之本、强军之魂，必须全面贯彻党领导军队的一系列根本原则和制度，确保部队绝对忠诚、绝对纯洁、绝对可靠，坚持党对军队的绝对领导是中国特色社会主义的本质特征，是党和国家的重要政治优势。抓军队建设首先要从政治上看，对党绝对忠诚要害在"绝对"二字。必须强化"四个意识"，严肃政治纪律和政治规矩，深入抓好军魂教育，坚决维护权威、维护核心，坚决维护和贯彻军委主席负责制，全面彻底肃清郭伯雄、徐才厚流毒影响，坚决抵制"军队非党化、非政治化"和"军队国家化"等错误政治观点的影响，提高坚持党对军队绝对领导的政治自觉和实际能力确保党指挥枪的原则落地生根。军队高级干部必须对党忠诚、听党指挥，做对党最赤胆忠心、最听党的话、最富有献身精神的革命战士。

明确军队是要准备打仗的，必须聚焦能打仗、打胜仗，创新发展军事战略指导，构建中国特色现代作战体系，全面提高新时代备战打仗能力，有效塑造态势、管控危机、遏制战争、打赢战争。人民军队永远是战斗队，人民军队的生命力在于战斗力。必须贯彻新形势下军事战略方针，把备战与止战、威慑与实战、战争行动与和平时期军事力量运用作为一个整体加以运筹，牢固树立战斗力这个唯一的根本的标准，提高军事训练实战化水平，扎实做好各方向各领域军事斗争准备，聚力打造精锐作战力量，着力建设一切为了打仗的后勤，加快构建适应信息化战争和履行使命要求的武器装备体系，加快建设以联合作战指挥人才为重点的高素质新型军事人才队伍，发扬一不怕苦、二不怕死的战斗精神，锻造召之即来、来之能战、战之必胜的精兵劲旅。

明确作风优良是人民军队的鲜明特色和政治优势，必须加强作风建设、纪律建设，坚定不移正风肃纪、反腐惩恶，大力弘扬党和军队的光荣传统与优良作风，永葆人民军队性质、宗旨、本色。作风优良才能塑造英雄部队，作风松散可以搞垮常胜之师。军队要恪守全心全意为人民服务的宗旨，牢记为人民扛枪、为人民打仗的神圣职责，始终做人民信赖、人民拥护、人民热爱的子弟兵。把理想信念的火种、红色传统的基因一代代传下去，加强党史军史和光荣传统教育，永葆老红军的政治本色。军中绝不能有腐败分子藏身之地，要锲而不舍、驰而不息地把作风建设和反腐败斗争引向深入，努力铲除腐败现象滋生蔓延的土壤，积极培育风清气正的政治生态。严肃各项纪律，坚持严字当头、一严到底，下大气力治松、治散、治虚、治软，用铁的纪律凝聚铁的意志、锤炼铁的作风、锻造铁的队伍。各级领导干部要以行动作无声的命令，以身教作执行的榜样，带动形成崇尚实干、敢于担当、主动作为的良好氛围。

明确推进强军事业必须坚持政治建军、改革强军、科技兴军、依法治军、更加注重聚焦实战、更加注重创新驱动、更加注重体系建设、更加注重集约高效、更加注重军民融合，全面提高革命化、现代化、正规化水平政治建军是军队的立军之本，任何时候任何情况下都不能有丝毫松懈；改革是决定军队未来的关键一招，必须大刀阔斧实施改革强军战略；科学技术是核心战斗力，须下更大气力推进科技兴军、赢得军事竞争主动；军队越是现代化越要法治化，必须厉行法治、从严治军。贯彻"五个更加注重"战略指导，必须强化作战需求牵引，提高军队建设实战水平；下大气力抓理论创新、抓科技创新、抓科学管理、抓人才集聚、抓实践创新，靠改革创新实现新跨越；坚持成体系筹划和推进军事力量建设，全面提高军队体系作战能力；坚持以效能为核心、以精确为导向，提高国防和军队发展精准度；深入实施军民融合发展战略，加快把军队建设融入经济社会发展体系，实现国防和军队建设更高质量、更高效益、更可持续的发展。

明确改革是强军的必由之路，必须推进军队组织形态现代化，构建中国特色现代军事力量体系，完善中国特色社会主义军事制度。深化国防和军队改革，是为了设计和塑造军队未来。领导管理和作战指挥体制改革，以重塑军委机关和战区为重点，强化中央军委集中统一领导和战略指挥、战略管理功能，建立"军委管总、战区主战、军种主建"的新格局，形成决策权、执行权、监督权既相互制约又相互协调的运行体系，构建平战一体、常态运行、专司主营、精干高效的战略战役指挥体系。规模结构和作战力量体系改革，按照调整优化结构、发展新型力量、理顺重大比例关系、压减数量规模的要求，推动军队由数量规模型向质量效能型、由人力密集型向科技密集型转变，部队编成向充实、合成、多能、灵活方向发展。军队政策制度调整改革，着力立起打仗的鲜明导向，营造公平公正的制度环境，使军事人力资源配置达到最佳状态，让军人成为全社会尊崇的职业，把军队战斗力和活力充分激发出来。

明确创新是引领发展的第一动力，必须坚持向科技创新要战斗力，统筹推进军事理论、技术、组织、管理、文化等各方面创新，建设创新型人民军队。创新能力是一支军队的核心竞争力，也是生成和提高战斗力的加速器。必须把创新驱动发展的引擎全速发动起来，善于运用新理念、新思路、新方法推进军队各项建设。要加快形成具有时代性、引领性、独特性的军事理论体系，依靠科技进步和创新把军队建设模式和战斗力生成模式转到创新驱动发展的轨道上来，下大气力推进军事管理革命，努力培养造就宏大的高素质创新型军事人才队伍，大力弘扬创新文化，激励官兵争当创新的推动者和实践者，使谋划创新推动创新落实创新成为全军的自觉行动。

明确现代化军队必须构建中国特色军事法治体系，推动治军方式根本性转变提高国防和军队建设法治化水平。一支现代化军队必然是法治军队。强化法治信仰和法治思维，坚持依法治官、依法治权，领导干部带头尊法学法守法用法，引导官兵把法治内化为政治信念和道德修养，外化为行为准则和自觉行动。构建系统完备、严密高效的军事法规制度体系、军事法治实施体系、军事法治监督体系、军事法治保障体系，坚决维护法规制度权威性强化法规制度执行力。推动实现从单纯依靠行政命令的做法向依法行政的根本性转变，从单纯靠习惯和经验开展工作的方式向依靠法规和制度开展工作的根本性转变，从突击式、运动式抓工作的方式向按条令条例办事的根本性转变，形成党委依法决策、机关依法指导、部队依法行动、官兵依法履职的良好局面。

明确军民融合发展是兴国之举、强军之策，必须坚持发展和安全兼顾、富国和强军统一，形成全要素、多领域、高效益军民融合深度发展格局，构建一体化的国家战略体系和能力。把军民融合发展上升为国家战略，是我们党长期探索经济建设和国防建设协调发展规律的重大成果，是从国家发展和安全全局出发作出的重大决策，是应对复杂安全威胁、赢得国家战略优势的重大举措。着眼经济实力和国防实力同步增长，强化统一领导、顶层设计、改革创新和重大项目落实，同步推进体制和机制改革、体系和要素融合、制度和标准建设，完善军民融合组织管理体系、工作运行体系、政策制度体系，逐步实现国家各领域战略布局一体融合、战略资源一体整合、战略力量一体运用，努力开创经济建设和国防建设协调发展、平衡发展、兼容发展新局面。

三、努力掌握习近平强军思想蕴含的科学立场观点方法

习近平强军思想蕴含着辩证唯物主义和历史唯物主义的立场观点方法，凝结着共产党人的理想信念、价值追求、思想风范，体现了我们党新时代建军治军的先进理念、指导原则、高超艺术，为强军制胜提供了科学的思想方法和工作方法。

勠力强军兴军的使命担当。习近平强军思想，贯穿的一个高频词就是"担当"嘱托最多的就是"使命"，生动展现了以党和人民为念，以国家主权、安全、领土完整为念，以国防和军队建设为念的深厚革命情怀。党的十九大闭幕不久，习近平主席就带领新一届军委班子成员视察军委联指中心、发出备战打仗号令，新年伊始出席中央军委开训动员大会、发布训令。这一系列重大实践活动，彰显的是对初心的坚守，传递的是对使命的担当。这种担当精神体现为矢志实现中国梦强军梦的抱负追求，体现为以身许党许国的崇高品格，体现为跑好历史接力赛中我们这一棒的政治自觉。这是激励我们不负党和人民重托、担当新时代军队使命任务的精神力量。

军事服从政治的战略智慧。"凡战法必本于致胜。"马克思主义认为，军事是实现政治目的的工具和手段。习近平强军思想，把握政治、经济、外交与军事之间日益增强的相关性整体性，始终从实现民族复兴大目标认识和筹划战争问题，从党和国家事业发展全局出发统筹推进国防和军队建设，着眼国家政治外交大局和国家安全战略全局筹划指导军事行动。这是对马克思主义战争观军事观的丰富发展，贯穿着军事服从政治、战略服从政略的大逻辑，为打好政治军事仗、军事政治仗提供了根本指导。

勇于破解矛盾的问题导向。抓住关节点、奔着问题去，是矛盾论的时代运用习近平主席在领导强军实践中，坚持直面问题、勇于变革、攻坚克难，从纠治"四风"、开展"四个整顿"到全面彻底肃清郭伯雄、徐才厚流毒影响，从解决军事斗争准备短板弱项到向"和平积习"开刀，从突破思想观念障碍利益固化藩篱到坚决突破各方面体制机制弊端，从解决治党治军"宽松软""权力任性"到推动治军方式根本性转变等，有效解决了制约军队建设和发展的深层次矛盾问题。这些都体现了拨乱反正、正本清源的问题意识和问题思维，为我们找准工作突破口、开拓事业新局面提供了科学方法。

防范风险挑战的忧患意识。"备豫不虞，为国常道"。面对波谲云诡的国际形势、复杂敏感的周边环境、艰巨繁重的斗争任务，习近平主席郑重告诫全党全军，必须居安思危、知危图安，时刻准备进行具有许多新的历史特点的伟大斗争，保持"三个高度警惕"，重点防控可能迟滞或中断中华民族伟大复兴进程的全局性风险。每次重要会议、每临重大事件，习近平主席总是高度重视分析面临的风险挑战，深入研判国家安全威胁，既高度警惕"黑天鹅"事件，又防范"灰犀牛"事件；既预置防范风险的先手，又提出应对和化解风险挑战的高招；既注重打好防范和抵御风险的有准备之战，又注重打好化险为夷、转危为机的战略主动战。这对于我们强化如履薄冰的谨慎、居安思危的忧患，应对重大挑战、抵御重大风险、克服重大阻力、解决重大矛盾，杜绝出现战略性、颠覆性错误，提供了方法论指导。

主动谋势造势的进取品格。良好战略环境是要争取的，不可能坐等天下太平，习近平主席坚持和发展我们党积极防御战略思想，充分发挥军事力量的战略功能，营造于我有利的战略态势。军事战略指导实现与时俱进，增强了进取性和主动性，赋予了积极防御战略思想新的内涵。积极开展钓鱼岛维权斗争，划设东海防空识别区，组织海空力量出岛链常态巡航，实施海外护航撤侨行动，加强边境管控、反恐维稳等，这些都坚持以防御为根本、在"积极"二字上做文章，体现了超前谋划、主动作为的战略进取观，体现了坚守底线又敢于亮剑的斗争艺术。

求实务实落实的领导作风。我们党和军队是靠实事求是起家的，也要靠实事求是赢得未来。党的十八大以来国防和军队建设的巨变,是习近平主席带领全军干出来的。习近平主席反复强调并身体力行实干兴邦、实干兴军,号召撸起袖子加油厉行"三严三实",真抓实干、埋头苦干,多干打基础、利长远的工作;调查研究"身入"更要"心至",把功夫下到查实情、出实招、办实事、求实效上;强化落实意识,增强落实本领,对部署的任务要雷厉风行,不能拖拖拉拉;坚持一张蓝图干到底,以踏石留印、抓铁有痕和钉钉子精神做实做细做好各项工作,等等。这是马克思主义实践标准、党的实事求是思想路线在军事指导上的运用,是把新时代强军蓝图变成现实的作风保证。

锐意开拓奋进的创新精神。习近平主席把改革创新作为军队建设发展的根本动力,强调身子转过来了,脑子也要转过来,主动来一场思想革命、头脑风暴,从一切不合时宜的思维定势、固有模式、路径依赖中解放出来;号召把改革进行到底,推动人民军队从领导体制到工作机制、从战斗力到精气神、从思想作风到工作作风等发生脱胎换骨式的变化;决策实施科技创新战略,构建军民融合科技创新体制,设立国防科技创新特区,国防科技和武器装备建设加快由跟跑并跑向并跑领跑转变。我国自主设计的航空母舰出坞下水,歼-20、运-20等先进武器装备列装部队,天河二号超级计算机、北斗三号卫星工程等一批关键技术实现重大突破。这些传承了中华民族"苟日新,日日新,又日新"的精神禀赋,体现了以改革创新为核心的时代精神,是激励我们矢志强军、迈向一流的动力源泉。

四、坚持把习近平强军思想贯彻到国防和军队建设各领域全过程

在强国复兴的新征程,要把党的十九大描绘的强军蓝图化为现实,把人民军队全面建成世界一流军队,必须深入学习贯彻习近平强军思想,使这一最新军事指导理论在官兵头脑中深深扎根,在部队各项建设中全面落地。

坚持不懈用习近平强军思想武装全军。每一次党的指导思想的与时俱进,都伴随一场持续深入的理论武装。新时代的大学习首先是新思想

的大武装。要按照习近平主席"走在前列""关键要实"的要求,把学习贯彻习近平新时代中国特色社会主义思想作为重大政治任务,突出学好习近平强军思想,在体系学习、举旗铸魂、知行合一、转化运用上下功夫见成效,切实学懂弄通做实。贯彻党中央开展"不忘初心牢记使命"主题教育的部署,在全军开展"传承红色基因、担当强军重任"主题教育,引导官兵更加坚定自觉地维护核心,坚决听习近平主席指挥、对习近平主席负责、让习近平主席放心。坚持把改造学习、整顿学风贯穿学习教育全过程,纠治空泛表态、表面文章、学用脱节、严下不严上等问题,立起真学实做的好学风,学出坚定信仰,学出绝对忠诚,学出使命担当。

始终聚焦备战打仗这个主责主业。习近平主席指出,军队讲新气象新作为,归根到底要看练兵备战这一条。学理论要联系实际、务求实效,最大的实际、最大的实效就是要落到备战打仗上。要强化练兵备战鲜明导向,摆正工作重心,坚持战斗力标准,增强忧患意识、底线思维、敌情观念,做到一切工作向能打仗、打胜仗聚焦。坚定不移把军事训练摆在战略位置、作为中心工作,大抓实战化军事训练,端正训风演风,开展群众性练兵比武活动,牢牢掌握能打仗、打胜仗的过硬本领。对"和平积习"来一个大起底、大扫除,下决心把那些悖离打仗要求的繁文缛节、惯性做法清除掉,推动全军回归战斗队本真。

着力在解决问题、推动工作上下功夫。思想利箭不是用来欣赏和赞美的,而是为了射入靶心,学懂弄通是为了干好工作。要从回答"统帅之问"入手,以习近平主席点的问题为突破口,用好习近平强军思想的锐利武器,在解决一个个实际问题中推动工作落实。保持政治整训劲头和力度,深入贯彻古田全军政治工作会议精神,全面彻底肃清郭伯雄、徐才厚流毒影响,持续纯正部队政治生态。保持改革的定力、恒心、韧劲,紧盯运行机制、政策制度滞后等影响改革效能的矛盾问题,已有的改革成果要巩固拓展,已经推出的改革方案要狠抓落实,没有完成的改革任务要加紧推进。保持创新活力,解决国防科技创新基础研究不够厚实、核心关键技术受制于人、创新成果转化运用不够等突出问题,提高科技创新对军队建设和战斗力发展的贡献率。保持严明纪律,解决思想不严、管理不严、纪律不严、工作不严等问题把从严贯穿部队建设各领域全过程。

领导干部坚持以上率下、真学实做。领导干部信念过硬、政治过硬、责任过硬、能力过硬、作风过硬，是最有力的动员。要带头加强学习，加强实践锻炼，提高做好各项工作的本领；带头真抓实干，弘扬勤政务实作风，深入开展调查研究，同形式主义、官僚主义坚决斗争，把工作抓紧抓实、抓出成效；带头从严要求，做到心有所畏、言有所戒、行有所止，要求部队做的，自己首先做好，要求部队不做的，自己坚决不做；带头廉洁自律，把洁身自好作为第一关，从小事小节做起，坚决反对特权思想、特权现象，习惯在受监督和约束的环境中工作生活，时时处处作好表率，发挥"头雁效应"，带领部队把新时代强军事业推向前进，坚决完成党和人民赋予的新时代使命任务。

思 考 题 四

1. 我国古代军事思想发展有哪几个阶段？其主要标志是什么？
2. 《孙子兵法》在古今中外的影响说明了什么？
3. 毛泽东军事思想科学体系的基本内容有哪几个方面？
4. 毛泽东军事思想对现代高技术战争有何指导意义？
5. 邓小平是如何论述"和平与发展是当今世界主题"的？
6. 邓小平提出的我国新时期军事战略方针是什么？其依据是什么？
7. 简述邓小平关于"国防和国家经济建设"的关系。
8. 江泽民国防和军队建设思想的主要精神是什么？
9. 胡锦涛国防和军队建设重要论述的主要内容包括哪些？
10. 习近平强军思想主要内容有哪些？
11. 怎样理解当代中国军事思想对未来战争的指导作用？
12. 论述题：自拟题目，联系实际写一篇学习军事思想的体会或评论。

第五章 国际战略环境

战略环境是根据国家或政治集团在一定时期所面临的影响其安全的筹划指导战争全局的客观情况和条件。主要包括国内政治、经济、科技、军事、地理等方面的基本情况，以及由此而形成的战略态势。战略环境是一个动态现象，它随着自然界和人类历史的发展而变化，随着国内形势的突变而变化。国际战略环境是在一定的时代背景下形成的，时代的特征对它的基本面貌有决定性影响。国际战略环境从本质上反映了世界各主要国家的政治集团建立在一定的军事、经济实力基础上的政治关系的基本情况和总的趋势，其核心是世界范围内的战争与和平问题。

我国国家安全环境存在于世界安全环境的整体状态之中。国际战略环境和安全形势的发展变化，世界主要力量之间关系的调整及军事战略走向等，构成了影响中国国家安全环境质量的"大气候"。与此同时，中国作为地处亚洲大陆东部、太平洋西岸的大国，其特殊的地缘环境以及与周边国家存在的复杂关系，也构成了影响中国国家安全环境的"小气候"。

第一节 战略环境概述

当今，国际局势正在发生深刻的变化。世界多极化和经济全球化的趋势在曲折中发展，科技进步日新月异，综合国力竞争日趋激烈，世界要和平、国家要发展、人类要合作、社会要进步，已成为时代的潮流。但是由于少数国家霸权主义野心和不公正、不合理的国际政治、经济秩序，局部冲突不断出现，甚至有的"热点"地区战争一触即发，世界并不太平，世界军事出现了一些新的变化。

一、国际战略形势的新变化

(一) 国际形势总体缓和但局部地区形势依然紧张

1. 国际总形势趋向缓和

冷战时期,国际形势的总体特征是以美国、苏联为首的两大集团的竞争与对抗。两个超级大国为建立世界霸权,在全球展开角逐:它们通过发动代理人战争,插手和干预乃至亲自出马,不断地播种局部战争的火种。鉴于美苏庞大的军事机器和足以毁灭地球无数次的核武库,整个世界处在一种持续的紧张状态和恐怖平衡之中,担心它们之间爆发世界大战和核大战,给全人类带来难以想象的灾难。但随着苏联解体、东欧剧变,冷战时期宣告结束,国际形势总体转向缓和,和平与发展更加成为鲜明特征。由于以军事集团进行对峙的两极格局不复存在,爆发世界大战的可能性也大大减小,国与国之间的矛盾和冲突更多地是通过政治、外交渠道来协商与谈判,对话取代了对抗。在对一些热点问题的处理上,联合国发挥了越来越大的作用,成为维护世界和平与安宁必不可少的国际性机构。在大国关系方面,中国、美国、俄罗斯、日本等主要国家和地区之间,加强了交流与合作,以务实的态度寻求建立互信、友好的相互关系,有力地促进了国际安全环境的改善。在国际裁军与军控方面,各国纷纷根据变化了的国际形势缩减武装力量的规模,并在维持国际战略力量平衡方面形成了一定的共识。同时,1995年《核不扩散条约》获得无限期延长以及美俄最近达成协议:在2010年以前,将各自庞大核武库中的战略核武器削减三分之二。这充分证明,维护全人类的共同安全已经得到越来越广泛的认同。在维护世界和平的力量方面,寻求相互合作、促进共同发展成为大多数国家的意愿,维护和平的力量不断增长。此外,由于科技进步和经济全球化,各国人民之间交往日趋频繁,增进了相互的了解与友谊,反对战争的呼声不断高涨。甚至在一些有霸权野心的国家内部,其人民的和平诉求对政府行为也起到了一定的遏止作用。

2. 局部战争的危险依然存在

尽管世界军事形势总体上趋于缓和,但是局部的危机和冲突仍然时有发生。伊拉克战争,美英撤开联合国对一个主权国家动武,并推翻了萨达姆政权,首开"新干涉主义"的新纪录。"9·11"事件使美国本土成为了恐怖分子袭击的目标,随后的炭疽病毒袭击在美国国内造成了普遍的恐慌情绪。美国以"反恐"为名发动了阿富汗战争，并扩大"反恐"战争，以反恐之名行霸权之实。在几个传统的热点地区，局势更加难以控制。朝鲜针对美国对伊拉克、利比亚等国家的侵略，以保卫国家安全为由，进行了多次核实验，使朝鲜半岛更加不稳定。中东地区，巴以和平进程随着沙龙政府的上台，出现了"山穷水尽"的局面。沙龙动用军队对巴勒斯坦城镇进行导弹袭击、轰炸和占领，在杰宁难民营制造了空前的惨案，甚至冒天下之大不韪将巴解领导人阿拉法特围困官邸达一个月之久。美国和欧盟的斡旋难以弥合双方的巨大分歧，中东地区实现铸剑为犁尚需时日。克什米尔地区，印巴关系持续紧张，冲突不断。自1998年双方核试爆以来，印巴冲突一直处在核战争的阴影下。2001年双方甚至出现了剑拔弩张，大战一触即发的局面。目前，双方仍在克什米尔地区陈兵百万，恐怖袭击事件时有发生。巴尔干地区，这个欧洲的"火药桶"自冷战后就战火不断。科索沃战争，非但没有解决问题，民族、宗教纠纷再加上大国的利益取向，反而使矛盾更加复杂化。所有这一切都表明，许多局部地区仍是动荡不宁，世界的全面和平与稳定还任重道远。

（二）国际反恐战争取得重大进展，但恐怖主义对国际社会的威胁依然严重

"9·11"事件后，联合国通过了多项打击恐怖主义的决议，各国在不同程度上对美国的反恐怖行动表示支持，从而形成了一个空前广泛的国际反恐怖联盟。全世界范围迅速形成了一场长期的和大规模的反恐怖战争，世界性的反恐行动不断深入，取得了重大进展。一是恐怖组织网络被摧毁。从2001年10月开始的阿富汗战争，美国基本摧毁了塔利班与"基地"组织在阿富汗的恐怖网络。二是反恐空间扩大，开辟了新的反恐战线。东南亚被作为美国反恐战争的重要战场，美军与菲律宾军队进行了长达9个多月的反恐联合军事演习；美国向也门和格鲁吉亚派遣了军事、情报人员协助反恐，还为也门海军和海岸卫队提供反恐培训，使用无人机击毙了"基地"组织的重要头目；非洲联盟通过了全非洲反恐行动计划，美德增兵索马里实施反恐。目前，美国有6万多名军人部署在世界各地执行反恐使命，其他31个国家部署了1.4万多名军人参与反恐。截至2002年底，全球共约2290名恐怖分子在99个国家被逮捕，500多个账户的1.135亿美元恐怖主义组织资金被冻结。三是反恐外延扩展，将所谓的"邪恶轴心"国和大规模杀伤性武器的扩散纳入反恐范

畴。美国总统布什在国情咨文中把伊拉克、朝鲜和伊朗称为"邪恶轴心",把它们列为反恐战争的对象,并推翻了伊拉克萨达姆政府。

尽管国际反恐行动取得了重大进展,但美国主导下的国际反恐的努力未能遏制恐怖主义活动在全球的加速蔓延。恐怖行动仍然时有发生,并呈现出新的特点:一是在同一时间制造多起恐怖事件,扩大"轰动效应"。2002年11月28日,在肯尼亚蒙巴萨市发生汽车爆炸案,16人被炸死的同时,从蒙巴萨市起飞的一架班机也遭到两枚导弹袭击。二是选择人群密集的地点,扩大伤亡人数。2002年12月印度尼西亚旅游胜地巴厘岛的恐怖爆炸案造成至少216人死亡,300人受伤;车臣恐怖分子在2002年10月23日制造的莫斯科剧院绑架案,造成120多人死亡;2003年5月,俄罗斯的车臣、沙特、摩洛哥等国发生了连环恐怖爆炸案,造成了大量人员伤亡;尤其是2004年9月1日发生在俄南部北奥塞梯共和国别斯兰市第一中学的人质事件,造成338人死亡,565人受伤,被称为俄罗斯版的"9·11"。三是大多以无辜平民为对象。仅在2002年前10个月,"人体炸弹"爆炸案导致300多名巴以平民丧生;发生在菲律宾(4月、5月)、也门(10月)的一系列恐怖事件中,100多名平民伤亡。

(三)世界各主要大国加大军费投入,加快军队转型和现代化建设

各主要大国在增加军费支出的同时,注重军队信息化建设,加快军队的转型,以应对新挑战。

1. 各大国加快军队转型的步伐

当今世界动荡不安,非传统威胁层出不穷,军事行动持续不断。美国防部2005年颁布的《国防战略》指出:"威胁美国利益的主要挑战包括四类:传统性挑战、非常规挑战、灾难性挑战和未来破坏性挑战。"为了增强应对这些威胁和拓展非战争功能,美加快了军队转型的步伐。一是装备上由机械化向数字化转变;二是指挥控制上由平台中心向网络中心转变;三是后勤保障上由"伴随式"向"聚集式"转变。同时,美军确立了"基于能力型国防"取代"基于威胁型国防"的新的建军方针,提出美军转型要达到:摧毁大规模毁伤性武器及其运载工具,确保美军能够投送到全球各个角落,摧毁一切威胁,开发具有联合作战能力的

C^4ISR[①]系统以实施信息战等六大作战目标,以及联合作战能力的六大重点,即网络中心战能力,强行进入敌人以种种手段抗拒进入地区的远程投送和作战能力,精确打击固定和机动目标的能力,信息战能力,前沿威慑能力,掌握制海、制空权,尤其是控制太空的能力。还提出"新三位一体"战略力量(即常规能力和进攻性战略核能力、主动和被动的防御能力以及反应能力较强的国防基础设施)的核战略。美还设立了"转型办公室",陆军以建立目标部队为重点,海军以发展远程投送能力为中心,空军则要求实现空天部队一体化,强化C^4ISR系统的互通性。俄罗斯强调集中力量发展太空兵,把它作为实现俄军现代化的基础,同时重点研发精确化、数字化、智能化、通用化的武器装备。日本提出要推进自卫队重组,全面提高重点防御方向派驻部队的快速反应能力,并着手组建信息战部队、反恐怖部队,把网络武器的开发作为今后防卫计划的重点。

2. 大幅度增加军费投入

美、中、俄、日、印等国2014—2015年军费对比,如图5-1和图5-2所示。

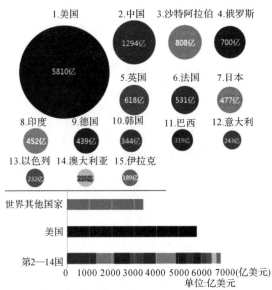

图5-1 2014年各国国防预算前15国对比示意图

---

① 英文Command,Control,Communication,Computer,Intelligence,Surveillance,Reconnaissance的缩写。

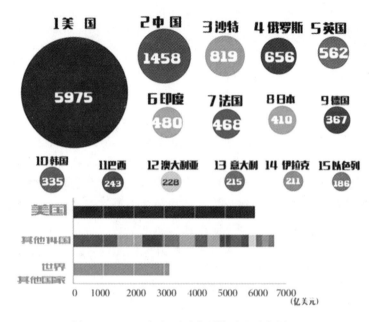

图 5-2　2015 年各国国防预算对比示意图

3. 调整编制体制

目前，世界各主要军事强国都在结合各自的国情军情，积极改革现行体制编制，不断更新自身组织结构，为建设信息化军队、打赢信息化战争奠定相应的组织基础。主要有两大内容：一是建立集中统一、精干高效的军队指挥体制，特别是联合作战指挥体制；二是调整作战部队编成，组建多种作战力量混编的新型部队。基本的趋势是：军队规模从"重型"向"轻便"化发展；军队指挥从"树状"向"网状"化发展；军队编组从"条块"向"模块"化发展。

为了从军事上确保本土安全，美军 2002 年成立了专门负责本土安全的北方司令部，负责指挥北美防空司令部，以及所有应对大规模毁伤性武器袭击和自然灾害事件的军事力量。为加速研发和部署导弹防御系统及研发太空武器，美国防部成立了新的战略司令部，负责全球打击、信息战、导弹防御和 C^4ISR 系统。美国《2004 年国家防务战略》提出，部队规模应适于保卫本土，或从 4 个地区实施前沿威慑，并实施两场部分同时进行的"快速击败"战役，即使执行有限数量的较小规范应急行动时，部队也必须能够在两场战役中的一场"取得决定性胜利"。据此，美军现役部队已从1991年的198万削减到143.36万人，计划到2015年保持136万人左右。俄罗斯2001年3月开始的新一轮军事改革，重点是裁减军队员额，调整军兵种结构，优化军事指挥机关，提高军队战斗力。同时，实行军队向合同制转变。目前，俄军员额已减至120.7万人，并且从2004年开始，俄军常备兵团和部队的补充完全实行合同制。2008年前，合同制军人比例将达到70%，合同制中士官数量将超过50.7%。日本计划在未来5年内，将陆上自卫队由目前的18万人减为16万人，按照新《防卫计划大纲》提出的要求，未来10年，日本陆上自卫队员额编制将由16万人再减至15.5万人。海上自卫队的10个舰队减为7个，并以新购"宙斯盾"舰为核心，将"八八舰队"过渡为"九九舰队"，航空自卫队由目前的10个飞行队减为8个，扩大其警戒巡逻范围。

4. 加速实现武器装备的更新换代

美国防部公布2003年武器采购和更新计划用6 000亿美元，并计划在未来10年内将重点装备和采购F—35联合攻击机、F—22"猛禽"战斗机等8项武器装备，并计划从2003年起部署带激光武器的飞机，研制"强力穿地核弹"。俄罗斯也在加强激光、高功率微波和反卫星武器的研制。日本进行了无人驾驶航天飞机的飞行试验，并计划在2003年采购F—2战斗机、空中加油机和"宙斯盾"战舰，发射分辨率为1 m的侦察卫星等。长期以来，印度的政治领袖和战略精英深信，印度拥有成为大国的必备条件，并注定会成为世界上第三或第四大国，印度未来的国际地位将与中国、美国、俄罗斯等大国相提并论。基于这一野心，印度在大幅增加军费开支的情况下，加紧武器装备现代化的步伐。

二、国际战略环境

国际战略环境是指一个时期内由世界各主要国家在战略利益的矛盾、斗争或合作、共处中的全局状况和总体趋势，其中最重要的是时代特征、世界战略格局、主要国家的战略趋向、世界及周边地区战争与安全形势等。国际间战略利益的矛盾和斗争，是构成国际战略环境的基本方面。它关系到斗争各方的生存与发展、安危和兴衰、国家主权和战略目标得失等根本利益，以及由此决定国家军事力量建设与应用的基本力量和原则，是国家制定军事战略的外部环境和条件。国际战略环境的范围显然及其广泛，但对于某一国家（集团）的战略指导者来说，最值得注意的

是以下几个方面:

一是时代特征。时代特征反映了世界发展总进程中的矛盾领域和斗争情况。时代特征是世界性的、阶段性的,它所反映的是世界的全貌,是世界在一定历史阶段的总标志。正确认识时代特征,有助于战略指导者从宏观上把握当前世界的主要矛盾和总的发展趋势,从而对国际战略环境做出正确的判断,避免战略指导的重大失误。

二是国际战略格局。国际战略格局反映了一定时期内国际间的力量对比、利益矛盾和需求,以及基本的战略关系,对国际战略格局进行分析和研究有助于从总体上了解世界各主要国家在世界全局中的地位以及战略利益方面的矛盾和需求,有助于对世界形势及其可能的发展趋势做出基本的估计。

三是世界主要国家的战略动向。世界各国之间由于战略利益和政策的异同,及可能是对手,也可能是朋友。各国的战略动向相互依存,同时又相互影响和制约。其中,世界性和地区性的大国特别是超级大国所推行的战略,对地区乃至世界的安全与稳定具有重大的影响,对其他国家的战略也有程度不同的影响。因此,一定时期内各主要国家的战略及发展趋势,是国际战略环境的重要部分。了解主要国家的战略动向,有助于从世界各国特别是大国之间关系上具体地研究国际战略环境,进而对世界形势做出正确判断。

四是当代世界战争与和平的趋势。战争是解决阶级和阶级、民族和民族、国家和国家、政治集团和政治集团之间利益矛盾和冲突的最激烈的手段。只要战争根源还存在,战争与和平始终是国际安全面临的两大问题。对于一个国家的主权和安全来说,来自外部的战争威胁是最严重的威胁。因此,当代世界战争与和平的趋势在国际战略环境中最引人注目,也是世界各国研究和制定军事战略时关注的中心。

五是周边安全形势。周边安全形势是指周边国家(集团)直接、间接影响本国安全的条件和因素。周边安全形势中最值得注意的是周边国家和本国的利益矛盾、对本国的政策企图、与本国密切相关的军事力量及部署等直接影响本国安全的情况和因素。

国际战略环境是国家安全和发展的国际条件,对实现国家的战略目标和战略利益有重大的影响,并决定或制约着一个国家政治、军事、经济斗争的对象和敌友关系以及采取的方针、政策和策略。任何一种战略,都是依据一定的环境条件而提出来的,在实施过程中都要受到这种环境条件的制约,因此,对国际战略环境的分析和判断,是制定战略决策和战略实施过程中必须特别加以重视的一个至关紧要的问题。只有站在时代的高度,从各主要国家或政治集团的战略利益关系入手,较系统地考察一个较长时期内国际战略格局的状况和国际战略形势的发展趋势,综合分析影响国家安全和发展的各种国际化条件,判明本国遭受威胁的可能、方向、性质和程度,才能提出正确的战略对策。

三、国内战略环境

国内战略环境是国家安全和发展的内部条件,对实现国家的战略目标和战略利益有重大的影响,它包括政治、经济和文化等各个方面。我国国内战略环境总体态势良好,安全环境存在着两重性:一方面,一个相对和平稳定的安全环境不断得到巩固和发展;另一方面,中国又面临着一些不安全因素和潜在的威胁。

近年来,我国国内战略环境持续保持良好的态势,特别是党的十八大以来,党中央不仅吹响了全面深化改革的号角,而且进一步加大了反腐倡廉、体制改革和治理体制现代化的力度,政治、经济、文化和国防等领域迸发出勃勃生机和健康良好的新气象。

(一)稳定的政治环境,深化改革号角全面吹响

根据 2015 年两会政府工作报告的数据显示,2014 中国 GDP 首破 60 万亿元,同比增长 7.4%,国民经济发展势头稳中向好。党的十八大以来,面对十分复杂的国际形势和艰巨繁重的国内改革发展稳定任务,党中央高举中国特色社会主义伟大旗帜,团结带领全党全军全国各族人民,坚持稳中求进的工作总基调,着力稳增长、调结构、促改革,沉着应对各种风险挑战,全面推进社会主义经济建设、政治建设、文化建设、社会建设、生态文明建设,全面推进党的建设新的伟大工程,扎实推进党的群众路线教育实践活动,各项工作取得新进展。

2012 年 12 月,习近平在广州视察工作时指出:现在我国改革已经进入攻坚期和深水区,我们必须以更大的政治勇气和智慧,不失时机地深化重要领域的改革。深化改革开放,要坚定信心、凝聚共识、统筹谋划、协同推进。改革开放是决定当代中国命运的关键一招,也是决定实现"两个一百年"奋斗目标、实现中华民族伟大复兴的关键一招。2013

年11月，党的十八届三中全会在北京召开，会议提出全面深化改革的指导思想、总体思路、目标任务和重大举措，为全面深化改革指明了方向。全面深化改革是全面建成小康社会、加快推进社会主义现代化事业，实现中华民族伟大复兴的要求。从党的十一届三中全会作出把党和国家的工作重心转移到经济建设上来，实行改革开放和历史性决策以来，我们党以巨大的政治勇气，带领全国人民锐意推进改革、扩大开放，取得了举世瞩目的成就，中华民族的伟大复兴迎来了前所未有的光明前景。全面深化改革的总目标是完善和发展中国特色社会主义制度，推进国家政治治理体系和治理能力现代化。必须更加注重改革的系统性、整体性、协同性，加快发展社会主义市场经济、民主政治、先进文化、和谐社会、生态文明，让一切劳动、知识、技术、管理、资本的活力竞相迸发，让一切创造社会财富的源泉充分涌流，让发展成果更多更公平惠及全体人民。

我国仍是一个发展中国家，还处于社会主义初级阶段，发展是解决我国所有问题的关键，必须牢牢扭住经济建设这个中心，保持合理的经济增长速度。当前和平与发展仍然是当今世界的主题，21世纪头20年，对我国来说，是必须紧紧抓住并且可以大有作为的重要战略机遇期，面对国情、党情的深刻变化，面对复杂多变的国际形势，面对繁重艰巨的改革发展任务，必须以高度的历史责任感和紧迫感，切实抓好党执政兴国的第一要务，全面推进深化改革，加快发展步伐，抓住机遇，开拓进取，坚定不移地推动发展，努力实现更大的发展。

（二）推进国防和军队现代化改革，构筑稳定的安全屏障

在十二届全国人大一次会议解放军全体代表团会议上，习近平同志提出建设一支听党指挥、能打胜仗、作风优良的人民军队是党在新形势下的强军目标，并作了深入阐述。2012年习近平在中央军委常委委员会议上强调，改革创新是我军发展的强大动力，军事领域是竞争和对抗最为激烈的领域，也是最具创造活力、最需创造精神的领域。我们要抓住当前世界科技革命、产业革命、军事革命蓬勃发展的历史机遇，紧紧围绕"能打仗、打胜仗"的目标，深入推进中国特色军事变革，把我军建设成召之即来、来之能战、战之必胜的威武之师，努力夺取我军在军事竞争中的主动权。2014年党的十八届三中全会通过《中共中央关于全面深化改革若干重大问题的决定》，首次将国防和军队纳入国家改革总体方

案，体现了新阶段新形势，以习近平为总书记的党中央对国防和军队改革的高度重视，标志着中国特色强军之路确立了一个新的历史界碑。《决定》强调：紧紧围绕建设一支听党指挥、能打胜仗、作风优良的人民军队这一党在新形势下的强军目标，着力解决制约国防和军队建设发展的突出矛盾和问题，创新发展军事理论，加强军事战略指导，完善新时期军事战略方针，构建中国特色现代军事力量体系。十八大以来，以习近平为总书记的中央军委在国防和军队建设上频频发力，一方面是为了国内全面深化改革，加速经济发展，实现中华民族伟大复兴构筑一个坚固的钢铁长城；另一方面也是为应对严峻的国际战略环境、复杂的周边安全状况作出的回应和准备。国防和军队建设，可以为国内政治、经济和社会生活等提供一个安稳、有序的环境，同时也为我国应对国际环境和周边环境的不确定性提供了坚固的柱石。

随着国际安全形势的深刻变化和国内经济社会的全面改革，作为国家总体安全的重要组成部分，我国国内安全形势发生了重大变化。习近平主席在2014年国家安全委员会第一次会议上首次提出要坚持总体国家安全观，认为当前我国国家安全内涵和外延比历史上任何时候都要丰富，时空领域比历史上任何时候都要宽广，内外因素比历史上任何时候都要复杂，尤其是国内安全，传统的安全威胁因素依然存在，新型安全威胁因素不断涌现，新旧安全威胁因素相互交织，国内安全呈现出复杂多变的新形势。近年来影响国内安全的因素更加复杂多变，除了传统的政治安全、经济安全和意识形态安全等威胁依然不可忽视之外，暴恐活动、环境污染、网络安全意识形态的争夺等新型威胁迅速凸显，影响范围广泛，危害程度严重。

（三）反恐措施有力，但形势亦然严峻

自2013年来，恐怖活动无论从数量上还是从严重程度上看，相较于前几年都处于一个活跃期，2013年恐怖分子制造了10起暴恐事件，2014年的恐怖活动更加频繁和血腥，迄今为止已制造了包括3月1日云南昆明火车站暴恐事件，4月30日乌鲁木齐火车南站暴恐案件，5月22日新疆乌鲁木齐严重暴恐事件等多起重大恐怖事件。

从安全的视角来看，当前暴恐案件出现了一些新特点，主要包括恐怖分子急于制造传播恐怖效果，暴恐活动手段更加隐蔽和残忍，暴恐袭击目标扩大。

频繁的暴恐活动对国家安全和社会公众安全构成了严重威胁。金水桥和昆明恐怖袭击给我们敲响了警钟，新疆恐怖袭击事件呈现出地域流动化、扩大化的趋势，我们面对的反恐形势更加严峻。

（四）网络意识形态的威胁空前突出

网络安全问题伴随着网络应用的扩大而空前突出，2014年7月24日麦肯锡发布的《中国的数字化转型：互联网对生产力与增长的影响》的研究报告称，目前中国的网民规模已经达到6.32亿人，已经形成了一个庞大而快速发展的互联网经济。

网络安全主要包括意识形态安全、数据安全、技术安全、应用安全和资本安全以及渠道安全等方面，其中既涉及网络安全防护的目标对象，也包括维护网络安全的手段途径，但总的来说，政治安全是根本，在大力做好网络信息技术安全的同时，更应高度关注网络领域的意识形态安全。

当前网络领域面临的意识形态威胁主要表现在：一是网络成为西方国家对我国进行意识形态渗透的新武器。二是某些国内网站散布谣言，扰乱社会秩序，某些网络站拥有数量庞大粉丝，其在网络平台的每一句发言不仅有可能会影响到他人的生活，还可能在一些社会热点问题、敏感问题上影响、左右大众思维。2015年4月初，毕福剑不雅视频在网络上的传播，加之某些媒体和微博用户的恶意传播，成为思想斗争甚至是意识形态斗争温床，在社会上造成极大的思想混乱，网络上群众不明真相，往往被这些混乱的思想左右着。三是一些互联网商业门户网站，在市场竞争的压力下，为了实现利润最大化目的，无视社会责任与国家安全，对已有的网络法律法规，采取实用主义态度，对自己有用的就执行，对自己不利的就不执行。

可见网络意识形态的多样化，危害我国主流意识形态安全，也严重影响着社会的安全稳定，同时也成为诱发群体性事件的一个新的渠道。网络安全，一定程度上讲就是意识形态的安全，中国网民数量十分庞大，他们的价值观正确与否，将会影响着中国的未来。

（五）环境污染由潜在安全威胁上升为现实危害

中国的环境问题主要有大气污染问题、水环境污染问题、垃圾处理问题、土地荒漠化问题、水土流失问题、旱灾和水灾问题、生物多样性破坏问题等。

环境问题导致土地、水、矿产资源减少甚至逐渐耗竭，引发粮食安全、能源安全威胁，严重影响经济社会的可持续发展。

国内战略环境的整体态势十分乐观，政治环境进一步稳固，经济发展速度依旧保持良好的节奏，全面深化改革深入推进，实现中华民族伟大复兴的"中国梦"将亿万人民的力量凝聚在一起，这是中国大发展的难得战略机遇。面对国内安全出现的新形势、新威胁、新特征，要求我们必须紧紧团结在以习近平总书记为首的党中央周围，必须以国家安全观为指导，以完善安全法治建设为基础，综合采用各种手段，加大国家安全治理力度，确保国内安全，为实现中华民族伟大复兴的中国梦提供坚强的基础和保障。

四、国际军控与裁军进程既有进展也有挫折

在世界形势整体趋向缓和的情况下，国际裁军和军控进程虽然有所发展，但总体趋势不容乐观。

在核军备方面，美、俄开始大幅度裁减核武器数量，双方承诺在2012年底之前，将各自的核弹头削减到1 700~2 200枚。中亚五国完成长达5年的艰苦谈判，就建立中亚无核区问题达成一致。70多个国家在海牙签署了有关阻止弹道导弹扩散的国际行动守则。但美国布什政府拒不将1996年签署的《全面禁止核试验条约》提交国会审议批准，并要求参议院"无限期推迟"对该条约的重新审议；在美国国防部的《核态势评估报告》中明确提出，为确保美国核武库的安全和实战能力，准备恢复定期核试验；美国正式退出《反导条约》，并加紧研发和部署导弹防御系统。印度和巴基斯坦先后进行了核爆炸和导弹发射试验，朝鲜公然承认拥有核武器，这一切使国际核军控进程受到了严重挫折。

在常规军备方面，美、俄、英、法、德等军事强国利用新军事革命的成果，大力研发新型武器装备，谋取信息优势和太空优势，提高军队的高技术作战能力。日本、印度、韩国、东盟等国家和地区也纷纷加大军费开支，购买各种先进的武器装备，增强军队实力，谋求在本地区的军事优势。

第二节 国际战略形势

当今世界是一个变革的世界，是一个新机遇新挑战层出不穷的世界。国际形势正处在新的转折点上，各种战略力量加快分化组合，国际体系进入了加速演变和深刻调整的时期。世界经济在深度调整中曲折复苏，新一轮科技革命和产业变革蓄势待发，全球治理体系深刻变革，对国家面临的安全挑战和维护安全的方式产生了深远影响。

一、国际战略形势的现状

世界总体和平态势可望保持。发展中国家群体力量继续增强，国际力量对比深刻变化并朝着有利于和平与发展的方向变化。国际金融危机深层次影响在相当长时期依然存在。2008年金融危机以来，全球主要力量均受到不同程度影响，发展势头日益出现分化。全球治理体系结构、亚太地缘战略格局和国际经济科技、军事竞争格局正在发生历史性变化。维护和平的力量上升，制约战争的因素增多，在可预见的未来，世界大战打不起来。

世界依然面临现实和潜在的局部战争威胁。极权主义、强权政治和新干涉主义有新的发展，各种国际力量围绕权力和权益再分配的斗争趋于激烈，民族宗教矛盾、边界领土争端等热点复杂多变，小战不断、冲突不止、危机频发仍是一些地区的常态。

非传统安全威胁上升，引起国际社会的高度重视。一方面，世界各国把注意力转向气候变化、恐怖主义、经济发展、金融危机、网络安全、能源与粮食安全、重大传染性疾病等全球性挑战，以联合国为主要平台开展各种国际合作；另一方面，应对因地区冲突、环境恶化、自然灾害等因素而导致的人道主义问题，世界各国国际组织的解决力度不断加强。

在前所未有的世界大变局中，世界新军事革命也在深入发展。这场世界新军事革命，以信息化为核心，以军事战略、军事技术、作战思想、作战力量、组织体制和军事管理创新为基本内容，以重塑军事体系为主要目标，几乎覆盖战争和军队建设全部领域。这场新军事革命，速度之快、范围之广、程度之深、影响之大，为第二次世界大战结束以来所罕见，直接影响各国的军事实力和综合国力对比，关乎战略主动权。

分析世界发展态势和国际格局变化，要树立世界眼光把握时代脉搏，要善于从当今世界的风云变幻中发现本质认清长远趋势。在充分估计国际格局发展演变的复杂性、世界经济调整的曲折性的同时，更要看到政治多极化、经济全球化深入发展的趋势不可逆转。在充分估计国际矛盾和斗争的尖锐性、国际秩序之争的长期性的同时，更要看到和平与发展的时代主题、国际体系变革方向不会改变。

二、国际战略形势的发展趋势

进入 21 世纪以来，世界发生了深刻而复杂的变化，和平与发展仍然是时代主题，国际社会日益成为"你中有我、我中有你"的命运共同体，和平、发展、合作、共赢成为不可阻挡的时代潮流。

（一）多极化趋势继续发展

多极化进程能否继续，取决于美国与其他国际战略力量之间的对比。目前，美国不顾世界多样性的实际情况，凭借自己的强大实力，把其意识形态、价值观念、发展模式和社会制度强加于国情不同的世界各国，企图建立美国一家独霸的单极世界。

从长远看，世界上从来就没有永远的"霸权"，大英帝国的衰落就是历史见证。国际体系产生后，国际格局出现过多次变化，到第二次世界大战后，形成了以美苏两极格局为基础的雅尔塔体系。苏联解体后，世界一度形成了以美国为唯一超级大国和多个强国并存的态势，战略力量对比严重失衡。从 1991 年到 2018 年，经过多年演变，大国实力对比和大国战略关系这两个决定国际格局的要素出现了重大变化，国际格局出现新的重大调整。美国经历了"9·11"事件、阿富汗战争、伊拉克战争、金融危机和利比亚战争等，国力大不如前。美国政府企图力挽颓势，但面临重重困难。受金融危机的冲击，美、欧、日之间的矛盾和摩擦呈现新特点，在全球事务上的影响力进一步减弱，但西方实力上的总体优势依然存在。

美、欧、日的相对衰落和发展中国家的群体性崛起，使一度严重失衡的全球战略力量对比得到一定改变，推动全球战略格局向着有利于多极化的方向演变。这变化大势如果不断延伸和扩大，会从根本上改变 1 500 年来由西方殖民侵略造成的国际体系中的"北强南弱"的战略态势，为构建公正合理的国际新秩序提供了更好的力量基础。

(二) 未来国际战略格局中各方关系将日趋复杂

两极格局解体后,当今世界的五大力量都在通过调整对外政策来寻求自己的有利地位。美国虽然认为它是"唯一有能力进行全球干预的超级大国",但也开始承认世界多极化的现实。近年来,美国的对外政策也在进行调整。特别是"9·11"事件后,美国出于"反恐"的需要,也在局部调整其外交政策和安全战略,并将战略重心转移至亚太地区。在欧洲,美国一方面积极推进北约东扩,另一方面也顾及俄罗斯在原苏联地区的特殊利益。同时,美国还改变了过去只要西欧联盟尽"义务"而不给"权利"的做法,支持西欧联盟在维护欧洲安全方面发挥更大的作用。

在亚洲,美国着手建立美日之间的新型同盟关系,支持日本在参与亚太事务中承担更多的权利和义务;对中国主张采取"全面接触"战略,使中美关系得到一定程度的改善。另外,俄罗斯也在积极调整对外政策,努力恢复其大国地位和作用。坚持俄罗斯在原苏联地区的"特殊责任和特殊利益",反对北约东扩。欧盟在积极推进欧洲政治、经济一体化的同时,也在加强欧洲自身的防务力量,逐步削弱美国对欧洲的控制和影响。日本为了谋求政治大国和军事大国地位,一方面加强日美同盟关系;另一方面也积极寻求改善与亚洲各国之间的关系,企求在参与国际和地区事务中发挥更大的作用。中国在加大改革力度、加速经济发展的同时,通过开展灵活的、全方位的外交,明显改善了与周边国家的关系,进一步提高了国际地位和对国际事务的发言权。

以上情况说明,随着冷战后国际形势的发展,大国间的相互制约关系显著增强,并日趋复杂。今后,维护世界和平和推动经济发展,主要靠美国、俄罗斯、欧盟、日本、中国等各大战略力量的协调与合作。其中,美、中、俄的协调与合作尤为重要。世界各大战略力量对外政策和战略关系的调整,将使未来国际战略格局呈现新的特征:一是关系复杂化。在多极格局中,各大战略力量之间将形成交叉多边关系,各国政策变化取向不确定。二是集团松散化。政治与军事集团内部关系相对松散,各国对外政策独立性增强,因各自利益关系,同盟国之间和非同盟国之间的距离有所接近。三是外交多边化。多边机构和组织的作用突出,双边关系受多边事务和多边关系的制约日益增大,各国政策将由双边政策为主转向多边与双边政策并重。四是合作区域化。区域化成为新地缘政治的动力,地域和文化同一性有可能取代意识形态的同一性,地区或次地区经济合作和安全合作将成为对外合作的重点。

(三) 全球化深入发展，但也存在负面影响

近年来，经济全球化进程加速发展，对世界格局和国际安全产生了深刻影响，为今天世界的结构提供了重要的前提和催化动力。一方面，全球化扩大了各大国之间的利益联系，使得大国的相互依存性增强，有力地制约了大国间发生战争的可能性。另一方面，全球化使得财富进一步向发达国家集中，加剧了弱势国家的贫穷落后。高技术在冷战后成为发达国家财富的强力吸纳器，美国凭借其高科技优势，在全球化进程中获利最大。经济全球化促使世界自由大市场的形成，优质资源进一步向美国集聚，反过来又推动了其科技进一步发展和军事实力进一步提升，为其推行霸权主义提供了物质资本。这一结果使得本已失衡的世界战略力量格局更加失衡，使美国在国际安全中更加我行我素、为所欲为。贫富悬殊和霸权主义者的肆意攻击，使得宗教、民族和国家之间的矛盾尖锐化，导致恐怖主义、极端宗教势力和极端民族主义泛滥猖獗。以信息技术为代表的先进技术和手段拉近了穷人和富人、不同宗教和文化传统的距离，增大了摩擦和碰撞的概率，使得恐怖主义分子、资金、技术能够在全球流动，组织更容易，进行恐怖活动更为便捷。因此，打击恐怖主义和防扩散将面临更加困难而复杂的形势。

(四) 国际反恐斗争影响国际战略格局演变

"9.11"事件对国际战略格局产生了重大影响。国际恐怖主义与民族分裂主义和宗教极端主义相互勾结，滥打滥杀，威胁地区的和平与稳定。在"反恐"的旗帜下，大国关系分化组合，合作倾向加强。伊斯兰民众反美情绪强烈，宗教极端组织大力实施暴力行动。美国以"反恐"为借口，将一些国家列入"邪恶轴心""支持恐怖主义国家""被奴役国家""失败国家"黑名单，肆意发动攻击，企图建立单极统治的世界，对国际安全构成重大威胁。这些在本质上都是南北矛盾激化的表现，是全球范围内贫富两极分化的必然结果。美国以暴反恐、单边主义的做法，必然导致激进势力采取以恐反新、以暴抗暴的态度和恐怖主义的泛溢。

在21世纪的最初10年中，重大恐怖袭击事件相继发生，呈现出国际恐怖主义的一些新动向：本土恐怖威胁国际化和国际恐怖威胁本土化恶性互动，小规模、低成本、"刀刀见血"的"微恐怖主义"兴起，网络恐怖给国际安全造成越来越大的危害，海盗成为威胁国际安全的顽疾

……这些,正在使国际社会加强协调,加强反恐合作,调整反恐策略,同时也使人们认识到国际反恐斗争任重道远,世界各国尤其是大国之间必须加强合作,缓和矛盾,调整部署,才能更好地应对这种复杂情况。但近几年来,美国注意到中国迅速崛起的影响,在某些方面继续与中国合作的同时,加紧调整军事部署以加强对中国的遏制和围堵。

(五) 中国在多极格局中的地位与作用将愈显突出

中国是一个发展中的社会主义大国,也是当今世界维护和平的重要力量。作为未来多极格局中的一极,中国对世界的影响是多方面的,其主要作用体现在三个方面:

1. 在反对霸权主义和强权政治上起制约作用。

当前,极权主义和强权政治依然存在,世界并不安宁,原来被两极格局掩盖的各种矛盾都暴露出来。在各种政治力量的矛盾与冲突中,在中美俄、中美日等三角关系中,中国将起到平衡与制约作用,并成为抑制霸权主义和强权政治的重要因素。我国始终坚持独立自主的和平外交政策,始终不渝走和平发展道路、奉行互利共赢的开放战略,坚定维护国际关系基本准则,维护国际公平正义。我国实现由封闭半封闭到全方位开放的历史转变,积极参与经济全球化进程,为推动人类共同发展作出了应有贡献。党的十八大以来,我国积极推动建设开放型世界经济、构建人类命运共同体,促进全球治理体系变革,旗帜鲜明反对霸权主义和强权政治,为世界和平与发展不断贡献中国智慧、中国方案、中国力量。我国日益走近世界舞台中央,成为国际社会公认的世界和平的建设者、全球发展的贡献者、国际秩序的维护者。

2. 在经济发展上起引领作用

改革开放 40 年来,中国的社会主义现代化建设取得了世界瞩目的成就,经济和社会面貌发生了深刻的变化。仅就经济发展而言,过去 40 年中,世界的经济增长率为 2%～3%,而中国的经济增长率基本保持在 7%～10.9%,相当于世界经济增长率的 3 倍。因此,中国的经济改革经验受到国际社会的普遍关注。许多国家领导人和专家、学者认为,中国的经济改革是"历史上最大的实验",具有引领作用,不可避免地要引起连锁反应,对世界上其他国家特别是发展中国家正在或将会"产生重大影响"。

2013 年秋,习近平总书记提出共建"一带一路"倡议,为改善全球经济治理和构建人类命运共同体贡献了中国智慧和中国方案。五年来，中国坚持共商、共建、共享原则、不断扩大与"一带一路"国家的合作共识、推进"一带一路"建设逐渐从理念转化为行动，从愿景转化为现实，从谋篇布局的"大写意"走向深耕细作的"工笔画"新阶段，取得了令人瞩目的成就。2018年又有60多个国家和国际组织与中国签署"一带一路"合作文件，使签署文件总数达到近170个。

在各方支持下，"一带一路"精神被写入联合国、中非合作论坛、上海合作组织、亚欧会议等重要国际机制成果文件，中巴经济走廊、中老铁路、中泰铁路、何塞铁路、雅万高铁等一大批标志性项目稳步推进，多个发达国家主动与我开展三方合作，"一带一路"国际商事争端解决机制启动建立。经过夯基垒台、立柱架梁的5年，共建"一带一路"的成果越来越多，人气越聚越旺，道路越走越宽，展现出更加广的发展前景。2019年，意大利成为七国集团中首个签署"一带一路"倡议谅解备忘录的国家。

3. 在维护第三世界权益的斗争中发挥重要作用

中国始终坚持大小国家一律平等的原则，坚决反对恃强凌弱的行为，并为维护第三世界国家的权益进行了不懈的努力和斗争。与此同时，中国对第三世界国家之间的分歧和争端从不介入，真诚地希望他们通过和平协商求得公平、合理的解决，防止和避免外来势力的插手、干涉和利用。中国还主张加强"南南合作"和"南北对话"，推动全球经济均衡、协调和可持续发展，实现各国共享成果、普遍发展共同繁荣。为此，中国曾先后提出对外援助的"八项原则"和开展经济技术合作的"四项原则"。中国坚决维护第三世界国家权益的主张和行动，受到第三世界国家和人民的高度赞扬。

三、世界主要国家军事力量及战略动向

第二次世界大战结束后形成的以美苏为首的两极格局支配世界国际关系近半个世纪。苏联解体和东欧剧变使两极格局被打破，国际社会的各种力量进行新的组合，世界处于新旧格局交替的动荡时期，国际战略格局逐渐呈现出"一超多强"的态势。同时，世界多极化在曲折中发展。

（一）美国军事力量及战略动向

美国是当今世界唯一的超级大国，虽然其实力地位和国际影响力相

对有所下降，但从经济实力、科技实力、军事实力及国防影响力、文化扩散力等方面看，仍是各极力量中最强大的一极。

1. 美国军事力量

美国武装力量由现役部队、预备役和文职人员三个部分组成。截至2016年，美国武装力量总兵力285.04万人。其中现役部队130.13万人，预备役部队81.1万文职人员73.81万人。美国武装部队由陆军、陆战队、海军、空军和海岸警卫队五个军种组成。美国陆战队归海军部领导和指挥；美国海岸警卫队平时由国土安全部领导，战时归国防部指挥。

美国拥有一支全球进攻性军事力量，其战略核力量拥有洲际弹道导弹、弹道导弹潜艇、潜射弹道导弹、战略炸机等，是世界上最强的"三位一体"核进攻力量。美军具有很强的远程精确打击、隐身攻击、电子战、联合作战和综合保障能力。海军能够控制世界各大洋和海峡明喉要道，空军能够全球到达和全球攻击，陆军能够在世界各地区实施作战，后勤力量能够有效保障美军在海外的作战行动。美国把全球划分为六大战区，企图建立以美国为领导的单极世界，充当世界领袖。其战略构想是：以美洲大陆为依托，以北约和美日军事同盟为两大战略支柱，从欧亚大陆向全球进行新的战略扩张，把美国的领导作用扩展到全世界，遏制新的全球性竞争对手出现，长期保持美国唯一的超级大国地位。

2. 美国战略动向：确保独霸全球

美国防务战略体系包括国家安全战略（即"重振美国，领导世界"）、国防战略（即"平衡再平衡"）、军事战略（即"重振军事领导地位"）、战区战略（即"量身打造"）、军种战略（即"凸显军种特色"）和各特定领域的战略（联盟战略为"寻求支持"，威慑战略为"慑止战争"，核战略为"打造新三位一体"，太空战略为"维持优势"，网空战略为"争夺主动权"，北极战略为"适度参与，灵活应对"）。

2018年，美国发布多份重量级战略文件：1月，美国国防部发布新版《国防战略报告》；2月，美国国防部发布新版《核态势评估报告》；7月，美国国防部发布最新《国家军事战略报告》；10月，白宫发布总统特朗普签署的《国家网络战略》。这些战略报告认为，美国面临冷战结束之后最复杂的国际安全局势，都把大国竞争作为"首要关切"。在美国出台的新版《国防战略报告》中，明确将俄罗斯、中国作为战略竞争对手。

在该战略指引下，美军加快调整全球兵力部署，缩减中东和非洲驻军规模，优先保障亚太和欧洲兵力需求，并以退出《中导条约》向中俄施压，亚太和欧洲地区的地缘政治博弈持续升温。

亚太方向，美军继续加强海空军力量，维持双航母战斗群部署，巩固联盟体系，发展新型伙伴，特别是将太平洋司令部更名为印太司令部，意图将印度纳入其战略轨道。特朗普政府正式将"印太"纳入国家安全战略和国防战略，提出要将"印太"地区盟友伙伴"发展成为一个安全网络，以慑止侵略、维护稳定、确保全球公域的自由进入权"。目前，美国正积极推动美国、日本、澳大利亚、印度形成四边安全网，从"亚太"拓展到"印太"，以期在更大范围、更大空间筹划战略布局。此外，美军舰机多番进入南海，其导弹驱逐舰还在时隔31年后再次进入彼得大帝湾附近水域，故意激化大国地缘政治矛盾。

欧洲方向，美军宣布重建第二舰队，在时隔5年后重新增兵欧洲战区，加强武器装备战略预置，敦促北约盟友大幅增加国防开支，与前苏联国家频繁开展大型军演并提供军援，逐步加大对俄战略压力。作为回应，俄军加强里海、波罗的海等战略方向军事部署，靠前配置新型战略武器，派遣图－160战略轰炸机飞赴美国拉美后院，针锋相对地开展军事演习。此外，俄罗斯利用叙利亚牵制美国等西方国家，加强俄伊合作，破坏土耳其与北约关系。

此外，特朗普政府强势推进"重建美军"计划，2019财年国防预算达7170亿美元，连续两个财年超过7000亿美元；大规模更新老旧装备，增加军事训练强度，提升军队战备水平；连续第二年扩军，2019财年美军现役部队规模近134万；强力推动组建太空军，意图通过力量整合维持太空主导权；加快发展高超声速、人工智能、定向能等颠覆性技术，确保美军长期竞争优势。

（二）俄罗斯军事力量及战略动向

苏联解体后，俄罗斯的实力和国际影响力大大削弱。但是，从总体上看，俄罗斯仍具有较强的综合国力。它继承了苏联在联合国安理会常任理事国的席位，以及苏联76％的领土和70％的国民经济总资产，幅员横跨欧、亚两大洲，国土总面积1709.82万 km^2（截至2019年1月），自然资源极其丰富，物质技术基础雄厚，燃料动力、冶金、机械制造、化学和交通运输业十分发达,科技实力较强,人民受教育程度较高,在航空、航天、核能、生物工程和新材料等领域居世界先进水平之列,仍具有巨大的发展潜力。

1. 俄罗斯军事力量

俄罗斯联邦武装力量被划分为三个军种(陆军、海军、空军)和三个独立的兵种(战略火箭兵、空天防御兵、空降兵)。截至2018年,俄罗斯武装力量人数为190.3万人,其中现役军人为101.4万人。2014年底,俄罗斯在北方舰队基础上组建新的联合战略司令部,海军的整体面貌开始发生实质性变化。2015年8月1日,俄军在空军和空天防御兵基础上正式组建空天军,由此开启了空天防御力量建设发展的新纪元。

俄军仍然是目前世界上能与美国抗衡的军事力量。其战略核力量拥有陆基弹道导弹、远程战略轰炸机、弹道导弹潜艇、潜射弹道导弹等。俄军"三位一体"的核力量足以毁灭任何国家。俄军整体作战能力较强,武器装备较先进,部分高技术武器装备不亚于美军。俄军依据叙利亚战场作战经验持续推进结构编成改革,突出快反精兵力量建设,为空降兵增编陆航、电子战、防空反导等力量,提升空降兵综合作战能力。重视发展"撒手锏"武器,率先部署"匕首"高超声速导弹和反卫星激光武器,加快发展"先锋"高超声速导弹和"萨马尔特"洲际弹道导弹等战略武器。为维护远东利益,俄军2018年在东部军区多次组织大规模军演,特别是"东方-2018"战略演习,以显示战略决心,提升部队战备水平。此外,俄罗斯还极介入朝鲜问题、阿富汗问题等热点问题,作为与美国博弈的杠杆。

2. 俄罗斯战略动向:力保大国地位

俄罗斯认为,国家当前面临的外部战略压力持续加大,美国和北约仍是俄首要外部威胁,除北约东扩、美国部署反导系统和推行太空军事化外,俄还面临美加紧构建"全球快速打击系统"、信息攻击与舆论煽动,以及跨境极端恐怖主义活动非法武器及毒品流通、谍报渗透及反俄勾连等多样化威胁。西方国家企图"扰乱俄罗斯政治稳定""激化宗教与种族矛盾"也成为国家面临的重要内部安全威胁。目前,美国和北约对俄罗斯的打压政策并没有出现实质性变化,反而是其方式方法更为灵活多样，行动空间较之前也有所拓展，以网络空间为核心的信息安全领域已成为西方对俄罗斯进行渗透进攻的新战场。

俄罗斯的主要任务是防止战争，消灭入侵之敌，遏制境外武装冲突向国内蔓延，力保周边势力范围的特殊利益与稳定。虽然俄罗斯综合国力受到削弱，但其军事力量尚能够有效支撑其大国地位。目前，俄罗斯已调整了亲西方政策，力求在世界和地区事务中发挥其大国的影响力，加速推进独联体军事一体化，反对美欧染指独联体国家。为弥补综合国力的不足，俄罗斯越来越把核武器作为恢复国家地位的支柱，放弃不首先使用核武器的承诺，研制并发射新型导弹，试图以此遏制北约东扩，维护国家利益和自身安全，保持其大国影响力。新的"积极遏制"军事战略为俄罗斯的大国复兴与普京正迅速巩固俄罗斯的大国地位"强军梦想"提供了强有力的战略支撑。

（三）日本军事力量及战略动向

1. 日本军事力量

日本军队称自卫队，是第二次世界大战后在美国扶植下重建和发展起来的。随着日本经济实力的迅速增强，日本军队建设得到长足发展，在"质重于量"和"海空优先"的建军方针指导下，自卫队已发展成为一支装备精良、训练有素、作战能力较强的武装力量。

陆上自卫队：编制15.9万人，其中，现役15.1万人，应急预备役0.8万人。增强机动作战力量，机动作战部队由原来的1个中央快反集团和1个装甲师，增加到3个机动师、4个机动旅、1个装甲师、1个空降旅、1个两栖机动旅及1个直升机旅，减少地面固定部署力量，缩小规模，增强其灵活性和机动性，固定部署部队由8个师、6个旅减少至5个师、7个旅。地空导弹部队由8个防空导弹群或团减少到7个，岸舰导弹部队保持5个团；坦克由700辆减少到300辆，主要火炮由600门减少到300门。2014—2018年，引进机动战车9辆、装甲车24辆、水陆两栖突击车52辆、"鱼鹰"运输机17架、CH-47A运输直升机6架、坦克44辆、火炮31门，为9个连装备岸舰导弹、5个连装备中程地空导弹。海上自卫队：主战部队保持4个护卫队群（8个护卫队），护卫队由5个增加到6个，潜艇队由5个增加到6个，保持1个扫雷队群、9个飞行队。主要装备：驱逐舰和护卫舰由 47 艘增至 54 艘（其中，"宙斯盾"驱逐舰由 6 艘增至 8 艘），潜艇由 16 艘增至 22 艘，飞机保持 170 架左右。

航空自卫队：航空警戒管制部队由 8 个警戒群 20 个警戒队调整为 28 个警戒队，警戒航空队由 2 个飞行队增加到 3 个，新增 1 个；战斗机部队由 12 个飞行队增加到 13 个，新增 1 个；航空运输部队保持 3 个飞行队，空中加油运输部队由 1 个飞行队增至 2 个，把航空侦察部队的 1 个飞行队并入空中加油运输部队，以便在必要时能实施航空侦察、空中运输等有效作战支援；地空导弹部队保持 6 个防空导弹群；作战飞机由 340 架增至 360 架，其中战斗机由 260 架增至 280 架，增加 20 架。用于反弹道导弹的主战装备和基干部队包括：8 艘"宙斯盾"驱逐舰，航空警戒管制部队的 28 个警戒群和地空导弹部队的 6 个防空导弹群。

2. 日本战略动向：加速走向政治军事大国

日本是世界上仅次于美国和中国的第三大经济体，外汇储备居世界第二。日本工业高度发达，科技实力雄厚。在机器人、半导体元件、光纤通信等方面的科技水平居世界前列。随着经济和科技实力的增强，日本已经不满足于经济大国的地位提出了以经济力量为后盾，以自主外交为手段，逐步发展成为世界性政治军事大国的战略目标。

2012 年底安倍内阁再次上台后，为了摆脱战后体制束缚，实现"普通国家化"的国家战略目标，对日本国家安全战略进行了战后以来最大幅度的调整。从组建"国家安全保障会议"并发布战后日本首份《国家安全保障战略》，对日本的国家安全战略作出长远规划，到出台 2013 年版《防卫计划大纲》，解禁集体自卫权的行使进而构建起新安保法制的一系列操作，日本的国家安全战略视野已经扩大到全球维度，开始构筑起多领域、全方位的国家安全体制。2018 年 12 月 18 日，日本内阁会议正式批准了新版《防卫计划大纲》及《中期防卫力量整备计划》新版《防卫计划大纲》提出要构筑"多次元统合防卫力量"取代了 2013 年版大纲的"统合机动防卫力量"构想。新版《防卫计划大纲》提出对于日本而言，打造能够进行"跨域作战"的能力，适应宇宙、网络、电磁波这些新领域和陆、海、空传统领域相结合的战争形态至关重要的。为此，日本在今后 5 年内，将调整陆海空自卫队的编制和指挥机构，进一步提升联合作战能力；还将扩编网络防卫队，组建专门的太空部队，形成新的作战力量，从而构筑起真正有效的"多次元统合防卫力量"。这意味着今后日本不仅继续提升陆、海、空的联合作战能力，还将加强太空、网络和电磁波等新领域战斗力，意在建立"六维一体"的全方位综合防卫体制，大幅度提升自卫队的整体实力。

新版《防卫计划大纲》的出台，既是对此前安倍内阁增强防卫力量的一系列举措的既成事实加以追认，也是日本进一步推进国家安全战略调整、实现"军事大国"目标的重要步骤。其主要战略手段为进一步强化日美同盟，深化和拓展日美安全合作，提高日美同盟的"威慑力和应对能力"。同时，日本在战略上已视中国为主要对手，遏制中国成为今后日本谋求重新崛起的基本着力点。

此外，日本要求成为联合国安理会常任理事国，竭力在国际政治舞台上扮演重要角色，力争在关系世界稳定和发展的重大问题上拥有不次于其他大国的发言权，成为在未来国际战略格局中"支撑国际秩序的一极"。

（四）印度军事力量及战略动向

印度是南亚地区性大国，其国土面积约 298 万平方千米（截至 2019 年 1 月），人口居世界第二位，资源较丰富，科技力量较强，具有较快发展综合国力的客观条件。

1. 印度军事力量

印度武装力量由现役部队、预备役部队和文职人员组成。截至 2015 年底，印军现役部队总兵力约 128 万人，由陆、海、空三军组成。其中陆军 110 万人，约占总兵力的 86%；海军 5.5 万人，约占总兵力的 4.3%；空军 12.5 万人，约占总兵力的 9.7%。此外，预备役部队 115.5 万人，包括陆军预备役 96 万人，海军预备役 5.5 万人，空军预备役 14 万人；文职人员约 20 万人。准军事部队约 109 万人，后备力量约 300 万人。印军加快推进现代化建设。陆军正酝酿启动独立后规模最大的编制体制改革，大幅压缩陆军总部规模，改善作战与后勤力量比例，优先发展网络战、信息战、心理战等新型作战力量，计划在未来 3~5 年裁军

10万。海军谋求大幅扩大舰艇规模,计划到2027年将军舰数量从117艘增至200艘。空军在未来战争中的作用被高度重视,提出了要"能够在超越洲际的空间内作战"的发展口号。

2. 印度战略动向：大国崛起

莫迪政府在2018年积极调整外交政策,围绕"印太愿景"谋篇布局。一方面大力推进印美、印日战略合作；另一方面发展印俄、印中关系,维持大国平衡,同时加强与东盟、非洲的区域合作,强化周边外交,凸显战略自主性。印度为了确保在南太平洋和印度洋地区的优势,积极谋求"亚洲核心"和世界大国的地位,争取成为联合国安理会常任理事国,进一步加快军队现代化步伐,增强军事力量。

第三节 国家安全形势

国家安全是我们生存和发展之本,在当今风云变幻的国际形势下如何认清国家安全形势和规律,意义重大,且与每个人息息相关。认清国家安全形势,维护国家安全,要立足国际秩序大变局来把握规律,立足防范风险的大前提来统筹,立足我国发展重要战略机遇期大背景来谋划。

一、我国地缘环境基本概况

国家的地缘环境是持久地影响国家安全的基本因素之一。因此,研究国家的周边安全环境,必须从研究地缘环境入手。只有充分了解地缘环境对周边安全环境的影响,才能对周边安全情况作出客观的判定。

(一) 中国是边界线较长,相邻国家最多的国家之一

中国地处亚洲东部,与周围各国有漫长的边界线。与中国有共同陆上边界的国家有14个,共有陆地边界线约2.2万km,按照与中国的共同边界的长短,这些国家及其与中国的陆地边界的情况是：蒙古,4 670 km；俄罗斯,约4 300 km；越南,约2 000 km；缅甸,约2 000 km；印度,约2 000 km（未划定）；哈萨克斯坦,1 700 km；尼泊尔,约1 400 km；朝鲜,1 334 km；吉尔吉斯斯坦,1 100 km；老挝710 km；巴基斯坦,约

600 km；不丹，约 550 km；塔吉克斯坦，约 400 km；阿富汗 92 km。中国还分别隔黄海、东海、南海与韩国、日本、菲律宾、印度尼西亚、马来西亚、文莱相望。中国有海疆线约 32 000 km，其中大陆海岸线长约 18 000 km，面积 500m^2 以上的海岛约 6 500 个，中国的黄海、东海、南海总面积为 468 万 km^2。此外，由于历史等方面的原因，有些国家虽然与中国无共同边界或海疆，但与中国的关系素来比较密切，如柬埔寨、孟加拉国、泰国等。

众多邻国对中国安全的影响是复杂的。在这些国家中，有的过去曾经侵略中国，并且目前仍然是经济大国或军事大国，有着雄厚的综合国力和军事实力，具有对中国安全造成重大影响的能力；有的邻国之间积怨很深，严重对立，剑拔弩张，一旦它们之间爆发战争或武装冲突，必将影响中国边境安全；有的国家内部不稳定因素很多，且发生大的内乱，必将对中国边境造成很大压力；有的国家的居民与中国边境地区的居民属于同一民族，这虽然有利于与邻国开展友好往来，改善国家关系，但是，一旦这些邻国内的狭隘民族主义泛起，可能会引起中国国内的民族纠纷；有的国家的居民与中国某些地区的居民信奉不同宗教，一旦这些国家内的宗教派别斗争加剧或者某些极端教派掌权，就可能增加中国国内相关地区的不稳定因素。还有一些国家与中国之间存在历史遗留下的边界领土争议和海洋国土划界的争议，存在可能引发边界事件甚至武装冲突的隐患。

(二) 中国周边地区人口众多，是世界上人口最集中的地区

中国周边的人口大国及其人口数量为：印度，13.24 亿人；印度尼西亚，2.62 亿人 菲律宾，1.98 亿人：俄罗斯，1.46 亿人；日本，1.26 亿人；巴基斯坦，2.08 亿人；孟加拉国，1.6 亿人（据 2019 年 1 月中华人民共和国外交部网站的统计数据）。中国周边地区是世界上拥有上亿人口国家最集中的地区。此外，还有越南、泰国、韩国和缅甸等国，其人口都在 5 000 万人～1 亿人、也是人口相对较多的国家。它们和中国的人口加起来，占世界人口的一半以上。

在中国周边国家中，俄罗斯、日本、印度等国都是世界或地区大国，此外，美国也是一个值得特别重视的因素。俄罗斯是一个拥有大量尖端

科技、先进武器和核武器的世界大国，又与中国有着4 300多千米的共同边界。日本是当今世界的一个经济大国，其经济实力仅次于美国和中国，列世界第三，与中国有着历史文化和经济的密切关系，是一个曾经侵略中国的国家。近年来，日本不仅巩固了其经济大国地位，而且谋求成为世界政治大国，并为此不断加强其军事实力。印度是仅次于中国的最大的发展中国家和人口大国，也是南亚次大陆举足轻重的国家，其政治、经济、军事潜力巨大。世界最强大的国家美国虽然不与中国相邻，但其军事力量却在中国周边一些国家长期部署，并与某些国家签订有军事同盟协定。美国一向以世界领袖自居，认为它在东亚有重大的战略利益，所以对东亚地区事务一直不断地进行干涉，且与中国在台湾问题以及其他一些重大问题上存在分歧。

中国及其周边不仅是世界人口最密集、大国最集中的地区，也是世界热点和潜在热点最多的地区之一。朝鲜半岛、千岛群岛台湾海峡、南沙群岛、克什米尔等热点都位于这一地区；世界公认的五大力量中心，除欧洲外，美、中、俄、日均交会于此；世界核俱乐部的主要成员，事实上的有核国家和核门槛国家在中国周边构成了世界上最密集的核分布圈。这些因素汇集在一起，必然加大对我国安全环境的压力。

（三）中国周边国家政治制度及经济发展水平差距很大，民族、宗教矛盾交织，安全环境复杂

中国的周边地区也是政治制度差别很大的地区，既有社会主义国家，也有资本主义国家；既有发达国家，也有发展中国家；既有富国，也有穷国；既有老牌的经济强国，也有崛起的新兴国家。中国是亚太地区中心的大国，亚太地区是同中国安全关系最为密切的外部环境，特别是周边国家形势同我国安全直接相关。中国邻国众多，周边国家和地区所奉行的国家安全战略和外交政策各不相同。这种复杂的周边环境对中国的安全造成了一定的不利影响。

中国周边地区民族分布和构成不同，宗教信仰和文化传统各异，存在区域内和区域间的巨大差异和复杂矛盾。这些矛盾所导致的冲突将不可避免地对我国的安全带来消极影响，而且这种影响还日益突出，因为我国是个多民族、多宗教国家，不少民族和宗教还有跨境联系。近年来，在国际战略格局变化的大背景下，我国周边地区各种极端的民族、宗教势力日益蔓延，并向我国境内渗透，这必将对我国边境地区的安全与稳定带来直接的影响。与国际反华势力相勾结、相呼应的宗教极端主义、民族分裂主义和国际恐怖主义"三股势力"的破坏活动是对我国社会稳定和民族团结的严重威胁。

（四）中国位于世界两大地缘战略区的交接处，既受其他大国关系的影响，又影响其他大国关系

目前，世界可划分为两大地缘战略区，即海洋地缘战略区和欧亚大陆地缘战略区。美国属于海洋地缘战略区，而且是世界超级海洋强国，具有全球性影响。而世界上其他强国大都集中在欧亚大陆地缘战略区，俄罗斯则位于该战略区的心脏地带。中国属于欧亚大陆地缘战略区，背靠欧亚大陆，面向浩瀚的太平洋，是连接东北亚、东南亚、南亚和中亚的枢纽，处于两大战略区的交接处。这种特殊的地缘关系，使得中国在历史上曾经遭到两大战略区强国的侵略和压迫，也使得今天的中国成为能够对两大战略区关系产生重要影响和作用的国家。

冷战时期，美国企图通过控制欧亚大陆边缘地带，构成对苏联的遏制包围圈，把苏联困死在欧亚大陆中心；而苏联也企图控制大陆边缘地带，然后千方百计向海洋地缘战略区扩展自己的势力。所有处在边缘区的国家都不能摆脱美苏两个超级大国争霸的影响，中国也不例外。那时，如何处理与两个超级大国的关系是中国国家安全政策的中心问题。中国根据形势的变化和自身安全的需求，多次调整安全政策。中国的政策反过来又影响美苏两方的力量对比和战略态势，形成了著名的"大三角关系"。冷战结束后，美国成为世界上唯一的超级大国。处于大陆心脏区的俄罗斯虽然暂时力量衰弱，但它仍然是世界第二大军事大国，它的重新崛起只是时间问题。与中国同处在欧亚大陆东部边缘的日本，是世界第三经济大国，并且正在向政治军事大国迈进。中国处在这些大国交接处，如何处理好与美、俄、日三大国的关系，不仅关系到中国自身的安全，而且关系到东亚、亚太地区乃至世界的安全与稳定。

二、我国周边安全环境

冷战结束后，世界格局和安全形势发生了深刻变化，和平与发展成

为新时代的主题。我国周边安全环境得到进一步改善。缓和已成为我国周边安全环境的主流，但是影响我国周边安全环境的威胁与挑战依然存在。

（一）缓和是我国安全环境的主流

进入 20 世纪 90 年代，和平与发展的时代主题进一步强固，多极化趋势继续发展，综合国力竞争成为国家间关系的中心，世界总体和平的格局得以巩固和加强。尽管世界形势动荡不安，有些地区的局势还相当紧张，但在我国周边却出现了一个相对和平的局面，我国周边安全环境处在新中国成立以来最好的时期之一，并有望继续延续。

1. 大国关系取得新进展

中美关系牵动世界目光，关乎各国利益。面对美方挑起贸易摩擦等消极动向，中方顶住压力、保持定力，既坚定维护自身正当权益，又着力稳住中美关系大局。2018 年底，习近平主席同特朗普总统在二十国集团领导人峰会期间举行会晤，双方进行了深入战略沟通，同意共同推进以协调、合作、稳定为基调的中美关系，为解决中美间存在的问题，推动中美关系健康发展作出了规划，指明了方向。双方就经贸问题的讨论富有建设性，有效阻止了经贸摩擦进一步扩大，推动重回对话协商解决问题的轨道，确立了谋求合作共赢的共同目标，对外释放了积极正面的预期。中俄全面战略协作伙伴关系保持高水平运行，两国元首举行四次会晤并实现互访，擘画了两国关系发展全新蓝图。战略性合作项目顺利实施，内生合作动力不断增强，国际战略协作持续深化，为世界注入更多稳定力量。中欧以建立全面战略伙伴关系 15 周年为契机全面加强合作，双方经贸合作深化拓展，利益纽带更加紧密。双方在共同支持多边主义和自由贸易、携手应对全球性挑战等方面达成广泛共识、发出积极声音。

2. 周边外交实现新突破

2018 年，我国周边环境出现全面向好的积极势头。中印领导人首次非正式会晤圆满成功，增进了彼此的互信和认知，引领中印关系实现健康稳定发展。中日展开一系列高层往来，回应日方希望改善两国关系的强烈意愿，推动中日关系重回正常轨道。中朝领导人年内三度会晤，传统友好迸发新活力,中韩合作呈现新气象,中日韩三边合作重现积极势头。习近平主席访问文莱、菲律宾,李克强总理出席东亚合作领导人系列会议,中国与东盟关系实现提质升级,合作从培育期迈向成长期。"南海行为准则"磋商步入快车道,海上合作取得新进展,南海局势日趋稳定。以高层交往为引,以上海合作组织为平台,以务实合作为纽带,我国同中亚国家关系进入新阶段,深化了中亚方向伙伴关系布局。

3. 多边区域合作机制稳步发展

经济全球化、一体化是一个趋势,这个趋势总的原则是将资源在世界范围内进行优化配置,这样的结果是资源更多流向发达国家,而贫穷落后国家将越来越穷。面对这样一种情况,世界许多地区形成了地域性的多边合作机制,成立某种组织,建立某种关系。这些年,中国积极参与和注重建立多边区域和次区域合作机制,为中国和平发展创造了良好的外部条件。上海合作组织就是一个比较成功的合作组织。该组织以相互信任、裁军与合作为主要内容的新型安全观,以结伴但不结盟为核心的新型国家关系,以大小国共同倡导、安全行为特征的新型区域合作模式"三新"为特征,倡导互信、互利、平等的"上海精神",在国际上的影响日益增大。2018年6月9日至10日,上海合作组织成员国元首理事会会议在中国青岛举行。习近平主席指出,上海合作组织是世界上幅员最广、人口最多的综合性区域合作组织,并同联合国等国际和地区组织建立了广泛的合作关系,国际影响力不断提升,已经成为促进世界和平与发展、维护国际公平正义不可忽视的重要力量。

(二)我国周边安全环境仍存在威胁和挑战

我国地处亚太地区,尽管当前形势相对稳定,短期内不至于发生牵涉我国的战乱,外敌入侵我国的可能性基本可以排除,但是,周边地区一些固有的矛盾并没有完全解决,影响和平安全的因素依然存在,我国周边安全与稳定仍面临不同对象和不同程度的现实的潜在威胁。在和平环境下更需要居安思危,增强忧患意识,这样才能使国防更加巩固,国家更加安全。

1. 西方军事强国对中国的安全环境具有威胁

美国与我国虽远隔重洋,但对我国安全的影响却无处不在。在各大国与我国关系向前发展的同时，在以美国为首的西方世界仍然有一股企图遏制中国的逆流，顽固地坚持冷战思维，不愿意正视我国政治、经济的发展以及在国际社会中的积极作用。散布所谓的"中国威胁论"，以"人权"为幌子，干预中国的内政，继续坚持对台军售，阻挠中国统一大业。美国对华政策的两面性，是我国安全环境不稳定的主要因素之一。

2. 周边"热点"地区威胁因素增加

(1) 朝鲜半岛。

朝鲜半岛问题，其根源在于南、北方的分裂局面，表现为朝鲜和韩国的对立及朝鲜与美国的对立。朝鲜与美国签署了关于核问题的框架协议后，朝鲜和韩国由对峙走向对话，随着"六方会谈"断断续续，朝鲜半岛的局势有趋向缓和的可能，也存在爆发战争的隐患。特别是近年来关于朝鲜的核武器实验及导弹试射的传闻不断，更给半岛局势蒙上了阴影。

2018年，朝鲜半岛局势发生了巨大的变化。尽管分歧犹存，但半岛和平机遇之窗依然敞开，世人对前景充满期待。这一年，金正恩成为踏上韩国土地的首位朝鲜最高领导人，并与韩国总统文在寅三次举行会晤，先后发表《板门店宣言》和《9月平壤共同宣言》。南北离散家属会面、设立南北共同联络事务所、撤除非军事区哨所、着手连接韩朝铁路公路……尽管受联合国制裁决议等限制，但朝韩和解合作与交流的大门已经再次打开。同年6月，朝、美两国领导人历史性会晤。朝鲜国务委员会委员长金正恩与美国总统特朗普在新加坡举行首次会晤，就朝鲜半岛无核化及和平机制构建等事务展开磋商。两国领导人会后发表联合声明，宣布努力建立新的朝美关系，构建朝鲜半岛持久稳固的和平机制。美方承诺向朝方提供"安全保障"，朝方承诺向着半岛完全无核化方向努力。2019年，金特在越会谈无果而终。

实现朝鲜半岛无核化、构筑半岛和平机制，已成为国际社会普遍共识。历史站在新的起点，但朝鲜半岛和平稳定的目标注定不会一蹴而就。我们应清醒地认识到，朝美联合声明仅仅确定了一个积极的总体框架，缺乏在朝鲜半岛建立和平机制、实现无核化的具体路径规划。朝鲜半岛问题的本质是安全问题，实现半岛和平的关键在于妥善、平衡解决好各方的合理安全关切。作为朝核问题直接当事方，朝美双方要缓解乃至彻底扭转半个多世纪以来的敌视与对抗，仅靠一两次谈判显然不切实际，需要双方增进互信，不断投入"积极因子"，少反复、多落实，其中美国方面的立场和举措尤为重要。同时由于朝美缺乏互信，国际合作才能有效填补双方"信任赤字"。

（2）印度和巴基斯坦的对立。

印度和巴基斯坦都致力于本国经济的发展，不希望彼此间爆发新的战争。但是由于历史原因，印巴两国既存在民族怨恨，又存在宗教纠纷，还存在领土争端，在短时间内难以得到解决。两国独立后发生过三次战争，现在仍陈重兵对峙于边境。多年来，印巴军事摩擦时有发生。尽管后来印巴军方于2017年11月曾达成一致，同意必须恢复2003年停火协议的"精神"以保护无辜平民。但2018年新年伊始，双方仍然沿实际控制线频繁发生交火，两国军队更是连续四天在边境地区进行激战，造成双方人员伤亡惨重。2018年5月30日，印度和巴基斯坦同意在克什米尔地区停止交火，双方同意落实于2003年达成的停火协议。2019年，空战又起。但我们同时也要冷静地看待，因为毕竟在过去印巴多次就实控线达成停火协议。印巴对立出现的反复性，对我国的安全环境产生了不利影响。克什米尔地区是印度和巴基斯坦争夺的焦点，如果战争爆发，必然对我国边境安全构成较大威胁。

3. 边界和海洋权益争端尚存

我国与一些邻国的边界争议及海洋权益的争议情况复杂，解决起来难度很大，这些争议始终是威胁我国边境和领海安全的不稳定因素。

（1）中印边界争端问题。

由于历史的原因，中印边界从未正式划定过，边界全线都存在争议。冷战结束后，随着中印关系的不断改善，1993年9月，中印正式签署了《关于在中印边境实际控制线地区保持和平与安宁的协定》。1996年11月，两国签署了《关于在中印边境实际控制线地区军事领域建立信任措施的协定》。但是1998年3月，人民党执政的印度政府上台伊始就大肆渲染"中国威胁论"，无端指责我国侵占印度的领土，对印度安全构成严重的威胁，为其发展核武器寻找借口。

2017年6月18日,印度边防人员在中印边界锡金段越过边界线进入中方境内,阻挠我国边防部队在洞朗地区的正常活动。针对这一损害我国领土主权、威胁我国安全利益的行为,中国本着最大善意,保持高度克制并迅速表明态度且划出底线。2017年8月28日14时30分许,印方将越界人员和设备全部撤回边界印方一侧,中方现场人员对此进行了确认。

应当看到,由于双方确信边界问题的早日解决符合两国的基本利益,因此将其视为共同战略目标,这为两国边界问题的解决奠定了基础。但是两国领土争端面积较大,对两国利益有重要影响,确定边界的工作复杂,问题的最终解决还需要两国定时间的努力。

(2) 中日钓鱼岛争端问题。

中日钓鱼岛争端是日本侵犯中国领土所引发的争端。钓鱼岛及其附属岛屿自古以来就是我国的固有领土,我国对此拥有充分的历史和法理依据。但是,日本方面无视大量历史事实,竟声称钓鱼岛为日本的"固有领土"。随着钓鱼岛战略地位被重视和资源被发现,日方通过"购岛"等闹剧,妄图窃取钓鱼岛主权。随着美国"重返亚太"战略的实施,美国在钓鱼岛问题上横加干涉,致使问题越加复杂。

2018年1月11日,日本政府声明,有一艘不明国籍潜艇进入钓鱼岛12 n mile毗连区,中国军舰很有可能进入了同一区域,日方已就此提出抗议。我国外交部回应,当日日本海上自卫队两艘舰艇先后进入赤尾屿东北侧毗连区活动,我国海军对日方活动实施了全程跟踪监控。尔后,日方舰艇离开有关毗连区。我国外交部强调,钓鱼岛及其附属岛屿是中国固有领土,中国对钓鱼岛的主权拥有充分的历史和法理依据。日方有关做法丝毫改变不了钓鱼岛属于中国的客观事实,也丝毫动摇不了中方维护钓鱼岛领土主权的坚定决心。中方敦促日方停止在钓鱼岛问题上制造事端,按照双方2014年达成的四点原则共识精神,与中方相向而行,以实际行动为两国关系改善发展作出努力。钓鱼岛问题是目前中日关系中的核心问题之一,关系着中日关系的健康发展。

(3) 南海权益争端问题。

中国南海诸岛主权,是中国人民在长期的历史发展进程中,通过最

第五章 国际战略环境

早发现、最早命名、最早经营开发,并由历代中国政府行使连续不断的行政管辖的基础上逐步形成的。这一发展过程有充分、确凿的历史依据,国际社会也是长期予以承认的。事实上,第二次世界大战之后相当长时期内,并不存在所谓南海问题。南海周边没有任何国家对我国在南海诸岛及其附近海域行使主权提出过异议,世界上绝大多数国家都对中国在南海诸岛的主权予以承认和尊重。越南在1975年以前明确承认中国对南沙群岛的领土主权,直至1974年的越南教科书中仍表述:"南沙、西沙各岛到海南岛、台湾、澎湖列岛、舟山群岛形成的弧形岛环,构成了保卫中国大陆的一道长城。"菲律宾和马来西亚等国在20世纪70年代以前没有任何法律文件或领导人讲话提及本国领土范围包括南沙群岛。而美国与西班牙1898年签订的《巴黎条约》和1900年签订的《华盛顿条约》明确规定菲律宾的领土范围,其中并未包括南沙群岛。马来西亚直到1978年12月,才在其公布的大陆架地图上将南沙群岛的部分岛礁和海域标在马来西亚境内。

20世纪50年代,"东亚和东南亚沿岸和近海地学计划委员会"(CCOP)在南沙海域进行地质和地球物理勘探,发现了储量丰富的石油天然气资源。1968年,联合国亚洲暨远东经济委员会下属"亚洲外岛海域矿产资源联合探勘协调委员会"完成的报告进一步揭示了南海海域石油储藏前景。此后,越南、菲律宾、马来西亚等国以军事手段占领南沙群岛部分岛礁,在南沙群岛附近海域进行大规模资源开发活动并提出主权要求,南沙群岛领土主权争端由此产生并日趋激烈。

20世纪70年代末,特别是1982年的《联合国海洋法公约》赋予沿岸国200海里专属经济区和大陆架的管辖权,南海周边国家据此纷纷提出各自的200海里专属经济区和大陆架主张,并公然把其主张范围扩大到我国南沙群岛及其附近海域,侵犯我领土主权并与我国在南海主张的管辖海域形成大面积重叠,围绕南海出现新一轮角逐。

20世纪90年代以来,以南沙岛屿归属和海域划界为核心的南海争议,与战略资源的攫取以及地缘安全交织在一起,日趋复杂和激烈。

时至今日,由于南海周边国家主权要求和利益诉求不断扩大化、专属经济区和大陆架主张重叠所产生的矛盾冲突不断扩大化、以海洋权益为核心的竞争不断扩大化以及以美国为首的域外国家插手南海问题的趋势不断扩大化，南海地区的和平与稳定面临重大挑战。

众所周知，南海海权之争近年来十分敏感。有的域外大国以维护海上航行自由为名，频频插手南海争端，激发矛盾，挑拨离间。2016 年所谓"南海仲裁案"一度甚嚣尘上，但是得益于我国和菲律宾等相关方作出的大量努力，南海紧张局势逐渐呈现缓和态势，使得这一问题被炒作的空间逐渐缩小。

尽管如此，域外大国仍不甘心，继续派军舰挑战我国在南海的主权。2018 年 1 月 17 日，美国海军"霍珀"号导弹驱逐舰擅自进入我国黄岩岛附近海域，中方立即有力回应；我国军舰对美舰进行识别查证，并予以警告驱离。我国维护本国领土主权和海洋权益的决心坚定不移，维护南海和平稳定的意志坚定不移，同争端直接当事方以对话协商解决问题的抉择也坚定不移。针对南海问题，我国未曾有过半点退缩犹豫，如今更不可能动摇战略定力。如果有关方面一再在本地区无事生非、制造紧张，最终只会让中方得出这样的结论：为切实维护南海和平，中方在南海的相关能力建设确实有必要加强、加快。

4. 恐怖主义和民族分裂势力活动威胁存在

我国是一个多民族的国家，国家统一，民族团结、社会稳定始终是国家安全和发展的重要前提。但恐怖主义和民族分裂势力对中国安全统一的危害不容低估。当这"三股势力"内外勾结、相互借重，对世界和平与发展构成了更加严重的威胁。中东、中亚、南亚和东南亚成为恐怖活动的高发区。我国也处于恐怖主义和民族分裂势力活动的威胁之中，境外"东突"恐怖组织和"藏独"分子正加紧向我国境内渗透。恐怖主义和民族分裂势力活动已对我国改革、发展、稳定构成最直接和最现实的威胁。

三、祖国必须统一，也必然统一

台湾问题的产生和演变同近代以来中华民族命运休戚相关。1840 年鸦片战争后，西方列强入侵，中国陷入内忧外患、山河破碎的悲惨境地，台湾更是被外族侵占长达半个世纪。为战胜外来侵略、争取民族解放、实现国家统一,中华儿女前仆后继,进行了可歌可泣的斗争,台湾同胞在这场斗争中作出了重要贡献。1945年中国人民同世界各国人民一道,取得了中国人民抗日战争暨世界反法西斯战争的伟大胜利,台湾随之光复,重回祖国怀抱。其后不久,由于中国内战延续和外部势力干涉,海峡两岸陷入长期政治对立的特殊状态。

(一) 70多年来两岸关系发展历程

70多年来,中国共产党、中国政府、中国人民始终把解决台湾问题、实现祖国完全统一作为矢志不渝的历史任务。我们团结台湾同胞,推动台海形势从紧张对峙走向缓和改善、进而走上和平发展道路,两岸关系不断取得突破性进展。

1. 实现全面直接双向"三通"

应两岸同胞共同愿望,推动打破两岸隔绝状态,实现全面直接双向"三通",开启两岸同胞大交流、大交往、大合作局面、两岸交流合作日益广泛,相互往来日益密切,彼此心灵日益契合。台湾同胞为祖国大陆改革开放作出重大贡献,也分享了大陆发展机遇。

2. 达成"九二共识"

秉持求同存异精神,推动两岸双方在一个中国原则基础上达成"海峡两岸同属一个中国,共同努力谋求国家统一"的"九二共识",开启两岸协商谈判推进两岸政党党际交流,开辟两岸关系和平发展道路,实现两岸领导人历史性会晤,使两岸政治互动达到新高度。

3. 坚持"一国两制"和推进祖国统一基本方略

把握两岸关系发展时代变化,提出和平解决台湾问题的政策主张和"一国两制"科学构想,确立了"和平统一、一国两制"基本方针,进而形成了坚持"一国两制"和推进祖国统一基本方略,回答了新时代推动两岸关系和平发展、团结台湾同胞共同致力于实现民族伟大复兴和祖国和平统一的时代命题。

4. 坚持一个中国原则

高举和平、发展、合作、共赢的旗帜,在和平共处五项原则基础上发展同各国的友好合作,巩固国际社会坚持一个中国原则的格局,越来越多国家和人民理解和支持中国统一事业。

5. 坚决反对"台独"分裂活动

始终着眼于中华民族整体利益和长远利益，坚定维护国家主权和领土完整，团结全体中华儿女，坚决挫败各种制造"两个中国""一中一台""台湾独立"的图谋，取得一系列反"台独"、反分裂斗争的重大胜利。

两岸关系发展历程证明：台湾是中国一部分、两岸同属一个中国的历史和法理事实，是任何人任何势力都无法改变的！两岸同胞都是中国人，血浓于水、守望相助的天然情感和民族认同，是任何人任何势力都无法改变的！台海形势走向和平稳定、两岸关系向前发展的时代流，是任何人任何势力都无法阻挡的！国家强大、民族复兴、两岸统一的历史大势，更是任何人任何势力都无法阻挡的！

（二）推进祖国统一进程的五项重大主张

回顾历史，是为了启迪今天、昭示明天。祖国必须统一，也必然统一。这是 70 载两岸关系发展历程的历史定论，也是新时代中华民族伟大复兴的必然要求。两岸中国人、海内外中华儿女理应共担民族大义、顺应历史大势，共同推动两岸关系和平发展、推进祖国和平统一进程。

1. 携手推动民族复兴，实现和平统一目标

民族复兴、国家统一是大势所趋、大义所在、民心所向。一水之隔、咫尺天涯，两岸迄今尚未完全统一是历史遗留给中华民族的创伤。两岸中国人应该共同努力谋求国家统一，抚平历史创伤。广大台湾同胞都是中华民族一分子，要做堂堂正正的中国人，认真思考台湾在民族复兴中的地位和作用，把促进国家完全统一、共谋民族伟大复兴作为无上光荣的事业。

台湾前途在于国家统一，台湾同胞福祉系于民族复兴。两岸关系和平发展是维护两岸和平、促进两岸共同发展、造福两岸同胞的正确道路。两岸关系和平发展要两岸同胞共同推动，靠两岸同胞共同维护，由两岸同胞共同分享。中国梦是两岸同胞共同的梦，民族复兴、国家强盛，两岸中国人才能过上富足美好的生活。在中华民族走向伟大复兴的进程中，台湾同胞定然不会缺席。两岸同胞要携手同心，共圆中国梦，共担民族复兴的责任，共享民族复兴的荣耀。台湾问题因民族弱乱而产生，必将

随着民族复兴而终结。

2. 探求"一国两制"台湾方案，丰富和平统一实践

"和平统一、一国两制"是实现国家统一的最佳方式，体现了海纳百川、有容乃大的中华智慧，既充分考虑台湾现实情况，又有利于统一后台湾长治久安。

制度不同，不是统一的障碍，更不是分裂的借口。"一国两制"的提出，本来就是为了照顾台湾现实情况，维护台湾同胞利益福祉。"一国两制"在台湾的具体实现形式会充分考虑台湾现实情况，会充分吸收两岸各界意见和建议，会充分照顾到台湾同胞利益和感情。在确保国家主权、安全、发展利益的前提下，和平统一后，台湾同胞的社会制度和生活方式等将得到充分尊重，台湾同胞的私人财产、宗教信仰、合法权益将得到充分保障。

两岸同胞是一家人，两岸的事是两岸同胞的家里事，当然也应该由家里人商量着办。和平统一，是平等协商、共议统一。两岸长期存在的政治分歧问题是影响两岸关系行稳致远的总根子，总不能一代一代传下去。两岸双方应该本着对民族、对后世负责的态度，凝聚智慧，发挥创意，聚同化异，争取早日解决政治对立，实现台海持久和平，达成国家统一愿景，让我们的子孙后代在祥和、安宁、繁荣、尊严的共同家园中生活成长。

在一个中国原则基础上，台湾任何政党、团体同我们的交往都不存在障碍。以对话取代对抗、以合作取代争斗、以双赢取代零和，两岸关系才能行稳致远。我们愿意同台湾各党派、团体和人士就两岸政治问题和推进祖国和平统一进程的有关问题开展对话沟通，广泛交换意见，寻求社会共识，推进政治谈判。

我们郑重倡议，在坚持"九二共识"、反对"台独"的共同政治基础上，两岸各政党、各界分别推举代表性人士，就两岸关系和民族未来开展广泛深入的民主协商，就推动两岸关系和平发展达成制度性安排。

3. 坚持一个中国原则，维护和平统一前景

尽管海峡两岸尚未完全统一，但中国主权和领土从未分割，大陆和台湾同属一个中国的事实从未改变。一个中国原则是两岸关系的政治基

础。坚持一个中国原则，两岸关系就能改善和发展，台湾同胞就能受益。背离一个中国原则，就会导致两岸关系紧张动荡，损害台湾同胞切身利益。

统一是历史大势，是正道。"台独"是历史逆流，是绝路。广大台湾同胞具有光荣的爱国主义传统，是我们的骨肉天亲。我们坚持寄希望于台湾人民的方针如既往尊重台湾同胞、关爱台湾同胞、团结台湾同胞、依靠台湾同胞，全心全意为台湾同胞办实事、做好事、解难事。广大台湾同胞不分党派、不分宗教、不分阶层、不分军民、不分地域，都要认清"台独"只会给台湾带来深重祸害，坚决反对"台独"分裂，共同追求和平统一的光明前景。我们愿意为和平统一创造广阔空间，但绝不为各种形式的"台独"分裂活动留下任何空间。

中国人不打中国人。我们愿意以最大诚意、尽最大努力争取和平统一的前景，因为以和平方式实现统一，对两岸同胞和全民族最有利。我们不承诺放弃使用武力，保留采取一切必要措施的选项，针对的是外部势力干涉和极少数"台独"分裂分子及其分裂活动，绝非针对台湾同胞。两岸同胞要共谋和平、共护和平、共享和平。

4. 深化两岸融合发展，夯实和平统一基础

两岸同胞血脉相连。亲望亲好，中国人要帮中国人。我们对台湾同胞一视同仁，将继续率先同台湾同胞分享大陆发展机遇，为台湾同胞、台湾企业提供同等待遇，让大家有更多获得感。和平统一之后，台湾将永保太平，民众将安居乐业。有强大祖国作依靠，台湾同胞的民生福祉会更好，发展空间会更大，在国际上腰杆会更硬、底气会更足，更加安全、更有尊严。

我们要积极推进两岸经济合作制度化，打造两岸共同市场，为发展增动力，为我们要积极推进两岸经济合作制度化，打造两岸共同市场，为发展增动力，为合作添活力，壮大中华民族经济。两岸要应通尽通，提升经贸合作畅通、基础设施联通、能源资源互通、行业标准共通，可以率先实现金门、马祖同福建沿海地区通水、通电、通气、通桥。要推动两岸文化教育、医疗卫生合作，社会保障和公共资源共享，支持两岸邻近或条件相当地区基本公共服务均等化、普惠化、便捷化。

5. 实现同胞心灵契合，增进和平统一认同

国家之魂，文以化之，文以铸之。两岸同胞同根同源、同文同种，中华文化是两岸同胞心灵的根脉和归属。人之相交，贵在知心。不管遭遇多少干扰阻碍，两岸同胞交流合作不能停、不能断、不能少。两岸同胞要共同传承中华优秀传统文化，推动其实现创造性转化、创新性发展。两岸同胞要交流互鉴、对话包容，推己及人、将心比心，加深相互理解，增进互信认同。要秉持同胞情、同理心，以正确的历史观、民族观、国家观化育后人，弘扬伟大民族精神。亲人之间，没有解不开的心结。久久为功，必定能达到两岸同胞心灵契合。

支持和追求国家统一是民族大义，应该得到全民族肯定。伟大祖国永远是所有爱国统一力量的坚强后盾！我们真诚希望所有台湾同胞，像珍视自己的眼睛一样珍视和平，像追求人生的幸福一样追求统一，积极参与到推进祖国和平统一的正义事业中来。国家的希望、民族的未来在青年。两岸青年要勇担重任、团结友爱、携手打拼。我们热忱欢迎台湾青年来祖国大陆追梦、筑梦、圆梦。两岸中国人要精诚团结、携手同心，为同胞谋福祉，为民族创未来！

长期以来，香港同胞、澳门同胞和海外侨胞关心支持祖国统一大业，做出了积极贡献。希望香港同胞、澳门同胞和海外侨胞一如既往，为推动两岸关系和平发展、实现祖国和平统一再立新功。世界上只有一个中国，坚持一个中国原则是公认的国际关系准则，是国际社会普遍共识。国际社会广泛理解和支持中国人民反对"台独"分裂活动、争取完成国家统一的正义事业。中国政府对此表示赞赏和感谢。中国人的事要由中国人来决定。台湾问题是中国的内政，事关中国核心利益和中国人民民族感情，不容任何外来干涉。中国的统一，不会损害任何国家的正当利益包括其在台湾的经济利益，只会给各国带来更多发展机遇，只会给亚太地区和世界繁荣稳定注入更多正能量，只会为构建人类命运共同体、为世界和平发展和人类进步事业作出更大贡献。

历史不能选择，现在可以把握，未来可以开创！新时代是中华民族大发展大作为的时代，也是两岸同胞大发展大作为的时代。前进道路不可能一帆风顺，但只要我们和衷共济、共同奋斗，就一定能够共创中华

民族伟大复兴美好未来，就一定能够完成祖国统一大业。

四、新形势下的国家安全

党的十九大报告把"坚持总体国家安全观"，作为中国特色社会主义基本方略的重要内容，凸显了新时代国家安全在治国安邦中重要基石的地位作用，对有力应对国内外各种安全挑战、有效维护国家安全赋予了新使命，提出了更高要求。我们要准确把握新时代国家安全面临的新形势新任务新要求，牢牢掌握维护国家安全的战略主动权，奋力开拓国家安全工作新局面，为实现中国梦提供坚实安全保障。

（一）准确把握我国国家安全面临的形势变化，不断强化维护国家安全的政治担当

中国特色社会主义进入新时代，中华民族从站起来、富起来到强起来，对国家安全提出前所未有的新要求。只有准确把握我国国家安全形势面临的新变化，才能与时俱进提升维护国家安全的战略能力，担起维护国家安全的历史责任。

1. 国家安全内涵新拓展

国家安全内涵新拓展，要求提升维护大国安全所具备的战略能力。我们在"站起来"的时代，主要是实现民族解放、维护国家独立和新生政权安全；在"富起来"的时代，主要是维护日益拓展的国家利益、捍卫改革发展取得的重要成果；在"强起来"的时代，去应对全方位安全、新疆域安全、"走出去"后安全、地区性安全乃至全球性安全问题等。特别是随着我国向强国迈进，必须以全球视野，增强处理应对国际与地区安全问题的主动权，大力推进全球治理体系深层变革，建设与我国国际地位相称、与国家安全和发展利益相适应的大国安全战略能力。

2. 国家安全面临新挑战

国家安全面临新挑战，要求提升管控化解多重风险的综合能力。进入中国特色社会主义新时代，每一步战略目标的实现都必然伴随高风险的重大安全挑战。这些重大安全挑战，既有来自国内的，也有来自国际的，既包括经济、政治、文化、社会风险等，也包括军事领域各种风险等，并且各种风险很可能内外联动、相互交织、共生演化，形成风险综合体，产生连锁反应。如果发生重大风险扛不住，强国进程就可能被迫中断。这就要求我们必须把防范风险提升到新高度，力争不出现重大风险或在出现重大风险时扛得住、过得去，力争把风险化解在源头。

3. 国家安全提出新要求

国家安全提出新要求，要求提升维护国家安全的创新能力。当前我国仍处于社会转型期，各种矛盾错综复杂，同时处于中国国际地位提升与世界结构秩序和规则重构的特殊时期，国家安全呈现出国际性、系统性、全面性、交互性等特点，要求我们必须提升对国家安全重要性紧迫性的认识，增强忧患意识、危机意识和使命意识；深化对新形势下国家安全特点规律的研究，推进国家安全理论创新和思路创新，以新发展理念指导运筹国家安全，以全局视角定位国家安全，以整体思路规划国家安全；加强国家安全的全面合作，不断提升维护国家安全的综合能力和合作水平。

（二）深刻把握维护国家安全面临的新任务新要求，坚定不移走中国特色国家安全道路

党和国家的事业进入新时代，必须坚持以总体国家安全观为指导，更新价值理念，完善工作思路，健全制度机制，坚定不移走中国特色国家安全道路。

1. 坚持党对国家安全工作的领导

习近平主席指出："坚持党对国家安全工作的领导，是做好国家安全工作的根本原则。"党的十八大以来，中央决定成立国家安全委员会，研究部署国家安全工作，领导制定《国家安全法》等，目的就是建立集中统一、高效权威的国家安全体制，加强党对国家安全工作的领导。面对当前错综复杂的国内外安全环境及新任务新要求，必须不断强化党对国家安全工作领导的政治意识，健全完善党委统一领导的国家安全工作责任制，加强国家安全干部队伍建设，完善国家安全战略和国家安全政策，健全风险防控机制，切实做到守土有责、守土尽责。

2. 全面贯彻落实总体国家安全观

新时代有效维护国家安全，必须全面贯彻落实总体国家安全观，始终坚持国家利益至上，以人民安全为宗旨，以政治安全为根本，科学运筹国内与国际、发展与安全，统筹外部安全与内部安全、国土安全与国民安全、传统安全与非传统安全、自身安全与共同安全，完善国家安全制度体系，加强国家安全能力建设，坚决维护国家主权、安全、发展利益。要把人民安危置于最重要位置，严密防范和坚决打击各种渗透颠覆破坏活动、暴力恐怖活动、民族分裂活动、宗教极端活动，强化底线思维，有效防范、管理和处理国家安全风险，满足人民追求美好生活的安全需要。

3. 牢牢把握军事实力这个保底手段

国防和军队建设是国家安全的坚强后盾，军事手段始终是维护国家利益和战略底线的保底手段，是实现"两个一百年"奋斗目标和中国梦的战略支撑。必须适应国家安全环境深刻变化，适应强国强军时代要求，全面贯彻习近平强军思想，建设一支听党指挥、能打胜仗、作风优良的人民军队，把人民军队全面建设成为世界一流军队，不断提高有效塑造态势、管控危机、遏制战争、打赢战争的战略能力。

（三）用全球思维统筹发展和安全，把维护国家安全的战略主动权牢牢掌握在自己手中

当今世界处于大发展大变革大调整时期，呼唤与大国安全相适应的战略远见和全球视野。只有用全球思维统筹国家安全与发展问题，把握世界格局演变趋势，洞悉未来世界可能走向，才能牢牢掌握维护国家安全的战略主动权。

1. 始终立足国际秩序大变局统筹国家安全

当前，世界多极化、经济全球化、社会信息化深入发展，和平发展大势日益强劲，同时，地区动荡、恐怖主义、金融风险等人类共同面临的问题愈加突出。各国既享有前所未有的发展机遇，也面对全球性安全挑战，没有哪个国家可以置身事外、独善其身。随着我国发展由大向强跃升，与世界联系更加密切，对国家安全的国际环境要求更高。新时代维护国家安全，应当着眼推动构建人类命运共同体，宣扬和确立共同、综合、合作、可持续的新安全观，加强国际安全合作，坚持原则性和策略性相统一，始终做世界和平的建设者、全球发展的贡献者、国际秩序的维护者，为建设一个普遍安全的世界提供中国方案。

2. 始终立足防范风险的大前提谋求国家安全

国家安全是在应对、防范和化解风险中赢得的。当前，随着我国日益走近世界舞台中央，一些国家和国际势力对我阻遏、忧惧、施压增大；国内改革攻坚突破利益藩篱和体制性障碍，触"地雷"、涉"险滩"等风险增加。特别是各种矛盾风险挑战源、挑战点相互交织，如果防范不及、应对不力，就可能传导叠加，演变为系统性风险，甚至危及党的执政地位和国家安全。必须预先发现并尽早化解苗头性、倾向性风险，从应对最困难情况着想制定相关应急防范措施，把主要精力放在应对重大挑战、抵御重大风险、解决重大矛盾上，不断消除风险隐患。

3. 始终立足维护我国发展重要战略机遇期塑造国家安全

塑造国家安全，说到底是为了维护国家发展重要战略机遇期，确保中华民族伟大复兴进程不被滞缓或打断。党的十九大规划了我国未来30多年的发展战略，并强调："我国发展仍处于重要战略机遇期，前景十分光明，挑战也十分严峻。"实现党的十九大描绘的宏伟蓝图，要求我们必须以积极的战略运筹塑造国家安全环境，阐述和传播新型安全观，构建深度交融的经贸技术互利合作网络，扩大和拓展与各国的共同利益、交叉利益，妥善处理国家间利益冲突，加强国际安全领域合作，构建安全共享、安全共担、安全共建、安全共赢的理念和格局。

4. 始终立足实现国家长发展目标保持战略定力

越是接近奋斗目标，我们面对的前进阻力和风险压力就会越大，特别是当前影响我国国家安全的热点增多、焦点多变，容易带来各种影响和干扰，越是要有高超政治智慧和战略定力。我们要善于从政治全局上观察问题、分析问题，善于从战略上把握大势、研判走势，善于从纷繁复杂的表象中把握事物本质，于在重大问题上深思熟虑、谋定而动，保持战略定力、战略自信、战略心，不断提升国家安全工作的前预见力、战略谋划力、主动塑造力和综合施策力，从而把维护国家安全的战略主动权牢牢掌握在自己手中。

五、新兴领域的国家安全

新兴领域是国家安全和发展利益的拓展区，是世界大国争夺战略主动权的博弈区，谁能占领先机、最先在此领域取得突破，谁就能占据战略主动权。未来战争胜负不再取决于陆、海、空等传统领域作战实力的大小，而是取决于对深海、太空、网络等全球公域深、远、新边疆的控制能力。海洋、太空、网络空间等领域成为未来战争胜负新的较量场，也是新质战斗力生成的新空间。当前世界各大国已围绕新兴安全领域战略主导权展开激烈竞争。

（一）捍卫国家海洋安全

海洋是国家安全的重要屏障，关系国家长治久安和可持续发展。维护海洋安全必须突破重陆轻海的传统思维，高度重视经略海洋、维护海权。建设与国家安全和发展利益相适应的现代海上军事力量体系，维护国家主权和海洋权益，维护战略通道和海外利益安全，参与海洋国际合作，为建设海洋强国提供战略支撑。

进入新时代，世界安全形势风云变幻，我国的海洋安全问题也呈现出一系列新的特征和变化。习近平总书记审时度势，着眼实现中华民族伟大复兴的中国梦在深刻分析海洋安全重要地位和作用的基础上，强调要顺应国家发展需要、顺应党心民意，强调要坚决维护海洋权益的既定战略和政策不动摇。着眼从维护国家安全全局高度，从加强海上力量建设维度，从制定海洋总体战略角度来布局海洋安全。

（二）维护国家太空安全

太空是国际战略竞争制高点。有关国家发展太空力量和手段，太空武器化初显端倪。中国一贯主张和平利用太空，反对太空武器化和太空军备竞赛，积极参与国际太空合作。密切跟踪掌太空态势，应对太空安全威胁与挑战，保卫太空资产安全，服务国家经济建设和社会发展，维护太空安全。

直面新形势、新挑战，我们必须以总体国家安全观为指导，着眼国家安全全局与长远发展，从战略高度对国家太空安全进行科学筹划。当前，应重点从以下几方面加快推进国家太空安全体系建设：全面实施"太空优先"国家战略；加快健全太空军事力量体系；全方位培养造就太空安全人才；高度重视太空安全软实力建设。

（三）保障网络空间安全

网络空间是经济社会发展新支柱和国家安全新领域。网络空间国际战略竞争日趋激烈，不少国家都在发展网络空间军事力量。中国是黑客攻击最大的受害国之一，网络基础设施安全面临严峻威胁，网络空间对军事安全影响逐步上升。要加快网络空间力量建设，提高网络空间态势感知、网络防御、支援国家网络空间斗争和参与国际合作的能力，遏控网络空间重大危机，保障国家网络与信息安全，维护国家安全和社会稳定。保障网络空间安全主要包括以下几个方面内容：坚定捍卫网络空间主权；坚决维护国家安全；保护关键信息基础设施；完善网络治理体系；夯实网络安全基础；提升网络空间防护能力；强化网络空间国际合作。

思 考 题 五

1. 对当前国际战略格局应如何认识？
2. 当前国际战略格局呈现哪些新的热点和形式？
3. 目前战略格局转变的主要特点是什么？
4. 美国现行的军事战略是什么？
5. 我国地缘环境的主要特点是什么？
6. 当前我国周边安全环境的主流表现在哪些方面？
7. 我国国家统一的主要精神是什么？
8. 简述我国当前安全环境中有哪些不稳定的因素？

第六章 现代战争

第一节 新军事革命

军事革命是军事领域各个方面、各个层次发生根本性变化的一种社会现象,是社会变革的重要组成部分。军事革命的时机通常与社会生产力的发展状况和生产关系的变化相联系,并往往在社会变革中发挥先导作用。

一、新军事革命的基本内涵

新军事革命是指当代军事领域内军队组织体制建设训练和军事技术、战争形态、军事理论、作战方式、后勤保障等方面在整体上同时发生的根本性变化。其主要内容包括:军事技术革命、武器装备革命、军事组织体制革命和军事理论革命。其基本目标为:建立小型、高能量的信息化作战力量,实施有区别的精确的作战。其中,建立小型、高能量的信息化作战力量,是现代科学技术高度发展的物化的结果,也是人类一种具有划时代意义的主观要求;实施有区别的精确的作战,既是新技术革命的最终成果的表现形式,又是新军事革命追求的根本目标。新军事革命已成为塑造信息时代的新式装备、新型军队、新型战争等新的战争机器和新的战争机制,以及各国谋求未来战争主动权和维护世界和平的时代命题。

新军事革命的内涵十分丰富。但是军事革命受政治、经济、科技、军事、文化、民族、地理等因素的影响,受自然科学、技术科学、社会科学的影响,又由于各个国家的军事发展、文化底蕴和人的思维方式不

第六章 现代战争

同,因此,不同的国家和军队在不同的历史条件下对军事革命的认识也不尽相同。

二、新军事革命的发展演变

军事领域是社会形态的一个重要组成部分,军事革命是社会变革在军事领域的反映,受社会发展规律的支配。20世纪四五十年代,以信息技术为核心的高技术群的飞速发展,人类社会由工业社会向信息社会过渡。50年代末世界上出现集成电路,微电子技术开始渗透到人类社会生活和生产的各个领域,以信息技术、生物技术、新材料技术、新能源技术、空间技术和海洋技术为基础的新技术革命蓬勃兴起。新技术革命的成果如光纤技术、激光技术、红外技术、束能技术、人工智能技术、精确制导技术、超导技术、隐身技术等在军事领域的广泛运用,特别是微电子技术在军事领域的运用,引起军事技术的深刻变化,促进了武器装备的更新和变革,一场以信息技术为龙头的新军事革命悄然兴起。60年代,在美国、苏联和北约军队中,作战平台和武器系统计算机化,开始了军事信息革命的第一阶段:军事传感技术革命。70年代,以指挥控制、情报探测为内容的确保信息畅通的 C^3I 系统在军事上的运用,标志着军事信息革命进入第二阶段。70年代末80年代初,美国军方唐·斯塔利将军等,通过总结越南战争和第四次中东战争的经验,提出"空地一体战"理论,标志着传统战争观念和作战理论开始变革。在"以理论牵引技术"的思想指导下,唐·斯塔利等制订了与"空地一体战"理论相适应的武器装备发展、体制编制调整和教育训练改革计划。80年代开始,世界主要国家开始充分运用军事技术成果,新武器系统逐渐装备部队,军事作战理论和体制编制开始发生明显变化。

1991年爆发的海湾战争,表现了与以往战争不同的特点,显示了未来信息战争的雏形,标志着"军事领域发生的根本性变革的时代"已经到来。海湾战争前,军事领域进行的这场新军事革命,以军事技术革命为主体,是新军事革命的初级阶段。这一阶段,军事技术发展对军事技术革命和军事革命起了主导作用。海湾战争后,世界上的一些主要大国,根据海湾战争反映出的新特点,为了谋求在未来世界战略格局中的有利地位，占领世界军事斗争的制高点，纷纷对军事战略进行调整，创造新的军事理论，制定新的战略战术，以新的军事理论指导军事技术和武器装备的发展，完善技术含量高的作战体系，通过模拟对抗训练和演习，实现理论的先导作用，推动新军事革命进入高级阶段。进入21世纪后，世界新军事革命开始加速发展，目前正在以更快的速度向更广泛的领域加快发展，进入了全面质变阶段。

三、新军事革命的主要内容

当前这场新军事革命是一场内涵极为丰富的革命，它发生在工业社会走向信息社会的时代，以信息技术为核心，并得以最广泛地使用，将引起武器装备、作战理论和组织体制等一系列根本性的变革，它将是一场彻底改变战争形态、作战样式以及军队建设模式的革命。其主要内容包括以下四个方面。

（一）新军事技术

军事技术的进步是军事领域一切变革的物质基础。恩格斯指出："暴力比其他一切都更加依赖于现有的生产条件。"回顾人类战争演化的历史可以看出，科学技术的发展，必然导致军事技术的进步。新军事技术革命产生于20世纪50年代，经历了以下三个阶段。

1. 军事工程革命阶段

军事工程技术是军事科学技术的部分。军事科学技术的发展导致全新武器类型的问世，而军事工程技术的进步则只能促使同类武器更新换代，使其性能一代比一代提高。这次军事工程革命始于第二次世界大战期间，止于20世纪80年代。它起到的作用是，通过采用新的工程工艺技术而非新的科学技术，使各种武器和作战平台的大部分性能达到或接近物理极限。到20世纪80年代中期，导弹、飞机、舰艇的最大射程或航程已经接近或达到20000 km，可以攻击、抵达世界任何地点的目标。在杀伤破坏力方面，核爆炸的威力已相当于TNT炸药的千万吨级，达到物理能量释放的极限。运动速度方面，飞机最大时速已达到3马赫，舰船最大时速已达到30多节，坦克平均时速已达到50多km。军事工程技术革命，仍属于工业时代军事形态的范畴。它使绝大部分主战装备的射程、航程、速度、杀伤破坏力等性能指标，达到或接近物理极限。要突破这些极限，不是不可能，只是提高的幅度太小，费用太高，效费比太低。只有进行大胆创新，另辟蹊径，进行装备革命，才能改善这一问题。这就使得工业时代的机械化战争走向成熟和顶点，同时也为信息时代信息化战争的来临奠定了基础。

2. 军事传感革命阶段

到海湾战争时，人造卫星已可携带照相、雷达和红外传感器材，对目标的探测不再受距离的限制，弹道导弹一离开发射井就会被发现，停在机场或港口的飞机和舰船也可看得一清二楚，这就是军事传感革命带来的结果。军事传感革命既是战后军事技术革命的第二阶段，也是军事信息革命两个阶段中的第一阶段。

军事传感革命始于20世纪70年代初的美国、西欧各国和苏联的军队中，主要表现为单个作战平台的计算机化、武器的系统化和武器精度的极大提高。由于计算机具有图像放大、数据处理与显示等功能，传感器材的灵敏度有了很大提高。武器系统化是指原来由几件装备履行的作战职能，现在由一个武器系统来完成。武器的控制系统装上计算机实现自动化后，其性能大大改进，战术导弹真正具备了超视距制导能力。单个作战平台可探测和跟踪目标，并用远程导弹或制导鱼雷等对其实施超视距攻击。军事传感革命导致的最重要成果，是侦察与监视能力的极大提高。无论是侦察的时域、空域，还是频域，都大大地扩展了。不仅能在地面上进行侦察，还能在空中、海上、水下、太空实施侦察；不仅能在白天侦察，也能在夜间及不良天候条件下进行侦察；不仅能用目视和光学器材进行侦察，还能用声频、微波、红外各个波段进行侦察。战场指挥官凭借军事传感革命提供的"千里眼、顺风耳"，便能迅速、准确、全面地掌握敌情、我情，跟踪和预测敌军的未来行动，为克敌制胜创造有利条件。

3. 军事通信革命阶段

军事通信革命是军事技术革命的第三阶段，也是军事信息革命的第二阶段。它始于20世纪70年代末，主要指以指挥、控制、通信、计算机、情报与侦察、监视系统，即C^4ISR为代表，各种兵力兵器和各作战单元之间的探测、侦察跟踪、火控、指挥、攻击、毁伤评估一体化,实现"整体力量综合"。军事通信革命的技术基础是传递信息的通信技术和网络技术。现代通信技术发展日新月异,在光纤通信、数字通信和卫星通信三个领域取得突破性进展。采用光纤通信技术,通信容量可以增加10万倍,一对光纤目前可以传递几十万路电话、几十套彩色电视线路。由于光的频率极高,无线电波无法与其相碰或穿透,难以干扰,因此光纤通信不会产生串音、失真,误码率极低。用它传输声音清楚,传输数据准确,传输图像清晰。采用数字通信技术,可把原来在时间上连续的语言、图像信号,变成二进位数字式信号传送出去,收到后再还原成连续信号,与模拟信号相比,它抗干扰性强,能适时进行整形再生,能除去噪声和防止失真,保证远距离、高质量传输。它的最大特点是能直接利用计算机处理、接收信号,便于贮存、控制和交换。随着大型计算机的使用,利用数字通信建立数字通信网和互联网,可以加速信息网络化的进程。采用卫星通信技术,可以大大提高国际间长途通信、远距离移动通信的效率。卫星定点在 3.58 万 km 高空,能覆盖地球的最大跨度达 1.8 万 km,相当于 360 多个中继站组成的微波中继线路。据不完全统计,各国发射在静止轨道上的国际通信卫星已近百颗,其中多数能够为军事指挥系统服务,成为 C^4ISR 系统中远距离通信的主要手段。

(二) 新武器装备

新军事技术的出现,必然导致新武器装备革命的发生,以军事信息技术为核心的军事高技术群,正在并且必将使武器装备发生时代性的变革,即由机械化兵器发展为高技术信息化兵器。新武器装备主要由信息化作战平台、信息化弹药、单兵数字化装备、军用智能机器人和 C^4ISR 系统组成。此外,还有大量隐形武器和新概念武器。

1. 信息化作战平台

作战平台主要包括坦克与装甲车、火炮与导弹发射装置、作战飞机与直升机、作战舰艇等武器载体。信息化作战平台装有大量的电子信息设备,与 C^4ISR 系统联网,是该系统的节点。它们不仅装有多种信息传输设备,可以探测敌方目标,为实施精确的火力打击提供目标信息,而且还有足够的计算机系统及联网能力,可以为各种作战行动提供及时有效的辅助信息。信息化作战平台除了能充分利用己方和敌方信息外,还有拒止敌方利用己方信息的能力,有侦察、干扰、欺骗功能。

2. 信息化弹药

信息化弹药,即精确制导弹药,主要包括巡航导弹、末制导导弹、反辐射导弹、制导炸弹、制导炮弹、制导地雷等。实际上,它们都是能够获取和利用目标的位置信息,修正自己的弹道,以准确命中目标的弹药。目前,战役战术制导弹药的命中精度,近程的已达 $0.1\sim1$ m,中程的小于 10 m,远程的为 $10\sim15$ m。空中投放的激光制导炸弹,已达到了"直接点命中的最佳效果"。精确制导弹药已经具备了"发射后不管",自主识别和攻击目标的能力。精确制导弹药与普通弹药相比,作战效益可提高 $100\sim1000$ 倍,效费比可提高 $30\sim40$ 倍,不仅大大提高了武器作战的效能,而且减少了弹药运送和兵器出动数量,减少了人员的伤亡。

3. 单兵数字化装备

单兵数字化装备是 21 世纪士兵在数字化战场上使用的"人机一体化"的多功能装备。它由头盔、单兵武器、通信装置和军服四个系统组成。头盔内装有红外摄像仪、高分辨率平板显示镜。士兵戴上它可接收指挥所传送的多种信息,并能把侦察到的情况传回指挥所。单兵武器包括激光枪、电子—电磁武器、高灵敏度反单兵雷达等。这些武器均装有红外探测器和高效瞄准具,集观察、瞄准、射击于一体,能完成昼夜监视、跟踪、精确射击等任务。单兵通信装置包括对讲机和全球定位系统计算机,用于无线电联络和方向识别定位。军服不仅防核、生、化沾染,阻止弹片袭入肉体,还有内装式微型空调器,可抵御严寒和酷暑。

4. 军用智能机器人

军用智能机器人是指能代替士兵进行各种军事任务的机器。军用机器人的战场用途十分广泛:既可驾驶坦克,操作火炮,直接遂行战斗任务,也可进行侦察、观测、监视工作;既可携带地雷、炸药攻击桥梁等目标,也可运送弹药和物资;既可完成排雷、布雷等危险任务,也可清除障碍,维修装备,护理伤员。某些西方未来学家预言,在未来战争中,突击部队很可能是一支军用机器人装甲部队,其后才是由真人组成的部队。

5. C⁴ISR 系统

C⁴ISR 是军队的"神经和大脑",能把战场上的各个作战单元充分地联系在一起,通过指挥、协调和控制,发挥出最佳的整体效能。C⁴ISR 系统由传感、导航、指挥和通信四大部分组成。传感系统通过探测卫星、预警卫星、雷达、无线电监听、侦察机等获取情报,监视敌方行动。导航系统通过导航卫星与导航雷达向地面部队、海上舰艇和空中飞机通报它们与目标的准确位置。指挥中心将收集的各种情报自动进行综合分析,并将敌我双方的态势显示在屏幕上,供指挥员判断情况定下决心。通信系统用来完成情报和命令的传输,主要由传递信息的各种信道、交换设备和通信终端设备组成。

在新军事革命的推动下,隐形武器和新概念武器也将伴随信息化武器装备的发展而发展。在未来的信息化战争中,战场将十分透明,能被发现的目标,十有八九就会被摧毁。因此,各国都非常重视用瞒天过海的军用隐形技术,研制各种隐形装备,以减小雷达反射截面、降低红外辐射特征、减弱声响与噪声、缩小目视探测距离,提高武器装备的生存能力和作战效能。新概念武器是指结构形态、工作原理、杀伤机制、杀伤效果等均不同于传统兵器的武器。从目前看,新概念武器主要包括激光武器、粒子束武器、微波武器、等离子体武器、次声波武器、"材料束"武器、动能武器、基因武器、气象武器、计算机病毒等。与传统武器相比,新概念武器的特点是:武器形态不拘一格,且多样化;具有多种作战激光武器作战示意图效能,综合功能强;设计思想新,使用的材料新,结构方式新。

(三) 新军事理论

武器装备的发展必然推动军事理论的创新随着作战仿真、虚拟现实等高技术进步,军事理论革命对武器装备发展、高技术条件下的作战与指挥、军队的建设等产生了巨大影响。军事理论革命的实质是:把工业时代的机械化战争理论发展到信息时代的信息化战争理论。自新军事革命开始以来,各国军事理论家和领导人对信息时代的军事理论进行了大量探索性研究,提出了许多新概念、新观点、新看法。

1. 国家安全观有了新变化

国家安全观是军事理论的重要组成部分,是人们对维护国家安全与稳定的总看法。随着信息时代的到来，以及人类社会结构的日趋网络化，信息不仅将在社会生活的各个领域发挥越来越大的作用，而且将对传统的国家安全造成巨大的冲击，产生深远的影响。信息时代呼唤新的国家安全观，要求我们从更广的视野、更深的层面观察与处理国家安全问题。在军事安全方面，既要看到有形的挑战，又要注意无形的威胁。在政治思想安全方面，要打好政治信息战，防止他国操纵政治舆论。在经济安全方面，要高度警惕敌方实施经济信息攻击和经济信息封锁。在文化安全方面，要采取得力举措，抗拒"文化侵略"。

2. 战争观有了新内涵

在信息时代，战争形态向信息化和可控化的方向发展：新军事革命一方面使人类有意识地从技术上实现对战争的手段和过程加以控制，由机械化战争向信息化战争转变；另一方面使人类有意识地从政治上实现对战争的目的、效果加以控制，由绝对性全面战争向可控性局部战争转变。战争观的新内涵主要包括以下几个方面：一是战争的内涵不断扩展。传统的战争是流血的战争；而未来的信息化战争，流血的战争与不流血的战争同时存在。二是战争的目的是迫使敌方屈服。信息化战争的目的是遏制敌方企图或使敌方屈服，实现目的以最小的代价为前提。三是战争的规模和进程受到制约。进入信息时代，战争时间大大缩短。信息化、网络化为战争在时间和空间上提供了精确打击和全纵深作战的手段，避免了无限制地使用暴力持久对抗，战争指导者有能力对战争规模和进程进行有效控制。四是战争的附带损伤减少。附带损伤是指与战争目标无直接关系或根本无关的破坏。在信息时代，战场实现了数字化和一体化，做到了精确侦察、精确定位、精确传递、精确指挥、精确机动、精确打击、精确评估，使作战实现了精确化，使非打击目标的附带损伤可以减小到很低程度。五是战争的焦点是争夺制信息权。对信息系统的打击与反打击，赢得网络和电磁频谱控制权，成为控制战争全局的关键性因素。谁掌握了它，谁就取得了胜利的主动权。

3. 作战思想有了新发展

作战思想或作战理论是军事思想或军事理论的核心内容。新军事革命导致的最深刻的变革是作战思想的变化与发展。

（1）小战中有大内容。冷战结束后，世界进入"和平与发展"的新时期，大战虽近期难以爆发，但小战此起彼伏。其实所谓的"小战"并不"小"，小战中经常有大内容，是值得我们关注的一个重要现象，其主要表现有以下三点：一是有明显的国际性特征。往往一场小规模的局部战争或武装冲突，也会引起许多国家关注，甚至插手或参与其间，使小战成为"二元对抗多元化""双边关系多边化"的国际争端。二是战场空间广大。小战的主要作战地域十分有限，但涉及广大的作战空间，即涉及外层空间的军事侦察卫星、几千千米之遥的远程打击兵器发射平台和远距离投送兵力的军事基地。三是综合国力的较量。今后的小战物资消耗量大、技术含量高，也是系统与系统的对抗，是国家整体力量在一个局部战场上的较量。

（2）破坏敌作战系统结构成为作战的主要目标。在信息时代，先进的 C^4ISR 系统把各种作战力量和作战要素联成一个整体，当整体的一些关节点遭到破坏时，虽然作战力量和要素还存在，但整个作战系统已丧失了功能。因此，在信息时代，作战目标的选定不是着眼于敌人的有生力量，而是破坏敌人作战系统结构，例如信息指挥系统、保障系统、预警系统、火力系统的结构，使敌人从整体上失去作战能力。这种超越打击、结构破坏的作战思想已经在海湾战争和科索沃战争中得到运用和检验。

（3）集中兵力的内涵将发生变化。集中兵力自古以来是作战思想中极其重要的一条原则，即把自己的兵力兵器集中用于主要作战方向和主要目标。在未来的信息化战争中，集中兵力的内涵将不再是兵力兵器的集中，而是强调火力和信息力的集中。在高技术武器已经具备远程精确打击能力的条件下，不需要集中部署，甚至在远离战场的地方，就可以集中火力打击主要方向乃至整个战场中的重要目标。集中部署兵力兵器反而容易遭到对方的毁灭性打击。随着武器系统信息化、精确化程度的不断提高，其火力效能的发挥越来越依赖于 C^4ISR 系统的支持，集中信息作战能力已成为集中火力的先决条件和有效保障。所以，集中兵力的内涵发展为首先集中信息力和火力，而疏于配置兵力和兵器。

（4）实行联合作战。在信息时代，战争出现了陆、海、空、天部队一体化联合作战的情况,所谓联合作战,就是由地位平等的各军兵种部队共同实施的统一作战行动。各军种之间是平等伙伴关系,各有优势和特长,通过优劣互补,整体协调,统一指挥,形成强大的综合作战能力。C^4ISR 系统为联合司令部提供统一指挥、控制部队的条件,太空作战可以为所有参战部队提供情报、通信支援,各军种的武器可以在同一时间,对同一地区、同一目标进行攻击。联合作战已成为信息化战争的必然趋势和制胜关键。

4. 作战行动有了新样式

信息时代的军队,将主要依靠精确制导武器、信息指挥和支援系统进行作战。这将引起部队的部署、作战纵深以及进攻作战、防御作战等发生重大变化,出现系列崭新的作战样式。

(1) 指挥控制战。指挥控制战是信息作战的一部分,其实质是:在保护己方指挥控制能力的同时,削弱或破坏敌方的指挥控制能力,以便最终夺取"制信息权"。指挥控制战适用于战争的各个阶段。指挥控制攻击的目的是:通过攻击敌信息系统,特别是该系统的薄弱环节和关键相关设施,破坏敌指挥控制能力,使敌指挥官无法了解战场情况、最终因得不到信息,患"信息饥饿症"而就范。由于敌信息系统十分庞大复杂,在实施进攻时,要使用多种手段,既进行"硬摧毁",也实施"软杀伤",以便切断敌信息流的"主脉"。由于己方信息情报系统不可避免地存在易受攻击的弱点,因而要使己方保持有效的指挥控制能力,就必须严密地组织与实施指挥控制防护。

(2) "虚拟现实"战。"虚拟现实"战是利用"虚拟现实"技术创造的逼真作战环境与敌方进行的模拟演习式的作战行动。其目的是不动一兵一枪,便使敌人就范。以下三种情况都属于"虚拟现实"战:一是在战争进行过程中,用虚拟现实和计算机成像技术制出敌国最高统帅的影像,让他发表不利于战争继续进行的言论,如让其通过本国电视系统宣布,鉴于某种原因,与敌方休战,军队全部撤回。二是用虚拟现实技术创造"虚拟部队"或"虚拟机群",让敌方从卫星或雷达上观察到的这支作战力量来自东方,而实际上来自西方的一支真实部队正准备发起攻击。三是创造宗教全息声像,动摇敌方军心。

(3) 精确战。精确战是对敌目标实施精确打击所造成的附带毁伤很小的一种作战样式。它的主要特点是：第一，在这种作战中使用的武器装备的信息技术含量高；第二，实施这种作战依赖于透明度很高的战场。使用信息技术含量高的武器系统，可在很远的距离上、以很高的精度攻击和摧毁敌目标。战场透明后，己方部队可以更快地获取信息，加快"查明情况-定下决心-采取行动"这一周期性活动的进程，更迅速、更准确地抓住战机从而使作战行动比以前更加精确、更具致命性。在实施精确战时，应做到：迅速查明敌防御重心、"胜负决定点"等"关节点"；除非绝对必要，避免进行会使双方造成重大伤亡的"决战"；分散配置部队，只短暂地集中兵力，以摧毁关键目标；尽可能使用远战精确火力，特别是在压制敌防御兵器时更应如此。

(4) 全纵深同时作战。在未来的信息化战争中，全纵深同时攻击将成为一种重要的作战方式。这是因为在作战空间的全正面、全高度、全纵深同时或几乎同时打击敌方多个重点目标，可使敌防不胜防，丧失还手之力。实施全纵深同时作战，要注意以下几点：第一要合理地计划目标。要对即将打击的敌目标进行统计定位和分类。这些目标不仅包括必须摧毁的硬目标，也包括需要"软破坏"的软目标，如敌军士气、民众的"信念"等。第二，要使用多种手段。包括硬杀伤手段和软杀伤手段，如空军部队陆军航空兵部队、地面机动部队、特种作战部队、远程精确打击火力、电子战、心理战、计算机病毒等。第三，要使用配有高分辨率电视、无胶片摄像机、前视红外雷达的无人驾驶飞机和分散配置的传感器系统，以实时地对目标进行探测、识别、定位和跟踪。第四，要使用非核电磁脉冲发生器、天基信息干扰系统和计算机病毒，以取得电磁频谱优势，使敌丧失自动化指挥能力。第五同时攻击不是无重点的攻击，要集中兵力兵器攻击敌重心，特别是敌指挥控制系统。

(四) 新军事组织体制

新军事组织体制，在新军事革命的四项基本内容中进展最慢，是军事技术、武器装备、军事理论革命的最后结果，也是完成新军事革命的标志。目前，尽管在新军事革命的各项要素中，军事组织体制变革的步子最小，但从西方国家改革军事组织结构的构想和长远规划中，仍能看到其变革的基本走向和发展步骤。

1. 军队规模将进一步缩小

随着新军事革命的发展,未来战争将由高技术对抗代替人力的直接对抗,原来主要依靠体能、技能来使用机械化武器装备的部队,将被主要靠智能来使用信息化武器装备的部队所代替。因此,发达国家纷纷裁减军队的数量。从发展趋势看,大国军队的规模还将进一步缩减。其原因是较长时期内发生世界大战的可能性减小,高技术信息化军队的作战效能大大提高,战争不以夺域占地为主要目的,信息化军队建设费用昂贵,保持大规模的军队财力难以承受。

2. 军事力量结构将不断优化

未来信息化战争的技术密集和结构整体性特征,必然促使军事力量的组成比例发生新的变化。为了构建信息化军队,各大国都在调整优化军事力量结构。在武装力量构成上,现役兵力的比例将下降,预备役兵力的比例将有较大幅度上升;在核力量和常规力量的对比上,常规力量的地位将上升,核力量的数量将相对下降;在陆、海、空三军兵力的对比上,陆军兵力所占比例将下降,海、空军兵力比例将上升;在战斗部队与保障部队的比例上,战斗部队相对减少,保障部队增多;在保障部队中,技术保障兵力将增加,勤务保障兵力将减少;在技术兵力中,计算机网络和电子对抗等信息战兵力将增多,一般技术兵力将减少;在轻、重型部队的对比上,轻型部队比例上升,重型部队比例下降;在官兵比例上,军官比例将增加,士兵比例将减少;在军官的构成上,技术军官比例将增大,指挥和一般参谋军官比例将缩小;在士兵和士官的比例上,士兵比重将下降,士官比重将上升。此外,各国都在加强电子战部队建设,创建新的军兵种和部队。

3. 作战指挥体制将"扁平网络化"

为了适应信息时代和信息战的要求,发达国家的军队正在酝酿变"树"状体制为扁平形"网"状体制。这种指挥体制的结构特征是:外形扁平,横向联通,纵横一体。外形扁平要求纵向减少指挥层次,缩短信息流程。横向联通是指不仅平级单位之间直接沟通联系,各作战平台之间也能实时交换信息。纵横一体,就是实现信息流程最优化,流动实时化，信息采集传递、处理、存储、使用一体化。"网"状指挥体制的突出优点是生存率高。网络节点多，切断一条线，还可以通过迂回，形成多条通道。同时适应指挥决策分散化的要求，下级指挥员可以实时决策、实时指挥。

4．部队编制将小型化、一体化、多能化

在军队建设和编制体制方面，数字化步兵师、航空航天远征部队等新型部队在战争中初试锋芒。适应作战编组灵活、多能的发展要求的小型化、合成化的军队编制表现出强大活力。如伊拉克战争中，美英联军以师或旅进行作战编组，基层作战单元合成化程度大大提高，作战能力显著增强。

未来兵力编组的趋势是向多元一体化的方向变化，这种多元一体化的编组正从单一军种内的多兵种合成编组，向跨军种甚至全军种的联合编组过渡，最终将实现真正的陆海空一体化部队的形成。这将打破军种界限，不再以传统武器性能分别编组，而是以信息武器为神经骨干，根据不同的任务将使用各种武器的部队聚合在一起。部队编制多能化是指为了适应战争多样化的特点，针对不同时机、不同规模、不同对象的作战要求，建立不同使用范围和不同功能的部队。有适应打高强度战争的重型部队，也有适应打中、低强度战争的轻型部队，还有对付"亚战争行动"或"非战争行动"的反恐怖、反劫持、反走私以及维持和平的特种部队等。

5．纯军事组织中将出现军民结合的机制

在信息时代，主宰武器系统的信息技术和信息装备具有军民两用的双重性质。计算机、卫星通信、遥控遥感设备，既可用于军事目的，也可用于气象、地质勘探等商业目的。信息的这种军民共享性，随着军队对信息系统依赖的加深和民用信息系统在信息化战争中使用比重的增大，必然会出现军民合作的机构和运行机制。军事航天部门和民用航天部门很可能最先合并在一起。在军队装备采办方面，新军用技术开发之初就必须考虑它的民用前景，以便使其尽快转化为生产力；而在市场上可以买到的新技术，就不必由军队另起炉灶，从头做起，这样可以大大节约装备采办费。在后勤保障方面，随着技术、生产、筹措方式的进步，特别是高技术装备的供应越来越多，维修越来越复杂，后勤只有依托社会的技术和保障力量才能适应高技术信息化作战的需要。在人才培养方面，信息化战争对军队人员的适应水平要求越来越高，军队内部已难以独立培养全面的军事高科技人才，这也会驱使军队教育系统和人员来源出现民间化趋势。因此，世界主要国家已开始推动军队装备采办体制、后勤保障体制和人才培训体制向军民一体化方向发展。

第二节 信息化战争

一、信息化战争的基本概念

运用信息、信息系统和信息化武器装备进行的战争被称作信息化战争。它以信息技术为核心，通过信息网络系统，综合运用作战保密、军事欺骗、电子战、心理战和实体摧毁等手段对敌方的信源、信道和信宿实施有效控制，进而瓦解或摧毁敌方战争意志、战争能力、战争潜力的军事活动。

信息化战争，是依托网络化信息系统，使用信息化武器装备及相应作战方法，在陆、海空、天和网络电磁等空间及认知领域进行的以体系对抗为主要形式的战争。是信息时代战争的基本形态。

从信息化概念的提出至今，无论是对信息化概念本身，还是对社会信息化、军事信息化或战争信息化，学术界的认识并不完全一致。关于军事信息化，就有许多不同的理解。有的认为："所谓信息化，就是充分利用当今迅速发展的信息硬件和软件技术，把一个个分散的军队创新子系统综合集成为一个一体化的大系统，并运用信息时代的军队创新方法，提高军队创新体系在军队信息化建设领域中的创新能力。"这个定义是从军事创新角度认识信息化的，核心是用信息技术综合集成，形成大的系统，目标在于"提高能力"。也有的认为："军队信息化建设，是以提高信息能力为根本目的，以'系统集成'为主要途径，最终把以物质和能量为主要作战能力构成要素的、适于打机械化战争的机械化军队，建设成以信息和知识为主要作战构成要素的、适于打信息化战争的作战化军队的过程"。这个观点也强调信息化是一个过程，是一个以提高能力为目标的系统集成过程。还有观点认为：信息化由"四大要素"构成，也就是数字化、网络化、精确化和智能化。其中，数字化是条件，网络化是基础，精确化是目的，智能化是方向。它的本质就是系统化，就是借助数字和网络，最大限度地发挥信息的"链接""融合"与"倍增"功能，实现人与武器、人与战场的最完美结合。

二、信息化战争产生的动因和国际背景

（一）信息化战争是信息技术催化的产物

由于光缆通讯、计算机技术、虚拟仿真及传感技术、信息联网及数字化网络技术的出现，并逐渐形成社会的网络化、系统化和一体化。由于这种不断加快的社会网络化、系统化和一体化通过计算机和通信网络把国家的军事、政治、经济、文化等领域联为一体的发展趋势，为信息化战争的产生提供了物质技术基础，也为新时期研究信息化战争的战争形态、攻防手段、信息化战场及数字化军队建设，数字化武器装备建设，信息化战争的目的、任务、性质等信息化战争观等理论提供了物质基础。

（二）信息化战争是人类社会进入信息化时代的突出表现

以美国为首的发达国家，在开发利用信息网络技术方面，不管是军用还是民用方面都在世界上处于领先地位。美国推行"横向一体化"的原则，把军用和民用的网络技术互相兼顾，充分利用民用信息网络技术尖端成果来建设数字化军队和发展信息化武器。于是，以美国为首的发达国家，首先出现了信息化技术含量很高的 C4I 系统，信息化战场、数字化军队、信息化弹药、信息化作战平台以及信息化高速公路、战场信息高速公路等，如美国的"路易斯安娜演习战斗实验室"，英国的"作战地理仿真研究中心"等。在发达国家的带动下，不少中小发展中国家也纷纷调整军事发展战略，加快筹建数字化战略部队和"虚拟仿真训练中心"等相应的信息化技术含量很高的军事机构。

（三）信息化战争是新军事变革推动的结果

新技术革命必将猛烈地冲击传统的军事思想和战争观念，引发一场新的军事变革。20 世纪 90 年代以来发生的世界性的军事变革。是在表现为军事技术和武器装备的根本性变化基础之上的，包括作战理论、作战方法、军队体制编制等军事领域各方面的全面变革。它给军事形态带

来的影响实质上是一场军事信息化的革命，而信息化还成为军队战斗力的倍增器。从而，新军事变革推动了信息化战争的形成和发展。

（四）霸权主义是信息化战争产生的根源

在世界上信息技术处于领先地位的美国一贯追求的是以美国为首的单极世界"世界领导权"（即全球霸权）。美国在其主旨的信息化战争中关于"级差"原则指出："与农业国家和工业国家交战时，同样打信息化战争，不降低自身的级差去进行农业和工业时代的战争"。美国出于自身的政治目的和国家利益以及它的科技优势和综合国力优势，在信息化时代的国际事务及军事活动中推行霸权主义是必然的，由此引发其他一些国家和地区推行信息霸权主义的可能性也存在。信息时代的信息霸权主义是信息化战争产生的根源。美国要推行信息霸权主义，就必然会产生反信息霸权主义。广大中小国家为了自己的生存与发展，为了创造一个有利的发展空间和良好的国际政治、经济和信息的新秩序，进而有一个良好的国际环境，必然要在信息化技术研究、信息化作战平台建设、信息化、数字化军队及其武器装备建设乃至在进行信息化战争方面，采取相应的反对信息霸权主义方面的措施。

三、信息化战争的基本内容

信息化战争所包含的内容是多方面的，有专家把它归纳为：一个核心，两大支柱，三个能力，四种形式。

一个核心：指挥控制战。即在情报信息系统的支援下，综合运用军事欺骗、作战保密、心里战、电子战和实体摧毁等手段，攻击包括人员在内的整个敌方信息系统，破坏敌方信息流，以影响、削弱和摧毁敌方指挥能力，同时保护己方的指挥能力免遭敌方类似行动的攻击。在信息化战争中，指挥系统是整个战场信息获取、控制和利用的心脏，是整个战场的神经中枢，保卫或摧毁这个心脏和神经中枢，加强或削弱、消除这个心脏和神经中枢都是信息化战争的首要任务。因此，指挥控制战是信息化战争的核心。

两大支柱：数字化战场和信息化军队。数字化战场是由覆盖整个作战空间的通信系统、情报传输系统、计算机与各级指挥终端组成的，能指挥所属部队并能够提供与作战有关的大量实时信息的综合网络系统，亦称之为战场信息高速公路。信息化军队即由掌握信息化弹药及装备的信息化士兵所组成的，以"信息为作战基础"的全新的作战部队。美国根据其"21世纪士兵系统计划"，估计到21世纪中叶前后可能建成世界第一支信息化部队。

三个能力：全面掌握战场信息的能力；多种有效的攻击能力；对被攻击目标实施毁伤评估的能力。要打赢信息化战争必须具备这三种能力。

四种形式：精确战、计算机战、隐身战和"虚拟现实"战。

精确战是指精确与反精确的对抗。包括精确侦察预警与反精确侦察预警、精确情报传递与反精确情报传递、精确指挥控制与反精确指挥控制、精确机动定位与反精确机动定位、精确打击与反精确打击、精确毁伤评估与反精确毁伤评估。"精确"将成为未来战争的一个重要特征，而精确与反精确的对抗实质上是一种信息技术的对抗。因此，精确战将成为未来信息化战争的一种重要表现形式。

计算机战是指以计算机为作战对象的干扰与反干扰、破坏与反破坏、窃取与反窃取的对抗。随着新军事变革的实施，武器装备的计算机化将进一步加强，计算机也成为信息化战争的主要目标。计算机战主要有两种表现，即计算机病毒战与计算机网络战。

隐身战是指隐身与反隐身的对抗。隐身化已成为现代武器装备发展的一个基本趋势，也是未来战争的一个重要特征，在未来的信息化战争中隐身与反隐身的对抗将日益激烈。

"虚拟现实"战是用虚拟现实技术对敌进行信息欺骗、心理威慑等。虚拟现实技术又称为灵境技术，它是利用计算机等现代化手段来产生一种与真实环境几乎完全相同相近的图像或情景，因此，它具有很大的欺骗性。在未来的战争中信息化战争的上述四种形式的作战效益往往可以同时发挥出来。

第三节　信息化战争的基本特征

信息化战争与以往战争相比较，有许多不同的特点，主要阐述如下。

一、作战大量使用信息技术和信息化武器装备

信息化战争的首要标志是信息技术和信息化武器装备在战争中大量

使用。被称为典型信息化战争的伊拉克战争,是信息技术和信息化武器装备大量使用的典型战例。在这次战争中,美军"国防信息系统网"的通信宽带,比海湾战争时扩大了10倍;空中作战指挥中心的数据交换能力提高了100倍;投射精确弹药的比重,从海湾战争的8%飙升到68%,信息技术和信息化武器装备在军事领域的广泛运用,给战争注入了新的活力。它不仅极大地提高了作战效能,大幅度减少战斗附带损伤,而且使精确控制作战行动成为可能。随着微电子技术、制导技术和发动机技术的迅速发展,未来精确制导武器的命中精度可实现零偏差,攻击距离更远,飞行速度更快,抗干扰能力和全天候作战能力更强,性能更加完善,打击效能更加出色。

二、网络化攻击成为达成战争目的的重要手段

人们历来认为战争是迫使敌人屈服的一种暴力行为。传统意义上的暴力行为是流血的强制行为,但在信息化战争中,传统的血腥暴力相对减少,代之以一种"不流血的强制行为",即软杀伤能力。最典型的方式是网络化攻击。在信息化战争中,这种不流血的暴力打击效果往往胜过单纯的流血的暴力攻击行为。此外,还包括心理战、理论威慑、舆论威慑等多种形式。这些新的强制手段的出现,必然带来战争形态的变化。未来信息化战争在战争指导上强调的是综合强制能力的全面运用与有效配合。

三、"一体化联合"成为作战体系的基本形式

信息化战争最突出的特点是作战体系、作战行动和指挥控制的一体化。作战体系的一体化是一体化作战的基础,即通过各级C4ISR系统等信息平台和数据链,将战场上各种武器系统、作战平台、保障装备联为一体,使战区内外的作战部队、火力单位和作战保障协调行动,从而实现真正意义上的一体化联合作战。其中,指挥控制一体化是实现一体化联合作战的核心,以网络化为基础的指挥控制机制是确保联合作战整体优势的基本条件,也是制约整体作战效能的关键。

四、信息优势成为衡量战争双方力量优劣的首要标志

信息优势,即战争中在信息获取、处理、利用以及信息对抗等方面

所处的有利地位。在信息化战争中，信息优势取代火力、机动力成为衡量双方力量优劣的首要标志，成为整体作战和高效作战的前提和制胜基础，从信息优势中谋求整体对抗优势，成为信息化战争制胜的根本途径。

五、全频谱域的制信息权斗争贯穿于战争全过程

作战空间是传统的战场概念的延伸。相对于以往战争，就对战争的制约和影响程度而言，在外层空间和内层空间中，外层空间地位更加突出；在物理空间和信息空间中，信息空间对战争胜败的影响更大；在直接交战空间和相关交战空间，对相关交战空间的利用与控制，更能体现强势一方的优势。特别是信息空间，无形而无所不在，成为战争的神经系统，整个战争体系能否顺利运行，能否保持信息化战争的优势，能否保证战争的决策优势，将直接取决与对信息空间的争夺。

六、多方位精确打击成为联合作战的基本方法

随着战争一体化感知与控制能力的增强，全空间、精确投送能力的提高，集成化联合部队和立体多维的广阔战场及网络化作战体系的出现，传统的前沿与纵深的界限将进一步模糊，战争战役与战术的界限和军兵种分工也将淡化，传统的由直接交战空间的逐层毁伤的交战方式和作战程序将被改变，"以目标为基点的全空间运程直达作战"将成为信息化战争战场作战的基本方法。

第四节　信息化战争的发展及对国防建设的要求

提起如何应对信息化战争，人们往往首先想到的是发展信息技术、更新武器装备。其实，如果从战略指导的高度来考虑，信息化战争对国防建设的第一要求却恰恰是更新思想观念。事实上，思想观念的保守比武器装备落后更可怕，思想观念的更新比武器装备的发展更重要。为什么这样说？因为军事领域是利用新技术最快的一个领域，同时又是各种习惯势力、保守思想最为顽固的领域。军事领域往往是社会变革最早涉及的领域，同时也往往是思想解放难度最大、付出代价最惨重的领域。军事领域最重经验，所以最容易趋于保守。保守就意味着落后，落后就会挨打。满清统治者不顾当时冷兵器向热兵器发展的军事变革趋势，顽

固坚持"骑射乃满洲之根本"的落后观念，最终导致了近代中国百年屈辱的历史。中日甲午战争，论总体实力，北洋水师并不比日本海军弱，但结局却是北洋水师全军覆没。探究其失败的原因，其中最重要的就是观念的陈旧和落后。这场战争实践表明，用陈旧的观念来运用新的技术和武器装备就像"枯木接新枝"，不会有什么好的结果。战争历史告诉我们：上次战争胜利的经验往往是下次战争失败的教训，思想观念如果不能与时俱进，打赢信息化战争根本就无从谈起。

一、信息化战争的未来发展

在先进军事理论、战略思想和作战概念指导下，依托新技术赋能作用，未来信息化战争在总体上将更加凸显体系化、智能化、无人化、网络化等特征。以电子信息技术为龙头技术的新军事技术革命蓬勃发展，为军队大量利用信息提供了前所未有的条件，并将引发一场涉及整个军事领域的军事化变革，预示着信息化战争将以崭新的面貌展现在人们的面前，呈现以下发展趋势。

（一）作战中将大量使用信息化武器装备

信息化武器装备，是指不用人直接操作和控制，武器装备采用了人工智能技术，可自行按照人的意志完成侦察、搜索、瞄准、攻击目标以及情报的收集、处理、综合等多种军事任务的高技术武器装备。信息化武器装备主要有智能机器人、智能坦克车辆、智能导弹、智能地雷等。智能机器人是智能化武器装备的集中代表，它具有一定程度的思考、感觉以及分析、判断、推理与决策能力，能模仿人的行为执行多种军事任务。智能坦克、车辆是一种由计算机控制中心、信息接收和处理系统、指令执行系统及各种功能组件组成的能自主完成不同军事任务的新型坦克、车辆。

人工智能弹药是一种采用了现代电子技术和子母弹技术，从而使其具有人的某些职能的弹药。这种弹药不仅能自动寻找和判定攻击目标，而且能自动发现和攻击目标的薄弱部位，命中精度比普通弹药高几十倍。智能导弹是一种能自动搜查识别和攻击目标，具有思维、判断和决策能力的新型导弹。战争中，由飞机远距离成批发射后，它们会自动跃升至几千米高空，然后自行对目标进行攻击，具有发射后不用管的特点。智能地雷是一种能自动识别目标，自动控制装药起爆，并能在最有利时机主动毁伤目标的新型地雷。上述信息化武器装备给信息化战争注入了新的活力,从而改变军队编成和作战方式。

(二) 双方将利用各种信息化平台作战

信息化作战平台,是指信息化武器装备所依托的作战平台。电子信息技术广泛渗透到武器系统的各个领域,为作战平台的信息化提供个了空前的机遇。未来的作战飞机、舰艇、坦克、直至外层空间的卫星等都将装备大量先进的电子信息系统与电子战系统,使每一个信息化作战平台都成为 C4ISR 系统的一个节点,具备电子战能力、并向隐形化、遥控化、小型化和全智能化方向发展,使作战平台的纵深突防能力,攻击能力和生存能力大大增强。特别是隐形飞行器、隐形舰船、无人机等,将成为未来信息化战场上新型的信息化作战平台,这些信息化作战平台将与有人驾驶飞机、舰船相辅相成,形成一支互为依存的强大空中、海上打击力量,从而成为信息化战场的主要支撑。

(三) 作战形式将发生巨大变化

随着信息技术的发展和武器装备性能的改进,武器装备的精度、杀伤力、机动性、生存力、隐蔽性、反应速度和目标捕捉能力将大大提高,进而引起作战形式发生质的变化。一是电子战将贯穿始终;二是机动战将广泛实施;三是计算机病毒战将普遍展开;四是非接触作战将成为主要作战方式;五是隐形战将充满战场空间;六是太空战将大大进展;七是虚拟战场欺骗战将悄然兴起。这些都是传统的作战形式所不能比拟的。作战形式的质变,使信息化战争更加成熟。

二、信息化战争对国防建设的要求

信息化战争作为一种全新的战争形态,是一个必然的发展趋势,它对国防建设提出了许多新的要求,对此,我们必须立足当前,着眼未来,从发展的角度搞好国防和军队的信息化建设,以求在未来信息化战争中立于不败之地。

(一) 树立信息时代国防建设的新理念

机械化战争的制胜理念是消耗敌人、摧毁敌人,大量歼灭敌人的有生力量,实现攻城略地。而信息化战争的制胜理念是控制敌人、瘫痪敌人,通过击破敌人作战提示,达到"不战"而屈人之兵的目的;机械化战争中,万炮轰鸣的火力倾泻为主要打击手段,而在信息化战争中,实施精确打击为首要选择。国防建设是军队打赢信息化战争的重要基础。因此，我们在考虑国防建设和经济建设时，从宏观规划到人力、物力、财力的动员，从经济基础建设到国防工程、交通信息、防汛和医疗卫生等建设都必须和打赢信息化战争通盘考虑、规划和建设。战争形态的发展变化，给我们带来的挑战首先是观念上的影响和冲击，强烈要求我们必须适应这种不可抗拒的变化，加强信息化战场研究，树立与打赢信息化战争相适应的观念，为国防现代化提供有效的建设理论和指导方法。认识只有跟上时代的变化才能占据主动，理念只有适应形势才能把握先机。应对信息化战争形态带来的挑战，应确立与打赢信息化战争相适应的思维方式，强化信息制胜意识，用源于实践高于实践的先进理论指导实践，用创新的观念谋求国防和军队的建设发展，才能使国防建设适应军队的信息化建设。

（二）大力加强国家信息的基础建设

在信息时代，国家的信息基础建设是国家战略能力的重要组成部分。国家战略能力，是指一个国家在需要进行战争或应对突发事件时所能调动的各种力量的总称。

完善的国防信息基础建设是军队信息化建设的基石，是打赢未来信息化战争的重要支撑。因此，必须把加强国家的信息基础建设作为应对信息化战争的首要举措，大力加强国家信息技术基础研究。当前我国的信息基础设施建设，已获得了长足的发展。虽然在交通、金融和通信等主要行业，我国的信息化水平已经接近发达国家；在数字地球领域，我国和发达国家处于同一起跑线上；但与发达国家相比，在许多方面我国仍存在差距。因此必须大力加强我国的信息基础建设，努力提升我国的国家战略能力。

信息基础建设的重点应主要放在三个方面：一是努力发展以微电子技术、计算机技术和通信技术为主体的信息技术，这是一个国家信息基础建设的基础。二是加快国际大型网络系统建设。三是大力开发各种软件技术。目前我国软件技术的研制、开发能力远远落后于发达国家，与一些发展中国家相比也不占优势。此外，国家信息安全的防护，在相当程度上是由先进的软件技术来保障的。因此，应加大研制和开发软件技术的资金、技术和人力投入，使我国在软件技术上跻身于世界先进行列。因此，必须把加强国家信息基础建设作为应对信息化战争的首要措施。

(三）努力培养国防信息化人才队伍

人才是强国兴军之本，决定未来信息化战争胜负的是高素质国防和军队信息化人才，信息化人才队伍建设刻不容缓。随着信息技术的飞速发展和在社会各领域的广泛运用，信息科技人才的紧缺已经成为一个世界性问题。必须极大力度努力培养新型国防信息化人才，为我军打赢信息化战争提供强大的智力支撑。为此，我们必须把国防信息化人才队伍的培养工作作为国防信息化建设的根本大计，树立超前意识，构建我军新型的国防信息化人才培养体系，抓紧培养复合型人才，尽快缩小与发达国家军队在人员素质上的"知识差"，以适应国防信息化建设和未来信息化战争的需要。

我国信息技术高端人才匮乏，必须采用多种有效措施加强国防信息技术人才的培养、引进和保留，建设一支雄厚的信息人才服务队伍，确保我国的信息基础建设能够持续不断的发展。一方面，要依托地方进行信息化人才的双向培养；另一方面，军事院校教学中要加大高新技术知识的比重，提高部队信息化条件下的训练水平，创造良好的信息化环境和信息化文化氛围。

（四）加速推进国防和军队信息化建设的进程

我军在加强军队机械化建设的同时，必须趁国家加快经济和社会信息化发展之机，跨越式加快国防和军队信息化建设，走超常规发展道路。如果按部就班地在完成机械化建设之后再进行信息化建设，就会错失良机，无法赶上西方发达国家和军队建设的步伐，这对我国国家安全和利益将带来巨大的风险。推进国防和我军信息化建设的进程，必须解决好两个问题：首先，要树立信息主导的思想。观念是行动的先导，一是确立信息化在军队建设中的主导地位，全面推进国防和军队的信息化建设。二是"系统集成观"。要用大系统的观念来筹划军队建设。在"作战力量"建设上，强调加强作战空间预警、C^4KISR 和精确使用作战武器；在战场准备上，要求建立数字化战场；在部队建设上，要求建立数字化部队；在装备建设上，要求积极推行"横向技术一体化"。三是"虚拟实践观"。虚拟现实技术的发展，为人们"虚拟实践"提供了可能。人们可以面向未来，创造一种"人工合成环境"，在实验室里"导演"战争，主动适应未来。为此，美、英等国军队建立了许多"战斗实验室""作战模拟实验室"和"作战仿真实验中心"等，为我军信息化建设提供了有益的借鉴。

其次，要实现我军信息化建设的跨越式发展。国防和军队的信息化建设是一个十分复杂的系统工程。我军的信息化建设要抓住三个重点：一是要大力发展信息化武器装备。我军一方面要致力发展信息化武器装备，另一方面要在信息化弹药、信息化作战平台、专用信息战武器三个方面取得突破性进展，这样才能缩小与发达国家的时代差。二是要大力推进数字化部队建设。在建设思路上要突出我军的特色，走出一条投入少、周期短、效益好的发展路子。三是大力加强数字化战场建设。数字化部队和数字化战场是信息化战争的两大支柱，有了数字化战场，数字化部队才有可靠依托。我军数字化战场建设，应充分运用空间基础数据建设成果，将导航定位、天基立体测绘和时间基准、地球中心坐标系统相统一，建设成能够覆盖整体作战空间的多维信息获取系统，形成平战结合、诸军一体的战场信息系统，推进我军的国防和信息化建设。

"历久远而不衰，临绝地而再造，逢机遇而勃发"，这不仅是中华民族的伟大精神，也是中国军队的突出特征。在信息时代的军事斗争中，更需要这种伟大精神。中华民族特有的精神将再一次证明，不管是任何时期和任何方式的军事斗争，中华民族将永远立于不败之地，中国人民武装力量将永远立于不败之地。

思 考 题 六

1. 什么是信息化战争？
2. 新军事革命的基本内容是什么？
3. 谈谈如何加强国家和军队的信息化建设？

第七章 军事高技术

自 20 世纪 50 年代以来，一大批高技术武器装备相继问世并用于战争，已经深刻地改变了战争的面貌。而且，从海湾，科索沃，阿富汗和伊拉克等局部战争中，可以看出现代战争已进入信息时代，谁拥有军事高技术，谁就能占据更大的战争主动权，为获取战争胜利奠定物质基础，因此，只有了解当代高技术的发展情况，熟悉高技术在军事上的应用，理解高技术武器装备对现代作战所带来的巨大影响，才能在未来信息化条件下战争中掌握主动权，永远立于不败之地。

第一节 高技术的基本特征与分类

一、高技术与军事高技术的概念

（一）高技术的概念

自 20 世纪六七十年代，随着一大批高新技术的诞生和应用，高新技术对我们的社会和世界产生了重要影响，由于高技术是一个处于动态变化过程中的相对的概念。随着时间的推移，高技术的主要内容和涉及范围会有所改变，新的高技术内容会陆续出现，而一些发展成熟并广泛普及的高技术也会变成一般技术，有人估计，到 2050 年人类拥有的知识总量中，今天运用的技术知识仅占 1%，其余 99% 的技术是今天没有的。因此，世界上根本不存在永恒不变的高技术。

高技术是指建立在综合科学研究基础上，处于当代科学技术前沿的，对发展生产力，促进社会文明，增强国防实力起先导作用的技术群，高技术是一个群体的概念，而绝不是单个的概念。包括 6 大技术群，即：信息技术群，新材料技术群，新能源技术群，生物技术群，海洋技术群和航天技术群,其中,信息,材料和能源是人类社会赖以生存和发展的三大支柱。高技术的发展方向也将以信息技术群为核心,以新材料技术群为基础,以新能源技术群为动力,依靠生物技术群向微观发展,依靠海洋技术群和航天技术群向宏观发展。

(二) 军事高技术的概念

通俗的说,军事高技术就是指应用在军事领域的高技术。具体地说,军事高技术就是指建立在现代科学技术成就基础上,处于当代科学技术前沿,以信息技术为核心,在军事领域发展,应用或即将应用的,对国防科技和武器装备发展起到推动作用,并对现代军事领域具有潜在军事用途,并且90%以上的高技术成就均是军民兼用的,所以不能简单的将高技术分为军用和民用,军民结合将是军事高技术的主要途径和基本模式。

军事高技术的范围十分广泛,分类方法多种多样,从高技术向军事领域自然延伸的角度,军事高技术可以分为六大领域,即军用信息技术,军事新材料技术,军用新能源技术,军用生物技术,军事海洋开发技术,军事航天技术。

二、高技术的基本特征

1. 战略性

高技术是衡量一个国家经济、政治和国防实力的重要标志,是国家综合力量的重要组成部分,是以当代最先进的科学技术形成的战略实力。发展高技术是国家战略发展的组成部分,直接关系到国家在世界格局中的经济、政治和军事地位。发展高技术对于争夺国家发展战略制高点,发展生产,振兴经济,巩固国防,增强综合国力具有深远的战略意义。预警机是近几年才研制成功的新机种,有空警2000大型预警机和空警200预警机两种。空警2000还达到了较为先进的水平,对提升三军战斗力起了巨大作用。

2. 创造性

这是高技术的基本属性。高技术以人类取得的最新科学成果为基础,通过代价高昂的技术、资金和人员的投入,促成其研究和发展,并支撑新的高技术的诞生、开拓和积累,从而不断产生新的科学技术成果。这些新成果普遍具有发展速度快、更新周期短、生产成本低的特点。这种创新活动，使现代科学技术的发展速度越来越快。空天飞机能自由往返于天地之间，凡是航天飞机能干的事，它几乎都能胜任。它可以把大的卫星送入地球轨道，一次投放多颗卫星更是他的拿手活儿；它能对在轨道上运行的卫星进行维修或回收，当然也可以对敌国的卫星实施破坏；它能向空间站运送或接回宇航员和各种物资；更重要的是它还能执行各种诸如拦截、侦察和轰炸等军事任务，成为颇具威力的空天兵器。

3. 增殖性

增殖性又称高效性，是高技术赖以发展的基本条件。高技术本质上是先进的技术，它的成功能带来巨大的经济效益，但要发展高技术，必须投入足够的人力、资金和技术。同时，高技术的研究是一个探索创新的过程，开发周期长，具有高投入、高产出、高效益的特征，因而具有很强的增殖性。美军F-35联合打击战斗机，研制费用将达绝对空前的2 000亿美元，预估市场有4 000架需求意向。高技术成果一旦转化为市场化的产品，就能获得巨大的经济收益，一旦得到实际应用，就能产生广泛的社会影响。

4. 竞争性

竞争是高技术发展的动力。高技术竞争包括人才竞争、技术竞争、信息竞争、资金竞争、管理竞争以及市场竞争。高技术产业是知识、技术、资金高度密集的领域，高技术的开发、发展主要依靠从事该产业人员的知识、技术优势，所以它是高智力的结晶。高技术的竞争实质是人才的竞争，智力的开发。

5. 风险性

高技术处于当代科学技术的前沿，未知因素多，技术难度大，它的发展具有明显的超前性和难以预料的困难因素，成功和失败的可能性同时存在，加之高技术研究投资大，成本高，见效慢，必然有很大的风险性，所以对其研究方向和突破点要慎重选择。1986年1月28日上午，美国航天飞机"挑战者"号，从佛罗里达州肯尼迪航天中心的发射架上升空，73s后突然爆炸，价值12亿美元的航天飞机被炸成碎片坠入大西洋，7名机组人员全部遇难。报告认为，"挑战者"号爆炸的原因是右侧助推火箭存在问题。

6. 高度的渗透性

高技术的一个很大特点是科学的横向渗透，纵向加深，合纵连横，综合交错。高技术的任何领域都是多种知识融合,多学科人才的共同合作,从而创造出前所未有的新技术、新工艺、新材料。因此,高技术是一些综合性和交叉性很强的技术群。并且随着高技术的发展,相互之间的交叉性、渗透性、促进性会越来越强。

三、高技术的分类

当代高技术主要包括六大高技术群,即信息技术群、新材料技术群、新能源技术群、生物技术群、海洋开发技术群和航天技术群。

1. 信息技术群

信息、材料和能源是人类社会赖以生存和发展的三大支柱。信息技术是当今高技术群体的核心和先导,其标志技术是智能计算机和智能机器人。

信息通常是指情报、资料和知识等,"它是关于生活主体和外部客体之间有关情况的通知",是一种能创造价值和进行交换的知识,也是一种很重要的资源。

信息科学是由信息论、控制论、系统论和计算机科学组成的四位一体的综合型的崭新学科,它是 20 世纪 70 年代后期,随着计算机技术的高速发展和广泛应用而逐步形成的。

信息技术是指运用信息科学的原理和方法进行信息获取、交换、传输、处理以及运用信息功能的所有技术的总称。信息技术主要应用传感技术(信息的收集、检测、交换、显示)、通信技术(信息的提取、传输)和计算机技术(信息的存储、分析、处理、控制),三者联成网络,融为一体,构成现代社会的"神经"。信息的存储、分析、处理和控制,是信息技术发展水平的标志,因此,计算机的功能决定着信息技术的发展水平。

信息技术由基础技术和系统技术组成。基础技术包括微电子、光电子、激光、光纤、超导等技术;系统技术包括信息的获取、传输、处理和控制等技术以及计算机、电报、电话、传真、广播、电视、卫星通信、遥感、自动控制、仿真等技术。

20 世纪 70 年代以来,微电子、光电子、光纤维、传感器以及数字通信,特别是计算机技术取得了空前的发展,使信息的开发、存储、处理、传递和应用技术达到了新的水平。

2. 新材料技术群

新材料是新兴产业的物质基础,是高技术发展的基本条件。其标志技术是材料设计(分子设计)和超导材料技术。

材料是可以用来做成器件、结构件或其他可供使用的物件的那些物质,是人类生产和生活的物质基础。没有材料,就没有一切。因此材料和相应的材料加工技术在任何时代都是新兴产业的基础,在现代,则是发展高技术的物质基础。

新材料是指那些新近发展或正在发展的具有全新功能或优异特性并对科技进步和经济发展具有巨大推动作用的材料。一般具有技术密集、工艺复杂、发展迅速、性能优异、作用巨大的特点。

新材料技术是研究开发新材料品种、功能及其应用的综合技术。它的发展将直接推动其他高技术群体的迅速发展。到 20 世纪 80 年代末,世界上已登记注册的材料已达 46 万种。面对名目繁多的各种材料,可以从不同角度进行分类,一般分为:金属材料、无机非金属材料、有机材料以及它们的复合材料。对新材料,按其在高技术领域的用途可分为三类:

(1)信息材料。信息材料是指用于电子计算机技术、微电子技术、光电子技术和通信技术的新材料,如半导体材料、敏感材料、光纤材料、激光材料、信息存储材料等。

(2)新能源材料。新能源材料是为开发新能源而研制出的新材料,如光电材料、强磁材料、超导材料、高密度储氧材料、高温结构陶瓷等。

(3)新型结构材料和功能材料。新型结构材料和功能材料是指在特殊情况下使用的高负载、超高温、超高压和超低温等特殊材料。主要有高性能结构复合材料、高分子功能材料、新型合金材料和生物材料等。

3. 新能源技术群

新能源技术是高技术发展的动力。它的标志技术是核聚变能和太阳能的开发。

所谓能源,是指提供某种形式能量的物质资源或某种物质的运动形式,它是人类社会生存和发展的重要物质条件。能源技术的每一次重大突破,都引起社会生产力的巨大发展。生产要发展,社会要进步,能源必须先行。

能源的种类很多。按其生成方式分为一次能源和二次能源。一次能源又称自然能源，它是自然界以天然形态存在的能源。又可将它进一步分为再生能源和非再生能源：再生能源具有自然恢复能力，例如太阳能、风能、水能、海洋能、地热能等，它们不会随着本身的转化或人类的利用而日益减少。而非再生能源不具有自然恢复的能力，它们将随着人类的利用而逐渐减少，例如煤、石油、天燃气、核燃料等都属这一类。二次能源是指由一次能源加工而得到的能源，如电能、汽油、柴油、煤油、焦炭、煤气等。新能源是指目前尚未被人类广泛利用，有待进一步开发利用的能源，例如核能、太阳能、风能、地热能、海洋能等。

新能源技术是指研究各种新能源的开发、生产、转换、传输、储存以及综合利用的技术。当前的热点主要是核能、太阳能、地热能、氢能、风能、海洋能、煤的汽化液化以及节能技术等。这些新技术的出现标志着第三次能源革命的开始。

4. 生物技术群

生物技术又称生物工程，它是直接或间接利用生物体及其组织和功能的全新领域，是在分子生物学等现代生物科学理论指导下的各种生物利用技术的总称。主要包括基因工程（又称遗传工程）、细胞工程、酶工程和发酵工程。基因工程是用人工方法把不同生物的基因从生物体内取出，在体外进行切割、组合、拼装，然后再把人工重新组合的基因放入生物体内，使遗传特性重新组合，创造出更适合人类需要的新的生物类型的技术；细胞工程是将一种生物的细胞转移到另一种生物的细胞中去，使其所携带的遗传信息在受体细胞中得到表达，达到改良或创新物种的技术；酶工程是利用生物方法，以酶作催化剂进行物质分解、合成及化学转换，生产人类所需产品的技术；发酵工程，是利用微生物制造工业原料和产品的技术。

20世纪70年代以来生物技术取得了很大进展，出现了基因重组，细胞融合，生物反应，组织培养等新技术，由此带来了现代生物技术突飞猛进的发展，开创了按照人类的意愿实施物质再造"生命"，再造"物种"的先河。

5. 海洋开发技术群

海洋开发技术是指人类对海洋资源和环境进行研究开发所利用的技术的总称。海洋占地球表面的71%，是个巨大的资源宝库。海洋资源可分为生物资源、矿产资源、化学资源和动力资源。海洋的开发利用，是解决人类食物、能源、物质资源以及人类活动空间日益短缺等问题的一条重要出路。海洋开发技术的发展，不仅在经济上，而且在政治、军事、乃至科学技术上都有重大的战略意义。

海洋开发的技术研究，主要围绕海洋调查监测和海洋工程开发两个方面展开。海洋调查监测体系的建立，是发展海洋开发技术以及海上军事活动的基础。近20年来，由于海洋探测技术的发展，使反映海洋实况的信息资料成万倍的增加，从而使探索海洋基本规律的基础研究取得开拓性进展。海洋开发技术的研究，主要包括海洋捕捞和水产养殖、海洋能源开发、海底探矿和采掘、海水化学资源开发、海洋空间开发利用等技术。

6. 航天技术群

航天技术又称空间技术，是指研究、开发、利用不依赖于地球大气的各种飞行器及其应用的综合性工程，它是人类认识太空，开发和利用太空环境和资源的一门综合性的高技术群。是探索地球、太阳系、银河系乃至整个宇宙的新起点，它的主要标志是人造地球卫星、航天飞机和永久性太空站。该技术群主要包括运载器技术、空间飞行器技术和地面测控保障技术。

航天技术是当代高技术中综合程度最高，科技力量投入最多，耗资巨大，效益显著，竞争激烈的高技术领域；是当今高技术发展的重要前沿和综合发展水平的重要象征。

发展航天技术的重要意义在于利用宇宙空间的一些特殊条件与环境，加速开发人类生存与发展所必须的物质、能源和信息资源。既可为科学研究和资源开发服务，又可为军事目的服务。

第二节 军事高技术的分类与构成

一、军事高技术的分类

按照科学分类方法，科学技术的体系结构通常划分为基础科学、技术科学和工程技术三个层次。军事高技术的体系结构是由科学技术体系中面向军事应用的那部分技术科学和工程技术所组成的。它包括两个层次，即军事基础高技术和军事应用高技术。

（一）军事基础高技术

军事基础高技术是指武器系统和国防科技装备的研制所需要的各种基础理论和技术，它所涉及的内容很多，从现代高科技的观点看主要包括军用微电子技术、军用光电子技术、军用计算机、人工智能技术、军用新材料技术、军用生物技术、军用航天技术、军用信息技术、军用核技术、海洋开发技术、定向能技术等。

（二）军事应用高技术

军事应用高技术是利用各种科技成果进行武器装备的研制和生产的技术，以及军队充分发挥武器装备效能的综合使用技术。军事应用高技术的内容非常广泛，分类方法也多种多样。

按其完成的军事任务，可分为战略武器装备技术、战役战术武器装备技术、后勤保障装备技术、军事工程技术、军事系统工程技术等；按其研制的武器装备的种类，可分为侦察监视技术、伪装隐身技术、夜视技术、激光技术、电子对抗技术、制导技术、作战平台及常规武器技术、军事航天技术、军用计算机技术、军队指挥自动化技术、核生化武器技术、新机理武器技术等。

二、军事高技术的构成

军事高技术在基础技术方面主要集中在 10 个方面，由此构成了现代军事高技术争夺的十大"热点"。

（一）军用微电子技术

微电子技术，是指制造和使用微型电子器件、元件和电路，实现电子系统功能的技术领域。它是以大规模集成电路为基础发展起来的新技术。这种技术主要是指在半导体材料芯片上通过细微加工制作电子电路。在一块陶瓷衬底上可包封单个或若干个芯片，组成超小型计算机或其他多功能系统。同时可与系统设计、芯片设计、系统测试等其他现代科技成果相结合，组成复杂的电子系统。微电子技术的中枢是微型电子计算机。

采用超级集成电路的军用微电子系统，体积小，重量轻，工作可靠，功耗小，成本低，已被广泛应用于各种武器系统。目前集成度最高的芯片已达 3 500 万个晶体管。微电子技术对整个军事高技术的发展起着巨大的推动作用，其发展速度和规模已成为衡量一个国家军事技术进步和武器装备水平的重要标志。

(二) 军用电子计算机和人工智能技术

电子计算机的出现是现代科学技术发展的一个重大突破，是 20 世纪最辉煌的科技成果之一。在军事上，计算机是战略、战役、战术武器及航天系统的信息处理中心，是军队自动化指挥系统的核心，是实施战场指挥管理和武器控制的主要装备。电子计算机的技术水平已成为军事技术发展和武器装备现代化的重要标志。

在军用环境中使用的计算机称军用计算机。军用计算机已在数值计算、数据处理、自动控制、作战模拟、人工智能、军队自动化指挥、武器研制、作战预警、军事航天等领域获得广泛应用。

计算机技术竞争的一个重要方面是研制第五代"智能"计算机，它是用计算机部分代替人的思维或决策过程的技术。世界上已有机器人数十万台，这一技术的进一步发展，将导致智能机器人和智能武器的出现。智能机器人的研制也是高技术竞争中一个最激烈的领域。

(三) 军用信息技术

在军事高技术的竞争中，最引人注目的是军用信息技术发展。它包括信息理论、信息搜集、信息处理、信息传递、信息储存、信息检索和信息管理等。它的核心技术是计算机、通信和控制三大要素。

随着军事高技术竞争的发展，现代军事的信息量急剧增加；现代战争中的侦察、预警、通信、指挥、控制日趋复杂；战场范围扩大、技术密集、力量合成、方式多样、情况多变、保障复杂，大量信息的搜集、传递、分析、判断和处理已非通常手段所能胜任，因此，发展军用信息技术已成为夺取现代战争胜利的基本保证。

(四) 军用光电子技术

军用光电子技术是以激光器和先进的探测器为基础，电光学技术、电子技术、精密机械技术和计算机技术等密切结合而形成的一项高技术。它主要研究光电转换以及用光进行信息发送、探测、存储、处理和重现的技术。它主要包括激光技术、红外技术、光纤技术、集成光学技术、精密加工技术，光计算机和显示技术等。

光电子技术具有探测精度高，传递信息快，信息容量大，抗干扰和保密性强的优点，已广泛用于侦察、通信、预警、跟踪、制导、火控、导航、显示、信息、隐身和光电对抗等领域。实践证明，军用光电子技术已成为高技术兵器发展的一种主要支撑技术。研制中的激光武器和空间激光通信等更为先进的光电子系统一旦投入实用，必将对军事技术与现代战争产生革命性的影响。

（五）军用核技术

军用核技术的重点在于发展核武器。核武器又叫原子武器，它是利用核原料的原子核反应瞬间释放的巨大能量对目标造成杀伤破坏作用的一类武器的总称。

核武器通常是指一种武器系统，一般由核战斗部、投射工具和指挥控制系统等部分组成。核战斗部又称核弹头，核爆炸威力的大小取决于核弹头，核武器的射程和命中精度则取决于投射工具和指挥控制系统。核武器按其爆炸原理的不同分为原子弹和氢弹。一般说来所有核武器都具有光辐射、冲击波、早期核辐射、放射性沾染、核电磁脉冲这五大杀伤破坏因素。

军事大国在军事核领域的争夺异常激烈，先是核武器的数量、威力竞争，接着是朝小型化、实用化、多弹头、多用途方面进行争夺。核大国在核防御、核突袭方面的研究仍在进行，并在现代高技术战争中仍以核武器作为一种现实的威慑力量。一些国家已经开展威力更大的新机理核武器理论的研究工作，在20世纪90年代末新机理核武器已取得重大突破。

（六）军事航天技术

军事航天技术又称空间技术，是一项探索、开发和利用太空以及地球以外天体的综合性工程技术。是一个国家现代技术综合发展水平的重要标志。它是由运载器技术、航天器技术和地面监测技术构成的高度综合性技术。军事航天技术是通过将无人或载人航天器送入太空，达到开发和利用太空的军事目的，用以完成侦察、通信、监测、导航、定位、测绘和气象测报等各种军事航天任务的综合性工程技术。

军事航天技术的发展，必将加剧太空的军事争夺，它对未来的军事活动将产生深远的影响。主要表现在：一是进一步提高军事侦察、通信、导航与组织指挥能力，以实现从天上对陆、海、空目标进行多手段、多频段、准确而适时的监视和侦察。二是加速空间进攻性武器的发展，并孕育着新一代武器的诞生。太空已成为军事争夺最激烈的领域，军事强国都把控制太空作为赢得未来战争的必要条件。纵观当今世界，"天军"在组建，"天战武器"发展迅速，"天战场"即将开辟。"天战"将最终演变为对人类的最严重威胁。军事航天技术已成为影响当今世界战略平衡和人类安全的重要因素。

（七）军事海洋工程技术

海洋已成为世界主要的军事竞争领域。以航空母舰为主的各种水上武器系统还将继续发展。但是，由于易被探测和摧毁，以潜艇组成的水下武器系统特别是深海战略武器系统将被重视和发展。

未来的潜艇时速可达 150 km，下潜深度可达 1 350 m 以上，并将装备远射程、自行搜索、截获的智能鱼雷和各类潜射导弹。也可用它取代水面舰船运送物资。

随着海洋工程技术的发展，海底将成为建造巨大军事基地的理想场所，水下基地将部署大量遥感设备和各种高效自动杀伤武器，并利用甚低、超低频通信技术和卫星上的 C^3I 系统联网，指挥作战。

（八）军用生物技术

生物技术亦称生物工程，是指以生命科学为基础，利用生物或生物组织的特性和功能，设计、构建具有预期性状的新物质或新品系。军事应用主要包括：生物传感器、特殊用途生物产品、生物材料、生物芯片、基因武器等。

20 世纪 70 年代以来，军用生物技术的发展十分迅速。一系列军用生物材料已陆续应用于高技术武器装备的生产，一大批危害极大的生物武器已经或即将步入现代战争。

生物技术在军事上的应用主要包括：一是开发生物传感器，提高对毒剂、炸药和麻醉剂的实时探测和识别能力；二是利用微生物在各种条件下逐渐形成并完成生物化学转变的能力，生产具有特殊用途的产品，或者解决危险废物和战略金属回收问题；三是研制特种生物材料，例如具有密封使用且有良好化学和机械性能的生物弹性体、新型生物黏合剂、新型生物润滑剂等；四是开展生物电子学研究，研制生物芯片，进而开发生物计算机，像人脑那样具有学习、记忆、逻辑思维能力；五是利用基因工程，通过基因转移和重组，培育毒性大、耐力强、有抗药性的新的致病微生物，制造基因武器。

（九）军用新材料技术

新材料是军事高技术发展的物质基础，世界各国都把军用新材料的研究与开发放在重要地位。军用新材料研究开发的重点是复合材料、高温材料、功能材料、隐身材料和超导材料。复合材料强度大，比重小，能大批生产，具有良好的气动弹性和降低信号特征的功能，是制造飞机、火箭、飞船等航空、航天飞行器构件的理想材料；高温材料是用稀有金属或稀土材料制成的能耐高温的材料，在军用舰船、航空与航天技术中占有重要地位；功能材料具有光电、声电、记忆等特殊功能，用量虽少，作用非凡；隐身材料已得到广泛应用，并用它制造了各种隐身武器；超导材料虽然未进入大量实用阶段，但因其有着诱人的军事应用前景，备受各国青睐。

（十）军用定向能技术

定向能技术又称束能技术，它是利用强激光、高能粒子束、强微波的能量，产生高温、高压、电离、辐射等综合效应，以"能束"的形式定向发射，借以摧毁或损伤目标的技术，并以此制成定向能武器。定向能武器具有许多传统武器无法比拟的优点。但还有不少难以解决的技术问题，比如，在大气中传输容易出现散焦现象和效率低等问题。

三、军事高技术的主要特点

军事高技术与一般技术相比，具有高智力、高投入、高效益、高竞争、高速度、高风险、高保密和高渗透的特点。

军事高技术是知识密集型技术，它的组成主要是脑力劳动。除此之外还需要投入巨额的资金和较长的研究周期。但军事高技术一旦转化为战斗力，就可以大大提高军队的作战实力。因此各国在军事高技术领域竞争十分激烈，都争相研制新技术，力图占领制高点，夺得主动权。正是由于军事高技术的迅猛发展，它在带来巨大效益的同时，也蕴含着巨大的风险，一旦失败，将会对国家和人民的利益造成损害。由于军事高技术是绝密的，是占领军力制高点的重要因素，因此它强调保密性，严防竞争对手获取相关机密。军事高技术不仅可以促进军事实力的提升，也能渗透到传统行业中，对一般技术进行改造，提高产品质量，提高劳动生产率。

第三节 军事高技术对现代作战的影响

一、对武器装备的影响

高技术对武器装备的影响最迅速、最明显，它将直接促进武器装备的改进和发展，主要表现是：

（一）提高了武器的杀伤效能

高技术的应用，将使各类武器向重量轻、体积小、射程远、速度快、威力大、精度高、机动能力强的方向发展。从而极大地提高了武器的杀伤效能。

（二）提高了武器系统的综合作战能力和自动化水平

C^3I系统把各类武器系统联为一体，把各军兵种联为一体，已被广泛应用于战略、战役和战术的各个领域，促使战场指挥控制一体化，从而提高了武器系统的综合作战能力。并实现了信息的获取、传输、处理和显示的自动化，武器管理、控制指挥的自动化。

（三）提高了武器装备的生存能力

一是抗毁加固，主要是对武器装备的壳体和关键部位应用高强度的优异新材料，使武器装备坚固耐用。二是灵活机动，它是提高雷达、飞机、舰艇、火炮、坦克以及C^3I系统和电子对抗装备生存能力的重要手段。三是防探测，主要采用各种隐身技术。现代高技术已具备提高武器装备生存能力的这三种手段。

（四）提高了武器装备的全天时、全天候的作战能力

红外、夜视技术的应用，提高了武器全天时的作战能力；雷达成像、热成像、毫米波和红外技术的应用，大大提高了武器全天候的作战能力。

（五）提高了武器的可靠性和可维修性

可靠性和可维修性是武器系统具备长期持续作战能力的两个关键条件。高技术的发展，为提高可靠性与可维修性提供了关键条件。高技术的发展，为提高可靠性与可维修性提供了有效手段。例如采用模块化设计技术、故障诊断技术、计算机辅助设计技术、非电子设备的内部自测技术等，可大大减少武器装备的故障率和返修率，并便于检查和维修。

（六）促使新型武器系统的诞生

高技术应用于武器的发展，将直接促使新型武器系统的诞生，已取得重大突破并已经部分应用或即将装备部队的有：航天武器系统及人工智能武器系统，隐身武器，计算机病毒武器，探海战略武器系统，次声武器，基因武器，失能武器，地球物理武器和新机理核武器等。

二、对作战理论的影响

高技术的运用推动了军事理论的发展。正如海、空军和核武器的出现推动了"制海论""制空论"和"核威慑论"一样，高技术兵器的出现和发展，必然产生与其适应的军事理论。目前美国的"空地一体"作战理论。苏联的"大纵深和立体作战理论"都是以高技术武器装备为基础的。随着制导武器的发展，定向能武器的出现和美国"战略防御计划"的出笼，美国原先的"相互确保摧毁"核战略也转为"相互确保生存"的战略。美国还提出"高边疆"战略，旨在夺取宇宙空间的"新高地"，增强战略威慑效果。由于高技术兵器已把战争推向宇宙，开发和利用宇宙就将成为"航天战略"理论的基本内容。一方面高技术为军事理论发展提供了物质基础，另一方面军事理论发展又为高技术开发起到了导向作用。

三、对作战方式的影响

高技术在军事上的应用将有力的改变战争的面貌，引起作战方式的变革。除已经出现的以高技术为主要手段的"马岛式""利比亚式""海湾式"等局部战争和军事冲突外，还可能出现诸如外层空间的军事冲突和更多的小型局部战争。但也不能完全排除全面战争、特种战争、星球大战和规模较大的高技术战争等新的战争样式。至于核武器，人们正从高技术中寻找积极的防御手段。高技术的发展有可能成为核武器的克星，从而打破核垄断、核均势，避免核大战。

现代局部战争的实践表明，电子战、导弹战、空战、坦克战已成为高技术战争的主要作战样式。还可能出现化学战、生物战、激光战、机器人战等形式，在空中、陆地、海洋甚至太空中展开，所以未来的作战方式将更加多样复杂。

四、对作战指挥的影响

由于战争手段的高技术化，使部队的侦察能力、预警能力、机动能力、快速反应能力、突击能力大为提高，使战争具有突然性、立体性、协同性及战争规模大、强度高、节奏快等特点。作战方向和战场态势瞬息万变，捕捉战机极为困难，战斗空前紧张激烈。作战指挥范围大、内容广、头绪杂、信息多、决策难。这对指挥的时效性、隐蔽性、稳定性、协同性提出了更高的要求，因而使战争的组织指挥空前复杂。为了赢得战争的胜利，建立现代化的指挥系统，提高指挥效率，保证指挥灵活、可靠、高效、稳定、隐蔽、保密的进行是一个关键问题。高效能的指挥取决于及时而准确的情报，安全而通畅的联络，正确的分析、判断和决策。而传统指挥手段很难满足以上需要，因而必须求助于指挥控制的现代化。

作战指挥的现代化将给指挥带来极大变化：一是为指挥人员带来了全新的指挥手段。它将变手工作业的指挥方式为自动化方式，把指挥人员从繁琐劳累的手工操作中解放出来，从而使指挥方式发生变革。二是把信息、通信、指挥、控制联成一体，把空中、海上、地面各种作战力量联成一体，使指挥协同有了可靠保证。三是使作战指挥机构更加精干高效，便于机动，便于生存。并且，指挥效率和质量将大大提高。四是电子战将成为保障军队指挥畅通的基本手段。电子战优势将成为指挥机关安全和指挥稳定的关键。五是对指挥人员的综合素质提出了更高的要求。由于高技术兵器和高技术兵种的出现，要求军队有普遍较高的文化技术水平。指挥人员若没有更高的知识水平就很难指挥管理这样的部队和使用高技术装备。指挥员必须既是军事家，又是工程技术专家，才能熟练掌握指挥程序和具有运用现代化指挥设备的技能。指挥人员只有具备较高层次的军事知识和科学文化知识，才能驾驭现代高技术战争。

思 考 题 七

1. 什么是高技术？高技术分为哪几类？
2. 高技术有哪些基本特征？
3. 什么叫军事高技术？军事基础高技术由哪些技术构成的？
4. 军事高技术对现代作战的影响有哪些？

第八章 精确制导武器与侦察监视技术

第一节 精确制导武器

精确制导武器的出现，是第二次世界大战后军事技术最引人注目的进展之一。在现代战争中，精确制导武器已经成为军事打击中最重要的攻击武器。各类精确制导武器的迅速发展、大量装备和广泛应用，对现代作战产生了巨大的影响。

一、精确制导武器概述

（一）定义

精确制导武器是指采用精确制导技术，直接命中概率在50%以上的武器。如各类导弹以及制导炸弹、制导炮弹等。它是以微电子技术、计算机技术和光电转换技术为核心，以自动控制技术为基础发展起来的高新技术。直接命中的含意是指制导武器的圆概率误差（圆公算偏差）小于该武器弹头的杀伤半径。制导武器的圆概率误差值越小，命中精度越高。

（二）精确制导武器的特点

1. 命中精度高

精确制导武器的基本特征是命中精度高，要使直接命中目标的概率达到50%以上，就要求对点目标的圆概率误差在0.9 m以内，对普通地域目标的圆概率误差在3 m以内。例如，战斧巡航导弹，射程为2 500 km，但精确度可达30 m；激光制导炸弹和制导炮弹的理论命中误差仅为1 m；海湾战争中，F-117投掷激光制导炸弹误差仅为1～2 m。为达到这样高的精度，对射程远的精确制导武器须采用复合制导系统，即在飞行初始段和中段使用成本低、精度不太高的制导系统，在飞行末段改用高精度的末端制导系统。可见高精度主要是由末端制导保证的，所以有人认为没有末端制导的武器就不可能是精确制导武器。1986 年美国战斗机 F—111 跨洲越海空袭利比亚，把制导炸弹投进了连地面间谍都难以找到的卡扎菲居住的卧室里。海湾战争中，第二枚斯拉姆导弹竟从第一枚导弹炸开的弹孔中钻进去，摧毁了发电厂的心脏。

2. 作战效能好

精确制导武器的效能是用精度、威力、射程、效费比、可靠性、全天候作战能力等主要战术技术性能指标来衡量的。虽然单发（枚）武器成本比较高，但其作战效益更高。例如 1 枚"陶-2 型"反坦克导弹的造价虽然达 1 万美元，但用它击毁 1 辆 M-1 型坦克的造价却为 244 万美元，其价格交换比达到了 1∶244。1 枚百万美元的防空导弹可以击落 1 架价值几千万美元的飞机，20 万美元一枚的"飞鱼"反舰导弹曾击沉了一艘价值 2 亿美元的"谢菲尔德号"驱逐舰。同无制导的武器相比，虽然无制导的武器单价要低得多，但用精确制导武器完成同一作战任务消耗量少，所需费用仍远远少于常规弹药。例如，美国空军在使用普通炸弹轰炸越南清河大桥时，出动近 600 架次飞机，投弹数千吨，损失飞机 18 架，结果一无所获。改用激光制导炸弹后，只出动几架次 F—4 飞机就炸毁了大桥，飞机无一损伤。按国外的统计，完成同一轰炸任务精确制导武器的效费比约为常规炸弹的 25～30 倍。

3. 可控性强

精确制导武器采用引导、控制系统或装置，调整受控对象（导弹、炮弹、炸弹等）的运动轨迹，使之完成规定的任务。

4. 射程远

制导武器射程与相应的普通武器相比要远得多，如空空导弹射程可达几千米、几十千米，甚至上百千米，而航炮的有效射程只有数百米；巡航导弹射程可达近千千米至数千千米。"爱国者"、S—300 等防空导弹，最大高度可达 24 000 m 和 2 7000 m。

二、精确制导武器的制导方式

（一）制导技术

制导技术，是按照一定的规律控制武器（含导弹）的飞行方向、姿态、高度和速度，引导武器系统战斗部准确攻击目标的军事技术，又称精确制导技术。

制导系统由导引系统和控制系统组成。导引系统一般包括探测设备和计算机变换设备，其功能是测量武器与目标的相对位置和速度，计算出实际飞行弹道与理论弹道的偏差，给出消除偏差的指令。控制系统通常由敏感设备、综合设备、放大变换装置和执行机构组成，其功能是根据导引系统给出的制导指令和武器的姿态参数形成综合控制信号，再由执行机构调整控制武器的运动和姿态，直至命中目标。

（二）制导技术的种类

制导技术很多，按控制信号的来源和产生方式可分为自主式、遥控式、寻的式和复合式四类。

1. 自主式制导

自主式制导是在导弹的制导系统计算机里预先存有拟定的飞行路线，导引系统在导弹飞行过程中能适时地发现偏差，并输出修正偏差的控制指令，控制导弹按拟定的飞行路线飞向目标。

自主式制导特点是弹体的飞行完全自主，不需要任何弹外信息，因而不易受干扰。由于制导程序是预先确定的，所以这种制导方式只适于攻击地面固定目标。

自主式制导包括相关制导、惯性制导、天文制导和 GPS（全球定位系统）制导等。

（1）相关制导。在武器的飞行过程中，利用预先储存的飞经路线的某些特征与实际飞行过程中探测到的相关数据不断进行比较，来修正飞行路线，这种制导方式称为相关制导。相关制导方式主要包括地形图匹配制导、数字式景象匹配区域相关制导和程序制导。这种制导方式容易获得目标特征数据稳定。

（2）惯性制导。惯性制导是根据弹体运动的惯性，以测量弹体运动的加速度来确定弹体飞行轨迹的制导方式。它不需要任何外界信息，就能自动地根据飞行时间、引力场的变化和弹体的初始状态，确定弹体的瞬时运动参数。因此不易受外界干扰，而且不受距离的限制，可全天候工作。

（3）天文制导。天文制导是通过对宇宙空间某些天体的观测来确定弹体的位置和运动方向，从而引导弹体飞向目标的制导方式。

(4) GPS 制导。GPS 是美国于 1993 年建成使用的"导航星"全球定位系统的简称。由空间设备、地面控制设备及用户设备三部分组成，部署有 24 颗导航定位卫星，可为用户提供全天候、连续实时高精度的信息。GPS 制导就是利用 GPS 接收机接收 4 颗导航卫星的信号来修正武器的飞行路线。

2. 遥控式制导

遥控式制导是指弹体的飞行受设在弹体以外的指挥站控制。指挥站可设于地面、海上（舰船）或空中（载机）。指挥站根据跟踪测量系统测得的目标和弹体的相对位置和运动参数，形成制导指令发送给弹体，弹体接收到指令后，由自动驾驶仪控制弹体的飞行，直至命中目标。

根据制导信号产生的情况，遥控制导可分为指令制导和波束制导两种。

(1) 指令制导。指令制导的制导信号是弹外制导系统产生的。制导系统探测目标和弹体的位置，形成制导指令信号传给弹体，弹体在制导指令的控制下飞向目标。指令制导又分为：

1) 有线指令制导。有线指令制导通过连接指挥站和弹体的导线传输制导指令。采用这种制导方式的导弹射程受导线长度的限制，多用于射程很短的导弹。优点是不易受干扰。

2) 无线电指令制导。无线电指令制导是将制导指令转化为专用编码，通过无线电波传给弹体，控制弹体的飞行，其跟踪探测系统主要是雷达。这种制导方式作用距离远，制导精度高，但易受干扰，多用于中远距离防空导弹。

3) 电视指令制导。在弹头上安装微型电视摄像机，可将目标及其周围的景象信息送至控制点，控制人员根据荧光屏复现的目标及其默默的景象进行观察，发出指令，修正弹体的飞行方向，使之对准目标飞行直到命中，这就是电视指令制导。电视指令制导的精度高，但易受干扰，受天气影响大，作用距离近。

(2) 波束制导。波束制导的制导信号是在弹体上产生的。它是由指挥站发出一道目标跟踪波束，弹体沿波束的轴线飞向目标。当弹体偏离轴线时，弹上的制导系统就会发出修正方向的制导信号，使弹体回到波束的轴线上来，直至命中目标。

波束制导有雷达波束制导和激光波束制导两种。早期的防空导弹和岸舰导弹大多采用雷达波制导，由于它易受干扰，且导弹容易脱离波束而失去控制，所以现在已很少采用雷达波束制导。

3. 寻的制导

导弹的寻的制导又称"自动寻的"或"自动导引"。利用弹上导引装置接收目标辐射或反射的能量（无线电波、红外线、激光等）形成导引信号，控制导弹飞向目标的制导。导引系统接收来自目标的反射或者辐射信号，确定导弹与目标的相对位置和速度，自动跟踪目标，引导武器飞向目标。

寻的制导的导引精度不受导弹飞行距离的影响，但制导的作用距离较近，且易受敌方干扰。常用于短程导弹制导及中远程导弹的末制导。但是它的精度高，是实现精确打击的关键。武器能否击中目标，主要由末制导的精度来决定。

根据能量的来源，自动寻的制导可分为以下三类：

（1）主动式寻的制导。在弹头上装有信号（激光、红外线、雷达波和声波等）发射机和接收器。发射机发射信号照射目标，接收机接收目标反射的信号，引导弹体命中目标。这种系统在锁定目标之后便自动地、完全独立地去攻击目标。主动寻的制导能完全独立工作，不需目标或导引站提供能量。但制导作用距离受到弹上发射机功率的限制，弹上导引装置复杂，常用作复合制导的末制导。如：法国AM39"飞鱼"空舰导弹的末制导，美国XM943装甲灵巧炮弹的寻的头。

（2）被动式寻的制导。在弹头上装有信号接收器，依靠目标发射的信号进行工作。即信号接收机接收到目标发射的信号后，引导弹体命中目标。

（3）半主动寻的制导。半主动寻的是用信号发射器发射信号，照射或选定目标，弹头上的信号接收机接收目标反射的信号，引导弹体命中目标。在这种系统中，照射或选定目标是由目标照射站来完成的。它的最大优点是可以增加攻击目标的威力而不需要增大武器的重量和尺寸。半主动寻的有雷达半主动寻的和激光半主动寻的两种。

4. 复合制导

导弹在飞行的不同区段采用不同的制导方式。导弹大多实行复合制导，目的是提高制导精度，在命中精度相同的条件下，作用距离比单一制导方式的导弹更远，并可以增强导弹的抗干扰能力。任何一种制导方式都有它的优缺点，采用复合制导可以取长补短，更好地满足作战要求。

复合制导通常有以下类型：一是自主、寻的制导。法国的"飞鱼"反舰导弹就是采用自主、寻的制导，开始是程序或惯性制导，接近目标时改为寻的制导。二是遥控、寻的制导。美国的"波马克"地空导弹在中段用无线电指令制导，末段用寻的制导。三是惯性、遥控、寻的制导。瑞典的 RBS—15 反舰导弹中段用惯性制导，全程用无线电指令修正其飞行路线，末段寻的制导。四是惯性、地形图匹配、数字景象匹配制导。美国的"战斧"巡航导弹，先是惯性制导，中段用地形图匹配制导，接近目标时再由数字景象匹配相关器进行末端制导。五是主动寻的、被动寻的制导。美国的"黄蜂"空地导弹，先是主动寻的制导，末端改为被动寻的制导。

三、精确制导武器的种类

精确制导武器包括导弹和精确制导弹药两大类。

（一）导弹

导弹的产生是和战场需要紧密相联的。19 世纪时，出现了线膛炮，它具有射程远、射击密度大、命中精度高的优点，使原始阶段的火箭相形见绌。战争的发展，要求不断增大火炮的射程和威力，由于当时技术条件的限制，火炮越造越大，而且越来越笨重，不便机动。特别是随着射程的增大致使命中精度降低，限制了远程大炮的发展。20 世纪，飞机发明之后，很快就作为一种新式武器应用在战争中。特别是第二次世界大战期间，飞机很快普及于许多国家。这是因为它可以装载炮弹和炸弹，既能以飞行距离长延伸射程，又能以在目标上投弹提高命中精度。但同时又带来新的问题，当地面防空力量较强时，飞行人员只有两种选择：一是远离目标投弹，影响命中精度；二是冒着敌方火力俯冲轰炸，增加了生命危险。这一矛盾限制了飞机发挥更大的作用，但又为导弹武器的发展开辟了广阔的前景。

在第二次世界大战后期，日本人制造了一种特殊的武器——"自杀飞机"：飞行员驾驶着挂着炸弹的飞机，不断地修正航线，向目标飞去，最后与目标相撞，同归于尽，以此换取比投掷炸弹更高的命中精度。同一时期，德国造出不需要人驾驶的命中精度较高的飞行武器——"V—1""V—2"飞弹，并于 1944 年 6 月首次对英国伦敦进行了空袭，

第八章 精确制导武器与侦察监视技术

虽威力不大，精度有较大差距，但由于它的突然出现，却给人们心里留下了恐怖和神秘的色彩。这是世界上第一次出现在战场上的导弹。V型导弹的出现，拉开了导弹进入现代战争的序幕，改变了战争的传统打法，影响到了战争的全局。

在精确制导武器中，发展最早、进展最快的是导弹，在现有的精确制导武器中，数量最多的也是导弹。海湾战争中使用了大量精确制导武器，其中绝大部分是各种导弹。在现代战争中，导弹将充斥整个战场，无论是空战、海战还是陆战，都将是导弹战。

导弹是一种依靠自身动力装置推进，由制导系统导引，控制其飞行路线并导向目标的武器。

导弹是火箭的一大分支。靠火箭发动机推进的飞行器叫火箭，火箭的有效载荷是战斗部的称为火箭，否则则给予其他名称，如探空火箭，卫星运载火箭等。火箭武器又分可控制与不可控制两类，可控制即为导弹，不可控制则称为火箭弹。

导弹的诸多优点使得它备受各国军事家的青睐，发展十分迅速，现已有400多种型号，装备导弹的国家和地区有90多个。导弹已成为各国军事武器库中不可缺少的装备。

1. 导弹的分类

导弹武器种类繁多，名称各异，主要有以下几种分类方式：

（1）按作战使命分类，有战略导弹和战术导弹。战略导弹，用以打击战略目标的导弹，具有 1 000 km 以上的射程，使用核战斗部（即带核弹头），由国家最高统帅部机构控制使用。其特点是突击性强，杀伤威力大，投射工具战斗性能好，射程远，准确性能高，通常按射程划分，其射程为 1 000～3 000 km 称中程导弹；3 000～8 000 km 称远程导弹；8 000 km 以上的为洲际导弹。核武器爆炸时产生的能量相当大，一枚2万吨级（与广岛、长崎爆炸的原子弹当量相同）的原子弹在地下 15 m 处爆炸时，所形成的弹坑纵深约为 150 m，横宽约为 360 m，自地面掀入空中土石数量约在百万吨以上。1946 年美国在比基尼岛附近海面下进行了一次浅水爆炸，被掀起的水柱高达 1 800 m 以上，水柱的直径约为 620 m，水柱壁厚约 90 m，被掀入空中的水量约在一百万吨以上。由空心水柱喷出的核武器残余物质在水柱顶端凝结扩散成放射性云雾，随即降落放射性雨水，造成爆点附近水域内强烈的放射性污染。

战术导弹，担负战术作战使命，射程在 1 000 km 以内的导弹。由战役、战术指挥员掌握使用。

(2) 按飞行弹道特点分类，有弹道式导弹和有翼式导弹。弹道式导弹，是指由火箭发动机将其推送到一定高度和速度后，弹头靠着其惯性沿着预定弹道飞向目标的导弹。这种导弹的弹道轨迹如同普通炮弹的自由抛物弹道。

有翼式导弹，也叫飞航式导弹，弹体上装有翼面，在稠密的大气层中飞行，通过弹体、弹翼和舵面产生空气动力，控制和稳定导弹的飞行，如空对空、地对空以及巡航导弹等。巡航式导弹目前战场使用比较广泛，它是依靠空气喷气发动机的推力和弹翼产生的升力，飞行轨迹的大部分以巡航速度在大气层内飞向目标的飞航式导弹。其外形与飞机相似，可由地面、水面、水下及空中发射。它能超低空飞行，其飞行的整个过程都可自动制导，突防能力强，但飞行速度慢，一般为 800～900 km/h。这种导弹由于它具有体积小、重量轻（总质量 1 300 kg 左右），一架大型飞机或潜艇可带十几枚乃至几十枚，加之又能按预先编好的程序绕过敌固定的防御阵地作超低空飞行，命中精度可达 30 m 左右。例如：1991 年 1 月 17 日 3 时整，一道道"闪电"划破海湾漆黑的夜空，像长了眼睛的上百枚战略巡航导弹，紧贴着地面超低空飞行，直扑伊拉克的政府大楼、国际机场、雷达站、导弹基地、生化武器工厂等战略要地及设施。只见这些巡航导弹灵活地绕开障碍物，迂回着向预定目标飞驰，准确地击中了预定目标，包括一部分假目标。这是美军在总攻之前以战略巡航导弹向伊拉克的"心脏"实施同时打击。这次打击是由美空军第 596 轰炸机中队的 7 架 B—52 战略轰炸机从美国本土基地起飞，机群在大西洋和地中海上空进行了两次空中加油后，长途奔袭 35 h，准确地按作战计划时间到达预定地区，中队指挥官比德尔中校下达了攻击命令。只见 35 枚空射巡航导弹，分别向伊拉克的通信枢纽、预警中心、发电厂、电力输送网等 8 个重要目标飞去。同时早已做好周密准备的美海军"密苏里"号和"威斯康星"号战列舰等舰艇也发起了攻击。向巴格达共发射了 196 枚战略巡航导弹，有效地保障了美空军大规模空袭行动的顺利进行。海湾战争头三天，共发射了 600 多枚"战斧"式巡航导弹，对伊拉克的机场、防空阵地和交通要道进行了攻击，成功率达 98%，由此证明导弹是实施重点打击的重要武器。

（3）按发射点特征分类，可分为机载导弹、舰载导弹、车载导弹和炮射导弹等。

（4）按目标特性分类，可分为反坦克导弹、反舰导弹、反潜导弹、反雷达导弹、防空导弹、反导弹导弹和反卫星导弹等。

1991年的海湾战争中，弹道导弹第一次被反导弹导弹成功地加以拦截，导弹预警卫星发挥了重要作用，它用红外望远镜每12 s扫视伊拉克领土一次，当伊军"飞毛腿"导弹升空到15～18 km时，即能探测到其推进器排出的热烟，并立即把有关数据传给美国本土科罗拉州的美军空间司令部进行处理，处理结果再传回海湾前线，直到美军的"爱国者"导弹连。整个过程只需要2～3 min。而"飞毛腿"导弹从发射到飞抵目的地约需7 min。"爱国者"拦截"飞毛腿"并不是像操纵空中一个小物体对撞另一个小物体那样难以控制，导弹拦截的准确含义，是利用爆炸产生的碎片杀伤一定范围的来袭导弹，这样就对爆炸的时机提出了很高的要求。美军为了确保拦截成功，发射"爱国者"导弹都是两发齐射，一发主要攻击，一发作为"预备队"。"爱国者"一般在"飞毛腿"周围爆炸，用爆炸形成的破片来摧毁"飞毛腿"导弹并引爆它的战斗部。这一引爆必须在几分之一秒的时间内，否则两枚相对而行的不速之客，在以3 km/s的速度快速飞行有可能就"擦肩而过"。如果一发未拦截成，另一发及时跟上，再次拦截，从而保证了拦截的成功率。此外，美国情报系统也给"爱国者"导弹帮了忙。海湾战争开战前，伊拉克曾两次进行"飞毛腿"导弹的试射。美军获得这一情报后，立刻派出大批专家，动用各种侦察测量设备，把试射中的"飞毛腿"的有关弹道数据准确地输入计算机系统中，及时地修正了"爱国者"发射系统的制导软件，从而大大提高了拦截精度。可见，伊军自己的技术泄密，也是使"飞毛腿"在战争中"折戟沉沙"的重要原因。

英国"阿拉姆"反雷达导弹有其绝招，它能根据目标雷达参数和特征重新编排攻击程序，还可以待机攻击，在半空中"守株待兔"。

（5）按发射点和目标位置分类，可分为：

空中：空对空、空对地、空对舰、空对潜；

地面：地对空、地对地、地对舰、地对潜；

水面：舰对空、舰对地、舰对舰、舰对潜；

水下：潜对空、潜对地、潜对舰、潜对潜。

1982年的英阿马岛战争中，4月25日，英国和阿根廷正在南大西洋展开激战。英国海军的一架"山猫"直升机发现了一艘阿海军的"圣菲"号潜艇。当时这艘潜艇正在水面上航行，"山猫"直升机立即关掉雷达，迅速下降至距海平面几十米的雷达盲区悄悄地接近目标。在距目标15 km左右时突然向高空爬升，雷达开机重新捕获和跟踪目标，同时发射"海上大鸥"空对舰导弹。导弹离机自由坠落一段距离后，弹上火箭发动机点火，此时直升机上的雷达一直照射对其进行引导攻击。导弹像长了眼睛一样，准确地击中"圣菲"号潜艇，使潜艇再也不能动弹，艇上人员除一死一伤外，全部当了英军的俘虏。这次战斗是历史上第一次用舰载直升机携带空舰导弹攻击舰艇的战例。

　　在同一场战争中，5月4日中午11时左右，英国海军的具有现代化及装备精良的4 200 t级"谢菲尔德"号导弹驱逐舰正在马岛以北海域执行警戒任务。这时，距离"谢菲尔德"号大约300 km的洋面上，阿根廷的"5月25日"号航空母舰已经发现"谢菲尔德"号，立即进入战斗状态，几架舰载战斗机腾空而起，其中一架"超军旗"式攻击战斗机，机翼下挂着一枚法国制造的"飞鱼"式AM—39型空地导弹，向"谢菲尔德"号呼啸着飞来。攻击机在接近英方远程雷达警戒舰艇的雷达警戒区时，迅速下降至40～50 m高度，贴着海浪顶端作超低空飞行，使敌方雷达难以侦察到。与此同时，阿根廷的"天鹰"式和"幻影"式战斗机有意识地在高空中飞行，吸引英国舰队雷达的注意力，掩护"超军旗"战斗机的行动。在离英舰25 n mile的距离上，阿军"超军级"式攻击战斗机飞行员从超低空飞行中突然跃升至150 m的高度，在极短的时间内，机载雷达迅速开机，很快就捕捉到"谢菲尔德"号的信号，飞行员立即将目标的有关数据输入"飞鱼"导弹，然后再降至先前的超低空高度。在距目标约23 n mile的距离上，"飞鱼"空对地导弹如离弦之箭飞奔而去。飞机在发射导弹后，掉转机头飞向基地，仅用雷达继续监视着目标。"飞鱼"导弹脱离飞机后，以接近声速的速度飞行，在距目标10多千米处，导弹的主动雷达导引头捕捉到"谢菲尔德"号，在导引装置的引导下，导弹直扑"谢菲尔德"号。当"飞鱼"导弹接近"谢菲尔德"号时，舰上担任目视观察的士兵才发现来袭的导弹，英军顿时如热锅上的蚂蚁乱成一团，就在这混乱之际，只听轰隆一声巨响，导弹就击中了"谢菲尔德"号，一头扎进了它的肚子里，在舰体内引起猛烈爆炸。这枚

"飞鱼"式导弹真是跟飞鱼一般,从发射到击中目标,仅仅用了 160 s 的时间,就击中了英军的驱逐舰。导弹爆炸后,英军士兵经过近 5 h 的生死博斗,仍无法挽回舰体的下沉,最后全体官兵不得不弃舰逃生。舰上的大火足足燃烧了 8 h 之后,"谢菲尔德"号终于带着"出师未捷身先死"的终身遗憾,沉入水中,葬身海底。1975 年才下水的"谢菲尔德"号,装备有先进的反导弹警戒装置和导弹,造价 2 亿多美元,被英国称为"皇家海军的骄傲"、具有号称"世界第一流的火力系统和电子战系统"的现代化导弹驱逐舰,第一次参加战斗,就竟然被阿军价值才 20 万美元的"飞鱼"导弹夺去了生命。不得不使英军一度神经紧张,弄得草木皆兵,以致出现将鲸鱼误以为阿方的潜艇,甚至用昂贵的舰地空导弹攻击那些好似来袭飞机的鸟群。随后,运气不好的英海军的 2 700 t 级的"热心"号护卫舰、2 700 t 级的"羚羊"号导弹护卫舰、3 500 t 级的"考文垂"号导弹驱逐舰、14 900 t 级的"大西洋运送者"号货船及 4 400 t 级的"加拉哈德爵士"号登陆舰相继被阿空军用精确制导兵器击沉。

2. 导弹的基本组成

导弹一般由战斗部、动力装置、制导系统、弹体和电源五部分组成。

(1) 战斗部。是导弹携带用于摧毁目标的有效载荷。战斗部由壳体、装药、引信和保险装置组成,战斗部分常规战斗部、核战斗部和特种战斗部三种。

常规战斗部主要有爆破型、破片型和聚能战斗部。爆破型战斗部是利用炸药爆炸产生的高温高压气体急剧膨胀形成冲击波对目标起杀伤破坏作用,分为外爆型和内爆型两种。破片型战斗部又包括自然破片、半预制破片和预制破片三类。聚能战斗部主要是为破甲设计的,即在炸药柱的一端预制成锥形槽,爆炸产生的部分能量沿锥形槽表面的垂直方向向轴线汇聚,在沿轴线方向上形成一股很强的气流,其速度可达 10 km/s,温度达 4 000~5 000℃,压力达几十万至上百万个大气压,气体密度达 2.2 g/cm^3(约为普通空气密度的 2 000 倍)。

核战斗部是根据作战任务和目标性质的不同,核战斗部可以是原子弹、氢弹、中子弹、核电磁脉冲弹等。它的杀伤破坏效应是爆炸产生的冲击波、光辐射、早期核辐射、放射性沾染和电磁脉冲。

特种战斗部是根据需要,为完成特殊任务,将燃烧、化学、生物、光电无源干扰物质等各种各样的特殊物质装载在战斗部中。海湾战争中,美国的"战斧"巡航导弹首次使用了非电磁脉冲弹头和碳纤维战斗部。

（2）动力装置。动力装置为导弹飞行提供动力，其核心是发动机。导弹动力装置使用的发动机有两类，一类是火箭发动机，包括固体火箭发动机和液体火箭发动机两种；另一类是空气喷气发动机，包括涡轮喷气发动机和冲击喷气发动机两种。火箭发动机自带燃烧剂和氧化剂，可在大气层和外层空间工作。空气喷气发动机只带燃烧剂，需要周围环境提供氧气作氧化剂，所以它只能在大气层内工作。

（3）制导系统。制导系统由制导计算机、探测装置和自动驾驶仪等部分组成，用于控制导弹的飞行方向、姿态、高度和速度等，保证导弹准确地命中目标。

（4）弹体。导弹的弹体是为把导弹各主要部件保持在正确位置上以完成其使命所需要的结构。通常采用优质轻合金材料和玻璃钢复合材料等制成。导弹的外形必须使它能够受控于特定的飞行轨道上。为了拦截目标，它还必须产生某种空气动力，以便它从一种飞行轨道改变到另一种飞行轨道。此外，整个导弹的空气阻力应该很小。在飞行中作用在导弹上的力不应使弹体产生明显的变形或引起某些部件的激烈振动。因此要求其结构材料强度高、重量轻、耐高温。

（5）电源。导弹最常用的电源是电池，与其相配的还有变电配电装置。有的导弹上还带有小型发电机。

3. 导弹武器的特点

（1）射程远。导弹武器是采用火箭发动机作为动力装置，有的采用多级点火，增加推力的结构。根据计算，一台大型火箭发动机，其推力可达数百万吨，相当于几万辆汽车的总功率。这样威力大的武器，其射程足以攻击地球上的任何目标。

（2）命中精度高。随着飞行控制系统与控制方法的不断改进，导弹武器已具有相当高的命中精度。导弹的命中精度通常用圆概率误差表示，误差越小，表示命中精度越高。如美国的"民兵三号"战备导弹，圆概率误差为 185 m 左右；美国的"战斧式"巡航导弹，圆概率误差只有 10 m 左右。未来装备的人工智能计算机导弹，命中概率可达百分之百。先进的射击技术可使现代武器具有首发命中的能力。

（3）威力大。目前所采用的核弹头战略导弹，其当量为几十万到上千万吨，破坏威力很大。1945 年 8 月美国用飞机投向日本广岛和长崎的原子弹，其当量仅有两万吨，就造成该两城市毁灭性的灾害。苏联装备的 SS—20 导弹，每枚导弹可安装三个弹头，每个弹头的威力就相当于广岛使用的那种原子弹威力的 200 倍。在导弹无故障的情况下，对百万人口的大城市，只须命中一发，即可将其摧毁。由此可见，现代导弹武器远远超过了过去使用几十架飞机都难以完成的任务，是任何其他武器难以比拟的。

（4）飞行速度快。提高速度是增强现代武器生存力和战争突然性的重要措施。现用导弹武器均采用能量很高的推进剂，可产生巨大热量，喷出高速的燃气，这就有力地提高了导弹武器的速度。特别是战略导弹，在整个弹道上，都能以超高声速飞行，最大飞行速度达 7 km/s 以上，相当于声速的 20 倍。

（5）飞行高度高。由于导弹武器速度快，射程远，为准确突击目标，必须增强射击高度。如美国的北极星 A3 战略导弹，射程为 4 600 km，其弹道的最大高度达 962 km，而射程上万千米的洲际导弹，其弹道的最大高度则可达 1 600 km。基本是在大气层外飞行，这样的速度和高度，对其防御是很困难的。

（6）重量重，体积大。导弹是依靠自带氧化剂的火箭发动机产生推力飞行的，在推进剂中，氧化剂与燃烧剂要有一定的比例，才能使发动机正常工作。加之火箭每秒钟就要消耗几百公斤推进剂，随着射程的增加，推进剂重量相应增加。因此，导弹必须具有足够容积的推进剂储箱。通常储箱要占导弹体积的 70% 以上，推进剂重量占导弹部重量的 90% 以上。导弹重量通常为几十甚至上百吨，长度达十几到几十米，直径为几米。如苏联的 SS—10 洲际导弹，全长 37.7 m，直径 2.75 m，重量达 181.4 t，是一个重量、体积相当大的庞然大物。

4. 我国导弹简况

我国是拥有导弹核武器的国家之一。我国导弹武器的产生，使我国已成为世界上少数独立掌握空间技术的国家之一，已跻身于世界先进水平的行列。但我国政府一再声明，我国发展战略核武器，是从积极防御的战略出发，任何情况下，决不首先使用核武器。

随着我国建设的需要，为赢得未来战争的胜利，从 1956 年开始，组建了导弹武器研制机构，并建立了专门的导弹试验基地。广大科技人员遵循自力更生为主，争取外援为辅的原则，克服重重困难，进行科技攻关，1960年，我国第一枚地对地导弹试验成功。

目前，我国不仅能进行各种地对地导弹的近、中、远程试验，而且具有地对空导弹和洲际导弹的试验能力。1966年7月1日，根据党中央的命令，成立了第二炮兵部队。从此，陆、海、空三军都有相应的导弹兵种，特别是空军的地对空导弹部队，刚刚组建就担负了防空作战任务。我国自行研制的导弹驱逐舰、导弹护卫舰已成为海军的主要舰种。导弹武器的发展，成为我国国防现代化建设的显著标志之一。

目前，我战略导弹部队装备有中程、远程和洲际战略导弹。洲际导弹的射程可达12 000 km以上。

(二) 精确制导弹药

1. 末制导弹药

(1) 制导炸弹。在普通炸弹的基础上，加装制导装置后即为制导炸弹，又称"灵巧炸弹"。美国20世纪60年代初开始研制制导炸弹，1967年装备部队，随后在越南战场用于实战，取得了良好的效果。1991年的海湾战争中，制导炸弹的命中率达90%以上，战争期间美军使用激光制导炸弹摧毁巴格达95%左右的要害目标，基本上百发百中。

(2) 制导炮弹。在普通炮弹上加装制导系统即为制导炮弹。它与导弹的主要区别也是本身没有动力装置，靠火炮发射的初速度、稳定翼和控制舵使炮弹稳定飞行，制导装置自动导向目标。主要用于攻击坦克、装甲车、反坦克导弹的发射装置、观察所、掩蔽部和火力发射点等小型目标。

(3) 制导雷。在普通地雷、水雷上，加装上制导系统即为制导雷。制导雷是一个庞大的家族，一般可分为三大类：一类是反坦克、装甲车辆和直升机的制导地雷，这种地雷是根据目标产生的物理场（如坦克、飞机等自身产生的声音、震动、热辐射、磁场等）来启动雷体战斗部使之爆炸；另一类是执行反潜反舰任务的制导水雷；第三类是执行反卫星任务的太空雷。

2. 末敏弹药

末敏弹药是指一些子弹药，又称末端制导子弹或末端制导弹头。这种子弹药由炮弹、炸弹、子弹药撒布器携带至目标上空抛撒分散，撒布面积取决于抛撒高度和子弹药的数量。子弹被抛撒（投放）后，立即开始工作，用自身携带的探测器在小范围内探测目标，发现目标后，沿探测器瞄准的方向发射弹丸，进行攻击。这种子弹药是子母技术、自锻碎片技术和先进的传感技术相结合的产物。既有较大的毁伤面积，又有较高的命中精度。

末敏弹药的典型代表有"萨达姆""斯基特"和"钻石"等。"萨达姆"是美国于1977年开始研制、1986年决定为155 mm榴弹炮和多管火箭炮配用的末敏弹药。子弹头在目标区上空撒布后，落至离地面150 m左右时，其内的毫米波辐射计开始工作。由于子弹头挂有涡旋环形降落伞，所以它能自动旋转扫描搜索目标。随着子弹头高度的下降，天线扫描搜索半径缩小，直到对准目标中心，然后引爆子弹头内的自锻碎片，使自锻碎片以10倍声速所生的巨大动能贯穿坦克的顶部装甲。

四、精确制导武器对作战的影响及发展趋势

精确制导武器的出现是武器发展史上的一次革命，它既是飞机、坦克和军舰等重型兵器的致命武器，又是攻击部队集结地、机场、码头、仓库、交通枢纽，指挥通信中心等军事目标的有效武器。精确制导武器已成为现代战争中最有效的打击兵器。

（一）精确制导武器对作战的影响

精确制导武器自问世以来，在20世纪60年代以后的多次局部战争中，充分显示了它的威力，确立了"兵器之星"的地位。它是现代战争三大支柱系统之一，对现代战争产生了深远的影响。

1. 提高了作战效能

据资料统计，第二次世界大战期间飞机投弹的圆概率误差为1 000 m，摧毁一个钢筋混凝土目标平均需要9 000枚炸弹；越战期间，飞机投弹的圆概率误差为100 m，炸毁类似目标平均需要200～300枚炸弹；而在海湾战争中，使用圆概率误差为1 m的激光制导炸弹，只需1～2枚即可达到目的。

20世纪60年代在越战中，美国轰炸河内附近的清化大桥，曾出动飞机600多架次，投弹数千吨，仍未炸毁该桥，还损失飞机18架；后改用刚刚研制成功的激光制导炸弹，仅出动飞机12架次，就将该桥炸毁，飞机也无一损伤。

20世纪70年代在第四次中东战争中，埃以之间展开了第二次世界

大战以来最大的坦克战。开战头三天,以军在西奈半岛就损失坦克 300 余辆,其中 77% 是被埃及的反坦克导弹击毁的。据资料统计,过去平均使用 250 发 155 mm 的非制导炮弹才能击毁一辆坦克;而现在使用精确制导炮弹,仅需 1~2 发即可,其效能提高了上百倍。

在 1982 年的贝卡谷地战斗中,以军在电子干扰机掩护下,使用精确制导武器空袭贝卡谷地,仅用 6 min 就一举摧毁了叙利亚 19 个 SAM—6 防空导弹连阵地。

海湾战争中,多种精确制导武器纷纷登场亮相,在战场上充当主角,并显示了超常的作战能力,取得了非凡的战绩。在这次战争中,仅多国部队就使用了 13 类 82 种精确制导武器,投掷的制导炸弹就有 15 500 枚、7 400 t,约占总投弹量的 8.36%。战前,日本和苏联都有人预测战争"会拖延一年以上""战斗将异常惨烈",可结果却出乎人们的预料,不仅时间很短,而且伤亡也不大,这不能不说是精确制导技术的迅速发展起了重要作用。

2. 精确制导武器使作战样式和方法发生了深刻变化

(1) 使超视距、全天候、多模式、多目标精确打击变为现实。海湾战争中,美军从 1 000 km 以外发射的 35 枚中射巡航导弹和从海上发射的 288 枚"战斧"巡航导弹,准确地命中了预定目标。GPS 制寻系统能在恶劣的气象条件下自主导航;毫米波制导系统受云雾烟尘的影响很小;合成孔径雷达不受云雾和昼夜条件的限制,甚至能穿透地表发现地下数米深处的掩蔽部。"爱国者"地空导弹可同时跟踪 50~100 个目标,可同时对不同方向、不同高度的 9 个目标实施攻击。

(2) 可以同时连续精确打击整个战场纵深,减少前沿的短兵相接,使前后方界线模糊,战场呈现"流动"状态、非线性或无战线化。

海湾战争中,交战双方兵力超过 120 万人,坦克 8 000 余辆,装甲车 8 300 多辆,但地面战斗仅用 100 h 就结束了,且未发生大规模步兵格斗和坦克大战。这主要是因为伊军的装甲部队已被多国部队大量的反坦克导弹所摧毁。

(3) 实施"外科手术式"打击,使对点目标攻击附带杀伤、破坏降至最低程度,而且地面却不派一兵一卒,就可达成一定的军事政治目的。"外科手术式"的基本战法就是使用精确制导武器实施精确突袭。这是一种既能达成一定的政治目的又比较安全、有效的军事手段,只要使用少量的空袭兵力就能摧毁对方重要的军事、政治目标或经济设施,它付出的代价小而军事效益高。如 1986 年 4 月 15 日,美军在空袭利比亚的"黄金峡谷"行动中,F—111 战斗机和舰载攻击机使用精确制导武器对利比亚的 5 个地面目标进行"外科手术式"的突袭,仅用 12 min 就达成了军事目的。

3. 精确制导武器成为改变军事力量对比的杠杆

(1) 精确制导武器正在改变着坦克、飞机、军舰等武器装备的传统军事价值,它与电子战相配合,将成为战争制胜的重要因素。海湾战争中伊拉克的迅速惨败就是最好的例证。

(2) 精确制导武器越来越明显地改变着军事力量平衡的作用,促进了常规威慑力量的形成。据推算,精确制导武器的威力可与小型核武器相比,而且常规威慑力量的可利用性,大大高于核威慑力量。

(二) 精确制导武器的发展趋势

海湾战争表明,精确制导武器已成为常规武器的重要成员,并将成为现代战争的基本火力。各类精确制导武器虽有其各自的特点,但其共同的发展趋势是:

(1) 智能化。制导武器将具有思维判断能力,能够自动搜索、发现、识别、定位、跟踪、攻击高价目标。可以区分目标种类,判断威胁程度,攻击对己方威胁最大的目标,大大提高武器的制导精度、抗干扰能力和对多目标进攻的能力,并普遍采用"发射后不用管"的制导技术。

(2) 远程化。为了提高打击的灵活性、突然性和发射平台的生存能力。目前各国都在发展新的探测技术,增大作用距离,增大武器射程,减少最小有效射程。如发展在敌方火力网以外能发射的精确制导武器。

(3) 隐型化。采取隐身技术,以降低雷达反射截面,减小敌方雷达发现概率和探测距离,提高突防能力和攻击的突然性;又具有对"隐身"目标截获和跟踪能力。

(4) 模块化。将武器系统分成若干组件,各组件都采用模块设计,通过更换不同的导引头,组合成不同用途的精确制导武器,提高通用性能,以对付不同类型的目标,适应不同军种和多种作战的需要,降低费用和技术保障难度。

第二节 侦察监视技术

侦察、监视技术对于军事之重要如同人之耳目。"知己知彼，百战不殆"，这是历代军史信守的格言。在不同的历史条件下，尽管获取情报的技术手段不断发展变化，但是侦察与监视在军史上的重要地位从未削弱。现代高科技的发展极大地提高了军事侦察与监视能力，部署在空中、地面、海上的卫星、飞机、雷达、舰艇等侦察、监视设施结成一个严密的"网"，全时侦收从地球各地区发射和反射的可见光、红外线、微波、无线电波、声频等各种信号，凭借这高技术的"千里眼、顺风耳"，军事部门都能够以近实时的速度及时、准确、全面地掌握地球各方面的军情信息，保障军事决策的需要。

一、侦察监视技术概述

（一）侦察监视的相关概念

侦察是军队为获取军事斗争，特别是战争所需敌方或有关战区的情况（包括人员、武器装备、地形地物、作战结果）而采取的措施，是实施正确指挥、取得作战胜利的重要保障。

监视是通过用遥感成像等手段来对敌空中、太空、地（下）面、水（面）下区域、地点、人员等实施有计划的侦察。

现代侦察、监视技术就是指发现、识别、监视、跟踪目标并对其进行定位所采取的技术。

（二）侦察监视的目的及过程

侦察、监视的直接目的在于探测目标，具体地可分为发现目标、识别目标、监视目标、跟踪目标以及对目标进行定位。发现目标，是指把目标与背景作比较，确定某个地方有目标；识别目标，是指确定目标的真假，区分真目标的类型；监视目标，是指注意目标的动静；跟踪目标，是指对目标连续不断的监视；对目标定位，是指确定出目标的位置（方位、高度、距离）。现代军事侦察、监视一般都要求解决上述几个问题。通常说的"发现"目标除确定目标有无外，往往也要提供其他方面的信息。

现代侦察监视系统的工作过程大致是：目标的特征信息，包括声、光、电、磁、热、力学等特征信息，在向外传输时被探测器接收，然后对所接收的信号进行加工处理，并进行图像显示或予以记录。

二、现代侦察监视技术的内容

现代侦察监视技术有多种分类方法，根据侦察设备的运载工具及其使用的范围不同，可分为：地面（下）侦察监视技术、水下侦察监视技术、空中侦察监视技术、空间侦察监视技术四个侦察监视系统。

（一）地面（下）侦察监视技术

地面（下）侦察监视是一种传统的侦察监视技术，它是在陆地上进行侦察与监视。地面侦察与监视是最古老、最传统的侦察手段，其侦察手段多样，分布范围广阔，可快速对一个地域形成地面侦察网。其中有：监测对方雷达、电台和武器制导发出电磁信号的无线电侦察；侦获对方通信信号进行分析破译的无线电技术侦察；运用雷达探测对方人员、车辆、飞机、舰艇、导弹的雷达侦察；通过布撒音响、磁力、红外、压力、扰动等传感器，侦察监视对方军事活动的自动地面传感器侦察等。

1. 无线电通信侦察

无线电通信侦察是使用无线电收信器材，截收和破译敌方无线电通信信号，查明敌方无线电通信设备的配置、使用情况及其战术技术性能，以判明敌人编成、部署、指挥关系和行动企图。无线电通信侦察包括侦听和测向定位两个方面。

无线电通信侦听。无线电通信侦听主要是运用电波传播、信号、联络三个规律来实施侦察，其设备主要是无线电接收机。

无线电通信测向。无线电通信测向是指利用无线电定向设备（又称无线电测向仪）来确定正在工作的无线电发射台工作的方位。有听觉测向、视觉测向、固定测向、半固定测向和移动式测向几种。

对敌人无线电台进行测向和定位，是获取情报的一个重要途径。进行测向和定位，可以判定指挥位置，从而获得敌兵力兵器部署等重要情报。第一次世界大战期间，德军潜艇猖狂活动，频繁袭击商船。英国人经过测向、分析，掌握了德军发射机的工作频率、功率、出没时间、活动规律等，掌握了破译密码。将掌握的情况汇报给了反潜战舰，反潜战舰用奇袭的办法，几次截击了德军潜艇，从而打击了德军潜艇的疯狂活动，扭转了被动局面。

2. 雷达侦察

雷达（无线电探测和测距）出现在20世纪30年代末。雷达侦察是利用物体对无线电波的反射特性来发现目标和测定目标状态（距离、高度、方位角和运动速度）的一种侦察手段。它具有探测距离远、测定目标速度快、精度高、能全天候使用等特点，在现代战场上应用十分广泛，成为现代战争的一种重要侦察手段。

雷达种类繁多，用途各异，根据任务或用途的不同，可分为：

（1）用于警戒和引导的雷达。对空情报雷达，用于搜索、监视和识别空中目标；对海警戒雷达，用于探测海面目标的雷达；机载预警雷达，安装在预警机上，用于探测空中各种高度的飞行目标并引导已方飞机拦截敌机、攻击敌舰或地面目标；超视距雷达；弹道导弹预警雷达。

（2）用于武器控制的雷达。如炮瞄雷达、导弹制导雷达、鱼雷攻击雷达、机载截击雷达、机载轰炸雷达、末制导雷达、弹道导弹跟踪雷达。

（3）用于侦察的雷达。如战场侦察雷达、炮位侦察校射雷达、活动目标侦察校射雷达、侦察与地形显示雷达。

（4）用于航行保障的雷达。如航行雷达、航海雷达、地形跟随与地物回避雷达、着陆（舰）雷达。

3. 地面传感器侦察

传感器又称变送器或变换器，是将测量的某一物理量转换成另一物理量（通常是电量，如电流、电压、电阻等）的器件。

地面传感器，是指能对地面目标运动所引起的电磁、磁、声、地面震动和红外辐射等物理量的变化进行探测，并转换成电信号的设备。其工作过程是：运动目标所产生的地面震动波、声响、红外辐射、电磁、磁能等被测量，由探测器接收并转换成电信号，再由信号电路放大和处理，送入发射机进行调制后发射出去，由设在远处的接收机接收、解调和识别发现的目标。

地面传感器是20世纪60年代出现并投入使用的一种辅助性战术侦察器材，简单实用。目前大量使用的地面传感器有：震动传感器、声响传感器、磁性传感器、应变电缆传感器、红外传感器。

（二）水下侦察监视技术

水下侦察监视是利用水下侦察设备来探测水下的各种目标，它是现代侦察监视系统不可缺少的组成部分。水下侦察监视技术，主要是运用装在水面舰艇、潜艇、反潜飞机上及海岸边的声呐,探测水下各种目标活动情况。

1. 水下侦察设备的类型

水下侦察设备大体可分为两类:水声探测设备;非水声探测设备。

水声探测设备主要有水下声呐、噪声测量仪、声线轨迹仪、声呐测试仪、弹道轨迹测试仪、水下准直定位测试仪、声速仪、波浪仪等。水声探测设备是水下侦察的主要设备。水声探测设备是水下探测的主要设备,通常被安装在潜艇、水面舰艇、反潜飞机、海岸防潜警戒系统中。构成强有力的水下侦察网。用于搜索、测定、识别、跟踪水中目标,进行水声对抗、水下战术通信、导航和武器制导。

非水声探测设备主要的磁力探测仪、红外线探测仪、低能见度电视、废气探测仪、探潜电视、探潜雷达、及处于研究探索阶段的水下激光。非水声探测设备作为水声探测的有效补充近年来有了很大发展。磁力探测仪是非水声探潜的主要设备,是利用由潜艇引起的地磁异常对潜艇进行探测和定位,作用距离数百米。非水声探测设备作为水声探测的有效补充,近年来有了很大的发展。

2. 声呐及分类

水下传感器主要是通过声呐的原理来工作的。声呐是利用水声传播特性(透射与绕射、反射与折射等)对水中目标进行传感探测的技术设备,主要用于对水中目标的搜寻、测定、识别、跟踪,进行水声对抗、水下战术通信、导航和武器制导。500多年前的1490年由意大利艺术家和科学家达·芬奇发现,第一次世界大战后得到迅速发展,第二次世界大战后技术进入现代化阶段。第二次世界大战期间被击沉的潜艇有60%是由声呐发现的。

按工作方式,可分为主动式(回声)声呐,可以探测静止目标,进行测位;被动式(噪声)声呐,只能探测运动目标,隐蔽保密性能好。

按使用对象的不同,可分为水面舰艇声呐、潜艇声呐、航空声呐、海岸声呐。

(1)水面舰艇声呐装备于在中型水面战斗舰艇、潜艇、反水鱼雷舰艇和某些勤务舰艇。主要用于搜索、识别、跟踪潜艇,保障对潜艇实施攻击,探测水中障碍,与已方潜艇进行水中通信,对敌方的鱼雷攻击进行警戒或诱惑。

(2) 潜艇声呐主要用于搜索、识别、跟踪水面舰艇和潜艇,保障鱼雷、深水炸弹和战术导弹攻击,探测消协及水中障碍,进行水下战术通信和导航。

(3) 航空声呐是海军反潜直升机和反潜巡逻机的主要反潜探测设备。亦称机载声呐。用于搜索、识别、跟踪潜艇,保障机载反潜武器的使用或引导其他反潜兵力实施对潜攻击。

(4) 海岸声呐是设置在近岸海域的固定式声呐。用于海峡、基地、港口、航道、近海水域对潜警戒,并引导岸基或海上的反潜兵力实施对潜攻击。通常以被动式为主。

声呐在战争中广泛应用于侦察潜艇、海底警戒,是潜艇的耳目。

侦察潜艇,军事上使用的主要目的就是搜索敌方潜艇,现在从航母到小炮艇都装有声呐。如美国的P—3C"猎户星座"式反潜巡逻机,巡航时间达17 h,作战半径超过2 000 km,携带87个声呐浮标,能同时监视31个声呐浮标,迅速进行海上大面积搜索。

海底警戒,1939年10月13日夜,纳粹德国的"U—47"号潜艇,借着月光,潜入停有英国军舰的斯卡帕湾,发现了大型战列舰的"皇家橡树号"。他们发射鱼雷,一声巨响,把英军从梦中惊醒。英军还以为军舰出了什么问题,根本没有想到战舰中了鱼雷,这时德军又发射了第二批鱼雷,这时英军才明白过来,但为时已晚,很快巨舰即告沉没。

潜艇的耳目,茫茫大海深处,是一个黑暗的王国。隐蔽在水下的潜艇,如果没有声呐,就像一个人变成了聋子和瞎子,寸步难行。因此,潜艇要比水上舰艇更重视声呐。

(三) 空中侦察监视技术

空中侦察技术是指用航空器在环绕地球的大气空间,对敌方军队及其活动、阵地、地形等情况进行的侦察与监视。在人造卫星上天之前,飞机曾是战场侦察的主角。在两次世界大战中,空中侦察发挥了重大作用。第二次世界大战以后空中侦察进入了一个崭新的阶段。由于同空间侦察相比,空中侦察更灵活、机动、准确、针对性强的特点,所以即使有了侦察卫星,空中侦察仍然宝刀不老,既是获取战术情报的基本手段,也是获取战略情报的得力助手。

空中侦察监视设备有照相机(可见光、红外、多光谱),扫描相机(激光、红外),电视摄像机,雷达(合成孔径、机载预警)。

现代空中侦察监视平台有各种飞机、飞艇、漂浮气球、系留气球、旋翼升空器等。其中主要为飞机侦察平台。按飞机的种类又分为有人驾驶侦察机、无人驾驶侦察机、侦察直升机、预警机。机上通常装有可见光照相机、多光谱照相机、激光照相机、红外扫描装置、电视摄像机、合成孔径雷达、机载预警雷达、无线电及其他侦察设备。空中侦察监视的原理就是利用机上的这些光电遥感器或无线电接收机等侦察装备，接收并记录各种目标的电磁辐射，经过加工处理后，从中提取有价值的情报信息。

1. 有人驾驶侦察机

有人驾驶侦察机是空中侦察的主力，它可以携带多种侦察技术设备，其反应灵活，机动性好，能及时、准确地完成战场情况侦察，能为各级指挥员提供作战指挥所需的大面积、远纵深的情报，并能直接引导突击兵力摧毁目标。但一般没有侦察自卫能力，易受攻击飞越国界，会引起外交争议，因此会受到很大限制。侦察机通常分专门设计的侦察机、改装的侦察机。

2. 无人驾驶侦察机

无人驾驶侦察机是 20 世纪 60 年代初发展起来的，近期世界几场局部战争的实践证明，无人驾驶侦察机比有人驾驶侦察机具有更多的优点：一是成本低，一架无人驾驶侦察机约 50～100 万美元，而有人驾驶侦察机则为 3 000 万美元。二是可靠性高，能用以完成危险性比较大，不宜使用有人驾驶侦察机的侦察任务。三是体积小发动机功率低，红外辐射小，不易被发现和击落。美国在越南战场上曾使用 3 000 多次，其中只有很少的没有返回。四是机动灵活，可用卡车运到没有机场的地方起飞，也可以装进运输机空运到前线再起飞。

3. 侦察直升机

直升机是第二次世界大战后迅速发展起来的，用直升机进行战场侦察有其独特的优势，直升机能在狭小的场地上起降，能紧靠指挥部驻扎，便于根据需要进行侦察，灵活性好，能在很低的高度（距场面 10～15 m、距海 1 m）上实施侦察，且飞行速度不大，有利于对地面进行更详细、更准确的观察，从而提高所获情报的可靠性；能够悬停于空中，便于从已方区域对敌整个战术纵深内的活动目标进行监视。鉴于直升机的这些优点，世界上许多国家都十分重视发展侦察直升机。在历次的战争中，侦察直升机发挥了重要的作用。

4. 预警机

预警机是空中预警和控制系统飞机的简称，是空中侦察与监视系统的重要组成部分，是集侦察、指挥、控制和通信于一身，相当于把联合作战的指挥所搬到了空中。其机动性能好、监视范围广、生存和指挥控制能力强，目前世界上只有美、俄、中等少数国家能够研制和生产预警机。现在比较先进的预警机，如美国的 E－2、E－3A、E－8A，苏联的图－126 和伊尔－76 预警机。目前，预警机已发展了三代，有 20 多种型号 600 余架。由于预警机能够同时对数百千米外的数百个空中、地面、海上的活动目标进行探测、跟踪、识别和处理，并能指挥引导作战飞机、导弹、舰艇对其中的数十个目标进行攻击，在近期几场高技术局部战争中发挥了重要作用，因此受到许多国家军队的普遍重视。地面侦察与监视是最古老、最传统的侦察手段，其侦察手段多样，分布范围广阔，可快速对一个地域形成地面侦察网。其中有：监测对方雷达、电台和武器制导发出电磁信号的无线电侦察；侦获对方通信信号进行分析破译的无线电技术侦察；运用雷达探测对方人员、车辆、飞机、舰艇、导弹的雷达侦察；通过布撒音响、磁力、红外、压力、扰动等传感器，侦察监视对方军事活动的自动地面传感器侦察等。

（四）空间侦察监视技术

空间侦察监视是利用航天器上的光电遥感器和无线电接收机等侦察设备获取侦察情报的技术。侦察卫星是军事航天与信息技术相结合的战略侦察、监视设备，目前在太空中有上百颗侦察卫星在围着地球昼夜不停地转动，世界上任何重大军事行动和军事目标，都别想躲过这些"天眼"，各大国主要战略情报均来源于此。而且随着卫星侦察精确度的不断提高，侦察卫星的触角已逐步伸向战役、战术范围。

空间侦察监视是利用侦察卫星等航天器上的光电遥感器和无线电接收机等侦察设备获取侦察情报的技术。空间侦察监视按使用的航天器是否载人,可分为卫星侦察和载人航天侦察。卫星侦察是空间侦察与监视的主要方式,它是利用侦察卫星在空间进行的侦察。根据任务和侦察设备的不同,侦察卫星通常分为照相侦察卫星、电子侦察卫星、导弹预警卫星、海洋监视卫星和核爆炸探测卫星。空间侦察监视所使用的侦察设备与空中侦察监视基本相同。

1. 照相侦察卫星

在各种侦察卫星中发展最早、最快、数量最多，技术最成熟，是空间侦察监视任务的主要承担者。其对地面目标分辨率可达到 0.1 m（美国第六代照相侦察卫星 KH-11）。在最近几场高技术局部战争，特别是海湾战争和科索沃战争以及这次的美伊战争中，照相侦察卫星发挥了重要作用。

2. 电子侦察卫星

电子侦察卫星是用以侦获对方的无线电信号。一是侦察敌方雷达的位置、使用频率等性能参数，窃听和破译对方通信内容，为战略轰炸机、弹道导弹的空防的实施电子干扰提供数据；二是探测敌方军用电台的发射设施的位置，以便于窃听的破坏。这种卫星持续侦察时间长，侦察灵敏度高，而且比较安全。

3. （导弹）预警卫星

（导弹）预警卫星用于监视的发现敌方发射的战略导弹，并发出警报。

4. 核爆炸探测卫星

核爆炸探测卫星用于探测大气层内和外层空间核爆炸的卫星。

导弹预警卫星与核爆炸探测卫星的工作性质基本相同，就是运用装在卫星上的红外探测器和 X 射线探测器等监视弹道导弹升空和核武器爆炸试验等数据，为采取防御和反导弹措施赢得宝贵的十几分钟，掌握对方核爆炸情况及有关资料。

5. 海洋监视卫星

海洋监视卫星主要用于对海上舰船的潜艇进行探测、跟踪、定位、识别、监视其行动，获取军事情报。海洋监视卫星运用电子侦察和雷达侦察设备监视对方海上军事活动情况。

以上侦察卫星通常由数个乃至数十个组成一个卫星侦察系统，以便对全球实施全时、全方位监控。

三、侦察监视技术对作战的影响

现代侦察监视技术的发展及其在战扬上的应用，使得现代战场侦察与监视手段有了显著的改善。侦察手段多样化，各种手段综合运用，大大提高了大面积监视能力、精确侦察能力、夜间或复杂条件下全天候侦察能力、实时或近实时侦察能力和识别伪装的能力,对作战也产生了深刻的影响。

(一) 扩大了作战空间

现代侦察技术装备可以覆盖整个战场并在全球范围内进行全纵深、大面积的侦察和监视。例如,陆战场监视系统侦察纵深可达 150 km;中低空侦察机可覆盖其航迹侧面 100 km;高空侦察机飞行距离 4 800 km,值勤时间 12 h,每小时监视能力达 38.9 万平方千米;卫星侦察与监视可覆盖数百万平方千米。作战侦察距离的增大,扩大了信息获取量,为实施远距离作战提供了条件。同时,作战距离的扩大又使传统的近战战法受到严重挑战,必须探索新的对敌作战方式。

(二) 改善了信息获取手段

侦察技术的发展,使现代战争的情报侦察方式发生了变革,过去战场侦察主要是依靠侦察兵或特工人员使用目视观察器材进行侦察,而现代战争的情报侦察主要是使用配备有先进的光、电、磁传感器的侦察设备,包括地面侦察站、侦察船、侦察飞机、侦察卫星等手段,对敌方的军事设施、军队的部署、武器装备的配置以及部队的调动与行动企图进行侦察和分析,获取军事情报,为制定作战计划和作战行动提供依据。使用现代侦察手段,可以深入敌人后方,全面详细地了解掌握战场的情况,从而达到"知己知彼,百战不殆"的目的。

(三) 增强了作战指挥的时效性,提高了指挥质量

现代战场复杂多变,实时获得高质量的情报信息越来越显重要。现代侦察监视技术特别是卫星、遥感技术应用于军事领域后,不仅使军队获取信息的范围显著增大,而且速度和准确率也大大提高。目前,在地球上空的各类探测和通信卫星多达千余颗。这些卫星上均装有最新成果的高技术仪器,大大缩短了各种指令的传递时间。如侦察卫星所采集的大量信息包括图像数据、无线电信号、雷达信号等多种形式的信息传递给地面接收站和指挥中心只需 1.5 min。海湾战争中,多国部队的指挥中心,依靠行进中的侦察系统,可以随时收到卫星发送的战场情况,并能动态监视伊军的行动,使各级指挥员及时地了解和掌握当地伊军部署和双方战斗进展情况,为战区乃至分队指挥员实施正确指挥提供了重要的依据。为了对付伊拉克的"飞毛腿"导弹,美军使用的预警卫星能在"飞毛腿"发射后 90~120 s 内捕获目标并判明弹着点,3 min 即可将信

息传至海湾的防空导弹部队，可以提供 90～120 s 的预警时间，为实施指挥和反击赢得了时间。高技术侦察装备这种实时、快速、准确传递信息的能力和手段，极大地提高于作战指挥的时效性。

现代侦察监视系统不仅能为指挥员提供直读、直观、直闻的不同距离的、全方位的、有声有色的情报，而且还可用计算机的逻辑功能帮助计算、分析和判断，并可对指挥员做出的计划方案进行"对抗模拟"，比较方案的可行性，以便于选择最佳方案。同时避免了手工作业带来的差错，提高了保密性，提高了指挥质量。

（四）对作战指挥人员提出了更高的要求

现代侦察监视技术在战场上的运用不仅给作战指挥提供了极为便利的条件，而且对作战指挥人员提出了更高的要求。一方面要求指挥员和指挥机关在作战指挥中，必须具有很高的时效性，在时间的较量中高敌一等，制人而不制于人。另一方面要求指挥员和指挥机关必须具有很高的军事素质，熟悉军队指挥规律及其科学原理，能运用现代科学知识，采取最优化的指挥方式，充分发挥现代侦察监视手段的作用，提高搜索、处理战场信息的速度和准确率，提高作战指挥的时效性，以适应现代战争的要求。

（五）促进了反侦察技术的发展

侦察技术在战场上的运用，促进了反侦察技术的发展。随着卫星、遥感等新技术在军事上的运用，战场的"透明度"越来越大，部队隐蔽行动企图更加困难，必须探索新的伪装方法和行动方法。如常用的伪装方法对目视侦察和微光侦察有效，但热成像器材出现后，这些方法基本失去了作用，烟幕伪装的效果也越来越小，必须研究出有效的伪装材料和方法。此外，高技术侦察设备和先进侦察手段的大量使用，还使战场目标的生存面临更大的威胁，战役战斗的突然性越来越难以达成。因此，为了提高战场目标的生存能力和达成战役战斗的突然性，必须与敌侦察器材作斗争，发展反侦察技术。

四、现代侦察监视技术的发展趋势

由于各种高技术手段的广泛应用，现代侦察监视技术正在进入一个崭新的发展阶段。现代侦察技术无论在方式、手段、器材，还是在战术、技术应用上都在快速地向更高更新的领域发展，而侦察空间立体化、速度实时化、手段综合化、侦察打击一体化,以及提高侦察系统生存能力等将是其发展的基本方向。

(一) 空间上的立体化

由于现代武器装备的发展,射程急剧增加,部队的机动能力迅速提高,现代战争一定是陆、海、空、天、电五维一体的立体战争。为了适应这种特点,侦察与监视体制必须是由空间、空中、地面、水下组成的"四合一"系统。上述四大侦察监视系统虽然各有自己的优点和特长,但也都存在着各自的局限性。由它们组成的综合体系,在侦察与监视的地域、时间、周期以及对情报的处理和利用方面,可以取长补短,互为补充,互相印证。海湾战争中,多国部队的侦察卫星、侦察飞机、预警机、地面侦察装备遍及天空地海,组成了规模庞大的立体侦察网,在监视战局变化、战争决策和制定作战计划、设定武器目标、发挥武器效能等方面发挥了重要作用。

(二) 速度上的实时化

现代战争瞬息万变,部队机动能力强,要求侦察与监视所用的时间尽量最短。在这里,信息的处理和传输速度是关键。随着遥感技术的发展,靠人的五官和经验远远不能适应"适时侦察"的需要,唯一的办法是借助以计算机为核心的遥感图像自动分类和识别技术,提高处理速度。如美国的E-3A预警机上装备的计算机容量大,运算速度快,可同时跟踪600个目标,同时识别200个目标,同时处理300~400个目标的信息。另外,美国的侦察卫星KH-12采用了数字式图像传输技术,直接将数字图像传到地面的处理中心,实现了信息的实时处理。

(三) 手段上的综合化

随着侦察技术的不断改进,各种反侦察设备和伪装干扰技术也得到了发展,为了识别伪装,提高侦察效果,一方面要加强地面目标特征研究,另一方面要加速研制新的红外、激光、微波遥感器,使用多种遥感器,同时观测同一地区,这样既能获得多种信息,又能增加侦察监视效果。如美国研制的"伦巴斯"远距离监视战场探测器系统由声、磁、震动、红外四种传感器和监视器组成,各种传感器获取的目标信息可互相补充、互相验证。又比如美国在其预警卫星上增加了X射线探测器、γ射线探测器、中子计数器等探测仪器,使其具有了核爆炸探测能力。

(四) 侦察、监视与攻击系统一体化

侦察、监视与攻击系统一体化就是将部队的侦察监视系统与武器装备有机地结合起来，构成一个合理的整体，以便及时发现和摧毁目标。如有的遥控飞行器携带有侦察、跟踪、瞄准装置和弹药，侦察发现目标后，能很快将目标摧毁；还有的侦察机的雷达发现 $100\sim200\ \text{km}$ 距离上的目标后，数秒钟之内就能完成信号处理传输给地面，并引导地面兵器准确打击目标。再比如预警卫星将所得到的敌目标信息适时传输给攻击系统，力求边发现边摧毁；海洋监视卫星一旦发现敌舰，立即给己方舰艇、导弹指示攻击目标。

(五) 提高侦察监视系统的生存能力

各种反侦察武器特别是精确制导武器的出现，对侦察监视系统构成了严重的威胁。侦察监视系统本身的生存能力，成了完成任务的重要因素。对于空中侦察监视系统，主要是向高空、高速或超低空发展，采用远距离斜视遥感设备，并充分发挥无人驾驶侦察机的优越性，同时发展隐身侦察机。由于反卫星武器的出现，空间侦察视系统也不再是"天空行马，独来独往"，而必须在躲避攻击、抗电子干扰、耐辐射等方面进一步采取措施。地（水）面、水下侦察复印是要随时准备同反侦察系统作斗争。因此，提高整个侦察监视系统自身的生存能力（伪装技术），又成了迫切需要解决的新课题。

思 考 题 八

1. 精确制导武器有什么特点？
2. 导弹主要由哪几部分组成？
3. 制导技术包括哪几类？主动寻的制导分哪几种？
4. 精确制导弹药包括哪两类？末制导弹药主要有哪几种？
5. 精确制导武器对作战有什么影响？
6. 精确制导武器的发展趋势主要表现在哪几个方面？
7. 什么是侦察监视技术？
8. 现代侦察监视技术按空间分为哪几类？
9. 侦察卫星分哪几种？
10. 现代技术对作战具有什么影响？
11. 现代侦察监视技术的发展趋势是什么？

第九章 航天技术与伪装隐身技术

第一节 航 天 技 术

航天技术应用在军事领域，并将在军事领域中发挥极其重要的作用。本节主要介绍航天技术及其在军事上的应用。

一、航天技术概述

(一) 基本概念

航天技术，是通过将无人或载人的航天器送入太空，以探索、开发和利用太空以及地球以外天体的综合性工程技术，又称空间技术。通常可将航天技术划分为航天运输系统、航天器和航天测控系统三大技术组成部分。

军事航天技术，是把航天技术应用于军事领域，为军事目的进入太空和开发、利用太空的一门综合性工程技术。

(二) 实现航天飞行的条件

1. 航天器的速度

航天器若想飞离地球、飞向宇宙，必须借助运载火箭的推力使其具备一定的速度，以克服地球的强大引力。根据万有引力定律推算，能环绕地球在最低的圆形轨道上运行的速度称为第一宇宙速度，约为 7.9 km/s；能挣脱地球引力飞向太阳系的最小速度称为第二宇宙速度，约为 11.2 km/s；飞出太阳系的最小速度称为第三宇宙速度，约为 16.7 km/s。

2. 航天器的高度

地球周围布有 2 000～3 000 km 厚度的大气层。距地面高度越低，大气密度越大；距地面几百千米以上的高空，大气则十分稀薄。航天器在稠密大气层中高速飞行，会因与大气摩擦产生热被烧毁，或因大气阻力而减速，甚至坠落。所以，航天器一般都在距地面 100～120 km 以上的高空飞行。

航空高度上限：25 km。航空界的"高度"开发，已至 25 km，视为航空高度的上限。航空活动主要在稠密大气层。航天高度下限：100～120 km，航天器绕地球自由飞行的最低高度（又称：临界轨道）是 100～120 km。业内通常将"临界轨道"视为航天活动的高度下限。25 km 至 100～120 km 之间，为"空天"活动域。美国预研的民用空天飞机，用于军事目的的特殊飞行器，将活动与这一空间。

二、航天技术的体系

航天技术的体系是一项庞大的系统工程，它是以航天器技术、航天运输系统技术以及航天测控系统技术为主的综合性科学技术体系。

（一）航天运输系统技术

航天运输系统是把各种有效载荷从地面运送到预定轨道，也能把有效载荷带回地面的运输工具。根据其完成任务后是否返回地面，可分为运载器和运输器。最常用的运载器是运载火箭。为了使航天器获得进入轨道所需的速度，大多数运载火箭都采用了多级火箭的方式，每一级都有自己的箭体结构和动力装置，大多共用一个控制系统。俄罗斯和美国运载能力最大的运载火箭能将 110～120 t 的有效载荷送入低轨道。目前使用的运输工具有：运载火箭和航天飞机。

1. 运载火箭

运载火箭是将各种人造地球卫星、飞船、空间站等航天器送入太空的单级或多级火箭。由于在目前的技术条件下，单级火箭不具备使各类航天器入轨的条件，所以运载火箭主要是指多级火箭。

运载火箭是第二次世界大战后在导弹的基础上开始发展的，到目前为止，俄罗斯、美国、法国、日本、中国、英国、印度、以色列和欧洲空间局等国家和组织都拥有自己的运载火箭。

运载火箭一般由 2～4 级组成。每一级都包括箭体结构、推进系统和飞机控制系统。末级有仪器舱，内装制导与控制系统、遥测系统和发射安系统，这些系统有一些组件分别放置在各级的适当部位。级与级之间靠级间段连接。有效载荷装在仪器舱的上面，外面套有整流罩。许多运载火箭的第一级外围捆绑有助推火箭，又称零级火箭，主要是为了增加运载火箭的运载能力（见图9-1）。

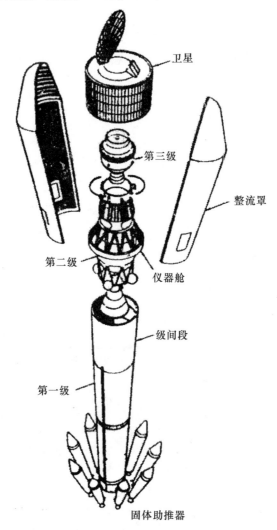

图9-1 运载火箭组成示意图

运载火箭在专门的航天发射中心发射。火箭从地面起飞直到进入最终轨道要经过大气层内飞行段；等角速度程序飞行段，对于低轨道的航天器，火箭这时就已完成运送任务，航天器便与火箭分离；对于高轨道或行星际任务，末级火箭在进入停泊轨道以后还要再次工作，使航天器

第九章 航天技术与伪装隐身技术

加速到过渡或逃逸速度，然后航天器与火箭分离。

长征二号 F 运载火箭（CZ-2F）是在长征二号捆绑运载火箭的基础上，按照发射载人飞船的要求，以提高可靠性确保安全性为目标研制的运载火箭。火箭由四个液体助推器、芯一级火箭、芯二级火箭、整流罩和逃逸塔组成，是目前我国所有运载火箭中起飞质量最大、长度最长的火箭。因多次成功发射神舟系列飞船并被央视直播报道其发射过程，已成为中国长征系列运载火箭家族中的"明星"火箭。

2. 航天飞机

航天飞机是一种载人的空间运输工具。它能像火箭一样垂直飞行，像卫星一样在轨道上运行，又能像普通飞机一样水平着陆。航天飞机（Space Shuttle，正式名称为太空梭或太空穿梭机）是可重复使用的、往返与太空和地面之间的航天器。航天飞机并不是飞机，并不属于飞机的范畴。它既能像运载火箭把人造卫星等航天器送入太空，也能像载人飞船那样在轨道上运行，还能像滑翔机那样在大气层中滑翔着陆。航天飞机为人类自由进出太空提供了很好的工具，它大大降低航天活动的费用，是航天史上的一个重要里程碑。

航天飞机实际上是一个由轨道器、外贮箱和固体推进器组成的往返航天器系统，但人们通常把其中的轨道器称作为航天飞机（见图 9-2）。

图 9-2 美国"哥伦比亚"航天飞机

轨道器很像一架大型的三角翼飞机。它长 37 m，高 17 m，翼展 24 m，内有一个大货仓。轨道器后装有三台主发动机，地面起飞推力为 3 170 t。另外，还装有两台机动发动机，可重复使用 100 次。

外燃料箱是消耗部件，不再回收使用。外燃料箱全长 47 m，直径 8 m 多，全部装液氢掖氧燃料，供主发动机使用。

两台固体助推器可重复使用 20 次。固体助推器全长 45 m 多，直径 3.7 m，推力为 21 300 t。

航天飞机发射起飞过程与多级火箭发射起飞过程相同。它的地面起飞重量约为 2 000 t，总推力 3 000 多吨，可把 29.5 t 重的有效载荷送入 280 km 高的轨道上。

美国研制过的航天飞机有 5 种型号：哥伦比亚号航天飞机、挑战者号航天飞机、发现号航天飞机、亚特兰蒂斯号航天飞机奋进号。

苏联研制过暴风雪号航天飞机，1988 年对暴风雪号航天飞机成功的进行了无人轨道试飞，其后，由于苏联 1991 年解体，计划终止。

（二）航天器技术

航天器是指在大气层以外的宇宙空间，基本是按照天体力学的规律运动的各类飞行器，又称空间飞行器。自 1957 年，苏联发射了世界上第一颗人造地球卫星以来，世界各国已先后向外太空发射了 4 700 多个各种类型的航天器。按照是否载人来划分，航天器可分为无人航天器和载人航天器。

无人航天器按是否环绕地球运行又可分为人造地球卫星、空间平台和空间探测器。人造地球卫星是迄今为止人类发射的数量最多的一种航天器，占航天器总数的 90% 以上，按其运行轨道可分为低轨道卫星（500 km 以下）、中、高轨道卫星（中轨道卫星：500～1 000 km，高轨道卫星：1 000 km 以上）、地球同步卫星、地球静止卫星、太阳同步卫星、大椭圆轨道卫星和极轨道卫星；按其用途可分为应用卫星、科学卫星和技术实验卫星；按其是否专用于军事目的又可分为军用卫星和民用卫星。空间平台是一种可以直接在轨道上对其进行维修、更换仪器、加注燃料等作业的无人航天器，其出现有利于延长航天器的工作时间并保证其工作效果。空间探测器则根据其探测的目标分为月球探侧器、行星探测器和星际探测器。

载人航天器按飞行和工作方式可分为载人飞船、空间站和航天飞机。

载人飞船是一种不可重复使用的航天器,包括卫星式载人飞船、登月载人飞船和行星载人飞船。空间站是可供多名航天员巡访、长期工作和居住的载人航天器,又称航天站或轨道站。空间站分为单一式和组合式两种。单一式航天站由运载火箭或航天飞机直接发射入轨;组合式航天站由若干枚火箭多次发射或航天飞机多次飞行,把航天站的组合件运送到轨道上组装而成。航天飞机是可以部分重复使用的,往返于地表面和近地轨道之间运送有效载荷的飞行器。航天飞机能像火箭一样垂直起飞,像航天器一样沿着轨道飞行,又能像飞机一样滑翔着陆。因此,它是航空与航天相结合、运载器与航天器相结合的综合产物。空天飞机是设计中的一种完全重复使用的、水平起降、单级入轨的飞行器。

(三) 航天测控系统技术

航天测控系统是对处于飞行状态的航天器及运载火箭进行跟踪测量、监视、控制的专用系统,它包括跟踪测量系统、实时数据处理系统、指挥监控系统、遥控系统、通信系统、时间统一系统和事后数据处理系统。由航天控制中心、地面测控站、测量飞机、航天测量船、测控卫星和辅助通信站共同组成的航天测控网担负航天测控任务,其工作对保证火箭和航天器的正常飞行以及航天器的正常工作起着重要的作用。

三、航天技术在军事中的应用

航天技术从其产生的第一天起,就与军事结下了不解之缘。各种先进的航天技术基本上都首先应用于军事领域。在世界各国发射的各种航天器中,军用航天器的比例高达约66%。军事航天技术的应用十分广泛,它的发展和应用与现代高科技战争有着密切的关系,大大加速了军事现代化的进程。军事航天技术已在航天监视、航天支援方面得到应用,在航天作战、航天勤务保障方面的应用也在研究之中。各种军用卫星的发展,使军事侦察、通信、测绘、导航、定位、预警、监测和气象预报等的能力和水平空前提高,在军事指挥及作战中发挥了重要的作用。已有和研制中的军事航天系统可分为:军事航天运输系统、军事航天测控系统、军事卫星、军用载人航天器和空间武器系统。在这里,主要介绍军事卫星、军用载人航天器和空间武器系统。

(一) 军事卫星

军事卫星是专门用于各种军事目的的人造地球卫星的统称。它按用途可分为军事侦察卫星、军事通信卫星、导航卫星、军事测地卫星、军事气象卫星等。

1. 军事侦察卫星

侦察卫星是装有光电遥感器、雷达或无线电接收机等侦察设备,用以获取军事信息的人造地球卫星。根据任务和侦察设备的不同,侦察卫星通常分为照相侦察卫星、电子侦察卫星、导弹预警卫星、海洋监视卫星等。

(1) 照相侦察卫星,是利用光电遥感器摄取地面目标图像的侦察卫星。它发展得最早,发射也最多,是完成空间侦察任务的主要承担者。其主要设备有可见光与红外照相机、多光谱照相机、合成孔径雷达、电视摄像机等。其中,可见光照相机可获得最佳地面分辨率,图像直观易于判读;多光谱和红外照相机可识别伪装,监视夜间的军事行动;合成孔径雷达可实现全天候、全天时侦察;电视摄像机可进行近实时侦察,缩短获取情报的时间。美国使用的第6代照相侦察卫星KH—12,地面分辨率可达0.1 m;"长曲棍球"雷达成像卫星可全天候、全天时实时侦察,地面分辨率可达1 m。

(2) 电子侦察卫星,是用以侦测敌方电子设备的电磁辐射信号以获取情报的侦察卫星。它装有电子接收机、磁带记录器、快速通信设备等。其主要任务:一是侦察敌方雷达的位置和性能参数,为空中攻击武器的突防和实施电子干扰提供数据;二是探测敌方电台和发信设施的位置,以便于窃听和破坏。目前,只有美国和苏联发射和使用了电子侦察卫星。美国有"纹流岩"系列、"大酒瓶""收入小屋"等电子侦察卫星,苏联有"宇宙"号系列电子侦察卫星。

(3) 导弹预警卫星,是用以监视、发现和跟踪敌方战略弹道导弹的发射及其主动段的飞行,并提供早期预警信息的侦察卫星。它装有红外探测器和电视摄像机等设备,通常由多颗卫星组成预警网。目前,美国在地球同步轨道上部署有5颗导弹预警卫星,海湾战争中用其监视了伊拉克发射的"飞毛腿"导弹,为"爱国者"导弹实施拦截提供了预警信息。苏联的预警卫星由9颗"宇宙"号卫星组网,采用大椭圆轨道,可昼夜监视北半球。

(4) 海洋监视卫星,是用以探测、监视海面状况和舰船、潜艇活动,侦收舰载雷达信号和窃听舰船无线电通信的侦察卫星。1982年马岛战争中，苏联发射了几颗海洋监视卫星监视英阿双方海军舰只的活动，阿军击沉英军"谢菲尔德"号驱逐舰就是由其海洋监视卫星提供舰位的。美国的海洋监视卫星主要是"白云"号，海湾战争和科索沃战争期间曾用其进行海上监视（见图9-3）。

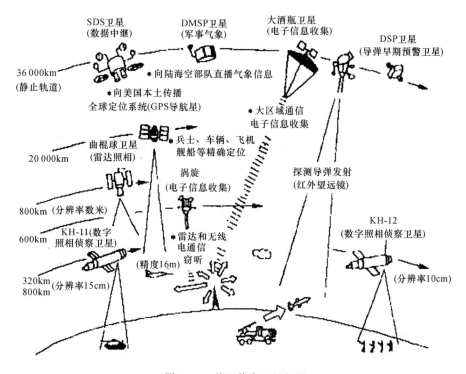

图9-3 美国侦察卫星概况

2. 军事通信卫星

通信卫星是用做无线电通信中继站的人造地球卫星。它接收到地面发出的无线电波后进行放大，再转发回地面。卫星通信具有覆盖范围大、通信距离远、传输容量大、通信质量高、机动性和生存能力强等优点，因此在军事通信中具有举足轻重的作用。

军事通信卫星通常分为战略通信卫星和战术通信卫星两大类，用来担负保密的、大容量的、高速率的战略和战术通信勤务。战略通信卫星通常在地球同步轨道上运行，为远程直至全球范围的战略通信服务。战术通信卫星一般在12h周期的椭圆轨道上运行，主要用于近程战术通信。目前,美国使用的军事通信卫星系列有"国防通信卫星""舰队通信卫星""租赁卫星""空军通信卫星"等,其军事长途通信的 70%～80% 的信息是由卫星转送的。苏联有"闪电""地平线""军事星"和混编在"宇宙"号中的军事通信卫星等。北约组织和英国也拥有"纳托"和"天网"卫星系列。

3. 军事导航卫星

导航卫星是从太空发射无线电导航信号,能为地面、海洋、空中和太空用户导航定位的人造地球卫星。卫星导航或定位,由多颗导航卫星组成的卫星网来进行,具有高精度、全天候、能覆盖全球和用户设备简便等优点。目前,美国使用的导航卫星全球定位系统由 24 颗卫星组成,能 24 h 连续不断地提供三维位置、三维速度和精确时间信息,定位精度可达 10 m,测速精度小于 0.1 s,计时精度可达 100 ns。它可为地面车辆和人员、飞机、舰船、卫星、航天飞机等导航和定位,可作为导弹制导系统的补充以提高导弹的精度,还可用于照相制图和大地测量、航空交通控制和指挥、攻击武器定位和发射、搜索和营救工作等。苏联拥有的全球导航卫星系统,已有 18 颗导航卫星在工作,计划建成 24 颗组成的导航星座体系。

4. 军事测地卫星

测地卫星是用于大地测量的人造地球卫星,可测定地球形体、地球引力场分布、地面的城市、村庄和军事目标的地理位置等参数。卫星测地具有重要的军事价值。目前,各国正在利用测地卫星进行全球大地测量,以获取重要的具有战略意义的资料。测地卫星还可配备其他专用设备进行地球资源勘察,成为地球资源卫星,用于了解和掌握各国战略资源的储备情况等。

5. 军事气象卫星

气象卫星是能够从太空对地球及其大气层进行气象观测的人造地球卫星。卫星上装有可见光和红外电视摄像机、温度和湿度探测器、扫描辐射仪及自动图像传输设备,通常采用地球静止轨道和太阳同步轨道。气象卫星有军民兼用的,也有专门军用的,其观测地域宽广,观测时间长,观测数据汇集迅速,能提高气象预报的质量。

(二) 军事载人航天系统

载人航天器主要包括载人飞船、空间站、航天飞机和正在研制中的单级火箭式的空天飞机等,它们既可民用,也可执行军事任务。

1. 载人飞船

载人飞船是能保障宇航员在太空执行航天任务、宇航员座舱能返回地面垂直着陆的航天器。典型的载人飞船由轨道舱、仪器设备舱、返回舱、对接装置和太阳能帆板等组成。它可独立进行航天活动,也可作为往返于地面和空间站之间的"渡船",还能与空间站或其他航天器在轨道上对接后进行联合飞行。它可能担负的军事使命有:作为地面与空间站的军事运输工具,可向空间站运送军事补给物资和接送人员,进行空间救护等,试验新的军用航天设备,用于特定目标的侦察等(见图9-4)。

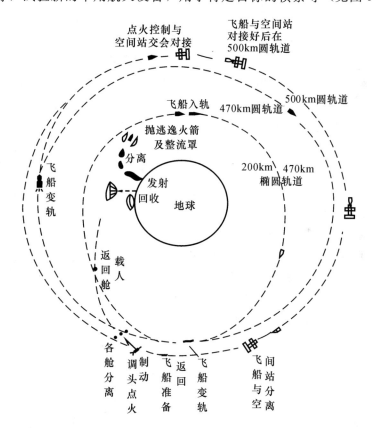

图9-4 载人飞船在空间飞行过程的示意图

2. 空间站

空间站亦称航天站、太空站或轨道站,是在太空具备一定工作条件、可供多名宇航员工作和生活的长期运行的航天器。空间站概念的提出可以追溯到 1869 年,当时 Everett Hale 为《大西洋月刊》撰写了一则关于"用砖搭建的月球"的文章。此后,康斯坦丁·奥伯特也对空间站进行过设想。1929 年 Herman Potocnik 的著作 The Problem of Space Travel(《太空旅行的问题》)出版并风靡了 30 多年。1951 年沃纳·冯·布劳恩在矿工周刊中刊登了他带有环状结构的空间站设计。二战期间德国科学家曾研究过使用太阳能的轨道兵器,即所谓的"太阳炮"。按照设想,它将是运行在高度 8 200 km(5 100 Mile)的地球轨道的空间站的一部分。

空间站被认为是发展航天技术、开发和利用宇宙空间的基础设施。与载人飞船相比,它具有容积大、载人多、寿命长和能综合利用的特点。由于它搭载许多复杂的仪器设备,并可由人来操作,因而可完成多种复杂的任务。从理论上分析,空间站有广阔的军事应用前景。例如,空间站可作为俯瞰全球的理想侦察基地,直接参与监视、跟踪、捕获和拦截敌方航天器和弹道导弹的作战行动;可作为军用航天飞机或空天飞机的基地,攻击敌方各种卫星或作战平台,并随时对全球任何地方构成威胁;可部署、组装、维修和回收各种军用航天器,并可试验、部署和使用空间武器;还可在军用卫星、空中和地面监视系统的配合下,成为空间预警、指挥、控制、通信和情报中心等。因此,建立空间站对未来高技术战争具有战略意义。

3. 航天飞机

航天飞机亦称轨道器,是带有机翼,靠运载火箭发射进入太空轨道,返回地面时能在机场跑道水平着陆,并可重复使用的兼有载人、运货功能的航天器。航天飞机比火箭、卫星和飞船具有更多的优点和更多的用途,在军事上也具有巨大的应用潜力。例如,航天飞机可用于部署、维修、回收各种卫星;可实施空间机动以拦截摧毁或俘获敌方卫星;可对陆、海、空、天等军事目标进行侦察、监视、跟踪和预警;可作为从地面到空间站的军事交通工具,接送人员和物资,为建立永久性军事空间基地服务等。

(三)空间武器系统

空间武器亦称太空武器,是部署在太空或陆地、海洋与空中,用以打击、破坏与干扰太空目标的武器,以及从太空攻击陆地、海洋与空中目标的武器的统称。空间武器是航天技术军事应用的必然结果。目前正在研制的空间武器主要有反卫星武器和反弹道导弹武器。反卫星武器是用以攻击、破坏、干扰敌方卫星等航天器的武器,反弹道导弹武器是用来拦截摧毁敌方来袭弹道导弹的武器。它们可在陆基、海基、空基和天基部署。主要用核能或动能、定向能等杀伤手段毁伤目标。

四、军事航天技术对现代军事的影响

军事航天技术的发展带来了太空的军事化,对现代军事的发展产生了巨大的影响。

(一)太空成为未来战争新的争夺焦点

军事航天技术的应用使太空成为了人类的第四战场,进一步扩展了人类在军事领域的应用空间。各种军事卫星使军队具备了在全球范围内进行侦察、通信、导航定位的能力。这种能力一方面大大提高了军队的指挥自动化水平,实现了全球范围内的统一指挥和快速反应;另一方面,也使得军队在作战中越来越多地依赖来自太空的支援与保障。谁能取得在太空中的优势和主动权,谁就有更多的机会在作战中取得优势。在科索沃战争中,美国一方面动用了大量军事卫星进行战场支援,另一方面还采取了迫使国际卫星通信供应商切断南联盟租用的卫星线路、停止公布有关卫星跟踪数据等手段以阻止南联盟使用卫星并防止其攻击美国卫星。而战后不久,俄罗斯即推出了针对美国 GPS 系统的干扰仪。可见,现代战争中的空间对抗已初露端倪。

(二)军事理论发生深刻变革

随着军事航天技术愈加广泛的应用和太空中争夺的日益激烈,相关的军事理论也发生了深刻的变革。美国作为在军事航天技术方面占绝对优势的国家,先后提出和深化了"制天权"理论、"太空威慑"理论和"海地空天电"一体作战理论,对太空战场的地位、空间力量与传统武装力量的协同作战等问题进行了研究。其"非对称对抗"等理论的产生和运用与军事航天技术所带来的高技术优势也有着密切的关系。

(三)军队构成面临新的变化

目前,美军正计划将其空军和航天部队合并,组建一支具备空天作战能力的"天军"。随着"天军"的出现,传统军事力量将有新的发展以适应与"天军"协同作战的需要。

五、航天技术的发展趋势

航天技术对大国政治、军事、经济、科技的竞争具有战略性的影响，因此航天技术的发展必然受到世界形势发展的影响。其发展趋势主要是：

(一) 民用航天活动将加强

"冷战"时期，政治和军事动力是大国制定航天计划的决定因素。"冷战"后，尽管地区性军事冲突和局部战争不断发生，但和平与发展已成为当代世界的主流。从一些国家在制定航天技术计划和政策中，可以看出经济技术、科学开拓和环境保护动力在上升。当前航天活动的主要任务是"地球的使命"（管好、爱护好地球）未来人类终将进入宇宙。所以，民用航天活动将得到加强。

(二) 卫星应用将产生更大的效益

未来的应用卫星将继续更新换代，提高水平，扩大应用范围。它在技术上朝两极发展：一方面研制综合用途的高功率大型卫星，另一方面研制大量廉价的小型卫星，组成卫星群。特别是通信卫星将有更大改进，相当于把地面通信交换中心搬上卫星，从而使地面终端小型化、微型化，从固定通信发展到移动通信，使卫星通信在全球信息高速公路的构筑中发挥重要作用。

(三) 深空探测将进一步发展

以各种空间探测器逼近宇宙天体，或使人类直接进入空间，在不受地球约束和大气层、电离层干扰的高洁净空间中观察和研究宇宙，将为人类认识自然界提供新的基点和条件。美国、俄罗斯、欧空局和日本都制订了空间探测计划。这些计划的实施将有助于揭开银河系的奥秘，推动人们对宇宙大爆炸和生命起源的研究，为人类在更大的自然系统中寻找解决全球问题，提供新的科学知识和新的途径。

(四) 永久性载人空间站和空间基地建设将受到重视

唯一的空间站——"和平"号，已于2001年3月23日坠毁。美国、西欧、日本和加拿大正与俄罗斯联合研制由一个大型空间站、设在站上的拖运器和必要的服务设施组成的空间基地，使航天技术发展和太空资源的开发、利用面貌一新。

(五) 航天技术的军事应用将继续增强

军事航天技术除继续发展和提高现有的各种技术外，航天作战技术将会得到更大的进展,各类航天侦察、监视、预警、通信、导航、气象、测地等军用航天器的战术技术性能将进一步提高,在支援陆、海、空、天、电磁战场的军事力量方面将发挥越来越重要的作用。由于各类军用航天器在未来战争中也将成为重要的攻击目标,提高其生存能力、抗干扰能力、实时传输信息能力、延长工作寿命,扩大用途和提高效益极为重要。所以,未来军用卫星将朝着灵活、机动、有自卫能力、可维修及长寿命等方面发展,小型和微型军用卫星也受到重视。随着载人空间站系统的发展及其规模的扩大,有可能在它上面配置为军用航天器进行在轨服务和军事勤务活动的设施,使其发展成为军事航天支援、勤务保障及作战的基地。各种动能、定向能反卫星和反导弹等空间武器将会加速发展,它们将会部署在航天器上构成新的威慑力量。随着载人航天和空间站活动的增加,航天测控网已开始并将继续向太空发展,建立航天站,以扩大测控网的覆盖范围,增强测控网的数据采集能力,提高实时性。

第二节 伪装与隐身技术

军事侦察的技术手段在现代战场上陆、海、空、天都有部署,它们利用光、电、声等各种探测技术构成了立体化、全天候、全时域、远距离的侦察监视网,同时由于精确制导武器的广泛应用,使作战毁伤手段向"发现即可命中"的方向发展,这就促使伪装和隐身技术已成为作战中必不可少的手段和重要组成部分。

一、现代伪装技术

伪装技术是为隐蔽自己和欺骗、迷惑敌人所采取的各种隐真示假的技术措施,是军队战斗保障的一项重要内容。

军事伪装有很强的综合性,所涉及的学科包括光学、电学、声学、热学、化学、植物学、仿生学、材料科学等。针对高技术侦察的特点,现代伪装技术主要是为减少目标和背景在光学、热红外、无线电波等方面的反射或辐射能量差异而采取的各种工程技术措施。伪装按其在作战中的运用范围,可分为战略伪装、战役伪装和战术伪装。伪装按所对付的侦察器材分类,可分为对付卫星侦察(320 km 近地侦察卫星)、高空侦察(20 000 m)、低空战术侦察(3 000 m～5 000 m)及地面区域的侦察。伪装按所对付的高技术侦察器材的工作频谱范围,可分为反光学探测伪装、反热红外探测伪装、反雷达侦察伪装和反声测伪装。

（一）伪装的基本原理

伪装是与敌侦察作斗争的基本手段。而伪装和侦察都是根据目标与背景在光学、热红外、无线电波的反射或辐射能量的强弱以及目标与背景外貌、目标运动状态等差异，即目标暴露征候来工作的。

目标的暴露征候包括：

（1）目标的形状、颜色、大小、影像及发光等外表特征。

（2）目标的运动、活动痕迹、烟尘、射击火光等特征。

（3）电台、雷达发出的电磁波和目标反射雷达波的特征。

（4）目标的温度和辐射、反射红外线的特征。

（5）目标的战术配置特征等。

（二）现代伪装技术

现代伪装技术主要有遮蔽、融合、示假和规避四种。

1. 遮蔽技术

遮蔽技术又称遮蔽隐真技术，是把真目标遮蔽起来，不让敌人发现和识别的技术。遮蔽技术在高技术局部战争中是反侦察和对付精确制导武器最有效的方法之一。第二次世界大战中德国为了对付空袭，曾使用人工遮障把汉堡市近郊的一座飞机制造厂全部隐蔽起来，他们在该工厂的房顶上覆盖伪装网，网面配上与周围背景相协调的图案，成功地蒙蔽、欺骗了英国航空兵。

遮蔽的种类分为迷彩遮蔽和人工遮蔽两种。

（1）迷彩遮蔽。迷彩遮蔽是用涂料、染料和其他材料改变目标和背景的颜色、图案所实施的伪装。

1）保护色迷彩遮蔽。它是利用近似背景颜色的单色遮蔽，主要用于遮蔽单调背景的目标，降低目标被发现的概率。例如，汽车、坦克和军用装备上的绿色就是地表植被背景上的一种保护色迷彩。

2）变形迷彩遮蔽。这种迷彩是由各种不定形斑点所组成的迷彩，它是利用物理学中光的折射、干涉原理，使人的视觉或光学侦察器材在一定距离上观察到的目标变成歪曲的外形。这种迷彩多用于遮蔽多色背景上的活动目标，如坦克的三色变形迷彩、人员所穿着的迷彩服等。

3）仿造迷彩遮蔽。它是在目标表面或遮蔽表面仿制现地背景斑点图案的多色迷彩，它能使迷彩表面与背景融为一体。主要用于遮蔽多背景上的固定目标或停留较久时间的活动目标。

4) 光变色迷彩遮蔽。光变色迷彩是根据"变色龙"能随环境的变化而改变自己身体颜色的原理。已研制出了新型的仿生学涂料——光变色涂料。例如，防核武器爆炸变色涂料军服，它在普通光照射下呈军绿色，在核爆炸光辐射的照射下，能在 0.1 s 后变成白色，以减少光辐射对人体的伤害。还有一种用于伪装海上舰船的双层涂料，晴天呈浅灰色，阴天呈绿色，夜间或在红外线照射下呈黑色。这样，使舰船的颜色在各种情况下都与水面背景相融合。

5) 多功能迷彩遮蔽。现代涂料技术的发展，出现了能同时对付可见光、红外、雷达等多种探测器的多功能涂料。这种涂料在可见光范围内可实现目标与背景的融合，在红外区可达到斑驳变形的效果，并且具有吸收雷达波的能力。

(2) 人工遮蔽。人工遮蔽通常由遮障面和支撑构件组成。支撑构件由竹木或金属支架、控制绳等组成。遮蔽面根据遮蔽目标的性质、背景和反光学、反雷达、反红外侦察的不同要求，采用性能不同的伪装材料编扎而成。按其用途和外形不同分为两种。

1) 伪装网遮蔽，分为以下方式：

①水平遮蔽：是指遮蔽面与地面平行的遮蔽，它架空设置在目标上方，其四周敞开，便于目标机动。这种遮蔽能有效地对付敌人的空中侦察。

②垂直（倾斜）遮蔽：遮蔽面与地面垂直的遮蔽叫垂直遮蔽；而与地面倾斜的遮蔽叫倾斜遮蔽。它主要用来对付敌人的地面侦察。

③掩盖遮蔽：是指遮蔽面四边与地面或地物连在一起的遮蔽，它可伪装部分战壕与交通壕、人员掩蔽部、技术兵器掩蔽部和掩蔽部外的战斗车辆、运输车辆等，用来对付空中和地面侦察。

④变形遮蔽：是用以歪曲目标形状及其阴影的一种遮蔽方法。它适用于在有地物和明显斑点的地形上，主要用于活动目标的隐身伪装。

2) 烟雾遮蔽，是利用烟雾来遮蔽目标的一种干扰方法。这种无源干扰技术通过散射、吸收的方式衰减光波能量，干扰敌方光学侦察。在红外波段，经过改进的烟幕同样具有遮蔽作用。同时烟幕还可对付激光制导炸弹等。

2. 融合技术

减小和消除目标与背景的差别，使目标融合于背景中的技术称为融合技术。它是降低所观察的目标与背景之间对比度的伪装方法,这种方法通常涉及表面处理和地面组织结构与图案等的辐射率(反射率)的控制。例如,单个士兵可用油彩涂抹皮肤的暴露部位,在钢盔和衣服上披上麻皮,抹上涂料和编插新鲜植物,以求得与周围背景近似或相融合。

(1) 反光学侦察的融合技术。光学侦察是利用目标与背景反射光之差来发现目标的。任何目标都处在一定背景中,因而,目标与背景之间存在一定的对比度,这种对比度与颜色、表面反光特性有关,防光学侦察的实质就是要降低或消除目标与背景的对比度。其途径是将传感器所要接收目标信号的强度降低或使背景的信号强度增强,以便使目标和背景的反射或辐射强度相接近。为此,通常采用以下几种融合方法:

1) 对目标的颜色加以控制,如各种迷彩遮蔽措施,以改变目标颜色,使目标与背景对比度降低或消除。

2) 对目标表面组织结构加以控制。如改变目标材料表面的粗糙程度、花纹图案和表面受光方向,从而减小或消除目标与背景的对比度。

3) 利用伪装网掩盖目标。它主要用于隐蔽高山地带的目标。它要求遮障面设置成漫平突面,在丘陵地带似乎是起伏的山峦,和丘陵衔接起来几乎天衣无缝,使遮障的外貌完全融合于背景之中,使遮障面从外表看上去能成为背景的一部分。

(2) 防雷达侦察的融合技术。防雷达侦察的融合技术有如下几种方法:

1) 采用角反射器。角反射器是由三个互相垂直的金属导体(板或网)平面构成。如图 9-5 所示。根据反射原理,入射的雷达波会在反射器的各表面产生反射,逐次反射的结果,雷达波沿着入射方向反射回去,使雷达接收到强烈的回波信号。利用各种角反射器,可以模拟各种雷达目标使目标融合在背景之中。

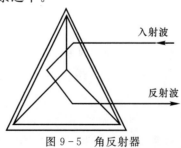

图 9-5 角反射器

2) 运用龙伯透镜反射器。龙伯透镜反射器是一种可以把各种大角度的入射电磁波平行地反射回去的广角全反射器。如图9-6所示。它是一种很有战略价值和发展前途的无源电磁波反射器材。其外观是一个球，球表面的一部分敷有金属反射层，整个球由很多层同心球组成，最外层材料的介电常数和空气的介电常数相等（或相近），越向球心介电常数越大。当入射的雷达波进入球体后，由于各层的介电常数不同而发生弯曲，遇到金属反射层的反射，反射波在球内同样是弯曲的。这样，透镜就把所截获的电磁波聚集到一起，并强烈地反射回去，因而，具有很大的有效反射面积。例如一个直径为0.3 m的龙伯透镜反射器有效反射面积为65 m^2，可以模拟一架重型轰炸机的雷达光标。通过计算表明，当龙伯透镜与角反射器的大小相当时，其雷达有效反射面积约为角反射器的2倍，能将雷达目标融合在背景当中去，有效的干扰敌雷达对目标的侦察。

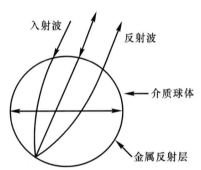

图9-6 龙伯透镜示意图

3) 采用偶极子反射体。偶极子反射体通常为金属箔条，它是由敷金属箔条、敷金属玻璃纤维和复合干扰丝等构成简单的电磁波反射体。当飞机定期投放这种偶极子捆并使其散开后，可形成大范围的混合在一起的丝状物。这种偶极子杂乱地扩散以形成偶极子反射带，这种反射带产生的强大干扰信号可掩盖目标的反射信号，从而防止目标在敌雷达跟踪时被识别或捕获。

（3）反红外侦察的融合技术。反红外侦察的融合技术，是通过适当的方式把热红外目标乔装打扮，使其与背景具有相似的表面特征，也就是使伪装后的红外目标与背景的颜色、反射特征、热辐射特性和表面结构相一致，使热红外目标完全融合在背景当中的技术。方法是：

1) 用热红外干扰"气箔"。这种"气箔"可使坦克发动机等红外目标所辐射的红外线在较大的区域内消散掉，进而降低目标的表面温度，使之接近背景的温度，使目标融合于背景之中。

2) 采用热目标模拟器。它是模拟热目标红外辐射特征的新型器材和材料。当大面积设置这种器材和材料时，可把真目标淹没在这种"背景"之中。在海湾战争中，伊拉克采用烟火剂燃烧发出红外辐射的诱饵弹，模拟飞机、舰艇、坦克、战斗车辆等军事目标，红外诱饵弹发出的红外辐射，形成一个类似真目标的红外假目标，以假乱真，来吸引、迷惑、干扰敌人的红外侦察、监视、跟踪、瞄准系统和红外寻的制导导弹，造成削弱或破坏这些装备的工作效能和使导弹攻击失误，从而使真目标免遭攻击。现已发展为电磁和红外特征融为一体的多功能诱饵弹。

3. 示假技术

在高技术条件下，尽管先进的侦察手段形成了全时域、全方位、立体交叉的侦察系统，使战场的"透明度"增大，情报获取变得容易，但辨别真假能力有限。在海湾战争中，伊军在用塑料、硬纸板、木板和铝板制造的大量假飞机、假火炮、假导弹和假坦克等目标上涂上与真目标一致的涂料，并在内部安装了与真目标反射频率相一致的频率发射器，使多国部队真假难辨，使"很快将伊拉克摧毁"的速战速决战略计划化为泡影。

高技术条件下的示假技术主要有：光、声、热、电模拟示假技术。这是因为高技术侦察器材以光、声、热、电为识别目标的主要依据。它是利用侦察器材只识别各种"源"的弱点，用"源"模拟各种目标在特定的背景上所产生的暴露征候，以达到蒙蔽和欺骗高技术侦察器材的目的。例如，在夜间显示窗户的漏光，以模仿伪装不完善的室内照明，模拟伪装不完善的坦克及其他车辆前灯等。利用扩音器在预定方向上播放事先录制好的活动目标的音响，或用炸药模拟炮兵射击。在假炮兵阵地上用游动火炮实施射击，能逼真的显示炮兵阵地的活动；用角反射器或龙伯透镜反射器能模拟真目标的电磁波的回波等。

4. 规避技术

虽然现代侦察技术能多谱段、全方位、全天候、高分辨地收集情报，但并未达到"天网恢恢，疏而不漏"的境界。可以根据侦察的盲点，来对目标进行规避。方法是：

（1）掌握侦察卫星的运动规律，利用不良天气或避开敌侦察卫星的过境时间，使军队和兵器的机动避开敌人卫星的侦察。

（2）合理选择背景或行动路线，能有效地逃避侦察。

（三）现代伪装器材

目前装备部队的伪装器材一般都是配套的遮蔽伪装器材，包括遮障面和支撑系统。其中遮障面（伪装网、伪装盖布）是进行遮障伪装的主体，可单独使用。针对现代侦察技术和手段，世界各国所使用的遮障面都具有防可见光、红外线和雷达侦察的综合性能。

我军现装备的人工遮障制式器材有成套遮障、各种伪装网、角反射器等。

（1）成套遮障有防可见光、红外线和雷达侦察型的伪装遮障。

（2）伪装网有防可见光和红外线侦察型的伪装网，有防雷达和光学侦察型的伪装网，有用于雪地伪装型的伪装网。

（3）角反射器有用于设置干扰遮障（或模拟目标）型的角反射器。

外军列装的气溶胶、烟幕伪装器材有 40 多种，包括发烟手榴弹、发烟火箭、发烟炮弹、发烟炸弹、烟草施放器、飞机布洒器和航空发烟器等。美军装备的轻型雷达伪装遮障，具有有效的防可见光、红外线和雷达侦察，并可根据环境不同分为林地、荒漠和雪地三种类型。每套器材包括边长为 4.9 m 的正方形和菱形伪装网各一块以及轻便支撑器材和其他附件。借助伪装网边缘上装设的快速编结和解开装置及支撑器材，可快速架设成各种形状、大小不同的伪装遮障，并可快速撤收。伪装网由装饰面和承受网络结合而成，两者均用合成材料制成，装饰面基础层是乙烯基尼龙布，重 0.27 kg/m^2，浸水后增重不大于 12%～25%。装饰面经切割拉伸呈三维状态固定在网格上，能模拟各种地表的组织结构特点。雷达散射网的装饰面含有适当数量和各向同性分布的不锈钢细纤维，使网面具有散射雷达波的能力。缺点是耐火性能差，战场上受到冲击时，易燃烧。

（四）现代伪装在高技术作战中的应用

现代伪装在高技术作战中的应用，主要包括防光学侦察的应用、防雷达侦察的应用及防红外侦察的应用。

1. 防光学侦察伪装

目标与背景颜色的差别直接影响到光学侦察的效果，因此，处理颜色的差别是防光学侦察最有效的方法。

（1）消除颜色差别。消除目标与背景的颜色差别，可使目标不为敌人的光学侦察所发现。其方法如下：

1）将目标配置在天然遮障（蔽）之中，从而消除或降低目标与背景的颜色差别。

2）设置人工遮障。利用遮障物表面的反射特性，使之与目标所在背景接近一些。

3）对于表面的受光方向与背景近似一致的平面目标直接涂饰迷彩或覆盖伪装材料，使目标表面材料的反射性能和表面的粗糙状态与周围背景接近一致。

4）施放烟幕。利用烟幕来掩蔽目标与背景的颜色差别，以阻挡敌目视侦察。

（2）降低颜色差别。降低目标与背景的颜色差别，能减少目标的暴露特征，其方法如下：

1）将目标配置在与其颜色（色彩和亮度）相近的背景上或地貌、地物的阴影中。

2）在目标上实施与背景颜色相适应的迷彩。

3）在色彩单调的背景上布置人工斑点，以改变背景的颜色，适应目标的配置和实施迷彩的需要。

（3）模仿颜色差别。模仿目标与背景的颜色差别是防光学侦察伪装的一条重要途径。其方法是在完好的目标上模仿已被破坏的目标；设置假目标模仿真目标。

2. 防雷达侦察伪装

雷达波近似直线传播，因此，利用地形、地貌是防雷达侦察伪装的最佳途径。但对于雷达波通视区内的目标，则应设法消除和模仿雷达波的反射差别。

（1）消除雷达波的反射差别。消除目标与背景对雷达的反射差别，目的是消除它们之间的回波差别，使雷达荧光屏上无法显示目标信号。消除的方法可以从目标、背景和雷达分辨力三个方面考虑。

1）提高背景反射雷达波的强度，使雷达荧光屏上目标回波淹没在背景回波中。

2）利用雷达分辨率的限制，将目标配置在地物近旁，使目标的光标信号与地物的光标信号融为一体。

3) 减少目标对雷达波反射的强度。例如用衰减无线电波的干扰器材做成隔绝遮障，或在目标的表面涂盖对雷达波吸收率高的材料，可以达到削弱雷达波反射的目的。常用的衰减无线电波的干扰器材有反雷达覆盖层、反雷达伪装网，以及就便器材等。它们都具有较好的吸收、散射雷达波的性能。

（2）模仿雷达波的反射差别。在目标上装有雷达波接收与发射装置，当这种装置接收到雷达所发射的脉冲时，被接收脉冲经延迟、放大后再发射出去，使敌方雷达显示屏上看到的距离和位置均与真实目标不同。另外，也可设置防雷达假目标。

3. 防红外侦察伪装

防红外侦察伪装的途径分为消除和模仿红外辐射差别两个方面。

（1）消除红外辐射差别。为了消除目标与背景的红外辐射差别，采用的方法有：

1) 将目标配置在与红外侦察器材不通视的天然遮障或地貌中，使目标与背景的红外辐射差别被天然遮蔽物隔断或削弱。

2) 利用具有一定厚度与背景相似的粗糙器材，将目标遮盖。为了避免遮障吸收红外辐射后温度上升，遮障与目标间应有一定的距离。

3) 在发热目标表面涂刷隔热涂层或覆盖隔热材料，以降低目标的红外辐射。

（2）模仿红外辐射差别。为对付红外夜视和照相，模仿红外辐射差别，可在对付光学侦察的假目标内增设热源，而对付红外探测仪，则可直接设置热源。

（五）现代伪装技术对作战的影响

在现代条件下，由于高技术广泛运用于战场，侦察与反侦察、制导与反制导的斗争异常激烈，伪装效果将直接影响到作战的成败。对作战的影响有以下几点：

1. 伪装是造成敌人获取错误情报的重要方法

敌对双方的作战企图和行动是建立在所获取情报基础上的。战争史上，敌对双方无一不重视利用伪装技术造成对方错觉，使其指挥员定下错误的决心，采取错误的作战行动。尽管现代光电侦察技术具有全天候、实时化、高分辨率和准确的定位识别能力，但由于伪装技术的发展，伪装仍是欺骗敌人，造成敌人错觉的重要方法。

2. 伪装是提高作战部队生存能力的重要措施

随着光电侦察和精确制导武器的发展，任何目标只要被发现，就有可能被摧毁。因此，无论在进攻还是防御中，作战双方首先面临的问题是如何保存自己。而有效地运用伪装将成为解决这个问题的一项有力措施。通过伪装，既可增加敌人侦察的困难，使其不易发现真目标，又可故意暴露假目标，诱骗敌人实施攻击，分散敌人火力，既使真目标被发现，也会由于真假难辨，使敌无所适从。从而减少敌武器的命中率和杀伤率，提高部队生存能力。

3. 伪装成为夺取作战主动权的重要手段

可靠的伪装，一方面可以隐蔽自己的作战行动及战场配置，另一方面可以给敌人制造错觉，为自己创造可乘之机。特别是隐身技术的使用，使兵器的突防能力大大提高，从而增强了作战行动的突然性，成为现代战争中有效的进攻手段。这些都为夺取战争的主动权、达成作战企图，创造了有利条件。

4. 伪装使作战任务和作战方法发生了变化

为增强部队的打击能力和提高部队的生存能力，未来将有更多的部队担负欺骗、佯动任务；为不使自己成为敌人攻击的目标，伪装已成为所有部队的重要任务之一；伪装技术的发展，将使人们重新认识近战、夜战和步兵的作用；高技术条件下作战缺少夜视侦察与伪装器材，就将失去夜战的主动权；战术、战役机动的方式将改变，小群、多路、多方向、出敌不意成为机动的重要方法。

二、隐身技术

隐身技术又称为隐形技术，或低可探测技术，也有的称目标特征控制技术。隐身技术是改变武器装备等目标的可探测信息特征，使敌方探测系统不易发现或发现距离缩短的综合性技术，是传统伪装技术的一种应用和延伸，是现代内装式伪装的典型代表。它综合了诸如流体力学、材料学、电子学、光学、声学、热学等众多领域的技术。隐身技术包括主动（有源）隐身技术和被动（无源）隐身技术两大类。本节所研究的是被动隐身技术，它在武器装备系统的设计过程中，已考虑降低本身的物理探测特征，从整体结构、外形、材料、涂料等方面采用隐身技术措施。

（一）隐身外形技术

外形是目标暴露的主要特征，现代兵器对外表形状处理得如何，将直接影响到反可见光和雷达侦察效果。目前对武器装备的外形设计是以抗雷达侦察为主，兼顾到对付可见光侦察。

1. 防雷达探测隐身外形技术

目标的雷达散射截面积与雷达探测距离的 4 次方成正比，雷达散射截面积的大小直接决定着雷达的探测能力。

$$A=CS^4$$

式中，A 为雷达散射截面积，S 为雷达探测距离，C 为系数。

因此，要想缩短雷达的探测距离，防雷达探测的外形设计也必须把减小雷达散射截面作为武器系统隐身的重要措施。通过对雷达散射截面工作波长与目标的几何形状，外形尺寸进行对应分析表明：目标的几何形状不同，其雷达散截不一样；雷达波长与目标外形尺寸的比例不同，对雷达散射截面有着不同的影响。

就目标整体而言，投影面积相同的方形体和球形体，前者的雷达散射截面积比后者大 4 个数量级。而同一目标的不同部位，具体外形设计原则又有明显差异。当目标有关部位尺寸或曲率半径大于波长时，外形设计就要消除产生角反射器效应的外形组合，采用平板外形代替曲面外形，变后向散射为非后向散射。当波长接近或远大于目标有关部位尺寸时，由于回波信号来自这些部位各点许多散射能量的合成，因而在外形设计时，要避免出现任何边缘、棱角、尖端、缺口等垂直相交的面，将这些部位设计成锐缘或弯曲缘，以抑制强天线型散射和谐振散射。

2. 防可见光探测隐身外形技术

在可见光侦察条件下，目标的可见性除与目标与背景间的颜色差别，目标与背景间的距离，照明条件，大气透明状况等一系列因素有关外，目标的可见尺寸越小越难辨认；目标的外表形状越不规则，则外形轮廓也越不清楚。因此，隐身兵器的外形设计，必须考虑到尽量减小目标的外形尺寸。如新型坦克外型设计，总是不断地降低车的高度，减小炮塔部分的体积；隐身飞行器的外形设计，则是在保证战术性能的前提下，缩小飞行器尺寸，或者不增加尺寸而提高其隐身性能。

（二）隐身结构技术

世界各国对兵器隐身结构的研究，是以整体结构和局部结构为对象，探索其组合规律和合理形式，达到减小目标被探测特征的目的。现代兵器的结构非常复杂，反光、声、电、热、磁探测的隐身结构技术则与之相匹配发展。

1. 防雷达探测隐身结构技术

防雷达探测隐身结构技术主要包括：合理设计发动机进气和排气系统；减小辐射源数量，尽量消除外露突起部分；采用遮挡结构；缩小兵器尺寸；采用高密度燃油与相应的发动机。

2. 防红外探测隐身结构技术

防红外探测隐身结构技术主要是通过改造红外辐射源来抑制目标的红外辐射。其技术措施包括：采用散发热量较小的发动机；改进发动机结构与发动机喷管的设计；采用闭合环路冷却的环境控制系统，降低工作温度。

3. 防电子探测隐身结构技术

防电子探测隐身结构技术主要包括：减少无线电设备；采用低截获概率技术改进电子设备；减小电缆的电磁辐射；避免电子设备天线的被动反射率。

4. 防可见光侦察隐身结构技术

防可见光侦察是伪装重点研究的内容之一。随着可见光侦察器材的发展，防可见光探测隐身技术也越来越受到人们的重视。为了从根本上解决对目标视觉信号的控制问题，降低敌方可见光探测系统的探测概率，世界各国都把对防可见光探测隐身结构技术的研究，作为防可见光探测的重要技术措施。具体内容包括：控制目标的亮度和颜色；控制目标发动机喷口的火焰和烟迹信号；控制目标照明和信标灯火；控制目标运动构件的闪光信号。

5. 防声波探测隐身结构技术

噪声是目标暴露的又一征候，它极易被敌方噪声传感器、声呐等声波探测系统测出。目标的噪声，主要来源于整体结构和局部构件的运动及振动。因此，为控制目标声波辐射特征，降低目标向周围介质传播的噪声，兵器专家们非常重视对防声测隐身结构的研究，其技术主要包括：改进发动机和辅助机的设计；采用减振和隔声装置；减小螺旋桨运动对

第九章 航天技术与伪装隐身技术

介质的扰动噪声；合理进行目标整体设计等。

(三) 隐身材料技术

在兵器隐身化的发展过程中，隐身材料占有极为重要的地位，它是隐身兵器不可缺少的物质基础。隐身材料技术是隐身技术的关键技术。隐身技术的出现并取得突破性进展，在很大程度上与传统隐身材料的改造和新型隐身材料的研制分不开。已研制出的隐身材料类型很多。

1. 吸波、透波材料

当目标体或其蒙皮采用吸波、透波材料制造时，使照射到目标上的雷达波，或被吸收，或被透过，从而减小雷达回波强度，达到目标隐身的目的。

吸波材料是对雷达波吸收能力很强的隐身材料。当雷达波照射到这种材料上时，由于吸收、散射等原因，使电波大量衰减。被材料吸收的雷达波或变成热耗散，或分散到目标表面的各部分，或使在材料表面的反射波与进入材料底层的反射波叠加发生干涉，相互抵消。透过蒙皮（涂层）的部分电波照射到目标体内或目标体（非吸波材料制造）上后，又经目标体反射到蒙皮（涂层）上，再次被吸收、散射，最后只有很微弱的一部分反射回雷达。

2. 吸热、隔热材料

吸热材料是指那些热容量较大或能将热能转换成其他能量的材料。用于隐身兵器的吸热材料，由于热容量大、升高温度所需吸收的热量就较多，目标向外辐射红外线就少；又由于材料能将部分热量转换成其他形式的能量，使目标向外辐射红外的强度减弱。

隔热材料是导热系数小，热阻大的材料。习惯上把导热系数不大于 $0.23\ \text{W}/(\text{m}\cdot\text{℃})$ 的材料称为绝热材料。导热系数与材料内部孔隙构造情况有着密切关系。由于空气的导热系数很小（$0.02\ \text{W}/(\text{m}\cdot\text{℃})$），所以一般说来材料的孔隙率越大，其导热系数就越小。如果是粗大或贯通的孔隙，由于增加了热量的对流作用，材料导热系数反而较高。此外，导热系数还与材料的分子结构、容重、温度和热流方向等有关。

3. 吸声、阻尼声材料

声音来源于物体的振动。武器装备功能的发挥离不开运动，也避免不了振动，这种振动迫使邻近的介质（如空气、水等）跟着振动而成为声波，并在介质中向四周传播。这是兵器被各种声测系统发现的根本原因，为了降低被声呐等探测设备发现的可能性，提高其隐蔽性和生存力，各类武器在设计、制造时都必须采用高性能的吸声、阻尼声材料。

使用吸声、阻尼声材料之所以能减弱、消除武器装备（特别是各类舰船、潜艇）的反射声波，降低目标的辐射噪声，是因为这类材料具有优越的吸声性能。吸声材料的工作过程是：当声波遇到材料表面时，一部分被反射，另一部分穿透材料，其余的部分则深入材料内部互相贯通的孔隙，空气分子受到摩擦和黏滞阻力，以及使细小纤维（微粒）作机械振动，而使声能转变为热能。用于潜艇的吸声和阻尼声材料有：吸声涂料和消声瓦（降噪阻尼吸声橡胶片）两类。

三、隐身兵器

隐身兵器是把隐身技术应用于武器装备上而形成的新式武器。它可以是对原来不具隐身能力的武器装备的改进，也可以是新设计、研制的武器。

在高技术的推动下，各种隐身兵器正以前所未有的速度发展。就隐身兵器的现状而言，全面采用隐身技术的隐身飞机、隐身导弹已投入战场使用；部分采用隐身技术的隐身坦克、隐身舰船等可望通过加大隐身技术含量，在未来高强度的局部战争中以全新的面貌出现在战场上。

（一）隐身兵器及作战运用

1. 隐身飞机

隐身飞机是研制最早、发展最快、隐身技术含量最高的隐身兵器。它的发展经历了利用单一技术对飞机进行局部隐身和运用综合技术对飞机进行全面隐身两个阶段。已研制成功的隐身飞机主要有 SR—71 隐身高空侦察机、F—117A 隐身战斗轰炸机、B—1B 隐身战略轰炸机、B—2 隐身战略轰炸机等。其中 F—117A 和 B—2 两种飞机隐身性能最好。

（1）F—117A 隐身战斗轰炸机是世界上第一种高隐身性能的战斗机，由美国洛克希德公司制造，主要携带激光制导炸弹对敌防空力量较强的重要地面目标实施攻击，并可完成战略、战术侦察任务。该机型 1975 年开始研制，1981 年 6 月第一架原型机首飞成功。1983 年 10 月开始装备美国空军。该机翼展 13.20 m，机长 20.88 m，机高 3.78 m，空重 10 000 kg，最大起飞重量 23 814 kg，最大速度略大于 1 Ma，正常最大的使用速度 0.9 Ma，实用升限 15 000 m，作战半径 740 km。

F—117A 首次从外形、结构、材料等方面综合运用隐身技术。经过 10 年的艰辛努力，使该机具有了对抗雷达、红外、激光等探测的综合性能。如：雷达散射截面仅为 $0.1\ m^2$，比 F—15 战斗机的 $10\ m^2$ 下降了 2 个数量级，这将使雷达发现距离缩短了 68%。

（2）B—2 型隐身战略轰炸机是美国空军 1976 年开始研制的先进轰炸机。1986 年 7 月 17 日，B—2 首次试飞成功；1994 年 4 月 1 日第一个 B—2 型轰炸机联队在美国中部的密苏里州怀特曼空军基地组建，年底，20 架 B—2 型轰炸机装备完毕。B—2 机身长约 21 m，翼展达 52.4 m，高 5.18 m，起飞重量约为 136 800 kg，或载 25 t 重的核弹或常规炸弹，巡航时速 970 km，最大飞行高度 15 240 m，航程大于 11 120 km，作战半径 8 045 km（中途不加油）。

2. 隐身导弹

导弹作为导弹战的主体兵器，其隐身性能如何，将直接影响到导弹战的成败。因此，世界军事强国在研制隐身飞机的同时，都在加紧对隐身导弹的研究。美国已研制成功隐身导弹 AGM—86B、AGM—129 型战略巡航导弹和 AGM—137 型、MGM—137 型战术导弹等。

（1）AGM—86B 型、AGM—129 型隐身战略巡航导弹。

AGM—86B 型巡航导弹由美国波音公司研制，于 1983 年正式投产。因其隐身措施不彻底，在其投产同时，美空军即开始研制下一代隐身巡航导弹。

AGM—129 型隐身巡航导弹由美国通用动力公司于 1983 年 4 月开始研制的，1989 年 3 月 1 日美空军公布了载飞试验照片。该导弹装备在 B—52 型和 B—1B 型轰炸机上。所采取的隐身措施有：

1) 有源冷却装置、红外抑制器和二元喷管等红外隐身技术；

2) 两个全动式腹部方向舵面和翼面均用复合材料制成，以减小雷达散射截面积；

3) 用激光雷达取代了电磁波雷达，减小了目标雷达电波信息特征。

（2）AGM—137 型、MGM—137 型隐身战术导弹。

AGM—137 型导弹是一种空中发射的隐身战术导弹，射程为 600 km。MGM—137 型导弹是地面发射的隐身战术导弹，射程为 500 km。该型导弹是美三军通用攻击型导弹，可装载常规弹头或核弹头，重约 1 000 kg，以亚声速飞行，性能比任何其他隐身导弹都好，即使在寻的飞行时,也不易被敌方雷达发现,能有效地突破敌防空系统。该型导弹研制计划于1986年开始,飞行试验已完成80%,正处于全面发展阶段。AGM—137型隐身战术导弹在1996—2004年间陆续装备在B—52、B—1B、B—2轰炸机上,这种导弹将成为美空军轰炸机攻击重大目标的主要常规武器。

3. 隐身舰船

舰船的"隐身"历来是各国海军要解决的难题,但终因技术水平还没有达到完全或大部消除可探测信息特征的能力,因此,目前隐身舰船还没有问世。虽然如此,人们并没放弃对隐身舰船的研究,经过40多年的努力,特别是近10多年来,控制舰船被探测信息特征的各种隐身技术已取得很大进展。世界各国已将这些技术用于新研制的舰船,如英国的23型护卫舰,俄国的"基洛夫"级驱逐舰,德国的"梅科"3型护卫舰,法国的"拉菲特"级轻型护卫舰,德国的WV—2000型水雷战舰艇和SAR—2000型导弹艇,意大利的"萨埃蒂亚"号导弹艇,瑞典的"司米奇"号隐身试验艇等。随着隐身技术在舰船的广泛运用,高隐身性能的舰船用于战场已为时不远。如美国海军正在研制SSN—21(海狼)隐身潜艇和掠海航行的非金属双船体的隐身舰船等。

4. 隐身坦克

坦克作为地面作战的主要突击兵器,驰骋陆战场出尽风头的同时,各种反坦克武器也都在蓬勃发展。特别是中子弹、高性能的反坦克导弹、制导炮弹等的出现已对坦克构成极大威胁。面对如此众多的强劲对手,坦克自身必须大力提高防护能力。尤其要提高防电磁波的"隐身"能力,以避免被对方红外、雷达等高技术侦察器材发现,减少遭到导弹、制导炮弹等攻击时的损失。20世纪80年代中期以来,美、英等军事强国都在秘密地进行隐身坦克技术的研究,并取得了较大的进展,隐身坦克成为21世纪的主战坦克势在必行。

5. 其他隐身技术装备

军事上的需要不仅对各种武器提出了隐身要求,而且对各种技术装备乃至其他军事目标也提出了隐身要求。所以,隐身技术不仅已应用于研制各种隐身武器,而且正在应用于通信系统、指挥系统、导弹发射基地等各种技术装备和军事目标中。美国的隐身红外照明弹已基本上研制成功,正在研制隐身通信系统。

(二) 隐身兵器对作战的影响

隐身兵器将由现在的几种空中兵器，扩展到海上兵器和陆上兵器，这必将对未来作战产生重大影响。

1. 隐身飞行器的出现，增大了对空防御难度

部分隐身飞机和隐身导弹的研制成功并用于战场，使空袭产生的结构发生了变化。随着其他隐身飞行器的不断出现，空袭武器装备将发生根本性的飞跃。这必定给反空袭作战带来巨大的困难。

（1）普通预警系统将失去预警功能，无法实施有效的对空防御。隐身飞机由于其目标信息特征小，一般的雷达系统无法发现，使得已有的防空兵器无法发挥作用。海湾战中，伊军虽有各种作战飞机635架，中高空导弹发射架270部、导弹3 679枚，形成了一定的防空体系，但伊军的防空作战预警系统无法发现F—117这样高隐身性能的飞机。因此，空袭作战一开始就处于被动挨打的境地，一周后就彻底丧失了对空防御的能力。

（2）防空体系的预警时间将大大缩短，使空中、地面防空兵器不能实施高效能对空防御。防空体系的预警主要是依靠雷达设备，目前世界上先进的预警雷达的探测距离为几百到数千千米（如AN/FPS—118超视距雷达作用距离为926～3 333 km）。隐身飞行器的使用，使预警防御体系功能下降。如美国B—52轰炸机的雷达散射截面积为100 m^2，B—1lB和B—2隐身轰炸机的雷达散射截面积仅为1 m^2和0.057 m^2，使得B—2被雷达发现的距离比B—52缩短了77%。这将使防空截击机来不及起飞、出航和到达有效截击区域实施拦截，地面防空武器来不及跟踪目标和射击，从而降低成功拦截和摧毁目标的概率。

（3）目标暴露特征的减弱和变化，使部分武器制导系统失效。部分武器的制导系统，是针对目标特征信息，或遥控制导或自动寻的制导。当目标具有降低外来信息和自身特征信息的"隐身"性能时，将使这类制导武器失去作用。

2. 地面兵器"隐身"含量增大，战场生存能力明显提高

地面兵器由于受到立体侦察系统的侦察，隐蔽十分困难，又因受所有高性能武器系统的攻击，生存力面临极大威胁。在这种情况下，地面兵器"隐身"性能的提高，将极大地增强其隐蔽性和防护力。如研制中的新一代坦克和其他装甲车辆，广泛地采用了隐身材料、外形设计、结

构设计和部件设计技术,使目标的暴露特征信息明显降低。当坦克表面涂敷迷彩时,在1 000 m距离上,用微光夜视仪观察发现目标的概率,由原来的75%降至33%;现代坦克使用的防红外探测红外烟幕弹,可遮蔽0.3~14 μm的红外线等。由于地面兵器的生存力的提高,使其在攻防战斗中将能以较小的代价换取更大的胜利。

3. 武器系统的隐身攻击能力使指挥系统面临生存威胁

现代战争是诸兵种协同作战,对指挥系统的依赖极大,交战双方都把打击对方的指挥系统作为打击的重点目标和首要任务。海湾战争战略空袭期间,F—117A隐身战斗机利用其隐身性能,在第一次攻击中,用约907 kg(2 000磅)的激光制导炸弹,以直接命中方式摧毁了伊拉克的通信大楼,以后,巴格达的空军司令部、防空指挥控制中心等重要指挥控制系统相继受到F—117A的瘫痪性攻击。应当说巴格达是一个防空系统十分严密的城市,然而,当巴格达被袭击40 min后伊军才开始实施灯火管制。这充分说明了在高技术战争中,指挥控制系统在隐身武器的攻击下,处境十分危险,生存力将遇到严峻挑战。

4. 隐身兵器使电子对抗和侦察与反侦察的斗争更加剧烈

大量用于战场的隐身兵器由于采用电子反对抗隐身技术和反侦察隐身技术,将使电子对抗的均势被打破,伪装由消极的反侦察向积极的反侦察方向发展,这必将刺激电子支援技术和侦察技术的发展,从而形成更高层次的电子对抗和侦察反侦察的斗争。

(三) 隐身兵器的弱点及对抗方法

隐身兵器的出现,特别是在实战中运用之后,引起了军事界的广泛关注,如何采取技术和战术手段来有效地对付这种新型武器,是军事上面临的一个新问题。

1. 隐身兵器的主要弱点

隐身兵器作为一种新型的技术武器,虽然具有一般兵器所没有的突出优点,但也有其明显的弱点,归纳起来大致有以下几点:

(1) 机动性能明显降低。当飞机、坦克、舰艇等兵器采用隐身外形设计后,改变了兵器原来的合理外形,影响了兵器的气动特性,增大了运动时的阻力,减慢了运动速度,降低了兵器的机动性能。隐身兵器表面涂敷的各种吸波材料,以及内部所采用的各种隐身装置,增加了兵器的重量,加大了自身的荷载。例如,隐身飞机与一般飞机相比,其自身的重量增大了 20% 左右。这也相应的影响了隐身兵器的机动能力。

(2) 载弹数量有限，攻击后劲不足。为了消除反射面，许多隐身兵器都在设计时取消了外部的发射装置和外挂装置，所有武器系统只靠兵器内部携带，弹药携带量明显减少。如 F—111 型战斗机，可携带 6 枚核弹，外挂 11 350 kg 的航弹，以及火箭、导弹或副油箱。而 F—117A 隐身飞机只能携带 2 枚激光制导炸弹，重量只有 908 kg。由此可见，一般战斗机的携带量是隐身战斗机携带量的 12.5 倍，从而造成武器系统单一、弹药数量有限，攻击后劲不足，整体作战效益不高。

(3) 操作使用复杂，战场修复困难。隐身兵器在技术上都比较复杂，操作使用人员须经过特殊的培训。如培养一名隐身飞机驾驶员的费用是一般飞机驾驶员费用的 3 倍，时间延长 2 年。美军空军也认为，隐身飞机是一种极难驾驶的飞机，需要较高的飞行技术。在战场上无法用其他驾驶员来替换。同时，由于兵器结构"与众不同"，当受到损伤和出现故障时，需要专门技术人员和场所进行修理。在战场上难以具备临时修复条件，一旦兵器出现问题，只能退出战斗。

(4) 难以对战场所有目标构成威胁。隐身兵器造价昂贵，F—117A 隐身飞机单价 1.1 亿美元，它所使用的激光制导炸弹也在几十万美元以上，B—2 隐身飞机单价达 9 亿美元，就连一枚隐身巡航导弹单价也在 200 万美元之上。从作战效费比的合理性上来看，一般情况下，不可能用这么昂贵的兵器攻击一般的、廉价的普通目标。从兵器的数量上看，隐身兵器只能对重要时节对重要目标实施有重点的突击，不可能也没有能力对战场所有目标构成全方位的威胁。

2. 对抗隐身兵器的方法

采取什么样的技术和战术手段来对付隐身兵器，是军事上面临的新问题，还未能形成系统和成熟的对策。现有的基本对策主要有以下几个方面：

(1) 采取各种技术措施，提高对隐身兵器的战场探测能力。

隐身兵器大都采用了吸收电磁波的材料和减少电磁波、红外线反射（辐射）的外形设计，从而使现代战场的大部分传统探测器材对隐身兵器失去了侦察效果。针对这一情况，人们不得不探索新的战场探测手段，以提高对隐身兵器的战场探测能力。

一是研制具有反隐身性能的新型雷达。各国正在研制的有长波（毫米波）雷达、冲击雷达、双（多）基地雷达、超视距雷达和光学雷达。

长波（毫米波）雷达具有一定的反隐身能力。如俄罗斯SA—10和英国"长剑"改进型地空导弹武器系统雷达就属于这种类型，其工作频率为35 GHz，配有红外、激光等跟踪装置，可在一定距离上探测隐身兵器的踪迹；冲击雷达具有较高的距离和角度分辨率，可从各种有效距离上分辨出目标的各组成部分，构成一个可识别的目标合成图像，具有反涂料隐身兵器的良好效果；双（多）基地雷达可用多个不同接收机接收目标的前向和侧向散射信息，从多个方向探测目标，并将各基地获得的目标信息，进行集中处理，实施统一检测，进而有效地发现隐身目标；超视距雷达不仅可对现有各种隐身兵器进行有效的探测，而且对发动机进气口装在机翼上方部位的隐身飞机具有更好探测和跟踪效果；此外，人们正在探索借鉴光学天文望远镜技术以研制光学雷达，用以探测具有隐身性能的兵器。

二是灵活应用现有探测手段，研究新的探测方法。应灵活应用现有装备，探索新的探测手段和方法，以增强对隐身兵器的探测能力。这些手段和方法包括选择雷达阵地以增大雷达的探测距离，实行集团部署组成严密的雷达警戒网，组成观察哨（所）网络，实行情报传递的联动化，实施严密正确的操作，力求发挥现有装备的最大技术性能等，以提高对隐身兵器的侦察和预警能力。

（2）合理部署兵力兵器，形成稀疏的战场布局。

隐身兵器本身的战斗力有限，通常情况下主要用于对重要的、比较集中的目标实施首次突击和突然打击，主要是采用"抓一把就溜"的战术，打击对方的致命目标。同时，由于其武器系统的造价昂贵，不可能对战场的分散目标、一般目标实施攻击。因此，进行战场布势时应根据作战任务和战场情况，合理、科学的部署兵力兵器，形成稀疏的战场布局，不做大面积、大目标的集中布置。这样，当敌人使用隐身兵器时，使其无法选择到值得打击的目标，或者只能用高价的隐身兵器去打击我军较小（低廉）的军事目标，最大限度地降低隐身兵器的作战效能。

（3）实施严密的战场伪装，以隐蔽对抗隐身。

从几场局部战争的情况看，隐身兵器所袭击的目标，都是预先进行周密计划好的。这些目标在袭击之前就已经被对方发现和掌握。如果把这些目标严密的隐蔽起来，敌人在无法发现和掌握这些目标的情况下，是不会贸然使用隐身兵器的,即便使用,其作战效能的发挥必将受到较大的限制。因此,无论在平时或战时,把战场目标,特别是一些军事价值较高的目标,在部署乃至使用的全过程,都应进行严密的战场伪装,使敌人无法发现,难以实施预先计划,增大隐身兵器使用的盲目性,以我之隐蔽对付敌之隐身。

(4) 针对隐身兵器的特性,研制新型的打击兵器。

隐身兵器有两个明显的特征,一是大量使用了吸收电磁波的材料和涂料,二是广泛采用了微电子技术和设备。针对这些特性,探讨研制大功率的电磁波发生器和电磁脉冲武器,使隐身兵器表面因吸收大量的能量而产生高温,或使其表面形成很高很强的电流和电压,损伤其机体内部的电路和系统,烧毁、熔化、击穿电子系统,从而使其作战功能不能得到正常发挥,严重时可使其发生自毁。

思 考 题 九

1. 什么是航天技术?
2. 航天技术的体系主要由哪几部分组成?
3. 航天技术在军事中的应用表现在哪些方面?
4. 军用卫星按用途可分为哪些类型的卫星?
5. 军事航天技术对现代军事的影响是什么?
6. 航天技术的发展趋势是什么?
7. 目标的暴露特征是什么?伪装技术包括哪几个方面?
8. 伪装技术对作战有什么影响?
9. 什么是隐身技术?
10. 隐身技术对作战有什么影响?
11. 隐身兵器有什么弱点?对抗隐身武器的方法是什么?

第十章 信息化装备

第一节 信息化作战平台概述

信息化作战平台,即信息化武器及其载体的总称。它包括信息化的坦克与装甲车、火炮与导弹发射装置、飞机以及舰艇等作战平台。在信息化战争中,信息化作战平台与各种先进的打击系统结合在一起,可以极大地提高武器系统的综合作战效能,对取得战争的胜利具有举足轻重的作用。根据信息化战争的需要,现在世界各国尤其是军事大国和强国都非常重视发展作战平台尤其是信息化作战平台,注重提高作战平台的信息化程度。信息化作战平台主要包括信息化陆上作战平台、信息化海上作战平台和信息化空中作战平台等。

第二节 信息化作战平台分类

一、信息化陆上作战平台

信息化陆上作战平台是地面武器系统的基础,其数量和质量状况决定着陆上作战能力,是陆军装备信息化的重要标志当前,世界主要国家的陆上作战平台以信息化水平不断提高的第三代为主,构成了多代并存、高中低档相结合的陆上主战装备体系。随着信息技术的不断发展,更高性能的信息化陆上作战平台将更多地装备部队。

(一) **典型信息化陆上作战平台**

1. 美国M-1主战坦克

M-1主战坦克基本型于1981年正式装备美国陆军重型师。M-1和

第十章　信息化装备

M-1A1 两种坦克在海湾战争中首次投入实战。M-1 系列坦克主要用于与敌人坦克及其他装甲车辆作战，也可以压制、消灭反坦克武器和其他炮兵武器，摧毁野战工事，歼灭有生力量。M-1 坦克主要装备有先进的无线电收信机、激光测距仪以及炮 M-1A2 坦克长热像仪等电子装备。M-1 坦克装备有 R-442/VRC 或 R-44A/VRC 无线电收信机，能对两个辅助接收信道同时进行监控。当某电台超出其通信距离时，可与其他用作转信的电台相连，在一定情况下，电台可以遥控使用。M-1 坦克激光测距仪，工作波长为 1.06 um，脉冲宽度为 8 ns，测距范围 200～7 990 m，测距精度达 10 m，采用首脉冲或末脉冲逻辑电路抑制假日回波。ANNSG-X 炮长热像仪，采用低速并行扫描、电子多路传输、阴极射线显示图像，能够接收距离和其他数据，并提供给炮长。

2. 俄罗斯 T90 主战坦克

T90 是俄罗斯 T 系列现役坦克中火力最强、机动性和防护性最好的最新一代主战坦克。它不但继承了 T-72 和 T-80 坦克的优点，而且采用了许多高新技术具有一系列优异性能。该车 1990 年开始研制，1993 年底交付使用，其批量生产型为 T-90C 主战坦克，T-90 主战坦克战斗全重为 465 t，乘员 3 人，最大公路速度 60 km/h，最大公路行程为 650 km，可涉水深度为 1.8 m，携带全部装备可在水中浮 20 min，T-90 坦克的车体和 T-72 坦克十分相似，但防护能力明显提高，它的防护系统由复合装甲、爆炸式反作用装甲和主动式防护装置三部分组成。其中，爆炸式反作用装甲既可以防御聚能装药破甲弹，又可以防御高速飞行的脱壳穿甲弹。该坦克的"三防"装置可保证安全通过污染区。T-90 坦克的重要改进，是加装了一种综合防护系统、它由光电干扰系统、激光报警器、防激光烟幕抛射系统及系统控制设备四大部分组成。

3. 日本 87 式侦察警戒车

该车是由小松制作所与 82 式指挥通信车同时开始研制，并于 1987 年定型和投产。该车的机动性部件与 82 式指挥通信车通用，但车体是重新设计的全钢结构。车顶除后部因安装发动机而稍高出些外，几乎是平的。驾驶员位于车内右前方，顶部的单扇舱盖上安装有 1 个整体式潜望镜和 3 个固定向前的潜望镜。他的左侧是无线电通信员兼副驾驶员，其顶上也有 1 单扇舱盖和 1 个向前的潜望镜动力操纵的双人炮塔在中间轴稍前处。车长居右侧，顶部有 1 单扇舱盖，带有 6 个潜望镜。炮长居左侧，有 1 单扇舱盖，带有 2 个潜望镜。炮塔上装备 1 门瑞士厄利空——比尔勒公司的 25 mmKBA5 火炮，其右侧有 1 挺 7.62 mm 的 74 式并列机枪，炮塔两侧各有 3 个 60 mm 的 74 式烟幕弹发射器。炮塔之后车顶上有 1 个供观察员用的后视潜望镜。前两轴之间的车体两侧各开有 1 观察窗，后两轴之间车体左侧有 1 车门，其上有 1 带挡板的整体窗。车上装有数台高频/甚高频（HF/VHF）无线电台，炮塔之后装有天线。该车无三防装置，不具水陆两用能力。其他性能与 82 式基本相同。

4. 德国豹－2 坦克

豹－2 坦克作为德国研制的第三代主战坦克，有德国"钢甲猛兽"之称。豹－2 主战坦克 1979 年 10 月正式装备联邦国防军到 1990 年德国陆军装备了 2 050 辆除德国装备外，荷兰装备 445 辆，瑞士装备 30 辆。豹－2 坦克有 A1、A2、A3、A4、A5/A6、A7 型及出口型豹－2NL、豹－2CH，各型号之间在细微结构上有所不同。该坦克车体和炮塔由间隔复合装甲制成，车体分 3 个舱，即驾驶舱、战斗舱和动力舱。豹－2 配用指挥仪式火控系统、涡轮增压多燃料发动机、液压传动装置和扭杆悬挂装置；车内安装了超压集体式"三防"通风装置和自动灭火器，配装有 16 具烟幕弹发射器。其主要武器为 1 门 120 mm 滑膛炮，配用尾翼稳定脱壳穿甲弹、多用途破甲弹等。目前，豹－2 坦克正在作进一步改进，将安装更先进的火控系统，以改进装甲加强防护能力，同时继续增加其机动能力。豹－2 坦克是西方最早装 120 mm 滑膛炮的坦克，并有先进的综合火控系统，具有行进间射击和夜间作战的能力。豹－2 坦克装备有多种先进电台、激光测距仪、热像仪、微光夜视仪等。

（二）信息化陆上作战平台的发展趋势

21 世纪，陆战武器装备的发展重点是提高信息力、火力、生存能力和战场机动能力，实现标准化、通用化和系列化。近年来，世界各国调整了陆上作战平台的发展进度，加快了对现有装备的改进和提高其主要发展趋势如下。

1. 全面应用先进信息技术

近年来，美、英、法等发达国家都在先期概念演示验证的基础上开始研究下一代主战武器系统，正将资金从传统平台的研制转移到发展信息化装备平台上。新的主战系统将发展成为以网络为中心的"系统之系统"，即由侦察车辆、指挥控制平台、独立的火力压制系统、地面战斗与人员输送车辆以及用于支援作战的无人机等功能平台构成的大系统，集侦察、监视目标搜索、火力打击、保障等功能于一体，如美陆军为"理想部队"研制的"未来作战系统"（FCS）。在信息化方面，"未来作战系统"具有以下特点一是结构网络化。该系统按照"网络中心战"理念构建，所有车辆都使用电子接口和软件未来战斗系统网络不仅能使部队形成整体战斗力，而且能与联合部队、国家以及外国盟军的网络沟通，从而可以利用一切可以利用的信息资源，全面感知战场态势，大幅提高联合作战能力。二是广泛使用智能机器人。这些机器人包括 110 架无人驾驶飞行器，分为旅、营、连和排 4 级；分别用于侦察、排雷、运输和突击的无人驾驶车辆；集装箱式导弹发射系统；可以大面积部署的小型传感器和较大的可移动传感器；能够在空中用传感器自动寻找目标的无人值守聪明弹药。三是自动化水平高。系统中的非直火炮能够自动进行弹药装填，燃料、水和弹药的再补给也能自动进行，将所需物资装满整个炮车的时间只需 5~12 min。四是全面应用精确制导武器。除应用导弹外，该系统的炮弹将全面精确制导化。

2. 进一步提高机动性能

提高机动性能的重点是提高陆上作战平台的越野机动性加速性和转向性这些性能与平台的动力传动装置、操纵与悬挂系统的性能水平、单位功率、履带接地压力以及负重轮行程和发动机的加速性等有关。其中，动力装置的发展趋向：除继续改进增压、中冷柴油发动机外，燃气轮机的采用将逐步增多，功率有可能增至 1 500 kW。还将进一步研究陶瓷绝热发动机，其与同功率的柴油机相比体积与重量将减少 40%，节约燃料 30%。而传动装置的发展重点：设计先进的综合推进系统，采用电子操纵，增大功率密度（单位体积功率），达到结构紧凑、传递功率大、操纵维修方便等目的。此外，液气悬挂使用增多，并有可能出现主动式悬挂系统。为进一步提高作战平台的战场机动性，还提出在平台上建立战场管理信息系统，安装显示器，供乘员阅读地图信息，配设导航仪，明确敌我配置态势等。

3. 进一步提高生存能力

较强的生存能力是保持战斗力必不可少的条件。由于现代探测技术的长足进步和精确制导技术的飞速发展，来自空中的威胁越来越大，对陆上作战平台的战场生存构成了严重威胁。因此，未来陆上作战平台将通过多种途径，全面系统地提高平台的防护性能。

主要包括以下几个方面：一是采用隐身技术来提高防护能力；二是大量采用复合装甲提高车体的防护能力，重点是研究新型复合装甲、反作用装甲和主动防护系统；三是陆上作战平台的总体结构设计将有新的突破，主要是探索继续顶置火炮式坦克方案与遥控车组方案。

4. 发展系列化、通用化作战平台

系列化是根据某类产品或装备的使用需求和发展规律，按一定序列排列其主要性能参数和结构形式，有计划地指导产品的发展，以满足广泛需求的一种标准化方法。如美陆军的 M 系列的坦克装甲车，俄罗斯的系列坦克等都是系列化的地面主战装备。

通用化是将现有的或正在研制的具有互换性特征的通用单元用于新研制武器系统的一种标准化方法。未来将把导弹和火炮综合在同一辆装甲车上，便构成弹炮一体化武器系统，使坦克具有直射、间射和对空作战能力，新型装甲作战平台（NCP）装上不同的武器就可以使之成为主战坦克、步兵战车或防空系统。例如，美军未来近战车辆（FCCV）规划，提出了三个车族构想：坦克、步兵战车、骑兵战车（侦察用）三种车型；坦克与步兵战车合一的双用途车辆另加一种骑兵战车；坦克、步兵战车、骑兵战车三者合一的多用途战斗车辆。

（三）信息化陆上作战平台在伊拉克战争中的运用

在伊拉克战争中，最引人入胜的一幕恐怕是以美军第 3 机步师为主的地面部队对巴格达实施的史无前例的快速闪击战。在地面作战中，各种先进的作战装备发挥了卓越效能，不仅使地面作战开辟了一个崭新的发展空间，同时也为陆军的发展提供了新的契机。

1. 战争中使用的主要地面作战装备

面作战部队的武器装备，基本呈现两个特点：少数部队配备了全新的或改装的数字化武器装备，成建制、成系统形成了信息化作战能力，如第 4 机步师等；部分主战装备仍处于三代水平，在维持机械化武器装备原貌的基础上进行了信息化改造，提高了火力、防护力和信息感知能力，占有明显的火力优势和信息优势。装甲战斗车辆主要有 M-1A2 和 M-1A2SEP（数字化）主战坦克，M-2A3 步兵战车等。火炮主要有 155 mmM-109A6 "帕拉丁" 自行榴弹炮，105 mmM-119 牵引式榴炮，155 mmM-198 牵引式榴弹炮，M-270 多管火箭炮，60 mm、81 mm

第十章 信息化装备

和 120 mm 迫击炮等。导弹主要有 PAC-3"爱国者"反导系统、陆军战术导弹系统、"海尔法"反坦克导等。伊军则使用了俄制 AT-14"短号"反坦克导弹,实战中摧毁多辆 M-1A1 主战坦克。

2. 地面作战装备的作战应用

(1) 快速闪击。伊拉克战争中,美军对巴格达的快速闪击战是一个亮点。这是美陆军向网络中心战转型的一次积极尝试,让见惯了美军完全或主要依靠空袭制胜的人们耳目一新。美军推进的速度之快令人吃惊:第 3 机步师先头部 7 000 人在开战后绕过伊拉克南部各城市,长驱直入、日夜兼程穿越 700 km 沙漠地带,目标直指巴格达,在开战第 5 天即 3 月 24 日,该部就到达了距巴格达约 80 km 的南部战略重镇卡尔巴拉附近,并与伊军防守部队交战。

(2) 城市作战。10 年来,美陆军和海军陆战队投入大量的力量进行城市作战的研究和训练。美军修建了模拟城镇,训练逐个街区、反游击队武装等城市作战方法。伊拉克战争事实表明,依托先进的地面作战装备,美军城市作战理论在实践上同样具有巨大的优势。战争中,美军多次成功地实施装甲突击,开创了城市作战的成功范例。

(3) 阵地攻防。美军在纳西里耶、纳杰夫、卡尔巴拉、巴格达等地与伊军发生过许多次交战。存在着技术代差的两支军队在信息化条件下进行传统形式的阵地战,其惨烈程度对于这两支部队而言当然不可同日而语。美军在进军巴格达的一场 3 小时激战中,拥有信息化武器装备的第 3 机步师击毙了至少 2 000 名伊军士兵,而美军仅阵亡 1 人。巨大的伤亡代价和悬殊战果表明了这种阵地战的不对称性。

二、信息化海上作战平台

海军是以舰艇部队为主体,在海洋空间隧行作战任务的军种。在海洋占表面积 71% 的地球上,海军无疑在战争中具有重大的作用。世界发展先进的军事强国无不发展先进的信息化海上作战平台,以保持强大的海军力量。在高技术的"催化"下,新型舰艇大量涌现,使海军战斗力不断增长。

(一) 典型信息化海上作战平台

1. 航空母舰

"福特"号航母舷号 CVN-78,是美国第 78 艘也是最新一艘航母,其命名是为纪念美国前总统杰拉尔德·福特。该舰于 2009 年正式开始建造，2017 年 5 月底交付美国海军，以近 130 亿美元的造价成为迄今最烧钱航母。"福特"号航母是美国近 40 年来建造的首艘新型航母，是美国海军全新打造的最大核动力的航空母舰，被视为当今世界上最先进的航空母舰。美国军方的资料示，"福特"号服役年限为 50 年，舰长 337 m，高 76 m，行甲板宽 78 m，整个甲板相当于三个首尾相连的标准足球场，可携带 75 架舰载机。"福特"号满载排水量达 10 万 t，最大航速超过 30 kn。该舰配备了先进的电磁弹射器和降落拦截系统，比传统的蒸汽弹射器和拦阻索效率更高，战机出勤率预计提升 33%。此外"福特"号还装备了改进型海麻雀导弹、拉姆导弹和近程防御武器系统。与以往的"尼米兹"级核动力航母相比，"福特"级航母的核电站可以产出 3 倍的电量，两个核反应堆满载核燃料的情况下，"福特"号能连续航行 20 年。据美国海军介绍战舰整体自动化程度大为提升，有效降低了人力需求和成本。"福特"号搭载舰员和航空人员共计约 4 500 人。

2. 巡洋舰

"基洛夫"级核动力导弹巡洋舰，是世界上最大的导弹巡洋舰，也是世界上第一艘装备导弹垂直发射系统的水面舰艇。首制舰"基洛夫"号于 1975 年开工建造，1977 年 12 月下水，1980 年 7 月服役；第二艘舰"伏龙芝"号于 1983 年 11 月服役；第三艘舰"加里宁"号 1988 年服役；第四艘舰"安德罗波夫"号于 1991 年底下水进行海上试验。1991 年苏联解体，在役的四艘"基洛夫"级核动力导弹巡洋舰加入俄罗斯海军。1992 年 5 月 27 日，俄罗斯海军对现役的四艘基洛夫级巡洋舰进行了改名，分别改名为乌沙科夫海军上将号、拉扎耶夫海军上将号、纳希莫夫海军上将号、彼得大帝号。该级舰长 248 m、宽 28 m、吃水 8.8 m；标准排水量 2.4 万 t、满载排水量 2.8 万 t（有资料报道为：标准排水量 2.7 万 t、满载排水量 3.7 万 t），故有人称之为战列巡洋舰。动力装置为：核反应堆 2 座、蒸汽涡轮机 2 台、电动机 8 台，总功率 15 万 kW；航速 32 kn，以 25 kn 航速续航力为 15 万 n mile。

3. 驱逐舰

45 型驱逐舰或以首舰命名称为勇敢级驱逐舰是英国皇家海军隶下的新一代防空导弹驱逐舰。1991 年，皇家海军在参与的法、意未来护卫舰"水平线"（CnGF）计划失败后，决定自行发展新一代驱逐舰。本级舰围绕 EPAAMS 导弹系统，配备性能优异的桑普森相控阵雷达和 S1850M 远程雷达，并划时代地采用了集成电力推进系统（IEP），使得本级舰成为世界上现役最新锐的驱逐舰之一。该级导弹驱逐舰的特点：超长的前甲板，安装有 4.5 英寸舰炮，后方上升区域安装有"席尔瓦"防空导弹垂直发射系统；还装有"鱼叉"反舰导弹发射装置；平板式上层建筑位于烟囱前方，突出高耸的封闭式金字塔形桅杆顶部安装有"桑普森"监视/火控雷达整流罩，左右舷装有 SATCOM 卫星天线整流罩；小型椎状烟囱；修长的封闭式椎状桅杆，烟囱后方装有窄小的柱状桅杆；突出的对空/对海搜索雷达位于后上层建筑顶部。该舰的主要任务是提供局部区域舰队防御，其远程雷达具有广泛的区域防空能力。该舰的战斗系统也有能力管理飞机和特混舰队的联合防空战斗操作，发挥指挥舰的作用。

4. 护卫舰

印度的"什瓦里克"级护卫舰为放大改进版"塔尔瓦"级护卫舰。独特的较长前甲板，舰桥前方布置有 4 种主要武器装备，由舰首向后分别是：奥托·梅莱拉 76 mm/62 舰炮、SA-N-7 "牛虻"防空导弹发射装置、SS-N-27 "俱乐部"反舰导"什瓦里克"级护卫舰弹垂直发射井以及舰桥前方上升平台上的 RBU6000 反潜火箭发射装置；舰舯部上层建筑后缘装有金字塔形主桅，封闭式金字塔形塔架位于舰桥顶部；烟囱位于舰舯部后方，后方装有塔架用于安装"前罩"火控雷达；该舰后半段与"德里"级非常相似；平板式后上层建筑（机库）前缘装有对空搜索雷达和位于顶部的"猎人"火控雷达；较长的飞行甲板位于舰尾。

5. 攻击型核潜艇

"机敏"级攻击核潜艇是英国建造的新一代攻击型核潜艇，也是世界上第一种不用螺旋桨推进的核潜艇。它被用于替代现役的"特拉法尔加"级攻击核潜艇。该潜艇于 2007 年下水，2009 年正式服役。"机敏"级攻击型核潜艇水下排水量 780 t，最大潜深 500 m。水下航速 32 kn，可携带 38 枚"旗鱼"重型鱼雷、"战斧"巡航导弹及"捕鲸叉"反舰导弹。除此之外，它还具有前所未有的安静性能和反侦察能力。

（二）信息化海上作战平台的发展趋势

随着高新科技的发是和海上作战的需要，水面舰艇将向着大吨位远续航力和提高综合作战能力的方向发展，使之在现代海战中充分发挥"基本兵种"的作用。根据目前掌握的资料分析、水面舰艇的发展将主要集中于以下几个方面。

1. 水面舰艇的发展趋势

（1）研制新型导弹发射装置，提高水面舰艇的作战能力。各种类型的舰载导弹，是水面舰艇的主要攻防武器。导弹的携带数量是构成水面舰艇作战能力的主要因素。水面舰艇以往采用的臂式发射架、箱式发射架等，较为笨重，需占用较大空间，战斗使用也不够简便，限制了舰艇携带导弹的数量。随着导弹垂直发射技术的研制成功，新型导弹发射装置将采用井式结构，可使每艘舰所携带的各型舰载导弹达到近百枚或上百枚，从而极大地提高大中型舰只的海上作战能力。

（2）采用新型动力装置，提高水面舰艇的机动能力。动力装置是水面舰艇的"心脏"，其性能决定了水面舰艇的机动能力。与航空兵相比较，水面舰艇的机动能力差是一个十分明显的弱点。采用新型动力装置，提高水面舰艇的机动能力，是水面舰艇发展上的一个重要方向。目前，水面舰艇采用的动力装置有核动力装置、蒸汽轮机动力装置、内燃机（主要是柴油机）动力装置和燃气轮机动力装置。其中，燃气轮机动力装置是一种新型动力装置，越来越多地在各型水面舰艇上采用。为了弥补燃气轮机耗油量大的缺陷，各型水面舰艇往往是把燃气轮机和其他发动机组成联合动力装置，通常采用的联合方式是柴燃联合装置和全燃联合装置。

（3）研制新船型。船型是一种船舶区别于其他不同类型船舶的特征综合。开展对船型的研究，探索适合建造各种水面舰艇的新船型，对水面舰艇的发展具有深远的战略意义。研究适合水面舰艇的船型，其目的和要求：提高水面舰艇的机动能力；提高水面舰艇的隐蔽性；提供更大的空间，以装载更多的武器装备。根据资料分析，正在探索、研究的新船型有多种。其中，引起关注的主要有半潜型和深V型三体舰。

（4）采用隐形技术，提高水面舰艇的隐蔽性。机动能力低，隐藏性差，易被发现和遭到攻击，是水面舰艇主要的弱点。提高水面舰艇的隐蔽性，实质上就是提高水面舰艇的生存能力。随着隐形技术的发展和在水面舰艇上的广泛应用，这个弱点可望得到解决。当前水面舰艇所采用的隐形技术主要有两个方面：一是尽可能地减少雷达波的反射面积；采用降噪技术，将舰艇的主机与舰壳相隔离，舰壳的振动大为减轻，明显地降低了噪声。

2. 潜艇的发展趋势

随着高技术的广泛运用，潜艇将向着进一步提高潜艇的水下机动能力、水下搜索目标能力、水下攻击能力和隐身能力等方向发展。

(1) 提高潜艇水下机动能力。提高潜艇水下状态的水平机动能力和垂直机动能力，历来受到人们的高度重视，主要包括增大常规动力潜艇的水下航速和水下续航力；提高核潜艇在浅水海区的机动性能；增大潜艇的下潜深度。

(2) 提高潜艇水下搜索目标能力。提高潜艇在水下状态时隐蔽地搜索目标能力，能有效地提高潜艇的作战能力和防御能力，是潜艇发展的重要目标之一。改进潜望镜的性能，能有效提高潜艇在潜望深度搜索海面目标和空中目标的能力，因此要积极发展多用途潜望镜。提高潜艇搜索水下目标的能力，其主要途径是增大潜艇声呐的探测距离，为此，除了采用各种先进技术提高声呐性能外，还应从潜艇装备的其他方面加以改进，如降低潜艇本身的噪声，为声呐搜索目标创造一个安静的环境，从而增大声呐搜索目标的距离。

(3) 提高潜艇水下攻击能力。这是潜艇装备发展的主要趋势。潜艇水下机动能力、水下搜索目标能力、导航定位精度和武器效能的提高以及降低潜艇噪声等，都能直接或间接地提高潜艇水下攻击能力。为提高飞航导弹潜艇水下攻击能力，除了进一步提高潜射飞航式导弹的抗干扰能力和命中概率以外，还将增大潜艇飞航式导弹水中段的航程。这种能保持发射艇位置的隐蔽性，缩短在空中飞行的时间，使对方可用于抗击导弹的时间更为仓促，有利于提高潜艇飞航式导弹的命中概率，从面提高飞航导弹潜艇的水下攻击能力。

(4) 提高潜艇隐身能力。这是今后潜艇发展的一个重要趋势。潜艇噪声直接关系到潜艇的隐蔽性，并影响声呐对目标的探测效果，对艇员的健康也有不利的影响。因此，降低潜艇噪声成为发展潜艇装备的主要内容之一隐身技术的另一个体现是艇体吸声材料涂层，它可以吸收对方主动声呐波，使波不能被反射或减少其反射。各国在这方面取得了一定的进步，现在许多潜艇都涂有吸声材料。事实说明，今后发展的方向将不再是一味降低噪声，而是朝"隐身潜艇"的方向发展。

此外，潜艇还将向着进一步提高反潜自导鱼雷的防御能力以及提高综合控制水平方向发展。

（三）信息化海上作战平台在海湾战争中的运用

海湾战争中，由于伊拉克海军十分弱小，海上作战显得微不足道，无法与大规模空中作战、快节奏的地面作战相提并论。但多国部队海军仍然投入了大量的高技术武器装备，并在战争中发挥了重要作用，也对海上力量的运用方式产生了重大影响多国部队部署了230艘舰艇，美海军投入了6个航母战斗群、4 000多架舰载机和240多架海军陆战队飞机以及大量的直升机。这些高技术武器装备的作战运用十分广泛，不仅直接用于海上作战，而且在空中作战和地面作战中也发挥了重要作用。

1. 反舰作战

反舰作战的任务是摧毁伊海军全部水面作战舰艇和布雷艇，将伊海军赶回到波斯湾北部，以防其进攻或威胁多国部队。美国、英国、沙特阿拉伯和科威特海军承担了主要作战任务，阿根廷、澳大利亚、加拿大、丹麦、法国、意大利、荷兰、挪威、西班牙等国海军参加或支援了反舰作战。美军A-6E、F/A-18、F-14和S-3A/B等舰载机、P-3C和英国"猎迷"海上巡逻机、美海军SH-60B、英国"大山猫"和美陆军OH-58D等直升机也直接参战。把在波斯湾北部的伊海军舰艇与巴士拉、祖拜尔、乌姆盖斯尔的港口设施和海军基地隔离开来，将更多的伊军舰艇封锁在港内，并最终掌握了波斯湾北部海域的制海权。在整个反舰作战中，多国部队击毁或击伤伊军143艘舰船，伊拉克所有海军基地和港口被严重毁坏，基本上全军覆没，未对多国部队海军发动过任何攻击。

2. 防空作战

防空作战的主要任务是在波斯湾建立和保持空中优势。伊空军4种战机具备反舰攻击能力：32架可发射2枚"飞鱼"反舰导弹的"幻影"F1战斗机；4架可携带"蚕"式空舰导弹的轰-6D远程轰炸机；25架可携带AS-7、AS-9、AS-14等空舰导弹的苏-24；"超黄蜂"直升机可发射2枚"飞鱼"反舰导弹。它们对多国部队水面舰艇构成了空中威胁。为此，中央总部海军成立了防空作战司令部，负责指挥和控制舰艇编队的防空作战。作战兵力包括波斯湾上的4艘航空母舰、9艘"提康德罗加"级巡洋舰、12艘驱逐舰和护卫舰。尽管伊军在战争中无法主动出击，多国部队仍起飞3805架次舰载机执行海上防空作战任务。

3. 反水雷战

反水雷战的主要任务是为实施舰炮火力支援的战舰和可能发动的两栖突击开辟一条通向科威特海岸的通道。伊拉克有11种不同型号的水雷,战前在费莱凯岛到科威特边界南端230 km长的弧线内布设了1 167枚水雷。为了扫除水雷,中央总部海军建立了反水雷大队,共20余艘反水雷舰艇,6架MH-53E扫雷直升机和20多个爆破排雷小分队,还部署了多种未经试验的扫雷装备,如第一艘"复仇者"级扫雷舰和一批感应式、机械式扫雷装置等。反水雷大队首先在科威特以东100 km海域扫出一条长24 km、宽300 m的通道。为配合扫雷,多国部队摧毁了科威特海岸的伊军"蚕"式反舰导弹。多国部队海军遇到的最大威胁就是水雷,而对付水雷的办法并不有效,几乎所有行动都受到影响。在扫雷过程中,美舰"特里波利"号撞上一枚触发锚雷,受到重创;美舰普林斯顿号触发一枚感应式沉底雷,舰体遭到破坏。直到海湾战争结束,扫雷工作也没有完成。

4. 两栖佯动

进入波斯湾的两栖部队为中央总部提供了一支机动性很强的作战力量,包括美军第4和第5陆战远征旅及第13陆战远征分队,约1.7万人,31艘两栖舰船和1艘修理船,17艘气垫登陆艇和13艘通用登陆艇。115辆两栖突击车,34辆坦克,19架AV-8B攻击机和136架直升机。多国部队虽未进行两栖突击,但却一直进行两栖作战的威胁和佯动欺骗,牵制了伊军10多个师。同时,还实施了一系列作战行动,如攻击乌姆迈拉迪姆岛、佯攻费莱凯岛和谢拜赫港口设施以及第5陆战远征旅登陆等,有力地策应和支援了地面作战行动。

三、信息化空中作战平台

信息化空中作战平台是空军最主要、最基本的装备,也是海军和陆军的主要兵器之一,可以装载各种导弹、机炮、航弹、制导炸弹和电子战装备。它的机动性能好,突防能力强,能出其不意地发起攻击,给敌人以毁灭性的打击,有效地支援地面和海上的作战行动。信息化空中作战平台的数量和质量将对未来信息化战争的各个方面产生重大的影响。

(一) 典型信息化空中作战平台

1. 战斗机

歼-20战斗机是中国成都飞机工业（集团）有限责任公司为中国人民解放军研制的第四代（按照中国、欧美战斗机划分标准为第四代，按照俄罗斯战斗机代次划分标准则为第五代。）双发重型隐形战斗机，用于接替歼-10、歼-11等第四代空中优势战机。歼-20采用了单座、双发、全动双垂尾、DSI鼓包式进气道、上反鸭翼带尖拱边条的鸭式气动布局。机头、机身呈菱形，垂直尾翼向外倾斜，起落架舱门为锯齿边设计，机身以深黑色涂装，而歼-20（2012）采用类似于F-22的高亮银灰色涂装。侧弹舱采用创新结构，可将导弹发射挂架预先封闭于外侧，同时配备中国国内最先进的新型格斗导弹。2011年1月11日在成都实现首飞。2016年11月，驾歼-20飞机在第11届中国国际航空航天博览会（中国航展）上进行飞行展示，这是中国自主研制的新一代隐身战斗机首次公开亮相。2018年2月9日，中国自主研制的新一代隐身战斗机歼-20，开始列装空军作战部队。

2. 运输机

XC-2运输机由日本川崎重工业公司研制是为了接替日本于20世纪70年代启用的C-1型国产运输机。新一代运输机在设计上谋求实现大型化，该机全长43.9 m，翼展44.4 m，高14.2 m，最大运载重量达30 t，约为C-1运输机的4倍，而且续航能力也有大幅提高。2010年5月左右，日本川崎重工业公司将一架XC-2大型运输机交付日本航空自卫队进行试飞测试，这标志着XC-2大型运输机正逐步走入正轨。XC-2运输机还是个"多面手"。如果军方需要，它还可立即漂亮转身成为空中预警机、空中加油机、远程侦察机或者战略轰炸机。日本XC-2大型运输机的最大起飞重量达到140 t左右。

3. 轰炸机

轰炸机的典型代表是美国B-2隐身轰炸机，集当代高技术于一身，是世界上第一种重型隐身轰炸机。为达到隐身目的，该机外形与传统的飞机完全不同，采用先进的翼身融合的飞翼构形。没有明显机身没有垂直尾翼，整架飞机呈扁平流线型，就像是由两只大机翼对接而成。机翼前沿从机头到翼尖是一条直线，成后掠角33°的锐角，上下是拱弧形固定式结构，后缘成W形。机体采用吸收雷达波的蜂窝状结构，主要使用复合材料，机体外表材料和涂层可以减少雷达波的反射和热辐射。飞机前沿及翼尖有介质层覆盖在能够散射波的锯齿状结构上。发动机进气道为S形，两个V形尾喷口置于机翼上，而且距离机翼后缘较远，从而大幅减少了发动机及进气道的雷达反射波，雷达天线置于机舱内，武器全部挂在弹仓内，无外挂武器。上述技术措施使飞机的雷达反射面积只有$0.001 \sim 0.1 \text{ m}^2$，与一只小鸟相当。B-2隐身轰炸机机翼展52.43 m，机长21.0 m，机高5.18 m。最大速度为马赫数0.8，实用升限15 240 m，最大航程12 231 km，进行一次空中加油时大于18 530 m，两次加油可到达全球各地。

4. 直升机

卡-52是俄罗斯自行研制的全天候武装直升机，能够在昼夜和复杂天气条件下作战。卡-52的驾驶舱采用并列双座布局，其翼下的4个武器挂架最多可加挂4套火箭弹发射架，每个发射架可携带20枚S-8型火箭弹，所以，在战场上"激怒"的卡-52可在瞬间倾泻出80枚火箭弹打出一道长约1 km、宽度200 m的"火墙"。卡-52还具备良好的夜间作战能力，其上装载的热成像仪能够于夜间在5～6 km的距离上发现坦克及相似体积的目标，在3～4 km内能识别目标。

5. 预警机

除了美国和俄罗斯以外，只有少数国家拥有研制预警机的能力，而以色列就是其中之一。"费尔康"预警机由波音707客机改装而来，某些性能甚至超过了美俄预警机。"费尔康"采用了有源相控阵雷达及飞机外皮与天线阵融合为一体等新技术，不像E-3那样采用机背圆盘天线整流罩，与传统的预警机相比，"费尔康"安装了6个格板型相控阵L波段保形雷达，可60°全方位覆盖。其巡航高度为9 000 m，机上可载乘员15人左右，最大续航时间设计可达11.5 h，可提供360°全向覆盖，能够全方位搜索和监视陆地、水面和空中目标。在巡航高度执勤时，对大型高空目标的有效探测半径可达670 km，中型目标为445 km，对低空小型目标为370 km。敌我识别系统在一次扫描中能询问200个以上装有应答机的空中、海上或陆上目标，获取己方军队的展开情况，向空中指挥员显示完整的陆海空军态势。因此"费尔康"预警机既是一架侦察机，又是一个在高空游弋的雷达站，还是一个功能强大的空中指挥所。"费尔康"的雷达系统由以色列自行研制成功，不仅能大幅度提升空军的信息战能力，增大己方的预警时间，而且能极大威胁敌方空军对己方的超低空突袭能力。该系统有 9 个彩色多功能显示台和 2 台辅助显示器，设计使用的 EL/M-2075 型雷达（PAR）处于世界领"费尔康"预警机先地位。

（二）信息化空中作战平台的发展趋势

随着信息技术推动空中作战平台不断发展，信息化水平进一步提高，其发展趋势有如下几点。

1. 更加注重多用途作战能力

今后战斗机发展都要求多用途化，在设计研制时就提出明确需求。因此，战斗机在无须改型的情况下，自身就兼有很强的对地攻击能力；若进行专门的改进，则对地攻击能力更强。这种"一机多用"或"一机多型"将成为战斗机发展的标准模式。同时，战斗机与攻击机的界限也将越来越模糊。2002 年 9 月 17 日，美空军参谋长宣布，将 F-22 战斗机重新定名为 F/A-22，这不仅是对 F-22 进行的重新定位，也反映了美空军在未来战斗机发展概念上的转变，即不再强调纯空中优势能力，而是必须兼有对地面打击和电子战的多用途作战能力。未来运输机通过功能模块的变更与替换，或经过适当改装，变成多用途的飞机，如能成为救护伤病员，并可进行手术治疗的空中医院；成为歼击机、强击机、歼击轰炸机补充燃料的空中加油机，以及充当轰炸机的替补；成为隐蔽性较好的侦察机、空中预警机、携载和发射无人机的母机等。如在研的"平台型运输机"具有一般运输机的各大系统，具备基本飞行功能可按战术-技术要求，或使用-技术要求完成特殊运输任务。应用了模块设计，即在该运输机上安装各种功能的方舱以达到各种布局的变化，实现一机多型、一机多用。

2. 更加强调隐身性能

现役的战斗机 F-22、轰炸机 B-2A、战斗轰炸机 F-117A 等都具备了良好的隐身性能。目前，美国、俄罗斯正在研制的新一代作战飞机都十分强调隐身性能。美国军方考虑研制的军用运输机具有隐形特点，能向战区运送部队和军事装备以及大规模毁灭性武器。新一代直升机将采用现代化的传感器和先进的复合材料技术以及各种吸波材料涂层，使其雷达反射截面红外特征值减小，提高其隐身能力。

3. 不断改进现役空中作战平台

战略轰炸机技术复杂，研制、采购和使用维护费用极为昂贵，一般中小国家无力涉足。美国现已装备有世界上最先进的轰炸机,目前尚无研制新一代轰炸机的具体计划。俄罗斯现装备的轰炸机,虽然数量略超过美国的装备数,但性能与技术水平稍逊于美国轰炸机,但苦于经济困境,至少在相当一段时间内俄罗斯无力顾及发展新型轰炸机。因此美俄现役轰炸机至少还将服役三四十年之久。在此期间,将主要是对现役轰炸机不断改进、改型。为适应未来战争的需要,许多国家(地区)和组织正在着手对他们的预警飞机进行改进。美国空军北约组织和英国目前正在实施E-3预警飞机雷达系统改进,计划通过提高脉冲多普勒雷达灵敏度、采用高可靠性新型处理机和重新修改软件等,提高探测跟踪小目标和隐身目标的能力。美国、埃及、以色列、日本、新加坡等国和中国台湾先后着手进行E-2C(E-2T)预警飞机的改进计划。

4. 无人作战平台向实用化方向迈进

无人机的造价低,隐蔽性能好,生存能力强,而且不受人的生理条件限制,在现代战争中有广泛的用途。采用高技术研制新型的无人机将是空中作战平台今后发展的一个重要方面。自主式无人机和遥控机器人无人机除继续执行战场监视、侦察、电子对抗、通信中继、战场运输、气象监测和模拟假目标等任务外,还可执行空战和对地攻击任务,其作用将越来越大。近年来,随着各种平台、推进、导航和控制系统以及传感器技术的飞速发展加上无人机在阿富汗战争中的出色表现,推动了世界各国,尤其是美国无人作战平台的革新和发展。美国将继续加大对无人机的投入同时将"捕食者""全球鹰"和"无人作战机"(UCAV)作为美国国防部的重点发展型号。

5. 提高电子对抗能力

除专用的电子对抗飞机外,一般的作战飞机自卫电子对抗设备将进一步发展除进一步扩大频宽、增大有效辐射功率外,还将发展以电子计算机为核心的自适应系统。这种系统能在复杂的电磁环境中截获、分析和处理各种电磁信号,并根据这些信号反映出的威胁类型和程度自动选择对抗措施。

(三)信息化空中作战平台在伊拉克战争中的运用

伊拉克战争像以往历次高技术局部战争一样,美英联军的空中作战装备发挥了关键作用,特别是大量精确制导弹药的使用,极大地提高了空中作战的效率,并从根本上改变了空中作战的面貌。

1. 战争运用的主要空中作战装备

美英联军使用的空中打击平台主要分为两大部分：从停泊在波斯湾和地中海的航空母舰上起飞的 400 余架舰载机，包括第一次参加实战的 FA-18E/F "超大黄蜂"战斗机；从伊拉克周边基地和二线基地起飞的 1 100 余架空军飞机，主要包括 B-1B 和 B-52H 战略轰炸机、B-2A 隐身战略轰炸机、F-117A 和 F-15E 战斗轰炸机、F-15 和 F-16 战斗机、A-10 和英国"美洲虎"攻击机，另有 RQ-1B "捕食者"攻击机美英联军使用了许多新型弹药：英国"风暴阴影"防区外空地导弹，具备全天候作战能力和发射后不用管能力，射程超过 200 km；美军最大型常规制导炸弹 MO-AB 燃料空气弹，重达 21 000 磅；AGM-154 "联合防区外武器"（JSOW），是由得州仪器公司制造的一种制导炸弹，主要用于攻击静止的飞机、导弹阵地等目标；CBU-105 集束炸弹，是 CBU-97 "传感器引爆武器"加装"风力修正弹药撒布器"后的改进型，主要用于打击坦克和车辆等大型集群运动目标。

2. 空中作战装备的作战运用

(1) 防区外精确打击。它是指空中作战平台在敌方防空火力圈外，利用远程空地导弹或制导炸弹等对敌方目标实施攻击。伊拉克战争中，美英联军实施防区外精确打击的目标主要有以下两类。

固定的点目标和面目标。伊拉克高官住宅、政府大楼、军队指挥中心、雷达站、地空导弹阵地、高炮阵地以及机场等大型目标始终是美英联军持续打击的重点。萨达姆及其两个儿子的官邸从开战之日到战争结束反复遭到美英联军的轰炸，政府大楼基本都被摧毁。战争中，美军的猛烈轰炸使伊军战场指挥体系陷入瘫痪，分散部署的作战部队都变成了"瞎子"和"聋子"：雷达被摧毁、电台联络不通指挥命令无法下达。伊军不得不采取类似于阿富汗战争中塔利班部队所采取的原始办法，利用摩托车送信等方法下达作战命令，其时效性和可靠性就可想而知了。

定点打击单个目标的"斩首"行动。这类似于以色列军队对巴勒斯坦激进组织成员采取的"定点清除"行动，区别在于以军一般以直升机作为发射平台，而美军则以战斗机作为发射平台。其作战流程：作战中心收到"可靠情报"后标示目标位置，然后马上向在空中巡逻的战机发布作战命令和目标信息，战机接到命令后即赶赴目标空域进行精确打击。

(2) 战斗空域临空轰炸。战斗空域临空轰炸是伊拉克战争中的重头戏，其基础是美军占有信息优势和制空权。如果没有制空权，敌方防空导弹和高炮会对己方战机形成巨大的威胁，临空轰炸就不可能进行。美军掌握了战场信息优势、伊军举一动尽在其掌握之中。尽管伊军没有像海湾战争那样把坦克埋在沙堆下，而是分散部署和进行城市防御，但只要一出动，被发现进而被摧毁的命运就无法避免。例如，美军B52向巴格达伊军坦克部队投下6枚CBU105集束炸弹，每枚装有10个BLU-108"斯基特"灵巧反坦克子弹头，可以同时攻击多个目标，使暴露的伊军坦克部队遭受了灭顶之灾。

（3）低空对地支援轰炸。低空对地支援轰炸是空中力量配合地面部队作战的支援行动，主要是杀伤敌方作战力量，给地面部队的推进扫清障碍。同时，从空中实施打击也是一种比地面遭遇战高效的作战手段，可以在保全自己的同时达成歼敌目的，在战争的中、后期，空中力量主要执行这类任务。强有力的空中支援，为美英联军地面部队实施"精确闪击战"提供了可靠的保证。

思考题十

1. 简述什么是信息化作战平台？
2. 简述信息化陆上作战平台、海上作战平台、空中作战平台的发展趋势？

附　　录

附录一　《中华人民共和国国防法》

（1997年3月14日第八届全国人民代表大会第五次会议通过，根据2009年8月27日第十一届全国人民代表大会常务委员会第十次会议《关于修改部分法律的决定》修正，2020年12月26日第十三届全国人民代表大会常务委员会第二十四次会议修订）

第一章　总　则

第一条　为了建设和巩固国防，保障改革开放和社会主义现代化建设的顺利进行，实现中华民族伟大复兴，根据宪法，制定本法。

第二条　国家为防备和抵抗侵略，制止武装颠覆和分裂，保卫国家主权、统一、领土完整、安全和发展利益所进行的军事活动，以及与军事有关的政治、经济、外交、科技、教育等方面的活动，适用本法。

第三条　国防是国家生存与发展的安全保障。

国家加强武装力量建设，加强边防、海防、空防和其他重大安全领域防卫建设，发展国防科研生产，普及全民国防教育，完善国防动员体系，实现国防现代化。

第四条　国防活动坚持以马克思列宁主义、毛泽东思想、邓小平理论、"三个代表"重要思想、科学发展观、习近平新时代中国特色社会主义思想为指导，贯彻习近平强军思想，坚持总体国家安全观，贯彻新时代军事战略方针，建设与我国国际地位相称、与国家安全和发展利益相适应的巩固国防和强大武装力量。

第五条　国家对国防活动实行统一的领导。

第六条　中华人民共和国奉行防御性国防政策，独立自主、自力更生地建设和巩固国防，实行积极防御，坚持全民国防。

国家坚持经济建设和国防建设协调、平衡、兼容发展，依法开展国防活动，加快国防和军队现代化，实现富国和强军相统一。

第七条　保卫祖国、抵抗侵略是中华人民共和国每一个公民的神圣职责。

中华人民共和国公民应当依法履行国防义务。

一切国家机关和武装力量、各政党和各人民团体、企业事业组织、社会组织和其他组织，都应当支持和依法参与国防建设，履行国防职责，完成国防任务。

第八条　国家和社会尊重、优待军人，保障军人的地位和合法权益，开展各种形式的拥军优属活动，让军人成为全社会尊崇的职业。

中国人民解放军和中国人民武装警察部队开展拥政爱民活动，巩固军政军民团结。

第九条　中华人民共和国积极推进国际军事交流与合作，维护世界和平，反对侵略扩张行为。

第十条　对在国防活动中作出贡献的组织和个人，依照有关法律、法规的规定给予表彰和奖励。

第十一条　任何组织和个人违反本法和有关法律，拒绝履行国防义务或者危害国防利益的，依法追究法律责任。

公职人员在国防活动中，滥用职权、玩忽职守、徇私舞弊的，依法追究法律责任。

第二章　国家机构的国防职权

第十二条　全国人民代表大会依照宪法规定，决定战争和和平的问题，并行使宪法规定的国防方面的其他职权。

全国人民代表大会常务委员会依照宪法规定，决定战争状态的宣布，决定全国总动员或者局部动员，并行使宪法规定的国防方面的其他职权。

第十三条　中华人民共和国主席根据全国人民代表大会的决定和全国人民代表大会常务委员会的决定，宣布战争状态，发布动员令，并行使宪法规定的国防方面的其他职权。

第十四条　国务院领导和管理国防建设事业，行使下列职权：

（一）编制国防建设的有关发展规划和计划；

（二）制定国防建设方面的有关政策和行政法规；

（三）领导和管理国防科研生产；

（四）管理国防经费和国防资产；

（五）领导和管理国民经济动员工作和人民防空、国防交通等方面的建设和组织实施工作；

（六）领导和管理拥军优属工作和退役军人保障工作；

（七）与中央军事委员会共同领导民兵的建设，征兵工作，边防、海防、空防和其他重大安全领域防卫的管理工作；

（八）法律规定的与国防建设事业有关的其他职权。

第十五条 中央军事委员会领导全国武装力量，行使下列职权：

（一）统一指挥全国武装力量；

（二）决定军事战略和武装力量的作战方针；

（三）领导和管理中国人民解放军、中国人民武装警察部队的建设，制定规划、计划并组织实施；

（四）向全国人民代表大会或者全国人民代表大会常务委员会提出议案；

（五）根据宪法和法律，制定军事法规，发布决定和命令；

（六）决定中国人民解放军、中国人民武装警察部队的体制和编制，规定中央军事委员会机关部门、战区、军兵种和中国人民武装警察部队等单位的任务和职责；

（七）依照法律、军事法规的规定，任免、培训、考核和奖惩武装力量成员；

（八）决定武装力量的武器装备体制，制定武器装备发展规划、计划，协同国务院领导和管理国防科研生产；

（九）会同国务院管理国防经费和国防资产；

（十）领导和管理人民武装动员、预备役工作；

（十一）组织开展国际军事交流与合作；

（十二）法律规定的其他职权。

第十六条 中央军事委员会实行主席负责制。

第十七条 国务院和中央军事委员会建立协调机制，解决国防事务的重大问题。

中央国家机关与中央军事委员会机关有关部门可以根据情况召开会议，协调解决有关国防事务的问题。

第十八条　地方各级人民代表大会和县级以上地方各级人民代表大会常务委员会在本行政区域内，保证有关国防事务的法律、法规的遵守和执行。

地方各级人民政府依照法律规定的权限，管理本行政区域内的征兵、民兵、国民经济动员、人民防空、国防交通、国防设施保护，以及退役军人保障和拥军优属等工作。

第十九条　地方各级人民政府和驻地军事机关根据需要召开军地联席会议，协调解决本行政区域内有关国防事务的问题。

军地联席会议由地方人民政府的负责人和驻地军事机关的负责人共同召集。军地联席会议的参加人员由会议召集人确定。

军地联席会议议定的事项，由地方人民政府和驻地军事机关根据各自职责和任务分工办理，重大事项应当分别向上级报告。

第三章　武装力量

第二十条　中华人民共和国的武装力量属于人民。它的任务是巩固国防，抵抗侵略，保卫祖国，保卫人民的和平劳动，参加国家建设事业，全心全意为人民服务。

第二十一条　中华人民共和国的武装力量受中国共产党领导。武装力量中的中国共产党组织依照中国共产党章程进行活动。

第二十二条　中华人民共和国的武装力量，由中国人民解放军、中国人民武装警察部队、民兵组成。

中国人民解放军由现役部队和预备役部队组成，在新时代的使命任务是为巩固中国共产党领导和社会主义制度，为捍卫国家主权、统一、领土完整，为维护国家海外利益，为促进世界和平与发展，提供战略支撑。现役部队是国家的常备军，主要担负防卫作战任务，按照规定执行非战争军事行动任务。预备役部队按照规定进行军事训练、执行防卫作战任务和非战争军事行动任务；根据国家发布的动员令，由中央军事委员会下达命令转为现役部队。

中国人民武装警察部队担负执勤、处置突发社会安全事件、防范和处置恐怖活动、海上维权执法、抢险救援和防卫作战以及中央军事委员会赋予的其他任务。

民兵在军事机关的指挥下，担负战备勤务、执行非战争军事行动任务和防卫作战任务。

第二十三条　中华人民共和国的武装力量必须遵守宪法和法律。

第二十四条　中华人民共和国武装力量建设坚持走中国特色强军之路，坚持政治建军、改革强军、科技强军、人才强军、依法治军，加强军事训练，开展政治工作，提高保障水平，全面推进军事理论、军队组织形态、军事人员和武器装备现代化，构建中国特色现代作战体系，全面提高战斗力，努力实现党在新时代的强军目标。

第二十五条　中华人民共和国武装力量的规模应当与保卫国家主权、安全、发展利益的需要相适应。

第二十六条　中华人民共和国的兵役分为现役和预备役。军人和预备役人员的服役制度由法律规定。

中国人民解放军、中国人民武装警察部队依照法律规定实行衔级制度。

第二十七条　中国人民解放军、中国人民武装警察部队在规定岗位实行文职人员制度。

第二十八条　中国人民解放军军旗、军徽是中国人民解放军的象征和标志。中国人民武装警察部队旗、徽是中国人民武装警察部队的象征和标志。

公民和组织应当尊重中国人民解放军军旗、军徽和中国人民武装警察部队旗、徽。

中国人民解放军军旗、军徽和中国人民武装警察部队旗、徽的图案、样式以及使用管理办法由中央军事委员会规定。

第二十九条　国家禁止任何组织或者个人非法建立武装组织，禁止非法武装活动，禁止冒充军人或者武装力量组织。

第四章　边防、海防、空防和其他重大安全领域防卫

第三十条　中华人民共和国的领陆、领水、领空神圣不可侵犯。国家建设强大稳固的现代边防、海防和空防，采取有效的防卫和管理措施，保卫领陆、领水、领空的安全，维护国家海洋权益。

国家采取必要的措施，维护在太空、电磁、网络空间等其他重大安全领域的活动、资产和其他利益的安全。

第三十一条　中央军事委员会统一领导边防、海防、空防和其他重大安全领域的防卫工作。

中央国家机关、地方各级人民政府和有关军事机关，按照规定的职权范围，分工负责边防、海防、空防和其他重大安全领域的管理和防卫工作，共同维护国家的安全和利益。

第三十二条　国家根据边防、海防、空防和其他重大安全领域防卫的需要，加强防卫力量建设，建设作战、指挥、通信、测控、导航、防护、交通、保障等国防设施。各级人民政府和军事机关应当依照法律、法规的规定，保障国防设施的建设，保护国防设施的安全。

第五章　国防科研生产和军事采购

第三十三条　国家建立和完善国防科技工业体系，发展国防科研生产，为武装力量提供性能先进、质量可靠、配套完善、便于操作和维修的武器装备以及其他适用的军用物资，满足国防需要。

第三十四条　国防科技工业实行军民结合、平战结合、军品优先、创新驱动、自主可控的方针。

国家统筹规划国防科技工业建设，坚持国家主导、分工协作、专业配套、开放融合，保持规模适度、布局合理的国防科研生产能力。

第三十五条　国家充分利用全社会优势资源，促进国防科学技术进步，加快技术自主研发，发挥高新技术在武器装备发展中的先导作用，增加技术储备，完善国防知识产权制度，促进国防科技成果转化，推进科技资源共享和协同创新，提高国防科研能力和武器装备技术水平。

第三十六条　国家创造有利的环境和条件，加强国防科学技术人才培养，鼓励和吸引优秀人才进入国防科研生产领域，激发人才创新活力。

国防科学技术工作者应当受到全社会的尊重。国家逐步提高国防科学技术工作者的待遇，保护其合法权益。

第三十七条　国家依法实行军事采购制度，保障武装力量所需武器装备和物资、工程、服务的采购供应。

第三十八条　国家对国防科研生产实行统一领导和计划调控；注重发挥市场机制作用，推进国防科研生产和军事采购活动公平竞争。

国家为承担国防科研生产任务和接受军事采购的组织和个人依法提供必要的保障条件和优惠政策。地方各级人民政府应当依法对承担国防科研生产任务和接受军事采购的组织和个人给予协助和支持。

承担国防科研生产任务和接受军事采购的组织和个人应当保守秘密，及时高效完成任务，保证质量，提供相应的服务保障。

国家对供应武装力量的武器装备和物资、工程、服务，依法实行质量责任追究制度。

第六章 国防经费和国防资产

第三十九条 国家保障国防事业的必要经费。国防经费的增长应当与国防需求和国民经济发展水平相适应。

国防经费依法实行预算管理。

第四十条 国家为武装力量建设、国防科研生产和其他国防建设直接投入的资金、划拨使用的土地等资源，以及由此形成的用于国防目的的武器装备和设备设施、物资器材、技术成果等属于国防资产。

国防资产属于国家所有。

第四十一条 国家根据国防建设和经济建设的需要，确定国防资产的规模、结构和布局，调整和处分国防资产。

国防资产的管理机构和占有、使用单位，应当依法管理国防资产，充分发挥国防资产的效能。

第四十二条 国家保护国防资产不受侵害，保障国防资产的安全、完整和有效。

禁止任何组织或者个人破坏、损害和侵占国防资产。未经国务院、中央军事委员会或者国务院、中央军事委员会授权的机构批准，国防资产的占有、使用单位不得改变国防资产用于国防的目的。国防资产中的技术成果，在坚持国防优先、确保安全的前提下，可以根据国家有关规定用于其他用途。

国防资产的管理机构或者占有、使用单位对不再用于国防目的的国防资产，应当按照规定报批，依法改作其他用途或者进行处置。

第七章 国防教育

第四十三条 国家通过开展国防教育，使全体公民增强国防观念、强化忧患意识、掌握国防知识、提高国防技能、发扬爱国主义精神，依法履行国防义务。

普及和加强国防教育是全社会的共同责任。

第四十四条 国防教育贯彻全民参与、长期坚持、讲求实效的方针，实行经常教育与集中教育相结合、普及教育与重点教育相结合、理论教育与行为教育相结合的原则。

第四十五条 国防教育主管部门应当加强国防教育的组织管理，其他有关部门应当按照规定的职责做好国防教育工作。

军事机关应当支持有关机关和组织开展国防教育工作,依法提供有关便利条件。

一切国家机关和武装力量、各政党和各人民团体、企业事业组织、社会组织和其他组织,都应当组织本地区、本部门、本单位开展国防教育。

学校的国防教育是全民国防教育的基础。各级各类学校应当设置适当的国防教育课程,或者在有关课程中增加国防教育的内容。普通高等学校和高中阶段学校应当按照规定组织学生军事训练。

公职人员应当积极参加国防教育,提升国防素养,发挥在全民国防教育中的模范带头作用。

第四十六条　各级人民政府应当将国防教育纳入国民经济和社会发展计划,保障国防教育所需的经费。

第八章　国防动员和战争状态

第四十七条　中华人民共和国的主权、统一、领土完整、安全和发展利益遭受威胁时,国家依照宪法和法律规定,进行全国总动员或者局部动员。

第四十八条　国家将国防动员准备纳入国家总体发展规划和计划,完善国防动员体制,增强国防动员潜力,提高国防动员能力。

第四十九条　国家建立战略物资储备制度。战略物资储备应当规模适度、储存安全、调用方便、定期更换,保障战时的需要。

第五十条　国家国防动员领导机构、中央国家机关、中央军事委员会机关有关部门按照职责分工,组织国防动员准备和实施工作。

一切国家机关和武装力量、各政党和各人民团体、企业事业组织、社会组织、其他组织和公民,都必须依照法律规定完成国防动员准备工作;在国家发布动员令后,必须完成规定的国防动员任务。

第五十一条　国家根据国防动员需要,可以依法征收、征用组织和个人的设备设施、交通工具、场所和其他财产。

县级以上人民政府对被征收、征用者因征收、征用所造成的直接经济损失,按照国家有关规定给予公平、合理的补偿。

第五十二条　国家依照宪法规定宣布战争状态,采取各种措施集中人力、物力和财力,领导全体公民保卫祖国、抵抗侵略。

第九章 公民、组织的国防义务和权利

第五十三条 依照法律服兵役和参加民兵组织是中华人民共和国公民的光荣义务。

各级兵役机关和基层人民武装机构应当依法办理兵役工作，按照国务院和中央军事委员会的命令完成征兵任务，保证兵员质量。有关国家机关、人民团体、企业事业组织、社会组织和其他组织，应当依法完成民兵和预备役工作，协助完成征兵任务。

第五十四条 企业事业组织和个人承担国防科研生产任务或者接受军事采购，应当按照要求提供符合质量标准的武器装备或者物资、工程、服务。

企业事业组织和个人应当按照国家规定在与国防密切相关的建设项目中贯彻国防要求，依法保障国防建设和军事行动的需要。车站、港口、机场、道路等交通设施的管理、运营单位应当为军人和军用车辆、船舶的通行提供优先服务，按照规定给予优待。

第五十五条 公民应当接受国防教育。

公民和组织应当保护国防设施，不得破坏、危害国防设施。

公民和组织应当遵守保密规定，不得泄露国防方面的国家秘密，不得非法持有国防方面的秘密文件、资料和其他秘密物品。

第五十六条 公民和组织应当支持国防建设，为武装力量的军事训练、战备勤务、防卫作战、非战争军事行动等活动提供便利条件或者其他协助。

国家鼓励和支持符合条件的公民和企业投资国防事业，保障投资者的合法权益并依法给予政策优惠。

第五十七条 公民和组织有对国防建设提出建议的权利，有对危害国防利益的行为进行制止或者检举的权利。

第五十八条 民兵、预备役人员和其他公民依法参加军事训练，担负战备勤务、防卫作战、非战争军事行动等任务时，应当履行自己的职责和义务；国家和社会保障其享有相应的待遇，按照有关规定对其实行抚恤优待。

公民和组织因国防建设和军事活动在经济上受到直接损失的，可以依照国家有关规定获得补偿。

第十章 军人的义务和权益

第五十九条 军人必须忠于祖国,忠于中国共产党,履行职责,英勇战斗,不怕牺牲,捍卫祖国的安全、荣誉和利益。

第六十条 军人必须模范地遵守宪法和法律,遵守军事法规,执行命令,严守纪律。

第六十一条 军人应当发扬人民军队的优良传统,热爱人民,保护人民,积极参加社会主义现代化建设,完成抢险救灾等任务。

第六十二条 军人应当受到全社会的尊崇。

国家建立军人功勋荣誉表彰制度。

国家采取有效措施保护军人的荣誉、人格尊严,依照法律规定对军人的婚姻实行特别保护。

军人依法履行职责的行为受法律保护。

第六十三条 国家和社会优待军人。

国家建立与军事职业相适应、与国民经济发展相协调的军人待遇保障制度。

第六十四条 国家建立退役军人保障制度,妥善安置退役军人,维护退役军人的合法权益。

第六十五条 国家和社会抚恤优待残疾军人,对残疾军人的生活和医疗依法给予特别保障。

因战、因公致残或者致病的残疾军人退出现役后,县级以上人民政府应当及时接收安置,并保障其生活不低于当地的平均生活水平。

第六十六条 国家和社会优待军人家属,抚恤优待烈士家属和因公牺牲、病故军人的家属。

第十一章 对外军事关系

第六十七条 中华人民共和国坚持互相尊重主权和领土完整、互不侵犯、互不干涉内政、平等互利、和平共处五项原则,维护以联合国为核心的国际体系和以国际法为基础的国际秩序,坚持共同、综合、合作、可持续的安全观,推动构建人类命运共同体,独立自主地处理对外军事关系,开展军事交流与合作。

第六十八条 中华人民共和国遵循以联合国宪章宗旨和原则为基础的国际关系基本准则,依照国家有关法律运用武装力量,保护海外中国公民、组织、机构和设施的安全,参加联合国维和、国际救援、海上护航、联演联训、打击恐怖主义等活动，履行国际安全义务，维护国家海外利益。

第六十九条 中华人民共和国支持国际社会实施的有利于维护世界和地区和平、安全、稳定的与军事有关的活动，支持国际社会为公正合理地解决国际争端以及国际军备控制、裁军和防扩散所做的努力，参与安全领域多边对话谈判，推动制定普遍接受、公正合理的国际规则。

第七十条 中华人民共和国在对外军事关系中遵守同外国、国际组织缔结或者参加的有关条约和协定。

第十二章 附 则

第七十一条 本法所称军人，是指在中国人民解放军服现役的军官、军士、义务兵等人员。

本法关于军人的规定，适用于人民武装警察。

第七十二条 中华人民共和国特别行政区的防务，由特别行政区基本法和有关法律规定。

第七十三条 本法自2021年1月1日起施行。

附录二 《中华人民共和国国防教育法》

（2001年4月28日第九届全国人民代表大会常务委员会第21次会议通过，中华人民共和国主席令第52号公布）

第一章 总 则

第一条 为了普及和加强国防教育，发扬爱国主义精神，促进国防建设和社会主义精神文明建设，根据国防法和教育法，制定本法。

第二条 国防教育是建设和巩固国防的基础，是增强民族凝聚力、提高全民素质的重要途径。

第三条 国家通过开展国防教育，使公民增强国防观念，掌握基本的国防知识，学习必要的军事技能，激发爱国热情，自觉履行国防义务。

第四条 国防教育贯彻全民参与、长期坚持、讲求实效的方针，实行经常教育与集中教育相结合、普及教育与重点教育相结合、理论教育与行为教育相结合的原则，针对不同对象确定相应的教育内容分类组织实施。

第五条 中华人民共和国公民都有接受国防教育的权利和义务。

普及和加强国防教育是全社会的共同责任。

一切国家机关和武装力量、各政党和各社会团体、各企业事业组织以及基层群众性自治组织，都应当根据各自的实际情况组织本地区、本部门、本单位开展国防教育。

第六条　国务院领导全国的国防教育工作。中央军事委员会协同国务院开展全民国防教育。

地方各级人民政府领导本行政区域内的国防教育工作。驻地军事机关协助和支持地方人民政府开展国防教育。

第七条　国家国防教育工作机构规划、组织、指导和协调全国的国防教育工作。

县级以上地方负责国防教育工作的机构组织、指导、协调和检查本行政区域内的国防教育工作。

第八条　教育、民政、文化宣传等部门，在各自职责范围内负责国防教育工作。

征兵、国防科研生产、国民经济动员、人民防空、国防交通、军事设施保护等工作的主管部门，依照本法和有关法律、法规的规定，负责国防教育工作。

工会、共产主义青年团、妇女联合会以及其他有关社会团体，协助人民政府开展国防教育。

第九条　中国人民解放军、中国人民武装警察部队按照中央军事委员会的有关规定开展国防教育。

第十条　国家支持、鼓励社会组织和个人开展有益于国防教育的活动。

第十一条　国家和社会对在国防教育工作中作出突出贡献的组织和个人，采取各种形式给予表彰和奖励。

第十二条　国家设立全民国防教育日。

第二章　学校国防教育

第十三条　学校的国防教育是全民国防教育的基础，是实施素质教育的重要内容。

教育行政部门应当将国防教育列入工作计划，加强对学校国防教育的组织、指导和监督，并对学校国防教育工作定期进行考核。

第十四条　小学和初级中学应当将国防教育的内容纳入有关课程，

将课堂教学与课外活动相结合，对学生进行国防教育。

有条件的小学和初级中学可以组织学生开展以国防教育为主题的少年军校活动。教育行政部门、共产主义青年团组织和其他有关部门应当加强对少年军校活动的指导与管理。

小学和初级中学可以根据需要聘请校外辅导员，协助学校开展多种形式的国防教育活动。

第十五条　高等学校、高级中学和相当于高级中学的学校应当将课堂教学与军事训练相结合，对学生进行国防教育。高等学校应当设置适当的国防教育课程，高级中学和相当于高级中学的学校应当在有关课程中安排专门的国防教育内容，并可以在学生中开展形式多样的国防教育活动。

高等学校、高级中学和相当于高级中学的学校学生的军事训练，由学校负责军事训练的机构或者军事教员按照国家有关规定组织实施。军事机关应当协助学校组织学生的军事训练。

第十六条　学校应当将国防教育列入学校的工作和教学计划，采取有效措施，保证国防教育的质量和效果。

学校组织军事训练活动，应当采取措施，加强安全保障。

第十七条　负责培训国家工作人员的各类教育机构，应当将国防教育纳入培训计划，设置适当的国防教育课程。

国家根据需要选送地方和部门的负责人到有关军事院校接受培训，学习和掌握履行领导职责所必需的国防知识。

第三章　社会国防教育

第十八条　国家机关应当根据各自的工作性质和特点，采取多种形式对工作人员进行国防教育。

国家机关工作人员应当具备基本的国防知识。从事国防建设事业的国家机关工作人员，必须学习和掌握履行职责所必需的国防知识。

各地区、各部门的领导人员应当依法履行组织、领导本地区、本部门开展国防教育的职责。

第十九条　企业事业组织应当将国防教育列入职工教育计划，结合政治教育、业务培训、文化体育等活动，对职工进行国防教育。

承担国防科研生产、国防设施建设、国防交通保障等任务的企业事业组织，应当根据所担负的任务，制定相应的国防教育计划，有针对性地对职工进行国防教育。

社会团体应当根据各自的活动特点开展国防教育。

第二十条　军区、省军区（卫戍区、警备区）、军分区（警备区）和县、自治县、市、市辖区的人民武装部按照国家和军队的有关规定，结合政治教育和组织整顿、军事训练、执行勤务、征兵工作以及重大节日、纪念日活动，对民兵、预备役人员进行国防教育。

民兵、预备役人员的国防教育，应当以基于民兵、第一类预备役人员和担任领导职务的民兵、预备役人员为重点，建立和完善制度，保证受教育的人员、教育时间和教育内容的落实。

第二十一条　城市居民委员会、农村村民委员会应当将国防教育纳入社区、农村社会主义精神文明建设的内容，结合征兵工作、拥军优属以及重大节日、纪念日活动，对居民、村民进行国防教育。

城市居民委员会、农村村民委员会可以聘请退役军人协助开展国防教育。

第二十二条　文化、新闻、出版、广播、电影、电视等部门和单位应当根据形势和任务的要求，采取多种形式开展国防教育。

中央和省、自治区、直辖市以及设区的市的广播电台、电视、台、报刊应当开设国防教育节目或栏目，普及国防知识。

第二十三条　烈士陵园、革命遗址和其他具有国防教育功能的博物馆、纪念馆、科技馆、文化馆、青少年宫等场所，应当为公民接受国防教育提供便利，对有组织的国防教育活动实行优惠或者免费；依照本法第二十八条的规定被命名为国防教育基地的，应当对有组织的中小学生免费开放；在全民国防教育日向社会免费开放。

第四章　国防教育的保障

第二十四条　各级人民政府应当将国防教育纳入国民经济和社会发展计划，并根据开展国防教育的需要，在财政预算中保障国防教育所需的经费。

第二十五条　国家机关、事业单位、社会团体开展国防教育所需的经费，在本单位预算经费内列支；企业开展国防教育所需经费，在本单位职工教育经费中列支。

学校组织学生军事训练所需的经费，按照国家有关规定执行。

第二十六条　国家鼓励社会组织和个人捐赠财产，资助国防教育的开展。

社会组织和个人资助国防教育的财产，由依法成立的国防教育基金组织或者其他公益性社会组织依法管理。

国家鼓励社会组织和个人提供或者捐赠所收藏的具有国防教育意义的实物用于国防教育。使用单位对提供使用的实物应当妥善保管，使用完毕，及时归还。

第二十七条　国防教育经费和社会组织、个人资助国防教育的财产，必须用于国防教育事业，任何单位或者个人不得挪用、克扣。

第二十八条　本法第二十三条规定的场所，具备下列条件的，经省、自治区、直辖市人民政府批准，可以命名为国防教育基地：①有明确的国防教育主题内容；②有健全的管理机构和规章制度；③有相应的国防教育设施；④有必要的经费保障；⑤有显著的社会教育效果。

国防教育基地应当加强建设，不断完善，充分发挥国防教育的功能。被命名的国防教育基地不再具备前款规定条件的，由原批准机关撤销命名。

第二十九条　各级人民政府应当加强对国防教育基地的规划、建设和管理，并为其发挥作用提供必要的保障。

各级人民政府应当加强对具有国防教育意义的文物的收集、整理、保护工作。

第三十条　全民国防教育使用统一的国防教育大纲。国防教育大纲由国家国防教育工作机构组织制定。

适用于不同地区、不同类别教育对象的国防教育教材，由有关部门或者地方依据国防教育大纲并结合本地区、本部门的特点组织编写。

第三十一条　各级国防教育工作机构应当组织、协调有关部门做好国防教育教员的选拔、培训和管理工作，加强国防教育师资队伍建设。

国防教育教员应当从热爱国防教育事业、具有基本的国防知识和必要的军事技能的人员中选拔。

第三十二条　中国人民解放军和中国人民武装警察部队应当根据需要和可能，为驻地有组织的国防教育活动选派军事教员，提供必要的军事训练场地、设施以及其他便利条件。

在国庆节、中国人民解放军建军节和全民国防教育日，经批准的军营可以向社会开放。军营开放的办法由中央军事委员会规定。

第五章 法律责任

第三十三条 国家机关、社会团体、企业事业组织以及其他社会组织违反本法规定,拒不开展国防教育活动的,由人民政府有关部门或者上级机关给予批评教育,并责令限期改正;拒不改正,造成恶劣影响的,对负有直接责任的主管人员依法给予行政处分。

第三十四条 违反本法规定,挪用、克扣国防教育经费的,由有关主管部门责令限期归还;对负有直接责任的主管人员和其他直接责任人员依法给予行政处分;构成犯罪的,依法追究刑事责任。

第三十五条 侵占、破坏国防教育基地设施、损毁展品的,由有关主管部门给予批评教育,并责令限期改正;有关责任人应当依法承担相应的民事责任。

有前款所列行为,违反治安管理规定的,由公安机关依法给予治安管理处罚;构成犯罪的,依法追究刑事责任。

第三十六条 寻衅滋事,扰乱国防教育工作和活动秩序的,或者盗用国防教育名义骗取钱财的,由有关主管部门给予批评教育,并予以制止;违反治安管理规定的,由公安机关依法给予治安管理处罚;构成犯罪的,依法追究刑事责任。

第三十七条 负责国防教育的国家工作人员玩忽职守、滥用职权、徇私舞弊的,依法给予行政处分;构成犯罪的,依法追究刑事责任。

第六章 附 则

第三十八条 本法自公布之日起施行。

附录三 《中华人民共和国兵役法》

(1984年5月31日第六届全国人民代表大会第二次会议通过;根据1998年12月29日第九届全国人民代表大会常务委员会第六次会议《关于修改〈中华人民共和国兵役法〉的决定》第一次修正;根据2009年8月27日第十一届全国人民代表大会常务委员会第十次会议《关于修改部分法律的决定》第二次修正;根据2011年10月29日第十一届全国人民代表大会常务委员会第二十三次会议《关于修改〈中华人民共和国兵役法〉的决定》第三次修正;2021年8月20日第十三届全国人民代表大会常务委员会第三十次会议修订)

第一章 总 则

第一条 为了规范和加强国家兵役工作，保证公民依法服兵役，保障军队兵员补充和储备，建设巩固国防和强大军队，根据宪法，制定本法。

第二条 保卫祖国、抵抗侵略是中华人民共和国每一个公民的神圣职责。

第三条 中华人民共和国实行以志愿兵役为主体的志愿兵役与义务兵役相结合的兵役制度。

第四条 兵役工作坚持中国共产党的领导，贯彻习近平强军思想，贯彻新时代军事战略方针，坚持与国家经济社会发展相协调，坚持与国防和军队建设相适应，遵循服从国防需要、聚焦备战打仗、彰显服役光荣、体现权利和义务一致的原则。

第五条 中华人民共和国公民，不分民族、种族、职业、家庭出身、宗教信仰和教育程度，都有义务依照本法的规定服兵役。

有严重生理缺陷或者严重残疾不适合服兵役的公民，免服兵役。

依照法律被剥夺政治权利的公民，不得服兵役。

第六条 兵役分为现役和预备役。在中国人民解放军服现役的称军人；预编到现役部队或者编入预备役部队服预备役的，称预备役人员。

第七条 军人和预备役人员，必须遵守宪法和法律，履行公民的义务，同时享有公民的权利；由于服兵役而产生的权利和义务，由本法和其他相关法律法规规定。

第八条 军人必须遵守军队的条令和条例，忠于职守，随时为保卫祖国而战斗。

预备役人员必须按照规定参加军事训练、担负战备勤务、执行非战争军事行动任务，随时准备应召参战，保卫祖国。

军人和预备役人员入役时应当依法进行服役宣誓。

第九条 全国的兵役工作，在国务院、中央军事委员会领导下，由国防部负责。

省军区（卫戍区、警备区）、军分区（警备区）和县、自治县、不设区的市、市辖区的人民武装部，兼各该级人民政府的兵役机关，在上级军事机关和同级人民政府领导下，负责办理本行政区域的兵役工作。

机关、团体、企业事业组织和乡、民族乡、镇的人民政府，依照本法的规定完成兵役工作任务。兵役工作业务,在设有人民武装部的单位,由人民武装部办理;不设人民武装部的单位,确定一个部门办理。普通高等学校应当有负责兵役工作的机构。

第十条 县级以上地方人民政府兵役机关应当会同相关部门,加强对本行政区域内兵役工作的组织协调和监督检查。

县级以上地方人民政府和同级军事机关应当将兵役工作情况作为拥军优属、拥政爱民评比和有关单位及其负责人考核评价的内容。

第十一条 国家加强兵役工作信息化建设,采取有效措施实现有关部门之间信息共享,推进兵役信息收集、处理、传输、存储等技术的现代化,为提高兵役工作质量效益提供支持。

兵役工作有关部门及其工作人员应当对收集的个人信息严格保密,不得泄露或者向他人非法提供。

第十二条 国家采取措施,加强兵役宣传教育,增强公民依法服兵役意识,营造服役光荣的良好社会氛围。

第十三条 军人和预备役人员建立功勋的,按照国家和军队关于功勋荣誉表彰的规定予以褒奖。

组织和个人在兵役工作中作出突出贡献的,按照国家和军队有关规定予以表彰和奖励。

第二章 兵役登记

第十四条 国家实行兵役登记制度。兵役登记包括初次兵役登记和预备役登记。

第十五条 每年十二月三十一日以前年满十八周岁的男性公民,都应当按照兵役机关的安排在当年进行初次兵役登记。

机关、团体、企业事业组织和乡、民族乡、镇的人民政府,应当根据县、自治县、不设区的市、市辖区人民政府兵役机关的安排,负责组织本单位和本行政区域的适龄男性公民进行初次兵役登记。

初次兵役登记可以采取网络登记的方式进行,也可以到兵役登记站(点)现场登记。进行兵役登记,应当如实填写个人信息。

第十六条 经过初次兵役登记的未服现役的公民,符合预备役条件的,县、自治县、不设区的市、市辖区人民政府兵役机关可以根据需要,对其进行预备役登记。

第十七条 退出现役的士兵自退出现役之日起四十日内,退出现役的军官自确定安置地之日起三十日内,到安置地县、自治县、不设区的市、市辖区人民政府兵役机关进行兵役登记信息变更;其中,符合预备役条件,经部队确定需要办理预备役登记的,还应当办理预备役登记。

第十八条　县级以上地方人民政府兵役机关负责本行政区域兵役登记工作。

县、自治县、不设区的市、市辖区人民政府兵役机关每年组织兵役登记信息核验,会同有关部门对公民兵役登记情况进行查验,确保兵役登记及时,信息准确完整。

第三章　平时征集

第十九条　全国每年征集服现役的士兵的人数、次数、时间和要求,由国务院和中央军事委员会的命令规定。

县级以上地方各级人民政府组织兵役机关和有关部门组成征集工作机构,负责组织实施征集工作。

第二十条　年满十八周岁的男性公民,应当被征集服现役;当年未被征集的,在二十二周岁以前仍可以被征集服现役。普通高等学校毕业生的征集年龄可以放宽至二十四周岁,研究生的征集年龄可以放宽至二十六周岁。

根据军队需要,可以按照前款规定征集女性公民服现役。

根据军队需要和本人自愿,可以征集年满十七周岁未满十八周岁的公民服现役。

第二十一条　经初次兵役登记并初步审查符合征集条件的公民,称应征公民。

在征集期间,应征公民应当按照县、自治县、不设区的市、市辖区征集工作机构的通知,按时参加体格检查等征集活动。

应征公民符合服现役条件,并经县、自治县、不设区的市、市辖区征集工作机构批准的,被征集服现役。

第二十二条　在征集期间,应征公民被征集服现役,同时被机关、团体、企业事业组织招录或者聘用的,应当优先履行服兵役义务;有关机关、团体、企业事业组织应当服从国防和军队建设的需要,支持兵员征集工作。

第二十三条　应征公民是维持家庭生活唯一劳动力的,可以缓征。

第二十四条　应征公民因涉嫌犯罪正在被依法监察调查、侦查、起诉、审判或者被判处徒刑、拘役、管制正在服刑的，不征集。

第四章 士兵的现役和预备役

第二十五条 现役士兵包括义务兵役制士兵和志愿兵役制士兵，义务兵役制士兵称义务兵，志愿兵役制士兵称军士。

第二十六条 义务兵服现役的期限为二年。

第二十七条 义务兵服现役期满，根据军队需要和本人自愿，经批准可以选改为军士；服现役期间表现特别优秀的，经批准可以提前选改为军士。根据军队需要，可以直接从非军事部门具有专业技能的公民中招收军士。

军士实行分级服现役制度。军士服现役的期限一般不超过三十年，年龄不超过五十五周岁。

军士分级服现役的办法和直接从非军事部门招收军士的办法，按照国家和军队有关规定执行。

第二十八条 士兵服现役期满，应当退出现役。

士兵因国家建设或者军队编制调整需要退出现役的，经军队医院诊断证明本人健康状况不适合继续服现役的，或者因其他特殊原因需要退出现役的，经批准可以提前退出现役。

第二十九条 士兵服现役的时间自征集工作机构批准入伍之日起算。

士兵退出现役的时间为部队下达退出现役命令之日。

第三十条 依照本法第十七条规定经过预备役登记的退出现役的士兵，由部队会同兵役机关根据军队需要，遴选确定服士兵预备役；经过考核，适合担任预备役军官职务的，服军官预备役。

第三十一条 依照本法第十六条规定经过预备役登记的公民，符合士兵预备役条件的，由部队会同兵役机关根据军队需要，遴选确定服士兵预备役。

第三十二条 预备役士兵服预备役的最高年龄，依照其他有关法律规定执行。

预备役士兵达到服预备役最高年龄的，退出预备役。

第五章 军官的现役和预备役

第三十三条 现役军官从下列人员中选拔、招收：

（一）军队院校毕业学员；

（二）普通高等学校应届毕业生；

（三）表现优秀的现役士兵；

（四）军队需要的专业技术人员和其他人员。

战时根据需要，可以从现役士兵、军队院校学员、征召的预备役军官和其他人员中直接任命军官。

第三十四条　预备役军官包括下列人员：

（一）确定服军官预备役的退出现役的军官；

（二）确定服军官预备役的退出现役的士兵；

（三）确定服军官预备役的专业技术人员和其他人员。

第三十五条　军官服现役和服预备役的最高年龄，依照其他有关法律规定执行。

第三十六条　现役军官按照规定服现役已满最高年龄或者衔级最高年限的，退出现役；需要延长服现役或者暂缓退出现役的，依照有关法律规定执行。

现役军官按照规定服现役未满最高年龄或者衔级最高年限，因特殊情况需要退出现役的，经批准可以退出现役。

第三十七条　依照本法第十七条规定经过预备役登记的退出现役的军官、依照本法第十六条规定经过预备役登记的公民，符合军官预备役条件的，由部队会同兵役机关根据军队需要，遴选确定服军官预备役。

预备役军官按照规定服预备役已满最高年龄的，退出预备役。

第六章　军队院校从青年学生中招收的学员

第三十八条　根据军队建设的需要，军队院校可以从青年学生中招收学员。招收学员的年龄，不受征集服现役年龄的限制。

第三十九条　学员完成学业达到军队培养目标的，由院校发给毕业证书；按照规定任命为现役军官或者军士。

第四十条　学员未达到军队培养目标或者不符合军队培养要求的，由院校按照国家和军队有关规定发给相应证书，并采取多种方式分流；其中，回入学前户口所在地的学员，就读期间其父母已办理户口迁移手续的，可以回父母现户口所在地，由县、自治县、不设区的市、市辖区的人民政府按照国家有关规定接收安置。

第四十一条　学员被开除学籍的，回入学前户口所在地；就读期间其父母已办理户口迁移手续的，可以回父母现户口所在地，由县、自治县、不设区的市、市辖区的人民政府按照国家有关规定办理。

第四十二条　军队院校从现役士兵中招收的学员，适用本法第三十九条、第四十条、第四十一条的规定。

第七章　战时兵员动员

第四十三条　为了应对国家主权、统一、领土完整、安全和发展利益遭受的威胁，抵抗侵略，各级人民政府、各级军事机关，在平时必须做好战时兵员动员的准备工作。

第四十四条　在国家发布动员令或者国务院、中央军事委员会依照《中华人民共和国国防动员法》采取必要的国防动员措施后，各级人民政府、各级军事机关必须依法迅速实施动员，军人停止退出现役，休假、探亲的军人立即归队，预备役人员随时准备应召服现役，经过预备役登记的公民做好服预备役被征召的准备。

第四十五条　战时根据需要，国务院和中央军事委员会可以决定适当放宽征召男性公民服现役的年龄上限，可以决定延长公民服现役的期限。

第四十六条　战争结束后，需要复员的军人，根据国务院和中央军事委员会的复员命令，分期分批地退出现役，由各级人民政府妥善安置。

第八章　服役待遇和抚恤优待

第四十七条　国家保障军人享有符合军事职业特点、与其履行职责相适应的工资、津贴、住房、医疗、保险、休假、疗养等待遇。军人的待遇应当与国民经济发展相协调，与社会进步相适应。

女军人的合法权益受法律保护。军队应当根据女军人的特点，合理安排女军人的工作任务和休息休假，在生育、健康等方面为女军人提供特别保护。

第四十八条　预备役人员参战、参加军事训练、担负战备勤务、执行非战争军事行动任务，享受国家规定的伙食、交通等补助。预备役人员是机关、团体、企业事业组织工作人员的，参战、参加军事训练、担负战备勤务、执行非战争军事行动任务期间，所在单位应当保持其原有的工资、奖金和福利待遇。预备役人员的其他待遇保障依照有关法律法规和国家有关规定执行。

第四十九条　军人按照国家有关规定，在医疗、金融、交通、参观游览、法律服务、文化体育设施服务、邮政服务等方面享受优待政策。公民入伍时保留户籍。

军人因战、因公、因病致残的,按照国家规定评定残疾等级,发给残疾军人证,享受国家规定的待遇、优待和残疾抚恤金。因工作需要继续服现役的残疾军人,由所在部队按照规定发给残疾抚恤金。

军人牺牲、病故,国家按照规定发给其遗属抚恤金。

第五十条 国家建立义务兵家庭优待金制度。义务兵家庭优待金标准由地方人民政府制定,中央财政给予定额补助。具体补助办法由国务院退役军人工作主管部门、财政部门会同中央军事委员会机关有关部门制定。

义务兵和军士入伍前是机关、团体、事业单位或者国有企业工作人员的,退出现役后可以选择复职复工。

义务兵和军士入伍前依法取得的农村土地承包经营权,服现役期间应当保留。

第五十一条 现役军官和军士的子女教育,家属的随军、就业创业以及工作调动,享受国家和社会的优待。

符合条件的军人家属,其住房、医疗、养老按照有关规定享受优待。

军人配偶随军未就业期间,按照国家有关规定享受相应的保障待遇。

第五十二条 预备役人员因参战、参加军事训练、担负战备勤务、执行非战争军事行动任务致残、牺牲的,由当地人民政府依照有关规定给予抚恤优待。

第九章 退役军人的安置

第五十三条 对退出现役的义务兵,国家采取自主就业、安排工作、供养等方式妥善安置。

义务兵退出现役自主就业的,按照国家规定发给一次性退役金,由安置地的县级以上地方人民政府接收,根据当地的实际情况,可以发给经济补助。国家根据经济社会发展,适时调整退役金的标准。

服现役期间平时获得二等功以上荣誉或者战时获得三等功以上荣誉以及属于烈士子女的义务兵退出现役,由安置地的县级以上地方人民政府安排工作;待安排工作期间由当地人民政府按照国家有关规定发给生活补助费;根据本人自愿,也可以选择自主就业。

因战、因公、因病致残的义务兵退出现役,按照国家规定的评定残疾等级采取安排工作、供养等方式予以妥善安置;符合安排工作条件的,根据本人自愿,也可以选择自主就业。

第五十四条　对退出现役的军士，国家采取逐月领取退役金、自主就业、安排工作、退休、供养等方式妥善安置。

军士退出现役，服现役满规定年限的，采取逐月领取退役金方式予以妥善安置。

军士退出现役，服现役满十二年或者符合国家规定的其他条件的，由安置地的县级以上地方人民政府安排工作；待安排工作期间由当地人民政府按照国家有关规定发给生活补助费；根据本人自愿，也可以选择自主就业。

军士服现役满三十年或者年满五十五周岁或者符合国家规定的其他条件的，作退休安置。

因战、因公、因病致残的军士退出现役，按照国家规定的评定残疾等级采取安排工作、退休、供养等方式予以妥善安置；符合安排工作条件的，根据本人自愿，也可以选择自主就业。

军士退出现役，不符合本条第二款至第五款规定条件的，依照本法第五十三条规定的自主就业方式予以妥善安置。

第五十五条　对退出现役的军官，国家采取退休、转业、逐月领取退役金、复员等方式妥善安置；其安置方式的适用条件，依照有关法律法规的规定执行。

第五十六条　残疾军人、患慢性病的军人退出现役后，由安置地的县级以上地方人民政府按照国务院、中央军事委员会的有关规定负责接收安置；其中，患过慢性病旧病复发需要治疗的，由当地医疗机构负责给予治疗，所需医疗和生活费用，本人经济困难的，按照国家规定给予补助。

第十章　法律责任

第五十七条　有服兵役义务的公民有下列行为之一的，由县级人民政府责令限期改正；逾期不改正的，由县级人民政府强制其履行兵役义务，并处以罚款：

（一）拒绝、逃避兵役登记的；

（二）应征公民拒绝、逃避征集服现役的；

（三）预备役人员拒绝、逃避参加军事训练、担负战备勤务、执行非战争军事行动任务和征召的。

有前款第二项行为，拒不改正的，不得录用为公务员或者参照《中华人民共和国公务员法》管理的工作人员，不得招录、聘用为国有企业和事业单位工作人员，两年内不准出境或者升学复学，纳入履行国防义务严重失信主体名单实施联合惩戒。

第五十八条　军人以逃避服兵役为目的，拒绝履行职责或者逃离部队的，按照中央军事委员会的规定给予处分。

军人有前款行为被军队除名、开除军籍或者被依法追究刑事责任的，依照本法第五十七条第二款的规定处罚；其中，被军队除名的，并处以罚款。

明知是逃离部队的军人而招录、聘用的，由县级人民政府责令改正，并处以罚款。

第五十九条　机关、团体、企业事业组织拒绝完成本法规定的兵役工作任务的，阻挠公民履行兵役义务的，或者有其他妨害兵役工作行为的，由县级以上地方人民政府责令改正，并可以处以罚款；对单位负有责任的领导人员、直接负责的主管人员和其他直接责任人员，依法予以处罚。

第六十条　扰乱兵役工作秩序，或者阻碍兵役工作人员依法执行职务的，依照《中华人民共和国治安管理处罚法》的规定处罚。

第六十一条　国家工作人员和军人在兵役工作中，有下列行为之一的，依法给予处分：

（一）贪污贿赂的；

（二）滥用职权或者玩忽职守的；

（三）徇私舞弊，接送不合格兵员的；

（四）泄露或者向他人非法提供兵役个人信息的。

第六十二条　违反本法规定，构成犯罪的，依法追究刑事责任。

第六十三条　本法第五十七条、第五十八条、第五十九条规定的处罚，由县级以上地方人民政府兵役机关会同有关部门查明事实，经同级地方人民政府作出处罚决定后，由县级以上地方人民政府兵役机关、发展改革、公安、退役军人工作、卫生健康、教育、人力资源和社会保障等部门按照职责分工具体执行。

第十一章　附　则

第六十四条　本法适用于中国人民武装警察部队。

第六十五条　本法自2021年10月1日起施行。

附录四　《中华人民共和国退役军人保障法》

（2020年11月11日第十三届全国人民代表大会常务委员会第二十三次会议通过）

第一章　总　则

第一条　为了加强退役军人保障工作，维护退役军人合法权益，让军人成为全社会尊崇的职业，根据宪法，制定本法。

第二条　本法所称退役军人，是指从中国人民解放军依法退出现役的军官、军士和义务兵等人员。

第三条　退役军人为国防和军队建设做出了重要贡献，是社会主义现代化建设的重要力量。

尊重、关爱退役军人是全社会的共同责任。国家关心、优待退役军人，加强退役军人保障体系建设，保障退役军人依法享有相应的权益。

第四条　退役军人保障工作坚持中国共产党的领导，坚持为经济社会发展服务、为国防和军队建设服务的方针，遵循以人为本、分类保障、服务优先、依法管理的原则。

第五条　退役军人保障应当与经济发展相协调，与社会进步相适应。

退役军人安置工作应当公开、公平、公正。

退役军人的政治、生活等待遇与其服现役期间所做贡献挂钩。

国家建立参战退役军人特别优待机制。

第六条　退役军人应当继续发扬人民军队优良传统，模范遵守宪法和法律法规，保守军事秘密，践行社会主义核心价值观，积极参加社会主义现代化建设。

第七条　国务院退役军人工作主管部门负责全国的退役军人保障工作。县级以上地方人民政府退役军人工作主管部门负责本行政区域的退役军人保障工作。

中央和国家有关机关、中央军事委员会有关部门、地方各级有关机关应当在各自职责范围内做好退役军人保障工作。

军队各级负责退役军人有关工作的部门与县级以上人民政府退役军人工作主管部门应当密切配合，做好退役军人保障工作。

第八条　国家加强退役军人保障工作信息化建设，为退役军人建档立卡，实现有关部门之间信息共享，为提高退役军人保障能力提供支持。

国务院退役军人工作主管部门应当与中央和国家有关机关、中央军事委员会有关部门密切配合，统筹做好信息数据系统的建设、维护、应用和信息安全管理等工作。

第九条　退役军人保障工作所需经费由中央和地方财政共同负担。退役安置、教育培训、抚恤优待资金主要由中央财政负担。

第十条　国家鼓励和引导企业、社会组织、个人等社会力量依法通过捐赠、设立基金、志愿服务等方式为退役军人提供支持和帮助。

第十一条　对在退役军人保障工作中做出突出贡献的单位和个人，按照国家有关规定给予表彰、奖励。

第二章　移交接收

第十二条　国务院退役军人工作主管部门、中央军事委员会政治工作部门、中央和国家有关机关应当制定全国退役军人的年度移交接收计划。

第十三条　退役军人原所在部队应当将退役军人移交安置地人民政府退役军人工作主管部门，安置地人民政府退役军人工作主管部门负责接收退役军人。

退役军人的安置地，按照国家有关规定确定。

第十四条　退役军人应当在规定时间内，持军队出具的退役证明到安置地人民政府退役军人工作主管部门报到。

第十五条　安置地人民政府退役军人工作主管部门在接收退役军人时，向退役军人发放退役军人优待证。

退役军人优待证全国统一制发、统一编号，管理使用办法由国务院退役军人工作主管部门会同有关部门制定。

第十六条　军人所在部队在军人退役时，应当及时将其人事档案移交安置地人民政府退役军人工作主管部门。

安置地人民政府退役军人工作主管部门应当按照国家人事档案管理有关规定，接收、保管并向有关单位移交退役军人人事档案。

第十七条　安置地人民政府公安机关应当按照国家有关规定，及时为退役军人办理户口登记，同级退役军人工作主管部门应当予以协助。

第十八条　退役军人原所在部队应当按照有关法律法规规定，及时将退役军人及随军未就业配偶的养老、医疗等社会保险关系和相应资金，转入安置地社会保险经办机构。

安置地人民政府退役军人工作主管部门应当与社会保险经办机构、军队有关部门密切配合，依法做好有关社会保险关系和相应资金转移接续工作。

第十九条　退役军人移交接收过程中，发生与其服现役有关的问题，由原所在部队负责处理；发生与其安置有关的问题，由安置地人民政府负责处理；发生其他移交接收方面问题的，由安置地人民政府负责处理，原所在部队予以配合。

退役军人原所在部队撤销或者转隶、合并的，由原所在部队的上级单位或者转隶、合并后的单位按照前款规定处理。

第三章　退役安置

第二十条　地方各级人民政府应当按照移交接收计划，做好退役军人安置工作，完成退役军人安置任务。

机关、群团组织、企业事业单位和社会组织应当依法接收安置退役军人，退役军人应当接受安置。

第二十一条　对退役的军官，国家采取退休、转业、逐月领取退役金、复员等方式妥善安置。

以退休方式移交人民政府安置的，由安置地人民政府按照国家保障与社会化服务相结合的方式，做好服务管理工作，保障其待遇。

以转业方式安置的，由安置地人民政府根据其德才条件以及服现役期间的职务、等级、所做贡献、专长等和工作需要安排工作岗位，确定相应的职务职级。

服现役满规定年限，以逐月领取退役金方式安置的，按照国家有关规定逐月领取退役金。

以复员方式安置的，按照国家有关规定领取复员费。

第二十二条　对退役的军士，国家采取逐月领取退役金、自主就业、安排工作、退休、供养等方式妥善安置。

服现役满规定年限，以逐月领取退役金方式安置的，按照国家有关规定逐月领取退役金。

服现役不满规定年限，以自主就业方式安置的，领取一次性退役金。

以安排工作方式安置的，由安置地人民政府根据其服现役期间所做贡献、专长等安排工作岗位。

以退休方式安置的,由安置地人民政府按照国家保障与社会化服务相结合的方式,做好服务管理工作,保障其待遇。

以供养方式安置的,由国家供养终身。

第二十三条 对退役的义务兵,国家采取自主就业、安排工作、供养等方式妥善安置。

以自主就业方式安置的,领取一次性退役金。

以安排工作方式安置的,由安置地人民政府根据其服现役期间所做贡献、专长等安排工作岗位。

以供养方式安置的,由国家供养终身。

第二十四条 退休、转业、逐月领取退役金、复员、自主就业、安排工作、供养等安置方式的适用条件,按照相关法律法规执行。

第二十五条 转业军官、安排工作的军士和义务兵,由机关、群团组织、事业单位和国有企业接收安置。对下列退役军人,优先安置:

(一)参战退役军人;

(二)担任作战部队师、旅、团、营级单位主官的转业军官;

(三)属于烈士子女、功臣模范的退役军人;

(四)长期在艰苦边远地区或者特殊岗位服现役的退役军人。

第二十六条 机关、群团组织、事业单位接收安置转业军官、安排工作的军士和义务兵的,应当按照国家有关规定给予编制保障。

国有企业接收安置转业军官、安排工作的军士和义务兵的,应当按照国家规定与其签订劳动合同,保障相应待遇。

前两款规定的用人单位依法裁减人员时,应当优先留用接收安置的转业和安排工作的退役军人。

第二十七条 以逐月领取退役金方式安置的退役军官和军士,被录用为公务员或者聘用为事业单位工作人员的,自被录用、聘用下月起停发退役金,其待遇按照公务员、事业单位工作人员管理相关法律法规执行。

第二十八条 国家建立伤病残退役军人指令性移交安置、收治休养制度。军队有关部门应当及时将伤病残退役军人移交安置地人民政府安置。安置地人民政府应当妥善解决伤病残退役军人的住房、医疗、康复、护理和生活困难。

第二十九条 各级人民政府加强拥军优属工作,为军人和家属排忧解难。

符合条件的军官和军士退出现役时，其配偶和子女可以按照国家有关规定随调随迁。

随调配偶在机关或者事业单位工作，符合有关法律法规规定的，安置地人民政府负责安排到相应的工作单位；随调配偶在其他单位工作或者无工作单位的，安置地人民政府应当提供就业指导，协助实现就业。

随迁子女需要转学、入学的，安置地人民政府教育行政部门应当予以及时办理。对下列退役军人的随迁子女，优先保障：

（一）参战退役军人；

（二）属于烈士子女、功臣模范的退役军人；

（三）长期在艰苦边远地区或者特殊岗位服现役的退役军人；

（四）其他符合条件的退役军人。

第三十条　军人退役安置的具体办法由国务院、中央军事委员会制定。

第四章　教育培训

第三十一条　退役军人的教育培训应当以提高就业质量为导向，紧密围绕社会需求，为退役军人提供有特色、精细化、针对性强的培训服务。

国家采取措施加强对退役军人的教育培训，帮助退役军人完善知识结构，提高思想政治水平、职业技能水平和综合职业素养，提升就业创业能力。

第三十二条　国家建立学历教育和职业技能培训并行并举的退役军人教育培训体系，建立退役军人教育培训协调机制，统筹规划退役军人教育培训工作。

第三十三条　军人退役前，所在部队在保证完成军事任务的前提下，可以根据部队特点和条件提供职业技能储备培训，组织参加高等教育自学考试和各类高等学校举办的高等学历继续教育，以及知识拓展、技能培训等非学历继续教育。

部队所在地县级以上地方人民政府退役军人工作主管部门应当为现役军人所在部队开展教育培训提供支持和协助。

第三十四条　退役军人在接受学历教育时，按照国家有关规定享受学费和助学金资助等国家教育资助政策。

高等学校根据国家统筹安排，可以通过单列计划、单独招生等方式招考退役军人。

第三十五条　现役军人入伍前已被普通高等学校录取或者是正在普通高等学校就学的学生，服现役期间保留入学资格或者学籍，退役后两年内允许入学或者复学，可以按照国家有关规定转入本校其他专业学习。达到报考研究生条件的，按照国家有关规定享受优惠政策。

第三十六条　国家依托和支持普通高等学校、职业院校（含技工院校）、专业培训机构等教育资源，为退役军人提供职业技能培训。退役军人未达到法定退休年龄需要就业创业的，可以享受职业技能培训补贴等相应扶持政策。

军人退出现役，安置地人民政府应当根据就业需求组织其免费参加职业教育、技能培训，经考试考核合格的，发给相应的学历证书、职业资格证书或者职业技能等级证书并推荐就业。

第三十七条　省级人民政府退役军人工作主管部门会同有关部门加强动态管理，定期对为退役军人提供职业技能培训的普通高等学校、职业院校（含技工院校）、专业培训机构的培训质量进行检查和考核，提高职业技能培训质量和水平。

第五章　就业创业

第三十八条　国家采取政府推动、市场引导、社会支持相结合的方式，鼓励和扶持退役军人就业创业。

第三十九条　各级人民政府应当加强对退役军人就业创业的指导和服务。

县级以上地方人民政府退役军人工作主管部门应当加强对退役军人就业创业的宣传、组织、协调等工作，会同有关部门采取退役军人专场招聘会等形式，开展就业推荐、职业指导，帮助退役军人就业。

第四十条　服现役期间因战、因公、因病致残被评定残疾等级和退役后补评或者重新评定残疾等级的残疾退役军人，有劳动能力和就业意愿的，优先享受国家规定的残疾人就业优惠政策。

第四十一条　公共人力资源服务机构应当免费为退役军人提供职业介绍、创业指导等服务。

国家鼓励经营性人力资源服务机构和社会组织为退役军人就业创业提供免费或者优惠服务。

退役军人未能及时就业的,在人力资源和社会保障部门办理求职登记后,可以按照规定享受失业保险待遇。

第四十二条　机关、群团组织、事业单位和国有企业在招录或者招聘人员时,对退役军人的年龄和学历条件可以适当放宽,同等条件下优先招录、招聘退役军人。退役的军士和义务兵服现役经历视为基层工作经历。

退役的军士和义务兵入伍前是机关、群团组织、事业单位或者国有企业人员的,退役后可以选择复职复工。

第四十三条　各地应当设置一定数量的基层公务员职位,面向服现役满五年的高校毕业生退役军人招考。

服现役满五年的高校毕业生退役军人可以报考面向服务基层项目人员定向考录的职位,同服务基层项目人员共享公务员定向考录计划。

各地应当注重从优秀退役军人中选聘党的基层组织、社区和村专职工作人员。

军队文职人员岗位、国防教育机构岗位等,应当优先选用符合条件的退役军人。

国家鼓励退役军人参加稳边固边等边疆建设工作。

第四十四条　退役军人服现役年限计算为工龄,退役后与所在单位工作年限累计计算。

第四十五条　县级以上地方人民政府投资建设或者与社会共建的创业孵化基地和创业园区,应当优先为退役军人创业提供服务。有条件的地区可以建立退役军人创业孵化基地和创业园区,为退役军人提供经营场地、投资融资等方面的优惠服务。

第四十六条　退役军人创办小微企业,可以按照国家有关规定申请创业担保贷款,并享受贷款贴息等融资优惠政策。

退役军人从事个体经营,依法享受税收优惠政策。

第四十七条　用人单位招用退役军人符合国家规定的,依法享受税收优惠等政策。

第六章　抚恤优待

第四十八条　各级人民政府应当坚持普惠与优待叠加的原则,在保障退役军人享受普惠性政策和公共服务基础上,结合服现役期间所做贡献和各地实际情况给予优待。

对参战退役军人，应当提高优待标准。

第四十九条　国家逐步消除退役军人抚恤优待制度城乡差异、缩小地区差异，建立统筹平衡的抚恤优待量化标准体系。

第五十条　退役军人依法参加养老、医疗、工伤、失业、生育等社会保险，并享受相应待遇。

退役军人服现役年限与入伍前、退役后参加职工基本养老保险、职工基本医疗保险、失业保险的缴费年限依法合并计算。

第五十一条　退役军人符合安置住房优待条件的，实行市场购买与军地集中统建相结合，由安置地人民政府统筹规划、科学实施。

第五十二条　军队医疗机构、公立医疗机构应当为退役军人就医提供优待服务，并对参战退役军人、残疾退役军人给予优惠。

第五十三条　退役军人凭退役军人优待证等有效证件享受公共交通、文化和旅游等优待，具体办法由省级人民政府制定。

第五十四条　县级以上人民政府加强优抚医院、光荣院建设，充分利用现有医疗和养老服务资源，收治或者集中供养孤老、生活不能自理的退役军人。

各类社会福利机构应当优先接收老年退役军人和残疾退役军人。

第五十五条　国家建立退役军人帮扶援助机制，在养老、医疗、住房等方面，对生活困难的退役军人按照国家有关规定给予帮扶援助。

第五十六条　残疾退役军人依法享受抚恤。

残疾退役军人按照残疾等级享受残疾抚恤金，标准由国务院退役军人工作主管部门会同国务院财政部门综合考虑国家经济社会发展水平、消费物价水平、全国城镇单位就业人员工资水平、国家财力情况等因素确定。残疾抚恤金由县级人民政府退役军人工作主管部门发放。

第七章　褒扬激励

第五十七条　国家建立退役军人荣誉激励机制，对在社会主义现代化建设中做出突出贡献的退役军人予以表彰、奖励。退役军人服现役期间获得表彰、奖励的，退役后按照国家有关规定享受相应待遇。

第五十八条　退役军人安置地人民政府在接收退役军人时，应当举行迎接仪式。迎接仪式由安置地人民政府退役军人工作主管部门负责实施。

第五十九条　地方人民政府应当为退役军人家庭悬挂光荣牌，定期开展走访慰问活动。

第六十条 国家、地方和军队举行重大庆典活动时，应当邀请退役军人代表参加。

被邀请的退役军人参加重大庆典活动时，可以穿着退役时的制式服装，佩戴服现役期间和退役后荣获的勋章、奖章、纪念章等徽章。

第六十一条 国家注重发挥退役军人在爱国主义教育和国防教育活动中的积极作用。机关、群团组织、企业事业单位和社会组织可以邀请退役军人协助开展爱国主义教育和国防教育。县级以上人民政府教育行政部门可以邀请退役军人参加学校国防教育培训，学校可以聘请退役军人参与学生军事训练。

第六十二条 县级以上人民政府退役军人工作主管部门应当加强对退役军人先进事迹的宣传，通过制作公益广告、创作主题文艺作品等方式，弘扬爱国主义精神、革命英雄主义精神和退役军人敬业奉献精神。

第六十三条 县级以上地方人民政府负责地方志工作的机构应当将本行政区域内下列退役军人的名录和事迹，编辑录入地方志：

（一）参战退役军人；

（二）荣获二等功以上奖励的退役军人；

（三）获得省部级或者战区级以上表彰的退役军人；

（四）其他符合条件的退役军人。

第六十四条 国家统筹规划烈士纪念设施建设，通过组织开展英雄烈士祭扫纪念活动等多种形式，弘扬英雄烈士精神。退役军人工作主管部门负责烈士纪念设施的修缮、保护和管理。

国家推进军人公墓建设。符合条件的退役军人去世后，可以安葬在军人公墓。

第八章 服务管理

第六十五条 国家加强退役军人服务机构建设，建立健全退役军人服务体系。县级以上人民政府设立退役军人服务中心，乡镇、街道、农村和城市社区设立退役军人服务站点，提升退役军人服务保障能力。

第六十六条 退役军人服务中心、服务站点等退役军人服务机构应当加强与退役军人联系沟通，做好退役军人就业创业扶持、优抚帮扶、走访慰问、权益维护等服务保障工作。

第六十七条 县级以上人民政府退役军人工作主管部门应当加强退

役军人思想政治教育工作，及时掌握退役军人的思想情况和工作生活状况，指导接收安置单位和其他组织做好退役军人的思想政治工作和有关保障工作。

接收安置单位和其他组织应当结合退役军人工作和生活状况，做好退役军人思想政治工作和有关保障工作。

第六十八条　县级以上人民政府退役军人工作主管部门、接收安置单位和其他组织应当加强对退役军人的保密教育和管理。

第六十九条　县级以上人民政府退役军人工作主管部门应当通过广播、电视、报刊、网络等多种渠道宣传与退役军人相关的法律法规和政策制度。

第七十条　县级以上人民政府退役军人工作主管部门应当建立健全退役军人权益保障机制，畅通诉求表达渠道，为退役军人维护其合法权益提供支持和帮助。退役军人的合法权益受到侵害，应当依法解决。公共法律服务有关机构应当依法为退役军人提供法律援助等必要的帮助。

第七十一条　县级以上人民政府退役军人工作主管部门应当依法指导、督促有关部门和单位做好退役安置、教育培训、就业创业、抚恤优待、褒扬激励、拥军优属等工作，监督检查退役军人保障相关法律法规和政策措施落实情况，推进解决退役军人保障工作中存在的问题。

第七十二条　国家实行退役军人保障工作责任制和考核评价制度。县级以上人民政府应当将退役军人保障工作完成情况，纳入对本级人民政府负责退役军人有关工作的部门及其负责人、下级人民政府及其负责人的考核评价内容。

对退役军人保障政策落实不到位、工作推进不力的地区和单位，由省级以上人民政府退役军人工作主管部门会同有关部门约谈该地区人民政府主要负责人或者该单位主要负责人。

第七十三条　退役军人工作主管部门及其工作人员履行职责，应当自觉接受社会监督。

第七十四条　对退役军人保障工作中违反本法行为的检举、控告，有关机关和部门应当依法及时处理，并将处理结果告知检举人、控告人。

第九章　法律责任

第七十五条　退役军人工作主管部门及其工作人员有下列行为之一的，由其上级主管部门责令改正，对直接负责的主管人员和其他直接责任人员依法给予处分：

（一）未按照规定确定退役军人安置待遇的；

（二）在退役军人安置工作中出具虚假文件的；

（三）为不符合条件的人员发放退役军人优待证的；

（四）挪用、截留、私分退役军人保障工作经费的；

（五）违反规定确定抚恤优待对象、标准、数额或者给予退役军人相关待遇的；

（六）在退役军人保障工作中利用职务之便为自己或者他人谋取私利的；

（七）在退役军人保障工作中失职渎职的；

（八）有其他违反法律法规行为的。

第七十六条　其他负责退役军人有关工作的部门及其工作人员违反本法有关规定的，由其上级主管部门责令改正，对直接负责的主管人员和其他直接责任人员依法给予处分。

第七十七条　违反本法规定，拒绝或者无故拖延执行退役军人安置任务的，由安置地人民政府退役军人工作主管部门责令限期改正；逾期不改正的，予以通报批评。对该单位主要负责人和直接责任人员，由有关部门依法给予处分。

第七十八条　退役军人弄虚作假骗取退役相关待遇的，由县级以上地方人民政府退役军人工作主管部门取消相关待遇，追缴非法所得，并由其所在单位或者有关部门依法给予处分。

第七十九条　退役军人违法犯罪的，由省级人民政府退役军人工作主管部门按照国家有关规定中止、降低或者取消其退役相关待遇，报国务院退役军人工作主管部门备案。

退役军人对省级人民政府退役军人工作主管部门作出的中止、降低或者取消其退役相关待遇的决定不服的，可以依法申请行政复议或者提起行政诉讼。

第八十条　违反本法规定，构成违反治安管理行为的，依法给予治安管理处罚；构成犯罪的，依法追究刑事责任。

第十章　附　则

第八十一条　中国人民武装警察部队依法退出现役的警官、警士和义务兵等人员，适用本法。

第八十二条　本法有关军官的规定适用于文职干部。

军队院校学员依法退出现役的，参照本法有关规定执行。

第八十三条　参试退役军人参照本法有关参战退役军人的规定执行。

参战退役军人、参试退役军人的范围和认定标准、认定程序，由中央军事委员会有关部门会同国务院退役军人工作主管部门等部门规定。

第八十四条　军官离职休养和军级以上职务军官退休后，按照国务院和中央军事委员会的有关规定安置管理。

本法施行前已经按照自主择业方式安置的退役军人的待遇保障，按照国务院和中央军事委员会的有关规定执行。

第八十五条　本法自2021年1月1日起施行。

附录五　陕西省征兵政策（2022年）

拥有辉煌历史的人民军队，是教育人、培养人的大学校，是锻炼人、熏陶人的大熔炉，是关心人、爱护人的大家庭，是强素质、成事业的大舞台，更是保家国、卫和平的硬脊梁。为欢迎广大适龄青年参军报名，投身军旅报效祖国，采取一年两征。

一、报名时间

（一）男兵

上半年：上年12月1日至当年2月10日18时前；

下半年：上年12月1日至当年8月10日18时前。

（二）女兵

上半年：当年1月1日至2月10日18时前；

下半年：当年7月1日至8月10日18时前。

全国征兵网征兵报名网址是 http://www.gfbzb.gov.cn。

二、应征对象

男兵：高中（含中专、职高、技校）毕业及以上文化程度的青年（含高校在校生），年满18至22周岁；普通全日制大专及以上文化程度的高校毕业生（含大学毕业班学生），年满18至24周岁；重点征集大学毕业生和毕业班学生入伍。

女兵：普通高等学校全日制应届毕业生及在校生，年满18至22周岁；当年普通高等学校全日制毕业生可以报名参加翌年上半年女兵征集，年龄放宽至23周岁。

三、征集基本条件

（一）政治条件

按照军法〔2021〕62号《军队征集和招录人员政治考核规定》等有关规定执行。

（二）身体条件

按照国防部征兵办《应征公民体格检查标准》等有关规定执行。

（1）身高：男性160cm以上，女性158cm以上。

（2）体重：体重符合下列条件且空腹血糖<7.0mmol/L 的，合格。男性 $17.5 \leqslant BMI < 28$，女性 $17 \leqslant BMI < 24$。其中 $28 \leqslant$ 男性 $BMI < 30$，且糖化血红蛋白百分比<6.5%。BMI=体重（kg）/身高（m）的平方。

（3）视力：任何一眼裸眼视力低于4.5，不合格。任何一眼裸眼视力低于4.8，需进行矫正检查，任何一眼矫正视力低于4.8或矫正度数超过600度，不合格。屈光不正经准分子激光手术（不含有晶体眼人工晶体植入术等其他术式）后半年以上，无并发症，任何一眼裸眼视力达到4.8，眼底检查正常，除条件兵外合格。

四、参军优待政策

（一）参军政治荣誉

（1）《中华人民共和国军人地位和权益保障法》对涉及军人地位、荣誉维护、待遇保障、抚恤优待、法律责任等方面做出了明确规定，该法自2021年8月1日施行。

（2）《军人及军队相关人员医疗待遇保障暂行规定》，对军人配偶免费医疗、军官军士父母和配偶父母优惠医疗、军人、军人未成年子女免费医疗等做出了明确规定，充分体现军人职业尊崇。

（3）全面落实挂"军属光荣"牌、立功受奖上门送喜报活动。

（4）批准入伍的高校学生（含应届毕业生、在校生），在学校评优评先中同等条件下优先，荣立三等功以上奖励或晋升士官的复学后，在陕西省"三好学生"评选表彰中优先评选，不受名额限制，颁发荣誉证书。

(5) 退役复学大学生士兵，复学当年综合测评德育分加 10 分。

(6) 高校在综合奖学金（助学金）、"三好学生""优秀学生干部""优秀毕业生"等评优评先、实习安排等方面优先考虑，在就业创业方面优先推荐和扶持。

(7) 定向培养生服兵役义务优先。公费师范生、医学定向（含企业委托培养）高校学生（含毕业生、在校生、新生）符合征集入伍服现役条件的，应当按照《兵役法》等法律规定，优先履行服兵役义务，服义务兵役年限计算为工龄，等同于履行协议义务。有关机关、团体、企业事业单位和个人不得以任何理由阻止其参军入伍。

（二）入伍学业保障

(1) 高校召开大学生入伍欢送会，为其建立"一人一档"管理制度。

(2) 高职（专科）在校生（含新生）入伍经历可作为毕业实习经历。

(3) 符合条件的大学毕业班学生参军享受应届毕业生入伍相关待遇。对当年上半年入伍的普通本科毕业班学生，已完成教育教学计划规定内容并成绩合格、在服役期间完成毕业设计（论文）、达到学校毕业要求的，高校颁发毕业证书，符合学位授予条件的，本科院校发给学位证书。对当年上半年入伍的高职（专科）、中职（中专、技校）毕业班学生，已完成教育教学计划规定内容并成绩合格、可免毕业实习、论文答辩，高校颁发毕业证书。

（三）退役复学升学

(1) 放宽普通高等职业院校（专科）退役大学生升学条件限制，高职（专科）毕业生及在校生（含高校新生）应征入伍，退役后在完成高职（专科）学业的前提下，可免试入读普通本科，或者根据本人意愿入读成人本科。

(2) 应征入伍义务兵役前正高校就读的学生（含新生），服役期间按国家有关规定保留学籍或入学资格，退役后 2 年内允许复学或入学，并按照国家有关规定享受奖学金、助学金或减免学费等优待，家庭经济困难的，按照国家和本省有关规定优先给予资助；入学后或者复学期间可以免修公共体育、军事技能和军事理论等课程，直接获得学分。

(3) 退役大学生士兵入学或复学，经学校同意并履行相关手续，可放宽专业限制转入本校其他专业学习。

(4) 国家设立"退役大学生士兵"专项硕士研究生招生计划，在全国研究生招生总规模内安排8 000人以内专项招录退役大学生士兵，计划单列下达。高校学生应征入伍服役退役，达到报考条件后，3年内参加全国硕士研究生招生考试的，初试环节按照不低于国家标准落实加分政策，高校也可根据本校实际情况酌情增加分值，同等条件下优先录取。

（5）在部队荣立二等功以上，符合全国硕士研究生招生考试报考条件的，可申请免试（初试）攻读硕士研究生。

（四）入伍经济优待

（1）部队发放津贴。以部队发放金额为准。

（2）义务兵家庭优待金按学历实行统一优待：本科以上（不含本科）3 500.00元/月，本科生3 000.00元/月，大专、高职生2 500.00元/月，高中生2 000.00元/月。如果应征地所在区（县）城镇居民人均可支配收入高于全省统一标准的，按照当地城镇居民人均可支配收入标准发放，优待金原则上一年发放一次，由所在区（县）退役军人事务部门每年"八一"前发放。

（3）"高原条件兵"奖励金。审批定兵是"高原条件兵"参军入伍的，在发给其义务兵家庭优待金的基础上，每人再给予一次性奖励金20 000.00元，由所在区（县）退役军人事务部门同义务兵家庭优待金一起发放。

（4）高校学生服义务兵役的，国家对其在校期间缴纳的学费实行一次性补偿或获得的国家助学贷款实行代偿。学费补偿、国家助学贷款代偿和学费减免标准，本科和高职（专科）学生每生每年最高不超过8 000.00元，研究生每生每年不超过12 000.00元。学生每学年提交一次申请材料，高校统一审核汇总上报，通过省级资助部门、全国学生资助中心审核；次年，财政部审核通过后下拨资金，由高校支付到大学生士兵指定帐户。

（5）自主就业退役士兵退役时，部队按每人服役一年不低于4 500.00元的标准补助。

（6）从2011年11月1日起，对本省接收的自主就业城乡退役士兵发放一次性经济补助金。自主就业退役士兵领取的经济补助金为退役时上一年度本省城镇居民人均可支配收入和农村居民人均纯收入平均数减去部队发放的年退役金的2倍。自主就业经济补助金应当在士兵退役翌年7月底前由区（县）退役军人事务部门通过社会化发放方式兑现。此项经济补助金西安主城区自主就业退役士兵均在 30000.00 元以上。

（7）军人退役基本养老保险补助和军人职业年金补助，由军队财务部门在其退役时一次性算清，转移至安置地社会保险经办机构并计入个人账户。

（8）部分区（县）和高校还制定参军入伍经济奖励、返校应征食宿、路途补助等政策。详情请到区（县）征兵办公室和高校征兵工作站咨询。

（五）退役就业保障

（1）退役士兵符合下列条件之一的，由人民政府安排工作：士兵服现役满 12 年的；服现役期间平时荣获二等功以上奖励或者战时荣获三等功以上奖励的；因战致残被定为 5 级至 8 级残疾等级的；是烈士子女的。

（2）机关、社会团体、企业事业单位在招收录用工作人员或聘用职工时，对退役军人的专业、年龄和学历等条件适当放宽，在军队服现役经历视为基层工作经历，服现役年限计算为工龄，同等条件下优先招录聘用退役军人。在军队服役 5 年（含）以上的高校毕业生士兵退役后可以报考面向服务基层项目人员定向考录的职位，同服务基层项目人员共享公务员定向考录计划。公安机关特警职位可面向反恐特战等退役士兵招录。县以下一线执法职位、乡镇（街道）专职人民武装干部职位招录，应拿出一定名额面向大学生退役士兵招录。退役残疾军人符合条件的可以报考面向残疾人的专设公务员招录职位。

（3）退役士兵在参加国家机关、社会团体和事业单位招录公务员、聘用职员时，可享受加分优惠：①获得中央军事委员会授予荣誉称号的加 20 分，获得战区级单位授予荣誉称号，或者荣获一等功的加 15 分，荣获二等功的加 10 分，荣获三等功的加 5 分；②大学本科毕业后入伍的加 10 分，大学专科毕业后入伍的加 5 分；③每超期服役一年加 1 分。多次获得荣誉称号或者立功的退役士兵，按照其中最高等级加分。

（4）国家机关、社会团体、企事业单位职工（含合同制工人）入伍时，可保留人事关系或者劳动关系；退出现役后可选择复职复工，并享受不低于本单位同岗位（工种）、同工龄职工的各项待遇；服役期间，其家属继续享受该单位职工的各项待遇。

（5）自主就业退役士兵退役后可选择接受 1 次由退役军人事务部门提供的免费（免学杂费、免住宿费、免技能鉴定费）职业技能培训，并享受培训期间生活补助。培训期限一般为 2 年，最短不少于 3 个月。

(六)军队考学提干晋升军士

(1) 士兵考学。服现役满 1 年、不超过 3 年(截至当年 6 月 30 日),普通高中毕业以上文化程度或者同等学力,年龄不超过 22 岁,其中,入伍前是普通高等学校在校生、毕业生的(含上半年入伍可以取得毕业证的毕业班学生),或者是少数民族的,年龄可以放宽 1 岁(截至当年 1 月 1 日),军队体检合格,个人历年的考核结果和年度军事训练成绩达到规定要求。

(2) 保送入学。中国共产党党员,普通高中毕业以上文化程度或者同等学力,年龄不超过 25 岁,其中,入伍前为普通高等学校全日制本科毕业且取得学位的(上半年被批准入伍的毕业班大学生,入伍当年正常毕业且取得学历学位的符合提干学历条件),年龄不超过 26 岁;研究生毕业且取得相应学位的,年龄不超过 29 岁;在驻西藏和三类以上艰苦边远地区少数民族聚居区部队服役的少数民族士兵,年龄可以放宽 1 岁(截至当年 1 月 1 日),中士以下军衔,服役满 1 年、不超过 8 年(截至当年 6 月 30 日),并符合保送入伍其他有关条件。

(3) 大学毕业生士兵提干。普通全日制本科以上学历,入伍满 1 年、不超过 3 年(截止当年 6 月 30 日),本科毕业的年龄不超过 26 岁,研究生毕业的年龄不超过 29 岁(截至当年 1 月 1 日),并符合提干有关条件,具备下列条件之一的,应当优先推荐提干,中国共产党党员;"双一流"建设高校中的一流大学建设高校,或者"双一流"建设学科的相关专业毕业的;所学专业为军队建设急需要的;担任过建制班班长半年以上(截至当年 6 月 30 日);专业技术尖子;普通高等学校在校期间担任过学生干部;体育运动队骨干。

(4) 选取各级军士。应当具备《中国人民解放军现役士兵服役条例》规定的基本条件,并符合选取军士相关要求。具有全日制大专以上学历的优先选取。对通过全国普通高等学校招生统一考试并经省招生办公室统一录取且取得全日制大专以上学历的大学毕业生士兵,首次选取为军士确定军衔等级和工资起点标准时,其在普通高等学校按规定学制就读的年数视同服役时间。上述人员在实习期间入伍且入伍后取得就读院校颁发的大专以上学历证书的,在校就读的年数视同服役时间,大学本科毕业生(含上半年入伍可以取得毕业证的本科毕业班学生)服义务兵役期满后可直接选取为中士第二年(与同年入伍本科直招士官军衔等待遇级相同），专科毕业生（含上半年入伍可以取得毕业证的专科毕业班学生）服义务兵役期满后可直接选取为中士第一年（与同年入伍专科直招士官军衔等级待遇相同）。初中毕业直接考入五年制大专院校的，按照国家有关规定，在校就读的最后 2 年计为大专学制时间，首次选取为军士确定军衔等级和工资起点标准时，其大专学制的 2 年视同服役时间，服义务兵役期满后可直接选取为下士第三年。

（5）义务兵服现役期间表现特别优秀的经批准可提前选取军士。

参 考 文 献

[1] 张正明.军事理论与军事技能教程[M].西安:西安交通大学出版社,2003.

[2] 艾跃进,李凡路,焦金雷.大学军事课教程[M].北京:国防大学出版社,2015.

[3] 李先德.新编高等学校军事理论与军事技能教程[M].北京:国防大学出版社,2015.

[4] 匡壁民.军事理论教程[M].北京:军事论文出版社,2008.

[5] 中共中央宣传部.习近平总书记系列重要讲话读本[M].北京:学习出版社,人民出版社,2016.

[6] 中共中央文献研究室科研管理部.新中国60年研究文集[M].北京:中央文献出版社,2009.

[7] 王宇波,贾曙光.军事技能与军事理论[M].西安:西北工业大学出版社,2010.

[8] 李孝安,刘民生,齐胜利.军事理论概论[M].西安:西北工业大学出版社,2013.

[9] 郇际.大学生军事理论教程[M].沈阳:东北大学出版社,2017.

[10] 刘高峰,孙胜春,郭予并.联合作战指挥与控制技术概论[M].北京:国防工业出版社.

[11] 张为华,汤国建,文援兰.联合作战科技基础系列教材:战场环境论[M].北京:科学出版社.

[12] 赵梧秋.论网络空间战争的特征及其本质[J].南京:南京政治学院学报,2015(2):81-84.